湖北省学术著作出版专项资金资助项目

中国科举文化通志　主编　陈文新

国家社会科学基金项目『文学学术史视阈下的「集部」源流变迁研究』（14BZW091）阶段性成果

明代八股文选家考论

王炜　著

武汉大学出版社

WUHAN UNIVERSITY PRESS

图书在版编目(CIP)数据

明代八股文选家考论/王炜著.—武汉:武汉大学出版社,2015.12
中国科举文化通志/陈文新主编
　ISBN 978-7-307-17150-3

Ⅰ.明… Ⅱ.王… Ⅲ.八股文—研究—中国—明代 Ⅳ.H152

中国版本图书馆 CIP 数据核字(2015)第 265161 号

责任编辑:陈　翩　　　责任校对:汪欣怡　　　版式设计:马　佳

出版发行:**武汉大学出版社** （430072　武昌　珞珈山）
　　　　　（电子邮件:cbs22@ whu. edu. cn　网址:www. wdp. com. cn）
印刷:武汉中远印务有限公司
开本:787×1092　1/16　　印张:17.75　字数:384 千字　插页:4
版次:2015 年 12 月第 1 版　　　2015 年 12 月第 1 次印刷
ISBN 978-7-307-17150-3　　　定价:88.00 元

《中国科举文化通志》总序

陈文新

（一）

科举是中国古代最为健全的文官制度。它渊源于汉，始创于隋，确立于唐，完备于宋，兴盛于明、清两代。如果从隋大业元年（605）的进士科算起，到清光绪三十一年（1905）被废除，科举制度在中国有整整 1300 年的历史。科举制度还曾"出口"越南、朝鲜等国，扩大了汉文化的影响。始于 19 世纪的西方文官考试制度，其创立也与中国科举的启发相关。孙中山在《五权宪法》等演讲中反复强调：中国的科举制度是世界各国中所用以拔取真才之最古最好的制度。胡适也说："中国文官制度影响之大，及其价值之被人看重"，"是我们中国对世界文化贡献的一件可以自夸的事"。①

科举制度具有如此强大的生命力，其原因在于，它在保证"程序的公正"方面具有空前的优越性。官员选拔的理想境界是"实质的公正"，即将所有优秀的人才选拔到最合适的岗位上。但这个境界人类至今未达到过。不得已而求其次，"程序的公正"就成为优先选择。"中国古代独特的社会结构是家族宗法制，家长统治、任人唯亲、帮派活动、裙带关系皆为家族宗法制的派生物，在重人情与关系的社会文化背景下，若没有可以操作的客观标准，任何立意美妙的选举制度都会被异化为植党营私、任人唯亲的工具，汉代的察举推荐和魏晋南北朝的九品官人法走向求才的死胡同便是明证。""古往今来科举考试一再起死回生的历史说明：自古以来，中国就是一个人情社会，人情与关系在社会生活中起着重要的作用，为了防止人情的泛滥，使社会不至于陷入无序的状态，中国人发明了考试，以考试作为维护社会公平和社会秩序的调节阀。悠久的科举历史与普遍的考试现实一再雄辩地证明，考试选才具有恒久的价值。"② 从这一角度看，科举制度不但在诞生之初有着巨大的进步意义，而且在整个中国历史和世界历史上，都是一个了不起的创造。较之前代的选官制度，如汉代的察举、征辟制和魏文帝时开始推行的九品中正制等，科举制度都更加公正合理。

---

① 胡适：《考试与教育》，《胡适文集》第 12 册，北京大学出版社 1998 年版，第 508 页。
② 刘海峰：《科举学导论》，华中师范大学出版社 2005 年版，第 113、136 页。

作为一项从整体上影响国民生活的官员选拔制度，科举制度对于维护我们这个幅员辽阔的多民族国家的统一稳定，其作用是无论怎样估计也不会过高的。胡适这位新文化运动的领袖，虽然一再愤愤不平地说到中国文化的种种不是，但在《考试与教育》一文中，他也毫不含糊地指出：在古代那种交通极为不便的情形下，中央可以不用武力来维持国家的统一是由于考试制度的公开和公平。胡适所说的公平，包括三种含义：一是公开考选，标准客观。二是顾及各地的文化水准，录取的人员，并不偏于一方或一省，而是遍及全国。三是实行回避制度，"就是本省的人不能任本省的官吏，而必须派往其他省份服务。有时候江南的人，派到西北去，有时候西北的人派到东南来。这种公道的办法，大家没有理由可以反对抵制。所以政府不用靠兵力和其他工具来统治地方，这是考试制度影响的结果"①。这些话出于胡适之口，足以说明，即使是文化激进主义者，只要具有清明的理性，也不难看出科举制度的合理性。

作为一项从整体上影响国民生活的官员选拔制度，科举制度不仅具有历史研究的价值，而且有助于我们思考当今人事制度的改革问题。2005 年，任继愈曾在《古代中国科举考试制度值得借鉴》一文中提出设立"国家博士"学位的设想。其立论前提是：我国目前由各高校授予的博士学位缺少权威性和公正性。之所以不够权威和公正，不外下述几个原因。其一，"各校有自己的土标准，执行起来宽严标准不一，取得学位后，它的头衔在社会上流通价值都是同等的"，这当然不公平。其二，研究生入学后，第一年大部分时间用在外语上，第二年大部分时间忙于在规定的某种等级的刊物上发论文，第三年忙于找工作，这样的情形，怎么可能培养出货真价实的博士？其三，几乎所有名牌大学都招收"在职博士生"，有的博士研究生派秘书代他上课，甚至不上课而拿文凭，这样的博士能说是名副其实的吗？只有设立"国家博士"学位，采用统一标准选拔人才，这样的"博士学位"才具有权威性和公正性。而国家在高级人才的选拔方面统一把关，不仅可以避免"跑"博士点和博士生扩招带来的许多弊病，有助于社会风气的改善，而且，由于只管考而不必太多地管教，还可以节省大量开支。就这一点而言，中国古代的科举制度的确是值得参考借鉴的。任继愈的这篇文章现已收入《皓首学术随笔·任继愈卷》（中华书局 2006 年版），有心的读者不妨一阅。

与任继愈的呼吁相得益彰，早在 1951 年，钱穆就发表了《中国历史上的考试制度》一文。针对民国年间（1911—1949）人事管理腐败混乱的状况，他痛心疾首地指出：科举制"因有种种缺点，种种流弊，自该随时变通，但清末人却一意想变法，把此制度也连根拔去。民国以来，政府用人，便全无标准，人事奔竞，派系倾轧，结党营私，偏枯偏荣，种种病象，指不胜屈。不可不说我们把历史看轻了，认为以前一切要不得，才聚九州铁铸成大错"②。钱穆的意思是明确的：参考借鉴科举制度，有助于人事管理的规范化和公正性。1955 年，他在《中国历代政治得失》一书中进一步指出："无

---

① 胡适：《胡适文集》第 12 册，北京大学出版社 1998 年版，第 506 页。
② 钱穆：《国史新论》，东大图书公司 1984 年版，第 114~115 页。

论如何，考试制度，是中国政治制度中一项比较重要的制度，又且由唐迄清绵历了一千年以上的长时期。中间递有改革，递有演变，在历史进程中逐渐发展，这绝不是偶然的。直到晚清，西方人还知采用此制度来弥缝他们政党选举之偏陷，而我们却对以往考试制度在历史上有过上千年以上根柢的，一口气吐弃了，不再重视，抑且不再留丝毫顾惜之余地。那真是一件可诧怪的事。"① 现代中国的人事管理理应借鉴源远流长的科举制度，这是毫无疑问的。至于如何借鉴，则是我们需要认真思考的问题。

（二）

作为一项从整体上影响国民生活的官员选拔制度，科举制度以其"程序的公正"为国家选拔了大量行政官员，在提高全民族的文化水准和维护我们这个多民族国家的统一稳定方面，发挥了直接而巨大的作用，这是其显而易见的功能；它还有其他不那么显著却同样值得重视的功能，即意识形态功能和人文教育功能：科举制度以其对社会的整体影响力将儒家经典维持世道人心的作用发挥到极致。我们试就此略作讨论。

明清时代有一项重要规定：科举以《四书》《五经》为基本考试内容。这一规定是耐人寻味的。《论语》《孟子》等儒家经典是秦汉以来中国传统社会维系人心、培育道德感的主要读物。我们经常表彰"中国的脊梁"，一个毋庸置疑的事实是，秦汉以降，"中国的脊梁"大多是在儒家经典的教育下成长起来的。以文天祥为例，这位南宋末年的民族英雄，曾在《过零丁洋》诗中说："人生自古谁无死？留取丹心照汗青。""丹心"，就是蕴蓄着崇高的道德感的心灵。他还有一首《正气歌》，开头一段是："天地有正气，杂然赋流形。下则为河岳，上则为日星。于人曰浩然，沛乎塞苍冥。皇路当清夷，含和吐明庭。时穷节乃见，一一垂丹青。"身在治世，正气表现为安邦定国的情志；身在乱世，则表现为忠贞坚毅的气节。即文天祥所说："当其贯日月，生死安足论。"1282 年，他在元大都（今属北京）英勇就义，事前他在衣带中写下了这样的话："孔曰'成仁'，孟曰'取义'。惟其义尽，所以仁至。读圣贤书，所学何事？而今而后，庶几无愧。"《四书》《五经》的教诲，确乎是他的立身之本。

文天祥是宝祐四年（1256）状元。这是一个值得关注的事实。它表明：进士阶层在实践儒家的人格理想方面，其自觉性远远高于社会的平均水平。宋代如此，明代如此，甚至连元代也是如此。清代史学家赵翼曾论及"元末殉难者多进士"这一现象："元代不重儒术，延祐中始设科取士，顺帝时又停二科始复。其时所谓进士者，已属积轻之势矣，然末年仗节死义者，乃多在进士出身之人。"（赵翼《廿二史劄记》卷三十《元末殉难者多进士》）接下来，赵翼列举了余阙、泰不华、李齐、李黼、王士元、赵琏、周镗、聂炳元、刘耕孙、丑闾、彭庭坚、普颜不花、月鲁不花、迈里古思等死难进

① 钱穆：《中国历代政治得失》，三联书店 2001 年版，第 89 页。

士，最后归结说："诸人可谓不负科名者哉，而国家设科取士亦不徒矣。"① 在元末殉难的进士中，余阙（1303—1358）是最早战死的封疆大臣。他的朋友蒋良，一次和他谈起国难，余阙推心置腹地说："余荷国恩，以进士及第，历省居馆阁，每愧无报。今国家多难，授予兵戎重寄，岂余所堪。然古人有言：'为子死孝，为臣死忠。'万一不幸，吾知尽吾忠而已。"余阙殉难后，蒋良作《余忠宣公死节记》，开篇即强调说："有元设科取士，中外文武著功社稷之臣历历可纪。至正辛卯，兵起淮、颍，城邑尽废，江、汉之间能捍御大郡、全尽名节者，守豫帅余公廷心一人而已。"② 在余阙"擢高科"的履历与他忠勇殉节的人格境界之间，人们确认有其内在联系。无独有偶，《元史·泰不华传》在记叙元末另一著名的死节之臣泰不华（1305—1352）时，也着重指出：其人生信念的基本依据是他作为"书生"所受的儒家经典教育。在与方国珍决战前夕，泰不华曾对部从说过一番词气慷慨的话："吾以书生登显要，诚虑负所学。今守海隅，贼甫招徕，又复为变。君辈助我击之，其克则汝众功也，不克则我尽死以报国耳。""书生""所学"与捐躯"报国"之间关系如此密切，足见以《四书》《五经》作为基本考试教材的科举制度，它在维持世道人心方面的作用的确是巨大而深远的。

儒家经典维持世道人心的功能不仅泽及宋元，泽及明清，甚至泽及已经废除了科举制度的现代。其实这并不令人感到奇怪。原因在于，不少现代名流的少年时光是在科举时代度过的，他们系统地受过这种教育，耳濡目染，其人生观在早年即已确立并足以支配一生。儒家经典的生命力由此可见。科举制度的余泽亦由此可见。

这里我想特别提及五四新文化运动的领袖胡适，并有意多引他的言论。之所以关注他，是因为，世人眼中的胡适，只是一个文化激进主义者，以高倡"打倒孔家店"著称。人们很少注意到，胡适在表面上高呼"打倒孔家店"，但在内心里仍对孔子和儒家保留了足够的敬意，是儒家人生哲学的虔诚信奉者和实行者。唐德刚编译《胡适口述自传》，第二章有胡适的如下自白："有许多人认为我是反孔非儒的。在许多方面，我对那经过长期发展的儒教的批判是很严厉的。但是就全体来说，我在我的一切著述上，对孔子和早期的'仲尼之徒'如孟子，都是相当尊崇的。我对十二世纪'新儒学'（Neo-Confucianism）（'理学'）的开山宗师的朱熹，也是十分崇敬的。""在这场伟大的'新儒学'（理学）的运动里，对那（道德、知识；也就是《中庸》里面所说的'诚则明矣，明则诚矣'的）两股思潮，最好的表达，便是程颐所说的：'涵养须用敬，进学则在致知。'后世学者都认为'理学'的真谛，此一语足以道破。"同一章还有唐德刚的一段插话："'要提高你的道德标准，你一定要在"敬"字上下功夫；要学识上有长进，你一定要扩展你的知识到最大极限。'适之先生对这两句话最为服膺，他老人家不断向我传教的也是这两句。一次我替他照相，要他在录音机边作说话状，他说的便是这两句。所以胡适之先生骨子里实在是位理学家。他反对佛教、道教乃至基督教，都是从

① 赵翼著，王树民校证：《廿二史劄记校证》，中华书局1984年版，第706页。
② 杨讷等编：《元代农民战争史料汇编》中编第一分册，中华书局1985年版，第268页。

'理学'这条道理上出发的。他开口闭口什么实验主义的，在笔者看来，都是些表面账。吾人如用胡先生自己的学术分期来说，则胡适之便是他自己所说的'现代期'的最后一人。"① 胡适是在少年时代接受儒家经典教育的，在经历了废止科举、"打倒孔家店"等种种变故后，儒家的人生哲学仍能贯彻其生命的始终，由此不难想见，在中国传统社会尤其是科举时代，儒家经典对社会精神风貌的塑造可以发挥多么强大的功能。虽然生活中确有教育目标与实际状况两歧的情形，但正面的成效仍是不容忽视的。

"精神文明"是中国人常用的一个概念。"精神文明"是相对物质文明而言的，就个人而言，需要长期的修养，就民族而言，需要长期的培育。中国古人对这一点体会很深，所以常常强调"潜移默化"，经由耳濡目染的长期熏陶，价值内化，成为一种道德规范。如果这种道德规范大体近于人情，既"止乎礼义"而又"发乎性情"，它对社会的稳定，对人类精神境界的提升，都将发挥重要作用。这就是文化的功能。目前教育界所说的"深厚的人文知识素养，有助于塑造高尚的精神世界，提高健康的审美能力"，与这个意思是相通的。《四书》《五经》作为科举时代的基本读物，人文教育功能是其不容抹杀的价值，并因制度的保障而得到了充分的发挥。

美国学者罗兹曼认为：科举制在中国传统社会结构中居于中心的地位，是维系儒家意识形态和儒家价值体系正统地位的根本手段。科举制在 1905 年被废止，从而使这一年成为新旧中国的分水岭：它标志着一个时代的结束和另一个时代的开始，其划时代的重要性甚至超过辛亥革命；就其现实和象征性的意义而言，科举革废代表着中国已与过去一刀两断，这种转折大致相当于 1861 年沙俄废奴和 1868 年的日本明治维新后不久的废藩。② 罗兹曼的意见也许是对的。而我想要补充的问题是：在科举制废止之后，如何保证《四书》《五经》的人文教育功能继续得到发挥？

（三）

科举制度曾经有过辉煌的历史，科举制度对现代中国的发展更有足资借鉴的意义。整理与研究历代科举文献，其意义也需要从历史与现实两个角度加以说明：一方面是传承文化，传承文明，让这份丰厚的遗产充分发挥塑造民族精神的作用，另一方面是去粗取精，古为今用，让它在现实的中国社会重放异彩，成为人事制度改革的重要智力资源。这是我们编纂出版《中国科举文化通志》的初衷，也是我们不辞劳苦从事这一学术工作的动力。

《中国科举文化通志》重点包括下述内容：

1. 整理、研究反映科举制度沿革、影响及历代登科情形的文献。

---

① 胡适：《胡适文集》第 1 册，北京大学出版社 1998 年版，第 418、433 页。

② ［美］吉尔伯特·罗曼兹主编，国家社会科学基金"比较现代化"课题组译：《中国的现代化》中译本，江苏人民出版社 1988 年版，第 335、635 页。

从《新唐书》开始，历代正史多有《选举志》。历代《会要》、《实录》、《纪事本末》等史传、政书之中，相当一部分是关于科举制度沿革的资料。还有黄佐《翰林记》、陆深《科场条贯》、张朝瑞《明贡举考》、冯梦祯《历代贡举志》、董其昌《学科考略》、陶福履《常谈》等一批专书。历代《登科录》和杂录类书籍，也保存了大量关于科举的材料。唐代登科记多已散失亡佚，有清代徐松的《登科记考》可供参考。宋元登科记保存稍多，明清有关文献尤为繁富。

2. 整理、研究与历代考试文体相关的教材、试卷、程文及论著等。

八股文是最引人注目的考试文体。八股文集有选本、稿本之分。重要的选本，明代有艾南英编《明文定》、《明文待》，杨廷枢编《同文录》，马世奇编《澹宁居文集》，黎淳编《国朝试录》等；清朝有纪昀《房行书精华》，王步青编《八法集》；还有《百二十名家集》，选文3000篇，以明代为主；《钦定四书文》，明文4集，选文480余篇，清文1集，选文290余篇。稿本为个人文集。明清著名的八股大家，如明代的王鏊、钱福、唐顺之、归有光、艾南英，清代的刘子壮、熊伯龙、李光地、方苞、王步青、袁枚、翁方纲等人，均有稿本传世。相关著述数量也不少。清梁章钜《制义丛话》等，是研究八股文的重要论著。其他考试文体，如试策、试律等，也在我们关注的范围之内。这些科举文献，一般读者不易见到，或只能零零星星地见到一些，或虽然见到了也难以读懂，亟待系统地整理出版，以供研究和阅读。

《中国科举文化通志》包括以下数种：《历代制举史料汇编》、《历代律赋校注》、《唐代试律试策校注》、《八股文总论八种》、《七史选举志校注》、《四书大全校注》、《游戏八股文集成》、《明代科举与文学编年》、《明代状元史料汇编》、《钦定四书文校注》、《翰林掌故五种》、《贡举志五种》、《〈游艺塾文规〉正续编》、《钦定学政全书校注》、《梁章钜科举文献二种校注》、《〈清实录〉科举史料汇编》、《二十世纪科举研究论文选编》、《明代科举与文学编年》、《〈礼部韵略〉与宋代科举》、《元明科举与文学考论》、《游戏八股文研究》、《明代八股文选家考论》、《唐代科举与试赋》、《〈儒林外史〉的现代误读》、《科举废止前后的晚清社会与文学》等。我们这套《中国科举文化通志》，以涵盖面广和分量厚重为显著特征，可以从多方面满足阅读和研究之需。而在整理、研究方面投入的心力之多，更是有目共睹。我们的目的是为推进学术作出力所能及的贡献。

《中国科举文化通志》是一项规模宏大、任务艰巨、意义深远的大型出版文化工程。编纂任务主要由武汉大学专家承担，并根据需要从中国人民大学、南京大学、中国艺术研究院、厦门大学、华中师范大学、陕西师范大学、扬州大学、中南民族大学、中南财经政法大学等高校或科研院所聘请了若干学者。南京大学卞孝萱先生、中华书局傅璇琮先生、中国社会科学院邓绍基先生等在学术上给我们提供了若干指导；参与这一工程的各位专家不辞辛苦，努力工作，保证了编纂进度和质量；武汉大学出版社鼎力支持《中国科举文化通志》的出版；所有这些，我们将永远铭记在心。

2015 年 4 月 13 日
于武汉大学

目　　录

绪　　论

　　中国的科举制度始于隋唐时期，在明清两代发展成熟，形成了学界所说的"科举社会"①。从隋唐一直到明清，科举制度为中国文人思想观念的生成、价值形态的建构提供了基本的平台。从制度的设计、设置、完善等层面来看，科举制度始终掌控在官方手中。但是，科举制度的设计与科举考试的运行是相关但并非完全等同的；科举制度、科举考试对于士子的意义也不是对等的。科举作为一项制度，它的制定掌握在官方手中。科举制度具有抽象性，是普通士子难以触及，更是他们无力把控的。科举考试则与科举制度不同。科举考试作为一项活动，是制度执行、实施的过程。这项活动必须依赖于士子的参与。当我们把作为制度的科举与作为活动的科举区分开来，将研究视角由制度的制定者转向活动的参与者时，就可以看到，在明代，普通士子不是科举考试的旁观者，也不是官方科举制度之下纯粹的受控制者。

　　八股文选家是在明代科举考试活动持续运行的过程中衍生出的重要群体。这个群体的核心特征是，他们虽然不可能直接参与科举制度的规划设计，但却深度地介入并渗透到科举考试运行的过程之中。有明一代，八股文选家这个群体经历了自我身份的确认、确立及演变的过程。时文选家作为一个群体，在嘉靖、隆庆年间渐具规模。万历年间，时文选家的数量猛增，他们还通过缔结文社，逐渐形成了特定的群体意识。天启、崇祯年间，这些选家通过选文、评文，以及集会结社，表达个人的举业态度、辞章观念，对时代风会乃至社会结构产生了重要的影响。选家的身份也由明初的官方化，逐渐向弘治到隆庆年间的去官方化，万历年间的非官方化，以及崇祯年间的反官方不断转型。通过梳理明代八股文选家的基本情况，我们可以从特定的视角看到，有明300年间，这些选家作为一个群体，如何不断参与到科举考试的进程之中，如何通过参与举业、写作时文、编订选本，推动了明代辞章观念、知识结构的调整。我们还可以看到，经由这种转变和调整，八股文选家怎样成为促进明代文人品格和士人心态转型、转变的重要力量。

---

　　① 　钱穆在《中国历史研究法》一书中提出，"自唐以下之中国社会为'科举社会'，但划分宋以下特称之为'白衣举子之社会'，即'进士社会'则更为贴切。我们亦可称唐代社会为'前期科举社会'，宋以后为'后期科举社会'"（钱穆：《中国历史研究法》，三联书店2001年版，第46页）。

　　关于"科举社会"的问题，另参见钱茂伟《国家、科举与社会——以明代为中心的考察》一书，以及郑若玲的《科举考试的功能与科举社会的形成》等论文。

选订举业程文的活动，并非始于明王朝。隋代，科举考试实施不久，士子就开始有意识地仿效已有的科举程文展开写作。据《旧唐书》载，隋炀帝大业元年（605）设立进士科。之后，一些士子模仿前科取中的范文辑缀成篇，"后生之徒复相仿效，因陋就寡，赴速邀时，辑缀小文，名之策学"①。到了唐代，诗文选本中收入了举业文章，"《文苑英华》载有大量的唐以前策问和对策文"②。此外，士子为了准备科举考试，也有意识地"揣摩当代之事，构成策目"③。如，"白居易为准备制科考试曾作了大量的模拟策问，被称为《白氏策林》"④。宋代，出现了专门的举业读物。南宋时，魏天应"编选南渡以降场屋得隽之文，而笔峰林子长为之笺释"⑤，成《论学绳尺》。唐宋时期，《白氏策林》《论学绳尺》等科举读物的数量、规模非常有限，程文选本尚未发展成为特定的书籍类型。这些书籍的撰写者、选编者也没有形成明确的、自觉的群体意识。到了明代，准确地说，自明代万历年间开始，编订时文选本成为专门化、专业化的活动。这种活动催生了具有特定的、共同身份的群体——八股文选家。万历年间，八股文选家的数量剧增；他们发展成为与官方相制衡的力量。到了天启、崇祯年间，八股文选家这个群体一度操控了八股文的编选权，他们甚至还在暗中左右了科举考试的评定权，在一定程度上影响了文化、学术的发展走向。有学者谈到，中国古代的"科举制度其实不仅仅是一种文官考试制度，实际上它又是一种社会整合机制，对中国古代社会的上下沟通、互动起着非常重要的作用"⑥。有明一代，在这种整合机制发挥上下沟通的功能时，八股文选家也起到了非常重要的作用。

要考察明代的八股文选家，我们必须在掌握大量史实的基础上，确定那些具有典型性、代表性的人物。吕思勉在《历史研究法》中说："对于已往的事情，要把其使现在成为现在的，挑选出来，而我们现在所挑选的是否得当呢？"⑦吕思勉的话提醒我们，要确定具有代表性的八股文选家，首先必须考虑"挑选的是否得当"。在明代，科举考试与政治、与文学等领域的活动密切相关，但是，我们不能用政治家、文学家的研究替代或覆盖对八股文选家的研究。基于这样的研究思路，本书在确定具有典型性的八股文选家

---

① 欧阳修等：《旧唐书》卷一〇一，中华书局 1975 年版，第 1954 页。

② 刘海峰：《"策学"与科举学》，《教育学报》2009 年第 6 期。
《文苑英华》第四七三卷至第四七六卷收录的是策问。这些策问包括乾元元年（758）华州试进士策问、礼部策试进士问、明经策问等。对策收录在第四七七卷至第五〇二卷。

③ 白居易：《策林序》，见白居易：《白居易集》卷六二，中华书局 1979 年版，第 1287 页。

④ 刘海峰：《"策学"与科举学》，《教育学报》2009 年第 6 期。

⑤ 何乔新：《论学绳尺序》，见何乔新：《椒邱文集》卷九，《景印文渊阁四库全书》本，第 216 页。以下引文出自《椒邱文集》者，均同此版本。

⑥ 李志著：《科举制度之废除及其后果——兼析科举制度的合理内核》，《华东师范大学学报（哲学社会科学版）》2002 年第 4 期。

⑦ 吕思勉：《史学四种·历史研究法》，上海人民出版社 1981 年版，第 5 页。

时，不是从现有的政治史、文学史入手，而是致力于搜集与八股文选家相关的第一手材料。本书的文献来源主要有三类：一是明代的八股文选本，二是官私书目留存的八股文选本和科举读物的目录，三是明清文集中的八股文选本序跋。笔者查阅了明代留存的部分八股文选本以及明清的官私书目，翻阅了718部明人别集，1163部清人别集①。在这个基础上，搜集、整理出明清两代的八股文选本序跋1354篇，约73万字。其中，明代的八股文选本序跋480篇，约29万字。在梳理这些八股文选本序跋及明清人在文集中留存的、与举业相关的史料的基础上，本书以徐一夔、黎淳、蔡清、林希元、归有光、黄汝亨、张溥、艾南英等人为切入点，考察明代八股文选家的选文活动，以及他们的举业观念、辞章观念等。

本书选取这八位选家具体的依据如下：

洪武至成化年间，是科举制度在明代的确认、确立期。整个社会对这种制度的认知仍处于不断建构的状态之中，与万历以后相比，这一时期士子对科举考试的参与度也相当有限。再加上社会需求、印刷技术等多重因素的影响，这一时期，时文选本以及其他类型的科举读物的数量较少。目前，笔者搜集到的程选文本序跋有，徐一夔为自己参与编订的《乡试程文》所作的序、杨守陈为《易义》所作的序、周忱为《偶中录》所作的序，以及丘浚为黎淳的《皇明历科会试录》所作的序。在考察明代前期的程文选家时，我们面临的困境至少有两重：一是，徐一夔的《乡试程文》、黎淳的《皇明历科会试录》、刘定之的《易义》、杨守陈编订的程文选本等已经全部佚失；二是，根据这几篇序跋，我们可以看到《乡试程文》等从内容和性质上来说，并不是严格意义上的八股文选本。这是因为，八股文选本应该只选第一场经义。通过《乡试程文序》《皇明历科会试录序》，我们可以看到，这些选本都是兼录义、论、策三场。徐一夔、黎淳等当然也就不能被称为八股文选家。但是，我们只有从明初的徐一夔、黎淳等人入手，了解明代前期人们对于程文选本的态度，以及他们的举业观念，才能在时间的延续与流转中，深入、透彻地剖析有明一代的八股文家、八股文选本在科举制度的构架下不断发展、演变的情况。

弘治至嘉靖年间是明代科举制度稳定、成熟的阶段。这一时期的时文选本序跋有33篇。其中包括，蔡清的《刊精选程文序》，林希元的《重刊蔡虚斋先生批点四书程文序》《批点四书程文序》《春秋文会录序》，薛应旂的《豫章文会录序》《校刺程文引》，张

---

① 此外，笔者还查阅了明清及近现代人编撰的与科举相关的史籍。如，屈万里的《明代登科录汇编》以及《天一阁藏明代科举录选刊·会试录》《天一阁藏明代科举录选刊·乡试录》。这些官方的文件选入了乡会试中的程文，对我们了解坊间选文的情况起到了最直接的参照作用。

明代的会试录、殿试录一直到清代都保存得较为完整。据万斯同《明史》载，"明《历科殿试录》七十卷、《历科会试录》七十卷俱起洪武辛亥，迄崇祯庚辰科"（万斯同：《明史》卷一三四，清抄本）。据丁丙《善本书室藏书志》载，"《明成化、宏治、万历会试乡试》十二册，影抄本。传是楼、天一阁两家书目均载有明各朝乡会试录若干种。此唯存成化五年乙丑、八年壬辰、十一年乙未、十四年戊戌、十七年辛丑、二十年甲辰、二十三年丁未，宏治三年庚戌、九年丙辰、十二年乙未十科会试，与万历二十三年甲午一科乡试录也。体例与今大略相同"（丁丙：《善本书室藏书志》卷九，光绪二十七年（1901）钱塘丁氏刻本）。

时彻的《品士录序》，徐阶的《崇雅录序》，归有光的《会文序》《群居课士录序》，瞿景淳的《春秋汇稿序》，莫如忠的《下车录序》《云间校士录序》，王慎中的《义则序》《萃英录序》，骆问礼的《私试程文序》《四书程文选序》等。成化年间，科举考试第一场经义由考试工具转型成为特定的文体。到了弘治、正德年间，经义在科举考试中起到越来越重要的作用。蔡清、林希元甄选第一场经义中的四书文，成《精选程文》《批点四书程文》。这两部选本的主要目的，是确立第一场经义写作中出现的典范作品，给士子的写作提供范本。蔡清、林希元是在中进士、授官之后编订这些选本的，但是，在选本完成时，他们却是居于家乡，并且以教授乡间后学为己任。这样，蔡清、林希元等选家以及他们的选本体现出鲜明的去官方化的特点。相比之下，《品士录》《下车录》《云间校士录》则是官员在任时编订的。这些选本还有意模仿了官方乡会试录的选文模式，兼选义、论、策三场，具有明显的官方化的特点。在这一时期的时文选家中，我们还要关注的是归有光。从明代八股文编选史的发展历程来看，归有光的《会文》《群居课士录》开启了全新的选文模式。在归有光之前，选家都是在获取科名之后，教授后学、编订时文选本。他们收录在选本中的，也多是中式（即中试，后同）士子的时文。归有光则是在未取得功名的情况下编订选本的。归有光35岁中举，60岁中进士。在获得科名之前，他一边研习举业，一边课业授徒，编订时文选本。归有光收入选本的，全部都是未中式士子的时文。自归有光开始，结文社、编订时文选本，成为未中式士子日常生活中的重要内容。之后，结社选文渐成风潮。归有光等人在嘉靖年间的活动，影响了万历年间的士风。这种结社选文的活动持续到天启、崇祯年间，发展成为与官方相抗衡的党社。

万历年间，科举作为一项制度，它自身是稳定的。但是，在这一制度的框架下，士子的思想观念、行为方式发生了巨大的转变。科举考试不再仅仅是官方"取士"的方式，这种制度对于普通士子的意义也逐渐凸显、强化出来。在科举制度的构架下，选家的身份也呈现出多元化的特点。万历年间，具有代表性的选家是黄汝亨。黄汝亨在年轻时与地方士子、官绅子弟结文社、选时文。与他结交的有王世贞的次子王士骐、季子王士骏，茅坤的儿子茅国缙。黄汝亨于34岁中举，之后，他以授徒课业、教育门生研习时文为业。茅坤的少子茅维、孙子茅元仪，以及乡间后学卓发之等曾跟随黄汝亨研习举业。黄汝亨将这些门生的日常课业编订成时文选本。之后，茅元仪、卓发之等也都编有时文选本。后，黄汝亨于41岁中进士。他在任江西提学佥事、江西布政使司参议期间，为地方士子刻有多部选本。黄汝亨结文社、做经师、任学政，这样的身份转换在万历年间极具代表性。他为自己的系列八股文选本写有《灵鹫山素业序》《坛石山素业序》《素业二编序》《坛石山素业三编序》《题素业三编》《素业四编序》《素业五编序》《素业六编序》，他还有《西戌墨卷选序》《庚戌十门人稿选序》《题壬癸墨选》《题癸丑墨选》《墨卷选序》《重刻江西校士录引》《西湖课艺序》《题合刻五十义》《易义分编序》《易准序》等。他还为同道的八股文选本作序，有《聂侯校士录序》《正始编序》《昭代文通序》《王逸季墨卷选序》《王逸季门人稿序》《皇明会元全集序》《方晦伯四明门人稿序》《沈无回十八房文定序》等。他也为门生后学的八股文选本作序，有《白社草序》《志远斋会课序》等。茅元仪是茅坤的孙子，也是黄汝亨的门生。茅元仪有《秦淮大社集序》《癸丑征变录序》《卯辰程墨干序》《己未开先录序》《己未二十房木鹤序》《尚书文苑序》《木鹤居四书草序》《木鹤居尚书草序》。黄汝亨的另一个门生卓发之有《经艺五种自序》《山东试牍序》《辛卯正业序》《小题集序》《钟山集序》《批点会元墨卷序》《会元墨卷第二序》《会元墨卷第三序》。万历年间，重要的时文选家还有黄汝亨的好友王士骐。王士骐也为自己的系列选本写有序跋，如《四子行素编序》《续行素编稿序》《戊戌十八房选稿上集序》《戊戌十八房选稿下集序》《庚辛程墨选引》《辛丑十八房选小引》《中弇会艺稿序》《题阅艺随录二集序》等。虞淳熙、汤显祖、方应祥、陈懿典等都是黄汝亨的好友，他们均编订有八股文选本，并为多部八股文选本写序。如，虞淳熙有《卯辰绮合序》《程墨选序》等。此外，这一时期，赵南星有《刻开心集序》《正心会选文序》《正心会房稿选序》《时尚集序》，郭正域有《观风录序》《福建程录序》《南雍誉髦录序》《誉髦录又序》《张不波大尹校士录序》，梅鼎祚有《宣城课士录序》《四书小题文选序》《先鸣集序》《振雅会业序》《挚言初业序》。

天启、崇祯年间，时文选家的数量迅猛增长。这一时期时文选本的序跋有271篇，具有代表性的选家是张溥、艾南英。与万历之前的士子相比，张溥、艾南英等人编订八股文选本的目的呈现出多重性的特点。万历年间，黄汝亨等人编订选本，是为了指导门生研习举业。到了崇祯年间，张溥、艾南英等选家在延续、强化了八股文选本对后学的示范、典范功能的同时，还将编订八股文选本作为挽救文运和颓世的努力。这一时期，八股文选家还有马世奇、吴应箕、郑鄤等人。马世奇有澹宁居系列选本，他承续万历年间选家的观念，以应举、中式为目的，为门生后学编订八股文选本。吴应箕是复社成员。他在参与复社的各种活动的同时，还编有大量的时文选本，写有《八大家文选序》《张尔公诗经程墨文辩序》《吴文咸集序》《国朝广业序》《道南集序》《崇祯甲戌房牍序》《崇祯丁丑房牍序》《历朝科牍序》《四书小题文选序》。郑鄤选明代八股文大家42人成《明文汇稿》，他有《明文汇稿序（四十二首）》。郑鄤还写有《明文选正序》《选丁丑房正序（两则）》《程墨正序》《续程墨正序》《丁丑墨选序》等。

本书从材料"挑选的是否得当"入手，把目光紧紧锁定在八股文选家这个群体、八股文编选这一特定的活动上。这种做法并不会限制我们的视野，而是提供了一个稳定的坐标系。在这个坐标系中，我们可以细致地分析，有明一代，士子面对同一个话题，或者说，处在同一个话语场时，他们如何将一种行为活动不断地延续下去；在延续的过程中，围绕这个话题，他们的态度、观念如何形成分歧，他们又是如何解决分歧，最终达成一致的。通过这样的剖析，我们可以看到，在明代科举考试持续、稳定发展的近三个世纪中，举业、辞章、学术、党社等文人关心的话题怎样与官方的制度设计缠绕在一起，这些不同领域的活动又是如何成功地形成了自身独特的发展逻辑。

二

《明代八股文选家考论》一书探讨的不是八股文的写作技法，也不是抽象的官方制度。本书借助八股文选本及其序跋，以及相关选家文集中的书信、诗文等，力图深入到明代八股选文的活动之中，剖析有明 300 年间，八股文选家这个特定的群体在身份认同上的演变，在思想观念、行为指向、选文策略等层面上的调整，捕捉士子心理、心态的变化，考察明代八股选文的活动与举业、与学术、与辞章、与党社之间多元化的、动态的关联。

从选家的编选观念以及他们与官方的互动关联来看，选家的身份、编选目的、选文的原则等处于动态的、不断调整与变化的过程之中。有明 300 年间，选家编选观念的转变有这样一种趋势：明代初期的选家立足于国家的立场，试图以选本的形式确证科举制度的有效性。到了明代中期，选家们立足于未中式士子的立场，编订选本，目的是为士子研习举业提供范本；明代中后期，选家们立足于士子这个阶层的需求，试图借助八股文选本的编订，从官方手中分割选权甚至是科举考试的评定权。

明代前期，官方基本上对科举制度拥有解释权，对围绕科举考试衍生的各种活动也有着毋庸置疑的控制权。这时，第一场经义与论、策只是科举考试的工具，尚未生发出独立的意义与价值。八股文选家也尚未完成在数量和规模上的积累，他们更多地立足于朝廷的立场，从"取士"的角度思考程文选本的编订。这些选家对政治、文化、文学产生的有效影响基本上停留于体制之内。在官方思考科举制、荐举制孰优孰劣之际，程文选家是科举制度最坚决的支持者。面对科举制度，他们表现出了极大的认同。徐一夔的《乡试程文》就是要从一个侧面证明科举制度的合理性及合逻辑性。

弘治、正德、嘉靖年间，第一场经义由考试工具转型成为特定的文体，并逐渐演变成为科举考试中的核心文体。经义，即八股文，发展成为科举制度的象征物和标志。这一时期，黎淳、蔡清、林希元等选家调整了个人的编选思路。他们转而立足于士子的立场，从指导门生研习举业的角度出发编订选本。归有光则在屡试不第的情况下，以布衣的身份结社选文、教授门生。他的出现标志着明代的时文选家完成了非官方化的身份转换。这时，国家的需要和士子的追求处于一种平衡的状态。林希元、归有光等选家虽然也有对科举制度的反思，但是，从整体来看，他们对科举制度有着较高的认同度。

万历年间，黄汝亨以及王士骕、祝以豳、虞淳熙、陈懿典、陈继儒、方应祥等选家在编订八股文选本时，对官方的态度呈现出多元化、矛盾性的特点。一方面，这些选家对国家的科举考试制度有着较高的认同度。无论是身为普通士子，还是作为官员，他们编订八股文选本都是在官方的制度框架内进行的，他们的活动也极大地拓展和强化了官方科举制度的影响力。另一方面，他们在选文的过程中，也开始与官方分割科举程文的评选权，这种行为活动在暗中松动了官方对科举话语权的控制。黄汝亨等八股文选家在科举制度的框架内展开编选活动，但是，他们却渐渐发展成为与官方相制衡的力量。他们缔结文社、教授生徒、编选时文的活动，并没有跃出官方的制度规范，但是，这些活动为崇祯以后文人活动的多元化、身份定位的多重性、思想观念的多样化打开了通道。

崇祯年间，是八股文选家的转型期。这时，选家已经完全专业化和职业化。这些选家在编订八股文选本时，对举业、对官方给予了否定性的评价，这与整个社会对科举制度的负面情绪相呼应。艾南英、张溥等人开始重新审视官方对科举考试的控制权，质疑官方评定程文的合理性、有效性。他们对程文写作中空疏不学、模仿剽窃的陋习表示了极大的不满。他们指出，时文写作中的陋习源自于官方最初的制度设计。这些选家还成为与官方权力、官方规范相互制衡的重要力量。他们通过制造社会舆论，在选八股文的领域里，推动了"选权下移"；借助获得的选权，他们还试图操控科举考试的评定权。张溥在编订八股文选本时，将选本作为一个有效的连接点，呼吁文人形成同赏、同心的意识，他借助于《国表》系列选本的编订将各地的士子聚拢在一起，组织成为严密的党社。党社的出现，意味着未中式的士子自觉地形成特定的群体，渐渐获得了与官方抗衡的力量。选家与官方也形成了对抗的态势。这样，崇祯年间，八股文选本不仅仅是士子揣摩举业的范本，而且成为党社制度化、规范化的重要媒介，成为士子与官方相抗衡的重要的助力点。

有明一代，随着科举制度的完善、教育的普及，士子的数量迅速增长、规模不断扩展，未中式的士子渐渐形成独立的知识阶层。这个新生的阶层需要确认他们作为一个整体在社会中所处的位置，并争取到更多的权力。阿兰·德波顿说，"身份的焦虑是我们对自己在世界中地位的担忧"①。事实上，身份的焦虑伴随着人类生活的始终。明代中后期，八股文选家与官方的抗衡，或者对抗姿态，就来自于他们"身份的焦虑"，来自于未中式的士子作为一个独立的阶层为自己争夺权力的努力。当黄汝亨、艾南英、张溥等士子参与举业时，他们实际上被给予了很多承诺，在他们的头脑里也充满了对于科举，对于自己的身份与地位的"想象"。这些"想象"包括经济的利益、现世的荣耀、家族的声望等。这样，每个个体在参与举业时，他们的期望值不断地提高，甚至迅速攀升。但是，事实上，科举制度只是推促更多的士子参与到举业中来。除此以外，这一制度并不能真正为所有参与考试的人提供它所许诺的、或者士子想象出来的那些利益。在这种情况下，万历年间的黄汝亨以及崇祯年间的艾南英、张溥等选家开始跃出官方的权力架构，试图自行制定"游戏"规则。这些选家与官方之间逐渐形成了抗衡，甚至是对抗的关系。在这种"身份的焦虑"与争取权力的过程中，张溥等人与艾南英的论争，其实质就是选权由官方下移到普通士子手中后，不同的群体对八股文选权及评定权的争夺。

三

明代初年，开设科举是一个充满了政治意义的事件。但是，有明300年间，科举制度在发展的过程中，却推生出了一种全新的文体，并促进了辞章、学术的发展。在八股文这一全新的文体生成、发展、定型以及命名的过程中，时文选家也起到了非常重要的推促作用。

吕思勉说，"历史，亦只是在一定的环境中，自然发生、成长之物，并不是自始即

---

① 阿兰·德波顿著，陈广兴、南治国译：《身份的焦虑》，上海译文出版社 2009 年版，第 1 页。

照着理想做的"①。明代科举制度发展的历史，明代八股文生成、定型、繁荣的历史，也是如此。有明一代，科举制度的直接目的是品评士子，继而选拔官员，以保证政治活动的顺利展开、政权的稳定运行。官方在制定、实施科举制度之时，并不致力于推动知识结构的完善。但是，科举制度并不排斥也不限制知识体系的建构、辞章观念的发展。当中国的取士、选官制度由汉代的察举制改为隋唐的科举制之后，诗赋/经义成为鉴别、选拔人才的标准，中国的政治结构、社会形态就在科举制度的构架下，与知识、文化之间建立起必然的、直接的关联关系。

明代科举考试第一场经义，就是后来俗称的八股文，它的生成以及名与实的对应关系是一个逐渐建构的过程。经义包括四书义和五经义，主要是用来测评士子对四书五经的理解情况。明代初年，经义并没有固定的格式。明人吴应箕谈到这个问题时说："文之始兴也，初无定体，自建之为制，后有规矩准绳之不可易。……本朝科举之文，前代未有，行之既久，其法加严，立为比偶。"②到了成化年间，经义，即八股文才演化成为一种文体，具备了稳定的体式。这时，科举制度在明代已经运行了百年之久。人们使用"八股"一词重新对第一场经义进行命名，要迟至隆庆、万历年间。采用"八股"这一命名方式，也是明人在评选时文的风潮中逐渐形成的共识。自万历年间开始，社会上迅速涌现出大批职业化的时文选家。这些时文选家围绕着科举考试第一场经义，探讨时文写作技法。"八股"这一概念的生成、定型与选家选文活动的发展相始终。在选家选文、评文的过程中，"八股"渐渐演变成为一个常用的词语，经由时文选本以及其他方面的推动力量，"八股"这一概念从明后期"流俗"的习用语③，转变为清代官方常常使用的一个词语，并发展成为科举考试中的核心概念。我们暂时搁置八股文负面的价值与意义，本着"不为这种事实辩解，而是阐明这种事实"④的态度，把这种官方的考试文体置于中国1300年的科举考试制度之中，就可以看到，在明代，"八股"并不是刻板僵化、平庸琐屑的代名词⑤。时文选家是选本的生产者，我们也不能简单地给这些选家贴上迂腐落后、目光短浅的标签。八股文这种文体的生成和定型、"八股"这一命名方式

---

① 吕思勉：《史学四种·历史研究法》，上海人民出版社1981年版，第5页。

② 吴应箕：《历朝科牍序》，见吴应箕：《楼山堂集》卷一七，《续修四库全书》本，第330页。以下引文出自《楼山堂集》者，均同此版本。

③ 顾炎武在《日知录》中谈到八股文说，"经义之文，流俗谓之八股"（顾炎武著，黄汝成集释：《日知录集释》卷一六，上海古籍出版社1985年版，第210页）。以下引文出自《日知录》者，均同此版本。

④ 伊格尔顿著，文宝译：《马克思主义与文学批评》，人民文学出版社1980年版，第12页。

⑤ 钱穆曾论及科举制度，他在不否认科举制度弊端的情况下，从学理上阐明科举考试在传统社会中的功能。他说，"必有大批应举人，远从全国各地，一度集向中央，全国各地人才，都得有一次之大集合。不仅政府与社会常得声气相通，即全国各区域，东北至西南，西北至东南，皆得有一种相接触相融洽之机会，不仅于政治上增添其向心力，更于文化上增添其调协力"（钱穆：《中国历史上之考试制度》，《考铨月刊》1951年第1期）。涉及八股文的问题，我们也应该理性地思考八股文产生的合理性及合逻辑性，以及这种文体在明清两代发挥的多重功能以及产生的影响。

的确定，意味着明人在承继宋代以来的科举考试体制之时，实现了对宋代科考方式的突破；这也意味着明人由创作技法入手，对经义这种科举考试文体进行了系统的、富有学术性的理论总结，并赋予了这种文体以特定的时代内涵。

八股文在成化年间发展成为一种独立的文体之后，就有了自身特定的发展逻辑与运行轨道。八股文文风不断发展、变化，在这个过程中，选家也起到了重要的推动作用。万历年间，黄汝亨等人在编订八股文时，是以参与举业为根本和核心。他们在写作时文、编订选本时，试图对这种文体进行改造，在这种官方文体中融入了佛典道藏的内容，推动了八股文文体的越界。黄汝亨等士子在越界之后，他们的观念又发生了逆转，他们转而重新认同官方规范的合理性和有效性。这种文体越界并没有持续下去，也没有最终颠覆官方制定的关于科举考试第一场经义的既有规范。到了崇祯年间，艾南英、张溥等人不再执着于对八股文这一文体进行改造，他们转而从文化权力、知识权力着手，以选文、结社的方式促成"同心之谊"。借助于"同文"、"同业"、"同党"的力量，他们建构的党社在一定程度上左右了崇祯年间科举考试的评定权。

明人在参与科举考试的过程中，将第一场经义转化成为一种文体，并逐步将经义从经部引向集部，之后，又借助于这种知识要素在政治领域内获取某些控制权。值得我们进一步关注的是，清代八股文选家的编选观念经历了一次复归。比如，清代的选家吕留良在编订八股文选本时，力图恢复八股文作为"经义"的本质，将八股文由"文"的轨道拉至"学"的轨道，重新确立八股文与经义、与学术之间直接的关联关系。顺治、康熙年间，面对官方的意识形态控制的强化，吕留良选择了退守一隅。作为一个选家，吕留良试图将八股文从纯粹的科举制度、从纯粹的政治架构中剥离出来，将时文和时文选本置于学术的统系之内，并重构选家在学术领域中的身份。他试图以这种全新的身份展开活动，重新确认选家在社会上的地位。从选家与官方的抗衡的角度上看，吕留良等独立的选家远远不及明代末期的张溥等人那样富有行动力。但是，吕留良将八股文重新纳入"学"的轨道，这极大地促进了学术的独立。相比之下，明代崇祯年间，张溥等将选文与党社、与权力、与科举制度等纠合于一体，八股文以及八股文选本被过度地"公共化"，成为人们在制度、知识、社会权力等场域中竞争的工具。吕留良要做的是，将八股文从公共领域中抽离出来，还原它自身本有的、最质朴的价值与意义。吕留良推动科举考试第一场经义由集部向经部回归，这一行为的意义在于，当选家介入政治的努力落败之后，他们试图在生命中找到另外的突破口，重塑生命的尊严。他们开始将传授知识、宣扬学术思想作为自己的毕生使命，从而使自己生存的意义经由学术与"天道"贯通。

有明300年间，士子在参与举业的过程中，研习经、史、子、集各部类的知识，并推动四部的知识进行重新整合。在这个过程中，中国社会的辞章观念也经历着重大的调整与变化。八股文选家的选文活动贯通了举业与辞章两个层面，以这样一个特定的群体为切入点，考察政治制度与文学风会之间的关系，剖析中国辞章观念的发展，并进而接通明代的学术史以及文学史，这是可能的，也是必要的。

从明代初年开科取士，到 1644 年明朝灭亡，科举制度延续了近 300 年。在这 3 个世纪里，科举考试渐渐发展成为持续、稳定的制度，中国的社会结构、政治局势、价值体系、思想观念、文学形态等都发生着或显或隐的调整与变化①。本书在这种过程性的变动中，对八股文选家个案进行观察，对明代八股文编选史进行梳理，同时，也对明代科举制度架构下士子的集体心理、意识形态、文化观念展开研究。通过梳理明代八股文选家的活动，我们可以看到，有明一代，八股文选家在编订选本时，他们处于交替、交接的过程之中。后代的选家与前代选家之间既是对话的关系、沟通的关系，同时，也存在着有意识地调整与转换。从明初到天启、崇祯年间，这些选家完成了由关注举业本身，到关注学术，关心辞章，再到逐渐关注权力的转向。我们也可以看到，选家与官方之间的关系是多层次的、多形态的，他们对官方的科举制度既有接纳、认同的一面，也可能与科举制度保持着疏离、批判以及或隐或显的制衡关系，或者可能在疏离之后重新走向认同和融合。我们还可以看到，明代的八股文选家及其选本对文化、文学、思想的影响并非固化的，这些选家的活动、思想、价值取向与特定时代的风会形成了相互呼应的关系。在制度与知识、举业与辞章之间的纠合中，八股文选家的编选观念、辞章观念、价值观念等也处于持续的变动之中。选家的八股文观念、举业观念也经由选本渗透到社会的各个层面，直接或间接地参与了明代举业、党社、学术、辞章等各个领域的发展、变迁。

---

① 吕思勉谈到，研究历史要关注法、俗这两个层面。他说，"法系指某一社会中有强行之力的事情，俗则大家自然能率循不越之事，所以这两个字，可以包括法、令和风俗、习惯"（吕思勉：《史学四种·历史研究法》，上海人民出版社 1981 年版，第 11 页）。在研究明代八股文选家的过程中，我们发现，正是在"法"，即科举制度的稳定性中，渐渐地催生出"俗"的变化性。

第一章　洪武至成化年间（1368—1487）：官方化的选家

　　洪武至成化朝的百年之中，科举考试作为一项取士制度，处于确立、发展的阶段。这一时期，尚未出现严格意义上的八股文选家以及选本。从文体的体式上看，明代前期，科举考试第一场经义，即后世俗称的八股文，只是纯粹的考试工具。经义尚未具备固定的格式，更没有成为特定的文体。八股文的成型始于成化年间。成化十一年（1475），王鏊中进士。之后，他写作的经义成为士子仿效的范本，八股文的文体得以定型。从文体的命名上看，"八股"一词的出现也是过程性的。明代初年，科举考试第一场被称为经义。成化、弘治年间，人们也将第一场称为时文。到了万历年间，科举考试第一场经义才与"八股"这个概念建立起对应关系。洪武至天顺朝，后世所说的八股文在名、实的双重维度都尚未成型，这一时期，当然也就没有所谓的八股文选家。

　　这一时期的选家有徐一夔、刘定之、杨守陈、黎淳等人。我们可以称之为"程文"选家。这里使用"程文"，有两层含义：从写作者的身份上看，程文是指中式士子完成的，或者是中式士子写作，又经乡会试的考官润色的文章；从选本类型上看，程文选本一般既选第一场经义，同时也收入了二、三场的策、论①。洪武五年（1372），徐一夔编订了《乡试程文》。正统年间（1436—1449），刘定之编有《易义》②。正统、景泰年间（1450—1456），杨守陈"取旧录历科程文数百篇，与诸家新旧义数千篇"③，编成程

---

　　① 宋代以来，"程文"是人们在科举考试的框架下经常使用的一个概念。在宋代，人们用"程文"指称士子中式的文章。如，景定二年（1261）辛酉，官方下"科举诏"说，"决科之艺有二：曰经义，曰词赋。……朕惟以言取人，有时而失。然老正先儒场屋之作有传诵至今为矜式者，谓程文不足以尽人之材，非笃论也"（《科举诏》，见刘克庄：《后村集》卷五三，《景印文渊阁四库全书》本，第1128页）。另如，廖刚有《乞采举人程文札子》。到了明代，"程文"成为一个常用的词语。

　　② 杨守陈：《书旧易义后》，见杨守陈：《杨文懿公文集》卷一二，《四库未收书辑刊》本，第493页。以下引文出自《杨文懿公文集》者，均同此版本。

　　③ 杨守陈：《书旧易义后》，《杨文懿公文集》卷一二，第493页。

文选本。成化年间，黎淳编订了《皇明历科会试录》。徐一夔、黎淳等人围绕着科举考试三场义、论、策，以官员的身份展开编选活动。他们在编订程文选本时，还没有专业化、职业化的意识。他们在程文选本中录入的是中式士子的文章，这些文章是官方认定为合格的作品。在编订选本时，选家关注的是这些程文对士子写作起到的规范作用。明初的这些选本是官方科举考试之后的衍生物，也是科举制度在明代定型和固化的重要助力。

第一节　徐一夔及《乡试程文》

徐一夔(1319—1398)，字惟精，又字大章，号始丰，浙江天台人。元末，徐一夔居于嘉兴，教授生徒。明王朝建立后，徐一夔入诰局。洪武五年(1372)八月，浙江乡试"既竣事"①。徐一夔于"九月朔越二十八日试职杭州府学教授"②。徐一夔到任后，参与编选了当年浙江乡试的程文。

一

徐一夔的《乡试程文》应该是入明后最早出现的一部程文选本。从科举读物的阅读史来看，与明代中后期相比，明初的士子对举业读物的需求量较小，这一时期，科举读物的数量也极其有限③。目前，除徐一夔的《乡试程文》以及官方的乡会试录之外，笔者尚未发现洪武年间编订的其他选本。要考察《乡试程文》的情况，我们必须把这部书放在特定的参照系之内，在同一时期、相同类型的书籍中进行比较，才能了解这部选本在明代初年科举构架下的特点，以及它的意义与价值。

洪武年间，与科举读物相关的书籍，除徐一夔的《乡试程文》外，还有官方的乡会试录。明代，在乡试、会试结束后，考官往往刊刻、颁行小录，公布考试的结果。这些小录称为乡试录、会试录。乡会试录包括五个部分：考官所作的序、考官及监事人员的姓氏和职官、考试题目、中式士子的姓氏和名次、选录的答题佳作。明人将选录的这些佳作称为程文。以乡会试录为参照系，我们可以看到，徐一夔的《乡试程文》具有半官方、半私刻的性质。《乡试程文》与官方乡会试录的共同点是，都收入了中式士子的程文，且收录义、论、策三场。但是，它们之间也存在根本的差异。乡会试录作为官方文

---

①　徐一夔：《乡试程文序》，见徐一夔：《始丰稿》卷五，《景印文渊阁四库全书》本，第210页。本节引文出自《乡试程文序》者，不另行出注。以下引文出自《始丰稿》者，均同此版本。

②　徐一夔：《初至杭学谒先圣祝文》，《始丰稿》卷六，第231页。

③　士子对科举读物需求量的大小，与这一制度的稳定性、稳固性有着直接的关联。

件，它的核心功能是"献上"①，编撰者的目的在于"献诸宸御"②，而不是给士子参与科举考试提供参考读物。这种官方文件在甄录考试中的佳作之外，还收录考官、中式士子的姓氏等。删去程文这个部分，乡会试录依然可以有效地发挥"献上"功能，因此，程文只是乡会试录的构成要素，而不是核心的成分。徐一夔作为杭州府学教授，身处于国家的政治架构之内。他编订的《乡试程文》与官方的乡会试录相比，存在着很大的差异。《乡试程文》只收录士子的佳作，程文是《乡试程文》核心的、也是唯一的构成要素。《乡试程文》也没有任何"献上"的目的，这部选本收录的佳作就是提供给参与举业的士子阅读的。徐一夔谈到编选《乡试程文》的目的说，"以其程文锓版，以贻四方"。所谓"四方"，指代的显然就是那些中式的，以及未中式的士子。另外，历科考试之后，官方都编纂有乡会试录③。官方的乡会试录具有稳定性、常规性、规范性的特点。相比之下，《乡试程文》的编订不是国家行政体系之内的官方行为，而是徐一夔在任职期间随

---

① 丘浚：《大学衍义补》卷九，《景印文渊阁四库全书》本，第 131 页。

② 徐溥：《会试录序（成化十一年）》，见徐溥：《谦斋文录》卷二，《景印文渊阁四库全书》本，第 568 页。以下引文出自《谦斋文录》者，均同此版本。

在乡会试录中，编刻者多有"选其文若干篇以献"（李舜臣：《江西乡试录序代作》，见李舜臣：《愚谷集》卷一，《景印文渊阁四库全书》本，第 693 页）这样程式化的表述。有明一代，乡会试录始终保持着"献上"的功能。如，成化二十三年（1487），吴宽在《丁未会试录后序》中说，"将献诸朝"（吴宽：《丁未会试录后序》，见吴宽：《家藏集》卷四一，《景印文渊阁四库全书》本，第 361 页）。嘉靖三十一年（1552），茅坤在《广西乡试录序》中说，"所简之士一千二百有奇，三校之，而得五十有五人，录其文之尤者以献"（茅坤：《广西乡试录序》，见茅坤：《茅鹿门先生文集》卷一一，《续修四库全书》本，第 537 页）。嘉靖四十四年（1565），高拱在《会试录序》中说，"遵宸断，取中式者四百人，以其名氏及文之纯者为录以献"（高拱：《会试录序》，见高拱：《高文襄公集》卷二七，《四库全书存目丛书》本，第 367 页）。嘉靖三十七年（1558），宗臣在《福建乡试录序》中也说，"录其文之可传者以献"（宗臣：《福建乡试录序》，见宗臣：《宗子相集》卷一三，《景印文渊阁四库全书》本，第 105 页）。

③ 我们要注意的是，明代的乡会试录是在唐宋登科记的基础上发展而来的。另外，明代乡会试录的稳定性、规范性并不是一蹴而就的。洪武初年，科举制度尚不稳定，在这种情况下，乡会试录的编撰也是时断时续的。洪武三年（1370）、洪武四年（1371），明王朝行乡试。洪武四年（1371），举行会试。这两年，官方颁行了乡试录、会试录。在宋濂的文集中存有《庚戌京畿乡闱纪录序》《辛亥京畿乡闱纪录序》以及《会试纪录题辞》。洪武四年（1371），官方的会试录在唐宋登科记的基础上，增入了士子的程文。据《礼部志稿》，"四年，初设进士，取吴伯宗等一百二十人，而凯实提调之，得人之盛，始此遂刻程文"（林尧俞：《礼部志稿》卷五一，《景印文渊阁四库全书》本，第 946 页）。从洪武六年（1373）到洪武十六年（1383），明代科举暂停。这段时间当然也不可能展开乡会试录的编撰活动。洪武十七年（1384）重开乡试，次年举行会试。这两年，官方均编有乡试录和会试录。洪武十七年（1384）的会试录参仿唐宋登科记的体例，"惟列董事之官，试士之题及中选者之等第、贯籍、经业而已"，"犹未录士子之文以为程式也"（丘浚：《皇明历科会试录序》，见丘浚：《重编琼台稿》卷九，《景印文渊阁四库全书》本，第 191 页）。自洪武二十一年（1388）开始，收入程文成为明代乡会试录的"定制"，明代乡会试录的体例也从此稳定下来。据陆深《拟会试录序》，"二十一年戊辰，始录文示式。于是，五经四书之义、论策诏诰表判之文，永为定制"（陆深：《拟会试录序》，见陆深：《俨山集》卷四六，《景印文渊阁四库全书》本，第 284 页）。收录程文，是明代乡会试录在体例上的核心特征。借助于程文的力量，明代的乡会试录形成了区别于唐宋登科记的特有的体例形态和意义结构。

机展开的文化活动。从这个角度来看，徐一夔作为《乡试程文》的选订者，他的身份是官员，但是，《乡试程文》这部选本应当是私家编选的。

当我们把《乡试程文》置于私刻的科举读物的编撰史上，可以看到，这部选本的出现并不是突兀的。徐一夔编订《乡试程文》是对元代科举读物的延续和改造。元代，科举考试书籍在数量、规模上都有了充分的累积。杨士奇出生于元至正二十六年（1366），他谈到，自己少年时曾阅读何淑的程文。他说，"余家距先生之乡数百里，童子时，伏读先生程文，心切慕之"①。何淑是元代至正十一年（1351）的进士，明代初年，他的文章成为士子研习举业时的范本。明代洪武、永乐年间，士子在准备考试的过程中，也会阅读元代人编订的科举读物。杨士奇还谈到自己阅读《四书待问》的情况。他说：

> 《四书待问》一册八卷，元临江萧镒南金编，为科举之学设也。元场屋有四书疑问，国初三科犹然。洪武甲子，始改为四书义。此书余初习举业时受之司仓伯。②

萧镒的《四书待问》编成于泰定三年（1324），比徐一夔《乡试程文》早48年。这部书"历采宋元诸儒，如朱晦庵、张南轩一十三家之说而折衷之，亦间取时文之不倍师说者，设为问答之义。……前有四书互义，后分列《论语》《大学》《中庸》《孟子》凡五百四十问，七百一十七则"③。"四书互义"就是对四书内容、义理的讲解和阐释，另外的"五百四十问，七百一十七则"则是元代士子考试经疑的程文。《四书待问》兼具了讲章、选文的双重性质，它的内容非常驳杂。从体例上看，《四书待问》并非严格的选本，只是一部包含有选文要素的科举读物。除了《四书待问》，杨士奇还阅读了元代的程文，如《延祐乙卯会试程文》等。他说：

> 右《诗》《礼记》《春秋》三经义，虽断简，然元前七科之文，又选其精者也。
> 右元前八科程文，不完，独有《四书疑》及《易义》一卷耳。然载当时程式，可备稽考。
> 右元至正二年江浙、江西、湖广三省乡试及会试、廷试选中之文，而择其佳

---

① 杨士奇：《蠖阉集序》，见杨士奇：《东里集·续集》卷一四，《景印文渊阁四库全书》本，第554页。以下引文出自《东里集》者，均同此版本。

何淑，生卒年未详，元至正十一年（1351）进士。据《（同治）乐安县志》，"何淑，字善伯，号蠖阉，板桥人。由进士授武冈县丞。……洪武初，江西行省聘者。乡试次年，召为六子宾客，辞不就。复召天下名士九人，淑为首。至京，以老疾辞归"（朱奎章修，胡芳杏纂：《（同治）乐安县志》卷八，同治十年（1871）刻本）。

② 杨士奇：《四书待问》，《东里集·续集》卷一七，第585页。

③ 阮元：《四书待问二十二卷提要》，见阮元：《研经室集(外集)》卷一，上海涵芬楼藏原刊本。

者。盖元顺帝罢科举，至是始复云。

右《延祐乙卯会试程文》一册，不完。是编总十卷，今存三卷。首卷蒙古、色目人答四书疑及策，二卷、三卷皆汉人、南人答四书疑。①

元代留存下来的科举读物还有《易义矜式》《书义矜式》等。据钱大昕《元史艺文志》"科举类"条载，元代的举业读物还有：

涂撎生《易义矜式》○《易疑拟题》三卷、《易主意》一卷字自昭，宜黄人，濂溪书院山长○王充耘《书义矜式》六卷、《书义主意》六卷○倪士毅《尚书作义要诀》四卷○陈悦道《书义断法》六卷○谢叔孙《诗义断法》五卷○林泉生《诗义矜式》十卷○黄复祖《春秋经疑问对》二卷字仲篪，庐陵人○杨维桢《春秋合题著说》一卷○欧阳起鸣《论范》六卷○谭金孙《策学统宗》二十卷非全本○陆可渊《策准》三卷○曾坚《答策秘诀》一卷○元赋《青云梯》三卷○陈绎曾《科举天阶》○《江浙延祐首科程文》○《大科三场文选》安成周敬辑○《历举三场文选》五经各八卷。安成刘仁初、刘霁、刘霖等编○《至正辛巳复科经文》。②

在这些书籍中，《江浙延祐首科程文》《大科三场文选》《历举三场文选》属于程文选本。《江浙延祐首科程文》选取延祐元年(1314)浙江乡试中式士子的程文，《延祐乙卯会试程文》则取延祐二年(1315)会试中式士子程文。徐一夔正是模仿了《江浙延祐首科程文》《延祐乙卯会试程文》的体例，选取中式士子在乡试中写作的义、论、策。《乡试程文》这种严格的选文意识，确立了选本以"文"为核心的基本体例特征，对后来的程文选本、八股文选本产生了重要的影响。到了嘉靖、隆庆年间，程文选本、八股文选本作为特定的书籍类型，与经师的讲章、官方的乡会试录等其他类型的科举读物区分开来，八股文选家也渐渐衍生成为特定的职业类型。

二

《乡试程文》是提供给士子的举业读物，徐一夔编撰这部选本目的之一，是为了证明科举制度系"国家之良法美意，而凡为士子者之所当知也"。

洪武五年(1372)，徐一夔编订《乡试程文》之时，正值明王朝立国之初，科举制度的推行也尚处于摸索的阶段。这时，科举与荐举形成了并峙的局面。关于实行科举制，还是荐举制，明太祖朱元璋正处于犹豫不决中。一部分官员也对科举制度的功能、价

---

① 杨士奇：《元程文四集(四首)》，《东里集·续集》卷一七，第585页。
② 钱大昕：《元史艺文志》卷四，见陈文和主编：《嘉定钱大昕全集》第五册，江苏古籍出版社1997年版，第154页。
在《元史艺文志》中，"科举类"书籍成为重要的类别，甚至成为与"别集"、"总集"等并行的类目。

值，以及实施的策略及方法等表示了质疑，甚至是否定。在这种情况下，《乡试程文》的编选不仅仅为士子参与科举考试提供了写作的范本，更在深层次上参与了明初官方关于科举制度施行还是废止的探讨和思考。

明王朝建立之初，官方主要采取荐举、科举两种方法取士。在时人的观念中，科举考试只是诸多取士方法中的一种。与其他的取士方式相比，科举之法是否更为有效，明人还处于探讨之中。据《明史》载，明代的"选举之法大略有四：曰学校，曰科目，曰荐举，曰铨选"①。"科目"即科举考试。吴元年，即元惠宗至正二十七年（1367），朱元璋制定了科举制度。但是，明王朝建立之初，朝廷并未直接使用科举制，而是采用了荐举制。洪武二年（1369）八月，朝廷下令以荐举之法取士。据《明太祖实录》：

> 敕中书省，令天下郡县举素志高洁、博古通今、练达时宜之士年四十以上者，礼送至京。②

但是，明太祖很快对荐举制提出质疑：

> 洪武二年九月壬辰朔，上谓廷臣曰："知人固难，今朕屡敕百司访求贤才，然至者往往名实不符，岂非举者之滥乎?③

明廷转而以科目取士，于洪武三年（1370）颁布《初设科举条格诏》。洪武三年（1370）、四年（1371）、五年（1372），朝廷连开乡试、会试。同时，官方也在科举制与荐举制之间进行着权衡。如，洪武四年（1371），明王朝首科会试，策问中就涉及朝廷对"选举之法"的思考。朝廷提出的具体问题是，"选举之于资格，孰为铨曹之要法乎"④。这表明，明太祖对科目取士也有着重重的疑虑。洪武六年（1373）二月，明太祖下令罢停科举。据《明太祖实录》：

> 朕设科举以求天下贤才，务得经明行修、文质相称之士，以资任用。今有司所取，多后生少年，观其文词，若可与有为。及试用之，能以所学措诸行事者甚寡。

　① 张廷玉等：《明史》卷六九，中华书局1975年版，第1675页。以下引文出自《明史》者，均同此版本。

　② 《明实录·明太祖实录》卷四四，台湾"中央研究院"历史语言研究所1963年版，第861页。以下引文出自《明实录》者，均同此版本。

　③ 《明实录·明太祖实录》卷四五，第879页。

洪武十二年（1379），朱元璋肯定了荐举制。他说，"为天下者，譬如作大厦，非一木所成，必聚材而后成。天下非一人独理，必选贤而后治。故为国得宝，不如荐贤"（《明实录·明太祖实录》卷一二八，第2032页）。

　④ 《洪武四年策问》，见吴伯宗：《荣进集》卷一，《景印文渊阁四库全书》本，第23页。以下引文出自《荣进集》者，均同此版本。

朕以实心求贤，而天下以虚文应朕，非朕责实求贤之意也。今各处科举宜暂停罢，别令有司察举贤才，必以德行为本，而文艺次之。庶几天下学者知所向方，而士习归于务本。①

在朱元璋看来，用荐举制取士，主要的手段是先察行实、德业；相比之下，科举考试的核心方法是，先"观其文词"。一个人在"文词"方面的表达能力与德行、学业以及士子"措诸行事"的能力并不一定就是对等的。于是，洪武七年(1374)，明廷罢科举制，用荐举制，"命守令举人才"②。洪武十三年(1380)，"诏郡县举聪明正直、孝弟力田、贤良方正、文学之士及精通术数者以名闻"③。洪武十四年(1381)，明廷屡下求贤诏。洪武十五年(1382)，考选郡县生员入国学，"命各道提刑按察司选府州县学生员……送京师。……命礼部考其文辞，中式者留之，不中者遣还"④。

明代前期，就荐举制、科举制哪种方法较为优化这一问题，朝廷中的官员也在协商、讨论之中。有人认为，荐举之法更为合理有效。如，郑本忠是元末明初的名士，入明后，经郡教授赵思盛推荐，授昌国训导，寻升秦府教授。郑本忠认为，在王朝初建之时，应该采用荐举之法。他说，"苟不保举、搜抉而并用之，则何以隆治道而跻太平也哉"⑤。方孝孺在洪武十五年(1382)"以吴沉、揭枢荐，召见"⑥。方孝孺对科举制度的看法，与郑本忠大体是一致的。他认为，科举之法存在着种种弊端。方孝孺说："君子之学积诸身，行于家，推之国，而及于天下。率而措之，秩如也。奚

---

① 《明实录·明太祖实录》卷七九，第1442页。

明代前期，朝廷在科举、荐举两种制度之间犹疑，这自有其合逻辑性。刘海峰、李兵在《中国科举史》一书中谈到相关的情况说，"洪武三年(1370年)开科之前荐举成为主要的选士途径，在战争或者国甫初定之时，根本无法举行全国大规模统一考试的条件下，荐举人才确实能解朝廷人才匮乏的燃眉之急，为朱元璋建立明代立下汗马功劳的多位开国元勋就是通过荐举而来的，如'浙东四贤'：刘基、宋濂、章溢、叶琛等。明初布衣杨文贞被荐举入朝"(刘海峰、李兵：《中国科举史》，东方出版中心2004年版，第275页)。另外，"明初连续3年取士之后，朱元璋发现'所取多后生少年，能以所学措诸行事者寡'。……朱元璋认为这些新进士人只是长于文辞而少有实才，这与他设科以选拔执掌一方官吏的初衷有很大的差距"(刘海峰、李兵：《中国科举史》，东方出版中心2004年版，第275页)。由此看来，朱元璋在一定时间段内倾向于荐举制度，也是合逻辑的选择。

② 《明实录·明太祖实录》卷九三，第1603页。

③ 《明实录·明太祖实录》卷一三〇，第2073页。

④ 《明实录·明太祖实录》卷一四六，第2295页。

据《剑桥中国明代史》，"1382年10月，南京吏部曾举行特科考试……通过这次考试，约3700名秀才进政府做了官。许多人被任以极其重要的行政职务，其中也有人做了尚书。这次特科选拔的士子论其才干有以下6个方面：(1)经明而行修者；(2)擅长书法者；(3)对经书意义有深入了解者；(4)人品俊秀者；(5)有治国才具者；(6)语言有条理者。"(崔瑞德、牟复礼著，张书生等译：《剑桥中国明代史》，中国社会科学出版社1992年版，第99页)。

⑤ 郑本忠：《思亲堂记》，见郑本忠：《安分先生集》卷二，民国年间抄本。

⑥ 张廷玉等：《明史》卷一四一，第4017页。

待词说乎？以词说为学，上以是取士，下以是自期，此士所以莫逮乎古也。"①方孝孺认为，科目取士的实质是"以词说为学"，这种用"词说"取士的方式，造成了士子"莫逮乎古"的局面。

明代初年，科举制度尚未稳定，这项制度的设计是否合理，时人还处于论证之中。在明太祖及部分官员犹豫、迟疑之时，徐一夔坚持，以科目取士自有其合理性、必然性。徐一夔认为，科目取士是最优化、最稳定、最便于实施的制度。他谈到，在战乱初平、人才匮乏的情况下，应该多途并用，官方不能重荐举、轻科举。他说：

> 书非末技也。昔人固尝用以取士矣，以书致身亦入仕一途也，奚名为左？矧国家优崇之选二科而已，曰举遗逸也、举进士也。遗逸不常举也。进士科三岁一举，群天下之士而试之，登名于吏部者不过百人而止。取之之目，审之乡以观其行也，求之经以观其学也，博之词以观其才也，问之策以观其政也。揆之于古，占其一者，已足名世。②

针对明太祖及部分官员对科举取士提出的质疑，徐一夔也暗中对荐举制进行了反思。他在《读韩文公荐士书》中谈到荐举制的弊端说，"大抵负材名而骤进者，恐其轧己而不欲言；处禄位之崇高者，既不屑与贫贱之士接，又不思求贤为国之义"③。徐一夔指出，在荐举制下，难免会出现"恐其轧己而不欲言"，或者在位者"不思求贤为国"的情况。他指出，历史上的人和事早已证明，荐举制存在着更大的隐患。他说，在荐举制下，"天下之士，不入于道德，则入于权术"。一般情况下，"道德之说胜则权术隐，权术之说胜，则道德隐。是故颜子、闵子之徒，离亲戚、去坟墓，以事孔子；权术胜，则有苏秦、张仪之徒离亲戚、去坟墓，以事鬼谷子。大抵道德之效远大而难至，权术之效卑近而易为"④。因此，在学校、科目、荐举、铨选这四种"选举之法"中，徐一夔更倾向于科目，即科举考试。《乡试程文》对于官方科举制度给予了积极的、正向的回应，表明了徐一夔对科举制度的支持与肯定。徐一夔借助于《乡试程文》的编订，与支持科举制度的官员形成共同体，他们试图从不同层面入手，表达对明王朝制定的科举制度的认同，确证"以科目取士"的合理性及有效性。

明代初年，徐一夔在支持科举取士、以文取士时，也有许多同道，如刘基、宋濂等。明代科举制度的制定，刘基居功甚多。据《明史·选举志》，"科目者，沿唐、宋之

① 方孝孺：《务学》，见方孝孺：《逊志斋集》卷一，《景印文渊阁四库全书》本，第 79 页。
② 徐一夔：《送周山长考满序》，《始丰稿》卷二，第 157 页。
③ 徐一夔：《读韩文公荐士书》，《始丰稿》卷一，第 143 页。
④ 徐一夔：《送钱唐二生游学序》，《始丰稿》卷二，第 159 页。

旧，而稍变其试士之法……盖太祖与刘基所定"①。宋濂在元末开始辅佐朱元璋。至正十八年(1358)，朱元璋攻取浙江金华等地，建宁越府。至正十九年(1359)，宋濂"与刘基、章溢、叶琛并征至应天，除江南儒学提举……基佐军中谋议，濂亦首用文学受知，恒侍左右"②。明王朝建朝后，宋濂主持《元史》的修撰，"洪武二年，诏修《元史》，命充总裁官。是年八月，史成，除翰林院学士"③。洪武三年(1370)，"置弘文馆，以刘基、危素为弘文馆学士"④。宋濂被推为"开国文臣之首"，有明一代"礼乐制作，濂所裁定者居多"⑤。宋濂是科举制度的坚定的支持者。他主持了洪武三年(1370)、洪武四年(1371)的京闱乡试以及洪武四年(1371)的会试。他还主持了乡试录、会试录的编撰，写有《庚戌帝畿乡闱纪录序》《辛亥京畿乡闱纪录序》《会试纪录序》。元末，徐一夔就与宋濂、刘基、王祎等人交好⑥。考虑到徐一夔与宋濂、刘基等人之间的交往，徐一夔认同和坚持以科目取士，编订《乡试程文》，也许就不再是偶然的事件了。

明王朝自洪武六年(1373)停罢科举考试，改行荐举制。后，又于洪武十七年(1384)三月，重开科举，"命礼部颁行《科举成式》"，"诏礼部设科举取士。令天下学校期三年试之，著为定制"⑦。洪武十七年(1384)九月，明王朝举行乡试，恢复了"以文取士"的制度。这一年，蔡平在乡试中中举。在蔡平赴会试前，徐一夔写有《送蔡平赴会试序》⑧。徐一夔的这些序文以及编订的《乡试程文》，还有他在编订选本过程中对义、论、策等的认同与肯定，与宋濂、刘基等众多的声音形成了合力，成为朝廷重新开科，恢复"以科目取士"的重要推动力。

三

近现代人谈到科举制度，往往更多地注意到由隋唐到明清科举制度的延续性和稳定性。事实上，科举制度在不同的王朝、时代有着不同程度的调整和变化。对于身处科举制度之下的士子来说，制度的调整、变化与制度的延续、稳定一样，都有着重要的意义。

徐一夔在《乡试程文序》中有意识地将"当下"的制度设计与元代科举考试的科目进

①　张廷玉等：《明史》卷七〇，第 1693 页。

②　张廷玉等：《明史》卷一二八，第 3784 页。

③　张廷玉等：《明史》卷一二八，第 3785 页。

④　《明通鉴》卷三，《续修四库全书》本，第 48 页。

⑤　张廷玉等：《明史》卷一二八，第 3788 页。

⑥　宋濂为徐一夔写有《送徐教授纂修日历还任序》《徐教授文集序》等文。在《送徐教授纂修日历还任序》一文中，宋濂的落款是"友生金华宋濂"(宋濂：《送徐教授纂修日历还任序》，见宋濂著，罗月霞主编：《宋濂全集·翰苑别集》卷四，浙江古籍出版社 1999 年版，第 1026 页)。刘基为徐一夔写有《白云山舍记》。在徐一夔的《始丰稿》卷六中，有他写给王祎的《与王待制书》。

⑦　《明实录·明太祖实录》卷一四七，第 2308 页。

⑧　徐一夔：《送蔡平赴会试序》，《始丰稿》卷一二，第 335 页。

行参照、比较。他指出，由元入明，科举考试的基本内容发生了细微且重要的变化。徐一夔在《乡试程文序》中说：

> 皇上既平海内，有诏以科目取士……稍变前代之制以趋于古。

徐一夔试图在现实——"稍变前代之制"和历史——"以趋于古"这样的双重架构中确证明代科举考试制度设计的合理性和有效性。

所谓"稍变前代之制"是指，与前代相比，明代科举制度的典型特征是，在科举考试中除去诗赋，专以义、论、策三场取士。在元代的科举考试中，诗赋是核心的要素之一①。如，在元太宗十年（1238）的"戊戌选试"中，考试的方式是"以经义、词赋、论分为三科"②。元朝建立后，科举一直停废。皇庆二年（1313），重开科举。南人、汉人考试三场，"第一场明经，经疑二问……经义一道……第二场古赋诏诰、章表内科一道，古赋诏诰用古体，章表四六，参用古体。第三场策一道"③。明代官方认为，元人在考试中较为重视词赋，这种考试方式造成的结果是，"权豪势要之官，每纳奔竞之人，辛勤岁月，辄窃仕禄。所得资品，或居举人之上。怀材抱德之贤，耻于并进，甘隐山林而不起"④。因此，明人在制定科举考试制度时，将诗赋排除在科举考试的范围之外。朱元璋在建立政权之初，定立科举考试制度时，就计划除去词赋，改试其他的内容。据《明太祖实录》，吴元年（1367）三月，朱元璋"下令设文武科取士。……上稽古制，设文、武二科，以广求天下之贤。其应文举者，察其言行，以观其德；考之经术，以观其业；试之书算、骑射，以观其能；策之经史时务，以观其政事"⑤。洪武三年（1370），明廷颁布《初设科举条格诏》，就科举考试的具体内容制定了细则。据《皇明诏令》，《初设科举条格诏》对科举考试的相关设计是：

第一场试

---

① 科举制度自隋唐时期确立以后，诗赋一直是重要的考试内容。到了宋代，在天圣年间，进士科的考试内容是诗、赋、论各一首，策五道，帖《论语》十帖，对《春秋》或《礼记》墨义十条。庆历三年（1043），科举改革后，考试内容是，先试策论，后试诗赋，士通经愿对大义者试十道。熙宁四年（1071），王安石进行了科举改革，除去了诗赋。但是，经过"元祐更化"，诗赋又进入科举考试的系统之内。元祐二年（1087），进士考试加入了诗赋，不学诗赋的仍按旧经考试。元祐四年（1089），朝廷宣布进士科分为经义诗赋进士和经义进士两类。诗赋成为科举考试的重要内容。这种情况在元代也一直延续着。到了明代，科举考试的规程改为试义、论、策三场，诗赋被排除在科举考试的体制之外。

② 宋濂等：《元史》卷一四六，中华书局1976年版，第7567页。
③ 宋濂等：《元史》卷八一，中华书局1976年版，第4189页。
④ 佚名：《皇明诏令》卷一，嘉靖十八年（1539）刻、嘉靖二十七年（1548）浙江布政使司增修本。
⑤ 《明实录·明太祖实录》卷二二，第323页。

五经义。各试本经一道，不拘旧格，惟务经旨通畅。限五百字以上。

《易》，程朱氏注、古注疏。

《书》，蔡氏传、古注疏。

《诗》，朱氏传、古注疏。

《春秋》，左氏、公羊、穀梁、胡氏、张洽传。

《礼记》，古注疏。

四书义。一道。限三百字以上。

第二场试

礼乐论。限三百字以上。

诏诰表笺。

第三场试

经史时务策。一道。惟务直述，不尚文藻，限一千字以上。①

明代的科举考试延续了元代的基本构架，即科举考试分三场举行。但是，明人在科举考试的规程设计中，彻底去除了诗赋等内容。他们在制定科举考试的基本程式时，还根据考试的内容和形式对三场考试进行了概括和命名，确定了义、论、策这三场考试的基本形式。此后，有明300年间，在科举考试平稳运行的过程中，义、论、策三场考试的内容也始终保持着稳定性。徐一夔在编选《乡试程文》时，选入了义、论、策三种类型的程文。《乡试程文》的这种体例安排并不是随意的。当我们在明代初年科举制度尚未稳定运行这一特定的历史环境中，思考《乡试程文》的编选体例，可以看到，《乡试程文》选入义、论、策正与明初制定的考试政策相一致。这表明徐一夔对官方"稍变前代之制"——去诗赋，专用义、论、策这一制度设计的认同和肯定。

表1-1　　　　　　　　元代以及吴元年、洪武三年科举考试内容设置

	皇庆二年（1313）		吴元年（1367）	洪武三年（1370）
	蒙古人、色目人	汉人、南人		
第一场	经问（五条）	明经经疑（二问）、经义（一道）	经术	义（五经义、四书义各一道）
第二场	策（一道）	古赋诏诰章表内科（一道）	书算、骑射	论
第三场		策（一道）	经史时务策	策（一道）

徐一夔所说的"以趋于古"的"古"，包含着两重时间维度。第一重时间维度指向的是宋代。明代科举考试的制度设计为义、论、策三场，这实际上是在宋代熙宁变法的基

---

① 佚名：《皇明诏令》卷一，嘉靖十八年（1539）刻、嘉靖二十七年（1548）浙江布政使司增修本。

础上对科举考试进行的重构。熙宁四年（1071），王安石变科举之法，"罢诗赋及明经诸科，以经义、论、策试进士"①。徐一夔谈到从宋到元再到明代，科举考试内容的变化说，"元有科目，名存而实不副……方今天子更化，鉴观前代之失，独出睿算，以为宜近法宋"②。徐一夔认为，从考试的具体方式上看，明代的科举制度接续了"古"代——宋朝熙宁变法时确定的基本规程。"古"作为时间要素，它的第二重维度指向的是上古。这也是更为重要、更为关键的一个维度。徐一夔说，明王朝制定的科举制度"以趋于古"，是指这种融会了义、论、策三场的综合性测试方式与上古三代的教化、治理方式在精神上有着共同之处。徐一夔在《乡试程文序》中谈到，科举考试三场义、论、策各自有其核心的写作要素以及特定的作用。他说：

> 义必以经，论必以礼乐，策必以时务。夫义必以经，则其言必务奥雅，以达性命、道德之原；论必以礼乐，则其言必务精核，以明文物度数之懿；策必以时务，则其言必务切实、酌古今、明事变，以适时之宜。

徐一夔谈到，第一场五经义及四书义，考察的是士子对于"六艺"的掌握情况，阅读、理解古代典籍的目的是"以达性命、道德之原"。明代科举考试第一场经义主要是考察士子对《易》《书》《诗》《春秋》《礼》的理解。"六艺"的基本内容，正是借助五经等书籍保存、流传下来的。在"七略"分类法下，这些书籍共同建构成"六艺略"；到了四部分类法下，它们又共同构成了经部。明代科举考试第一场五经义，正是要促进士子对"六艺"的研习和理解。徐一夔还说，第二场论与"文物度数"相关联，第三场策可以考察士子对世事的理解与认知。这样，在明代科举考试内容的层级设计中，义、论、策三位一体，在科举考试的构架下，形成了完整自足的统序，建构成为完善的序列，可以综合衡量、评判士子的品行、识见和才华。徐一夔认为，以义、论、策为基本的考试方式，这一行为的根本指向是"以趋于古"，指向的是古代的"六艺"。他在《送俞齐赴会试序》中，进一步论证了明代科举考试以义、论、策三场试士，这种考试方式具有切实的可操作性以及优越性。他说，"本朝科目之设至甚备也。欲观其穷性命之奥、达万物之情，则在乎经与书；欲观其得好恶之公、通古今之变，则在乎论与策；欲观其处决之足以比律情、辞藻之足以华国体，则在乎判与夫拟诏、拟诰、拟表。视隋唐以来，或专

---

① 脱脱等：《宋史》卷一五，中华书局1977年版，第779页。
② 徐一夔：《送赵乡贡序》，《始丰稿》卷五，第208页。
　　在元代，徐一夔就曾经参加过科举考试。举业失利后，他开始对元代的科举制度进行反思。他认为，元代的科举考试远离了"古人之道"。徐一夔说，自己"蚤尝从事科举之学，既而屡试有司不利，度不足以自立，乃复求古人之道，于其文辞之间殆若有所入"（徐一夔：《通危大参书》，《始丰稿》卷三，第172页）。

于经义、或专于词赋为足以得人者为不同矣"①。这样，《乡试程文》这部选本录入义、论、策，强化了义、论、策三场试士的必然性，并进一步论证了这种考试方式的有效性。

回归六艺、六经是明代初年朝廷及士人的共同追求。明王朝最初对科举制度的设计也正是如此。据《明太祖实录》：

> (吴元年三月丁酉)令曰：盖闻上世帝王创业之际，用武以安天下；守成之时，讲武以威天下。至于经纶抚治，则在文臣。二者不可偏用也。古者人生八岁学礼、乐、射、御、书、数之文，十五学修身、齐家、治国、平天下之道。是以《周官》选举之制曰六德、六行、六艺，文武兼用，贤能并举，此三代治化所以盛隆也。②

研习古代的六艺既是国家走向"盛隆"的途径，同时，也是国家"盛隆"的标志。官方认为，前代的科举考试内容中包含着诗赋，这种试士方式的弊端是"但贵词章之学，而未求六艺之全"③。明代科举考试以义、论、策三场取士，其目的正着眼于"六德、六行、六艺"，培育士子具备"六艺之全"的品质，而不再流于"词章之学"。用徐一夔本人的话说，就是科举考试除去词赋、改以经义的最终目的是，"以高明正大之学，接绪周程，以趋孔孟之奥"④。

徐一夔的好友宋濂倾向于使用科举之法，而不是荐举之法。他的逻辑与徐一夔也是一致的。那就是，科举考试中的义、论、策可以与古代的六经、六艺直接接续起来。宋濂谈到明代科举考试的制度设计说：

> 皇明设科，仿古者六艺之教，参以历代遗制，欲兼收文武而任之。⑤

宋濂、徐一夔等人都认为，科举考试的义、论、策作为综合性的测试方式，与上古三代的教化、治理方式在精神上有着共通之处。宋濂还谈到六经之文与天地、与道，以及与治统、政统之间的关系。他说，"天地之间，有形则弊。文者，道之所寓也。道无形也，其能致不朽也宜哉！是故天地未判，道在天地；天地既分，道在圣贤。圣贤之殁，道在六经。凡存心养性之理，穷神知化之方，天人应感之机，治忽存亡之候，莫不毕书

---

① 徐一夔：《送俞齐赴会试序》，《始丰稿》卷一二，第342页。
② 《明实录·明太祖实录》卷二二，第321页。
③ 佚名：《皇明诏令》卷一，嘉靖十八年(1539)刻、嘉靖二十七年(1548)浙江布政使司增修本。
④ 徐一夔：《清隐轩记》，《始丰稿》卷一，第152页。
⑤ 宋濂：《会试纪录题辞》，见宋濂著，罗月霞主编：《宋濂全集·翰苑前集》卷六，浙江古籍出版社1999年版，第464页。以下引文出自《宋濂全集》者，均同此版本。

之。皇极赖之以建，彝伦赖之以叙，人心赖之以正，此岂细故也哉？后之立言者必期无背于经，始可以言文。不然，不足以与此也"①。六经中的知识承载着先验性的要素，是位于"皇极"、"彝伦"、"人心"之上的。科举考试考察士子对经义的理解，通过义、论、策等促使士子回归到六经建构的体系之中，这是可能的，是必要的，也是必须的。刘基也谈到科举考试试以经义，具有重要的作用。他说，"圣人作经以明道，非逞其文辞之美也，非所以夸耀于后世也。学者诵其言，求其义，必有以见于行"②。文与行之间具有相互呼应的关系，文之美见于行，这是一种必然的结果。士子在参与科举考试的过程中，认真阅读五经四书，自然能趋于上古的圣人之道。洪武初年，凌云翰与徐一夔同在杭州府学任职，凌云翰也谈到科举制度接续上古的可能性。他说：

> 圣朝之设科也，本德行而兼六艺，黜词赋而崇礼乐，盖有合于成周三物教民宾兴之意。若明经对策，则又斟酌汉唐之制而加详焉。是欲底于实效，非徒事乎虚文而已。一时之士，咸喻上意，莫不鼓舞奔走，以图报称。③

明代首科状元吴伯宗在《会试对策》中也谈道，"选举之际，先德行而后文艺，明黜陟而让谬举，则何患取士之不得其人乎"④。吴伯宗肯定德行第一，但他也并不否认以义、论、策等"文艺"的方式取士的可能性、合理性。

当然，明代初年，徐一夔等人也看到，科举考试中的义、论、策与社会生活之间多重的、复杂的，甚至是矛盾性的联系。徐一夔说，科举考试"其定式多，其条件少，其字数一洗前代冗长之弊，使其制作有可以趋于古者。学者苟能如其法而致力焉，虽古人不难至，岂直取名爵之具而已"⑤。徐一夔谈到，科举考试可以接通上古，使士子在德行、六艺等方面都得到提高，同时，这种制度也与外在的物质、名爵之间有着天然的关联。但是，他认为，只要制度实施得当，以义、论、策等科目取士就能展现出自身的优长。徐一夔坚信明王朝这种"稍变前代之制以趋于古"的制度设计具有内在的合理性和有效性。

三

要准确地把握徐一夔在编订《乡试程文》时的举业观念，我们有必要了解明代科举

---

① 宋濂：《徐教授文集序》，《宋濂全集·芝园后集》卷一，第 1351 页。
② 刘基：《送高生序》，见刘基：《诚意伯文集》卷五，《景印文渊阁四库全书》本，第 171 页。
③ 凌云翰：《送金元哲之官分水序》，见凌云翰：《柘轩集》卷四，《景印文渊阁四库全书》本，第 829 页。
凌云翰（生卒年不详），字彦翀，号柘轩，钱塘（今浙江杭州）人。元至正十九年（1359）举浙江乡试。除平江路学正，不赴。入明后，荐授浙江杭州府学教授、成都府学教授。著有《柘轩集》4 卷。
④ 吴伯宗：《会试对策》，《荣进集》卷一，第 25 页。
⑤ 徐一夔：《送俞齐赴会试序》，《始丰稿》卷一二，第 342 页。

制度设立的原初动机以及这一制度的原初功能。明代选举之法有四种，可以分为两类：一类是学校和科目，一类是荐举和铨选。学校、科目与荐举、铨选的根本区别在于：荐举、铨选的原初功能是"任官"，即选拔、任命官员；而科举、学校的原初功能是"取士"、是造育人才，任官是科目和学校间接的、衍生性的功能①。

"取士"与"任官"这两个概念密切相关，但却不是完全等同的，更不能相互替换。明王朝在建立之初，官方就科举制度的功能问题，态度也非常明确。那就是，科举考试是一种"取士"制度。据《明实录》：

> （吴元年三月丁酉）下令设文武科取士。②
> （洪武三年五月）己亥，诏设科取士。③

徐一夔在编订《乡试程文》时，立足于科举制度的架构，强调了科举制度的"取士"功能。他说：

> 皇上既平海内，有诏以科目取士。

在教育士子、编订选本的过程中，徐一夔也谈道，"程文者，国家取士之具耳"④。明朝首科状元吴伯宗在廷试策中谈到"取士"与"选官"之间的关系说，"取士所以任官也"⑤。科举考试的直接目的是"取士"。这种考试方式只是任官的必要条件之一，并不构成任官的充要条件。明初颁行科举制度时，官方对这个问题有过清晰的阐述：

> 自今年八月为始，特设科举，以起怀材抱道之士，务在经明行修，博通古今，文质得中，名实相称。其中选者，朕将亲策于庭，观其学识，第其高下，而任之以官。果有才学出众者，待以显擢。使中外文臣，皆由科举而选。非科举者，毋得与官。彼游食奔竞之徒，自然易行。於戏！设科取士，期必得于全材；任官惟贤，庶可成于治道。⑥

---

① 明代的学校也具备选官的功能。元至正二十五年（1365），朱元璋初定金陵（今南京），改应天府学为国子监；洪武十五年（1382），明王朝于北京设立国子监。南北国子监的监生毕业之后可以直接授官，授予官职大多为六、七品的地方官员。这些官员在任职时，会得到较快的提升。有时，国子监的监生也可能直接授予较高的官职，如，洪武二十六年（1393），升国子监生64人为布政按察使等官。
② 《明实录·明太祖实录》卷二二，第322页。
③ 《明实录·明太祖实录》卷五二，第1030页。
④ 徐一夔：《送蔡平赴会试序》，《始丰稿》卷一二，第346页。
⑤ 《洪武四年会试策问》，《荣进集》卷一，第23页。
⑥ 《明实录·明太祖实录》卷五二，第1030页。

科举的考试目的是，选出"经明行修，博通古今，文质得中，名实相称"的人才。在明代初期人们的观念中，科举考试直接指向的，不是选拔卿相，而是甄别人才。科举制度只是一种取士的制度，而不是一种直接任官的制度。

清人谈到明代的科举制度说，"明制，科目为盛，卿相皆由此出"①。清人的这种说法，没有考虑到科举考试在明代阶段性的变化。一是，卿相皆由科目而出，这是明代中后期的普遍情形。在明代前期，重要的官员并非均出自于科目。如，明初的重臣宋濂、刘基等并非科举出身。到了建文、永乐、正统朝，杨荣、杨溥、杨士奇历任内阁首辅。其中，杨荣、杨溥出于科目，二人均于建文二年（1400）中进士。但是，杨士奇则并非科目出身。杨士奇于建文年间因史才被荐，参与修撰《太祖实录》。后，入翰林，充当编纂官。永乐至正统年间，杨士奇任内阁首辅20余年。二是，从有明一代的整体情况来看，"卿相皆由此出"这一说法大体是准确的。但是，在考察明代的科举制度时，我们不能由这种现象入手，转而直接推导出科举制度的功能是就遴选"卿相"。也就是说，我们不能用科举制度下某种现象性的存在直接覆盖、替代科举考试的原初功能。即令到了明代中后期，科举考试在某种程度上成为"任官"的唯一途径，我们仍不能把科举考试的功能简单地定义为"任官"。异域的视角有助于我们理解科举制度"取士"、"衡士"而不是"任官"这一原初性的功能。利玛窦于万历年间来到中国，他认为，中国科举考试中的县试、乡试、会试相当于西方的学士、硕士、博士学位。在《利玛窦中国札记》一书中，有"关于中国人的人文科学、自然科学及学位的运用"一章。利玛窦谈到当时的科举制度说：

> 在哲学领域有三种学位，授给通过每种学位的笔试的人。……第一种学位与我们的学士学位相当，叫做秀才（Lieucai）。②
>
> 中国士大夫的第二种学位叫举人（Kiugin），可以和我们的硕士相比。这种学位在各大省份以很庄重的仪式授予，但只是每三年在八月举行。……取得硕士学位的人，一般认为还要继续学习，进一步取得博士学位。如果他不肯这样做，他就连做低级官职的资格也没有。③
>
> 中国人的第三种学位叫做进士，相当于我们的博士学位，这个学位也是每三年授予一次，但只是在北京地区。④

从某种意义上，县试、乡试、会试着眼于人才的甄选，殿试的目的才是任以官职、爵位。利玛窦说：

---

① 张廷玉等：《明史》卷六九，第1675页。

② ［意］利玛窦、［比］金尼阁著，何高济、王遵仲译：《利玛窦中国札记》，广西师范大学出版社2001年版，第36页。以下引文出自《利玛窦中国札记》一书者，均同此版本。

③ ［意］利玛窦、［比］金尼阁：《利玛窦中国札记》，第37~40页。

④ ［意］利玛窦、［比］金尼阁：《利玛窦中国札记》，第41页。

新博士全都转移到皇宫，在那里当着朝廷阁臣、有时也当着皇帝的面，就一个给定的题目写一篇论文。这次竞争的结果决定这些博士将授予三级官员之中的哪一级。……在正规的博士考试中已取得第一名的人，在这次终试中最少也能保证第三名，而那些在这次考试中取为第一、第二名的则被赋予殊荣，他们一生都可确保高级公职。他们享有的地位相应于我们国家的公爵或侯爵的地位，但其头衔并不世袭传授。①

我们可以看到，清代以及近现代以来，人们将科举制度下的取士、选官混同于一体。事实上，在明代，特别是明代初年徐一夔等人的观念中，科举考试的原初功能并不是选官、任官，而是"取士"，遴选出经明行修之士。

了解了"科举取士"，而不是任官这一功能，我们就能够理解徐一夔编订《精选程文》的目的。徐一夔说，他编订《精选程文》的目的在于，"上昭国家兴文之盛，而下以励来者，有所矜式云尔"。

徐一夔指出，《乡试程文》这部选本能够昭示、彰显"国家兴文之盛"。当我们考察徐一夔的这一命题时，必须将之置于特定的历史情境之中。对于徐一夔等明代初年的人来说，科举考试第一场经义包括五经义、四书义，是围绕五经四书等经典书籍的内容展开的阐发。徐一夔谈到，义、论、策等程文能够"昭国家兴文之盛"。徐一夔所说的"文"是广义的，是涵盖了以六经为代表的、所有以文字的形式表达出来的内容。明初徐一夔等人对于"文"的认知正接续了《文心雕龙》中的观念。刘勰在《文心雕龙》中将"文"分为三个层面："道之文"、自然之文、"人文"②。以文字的形式留存下来的就是"人文"，六经即是"人文"的组成要素之一。刘勰谈道，"夫子继圣，独秀前哲，镕钧六经……写天地之辉光，晓生民之耳目矣"③。在徐一夔看来，科举考试三场都是围绕着"文/人文"而展开的。第一场经义考察士子对传统典籍的理解，第二、三场论、策考察士子的逻辑思维能力以及文字表达能力。徐一夔还谈到，在科举制度下，借助于义、论、策等考试方式选拔出来的经明行修之士，他们所作的义、论、策从外在形式上看是"文"、"文辞"，但是，它们却并不简单地等同于文辞、文饰。它们不是可有可无的装

---

① ［意］利玛窦，［比］金尼阁：《利玛窦中国札记》，第41~42页。

② 刘永济在《十四朝文学要略》中，将刘勰所说的道之文、自然之文、人文细化为六个层面。他说，"一者，经纬天地也。二者，国之礼法也。三者，古之遗文也。四者，文德也。五者，华饰也。六者，书名也、文辞也。……盖文之为训，本于交错，故有经纬之义焉；文之为物，又涵华采，故有修饰之说焉。以道德为经纬，用辞章相修饰"（刘永济：《十四朝文学要略》，中华书局2007年版，第2~3页）。刘永济进而将人文分为五个层面："在国则为文明，在政则为礼法，在人则为文德，在书则为文辞，在口则为词辨。五者大小不同，体用无二。"（刘永济：《十四朝文学要略》，中华书局2007年版，第2~3页。）

③ 刘勰著，詹锳义证：《文心雕龙义证》，中华书局1989年版，第23页。

27

饰物，而是与国家的气象、气运直接呼应、相互映照。他说：

> 国家之兴，必有魁人硕士乘维新之运，以雄辞巨笔出而敷张神藻，润饰洪业。铿乎有声，炳乎有光。耸世德于汉唐之上，使郡国闻之，知朝廷之大；四夷闻之，知中国之尊；后世闻之，知今日之盛。然后见文章之用为非末技也。①

徐一夔还有意识地凸显科举程文在文统与治统之间的连接作用。他谈到明初科举制度与王朝建设之间的关系说：

> 今国家辑宁四方，将搜罗老成之士，兴治立教，以建不拔之基。②

对徐一夔等明初的人来说，科举制度下选出的文士、经明行修之士，标志着国家文化的兴盛，科举制度与时代气运、时代风会形成了良性的互动关系。也就是说，徐一夔在编订《乡试程文》这部选本时，从科举并非直接任官而是取士这一观念出发，他关注的不是选拔官员的具体标准或者是官员的职责，而是这些程文展示出来的士子的内在精神风貌，以及这种精神风貌聚合而凝成的国家气象。

　　明代，徐一夔在科举制度的框架下关注举业与"国家兴文之盛"之间的关联。他的这种态度并不是孤立的。徐一夔的好友宋濂谈到文的功能时也说，士子的义、论、策以及其他文章"旋转如乾坤，辉映如日月，阖辟如阴阳，变化如风霆，妙用同乎鬼神。大之用天下国家，小而为天下国家用，始可以言文。不然，不足以与此也。故所贵乎文者，前乎千万世而不见其始，后乎千万世而不知其终。有不可一刻而离去者，其能致不朽也宜哉"③。宋濂等谈到科举制度时，也将这种制度之下选拔出的士子与国家的政治气象、文明气运等联系起来。如，洪武四年（1371），宋濂任会试考官。在会试结束后，他为会试录写序，谈到士子与国家、与黎民之间的关系说，"与兹选抡者，当思以前修自勖，以忠贞佐国家，而致黎民于变时雍之治，庶于明体适用之学或无所愧"④。徐一夔、宋濂等明初文人对科举制度的看法，一直延续到宣德、正统年间。杨溥（1372—1446）历仕洪熙、宣德、正统三朝。在他看来，科举考试的目的是选取经明行修之士，这些士子脱颖而出，正展现出国家的文明。杨溥多次在诗中勉励取中的士子说：

> 儒生何幸际文明……珍重吾徒知报称，好宣惠泽福苍生。⑤

---

① 徐一夔：《陶尚书文集序》，《始丰稿》卷五，第 178 页。
② 徐一夔：《西溪隐居记》，《始丰稿》卷二，第 67 页。
③ 宋濂：《徐教授文集序》，《宋濂全集·芝园后集》卷一，第 1351 页。
④ 宋濂：《会试纪录题辞》，《宋濂全集·翰苑前集》卷六，第 464 页。
⑤ 杨溥：《进士传胪》，见杨溥：《杨文定公诗集》卷五，《续修四库全书》本，第 431 页。

礼闱春昼蔼晴晖，嘉会从容古亦稀。海宇人才歌械朴，天孙云锦制裳衣。微垣午夜奎星聚，阿阁千年彩凤飞。珍重斯文多藻鉴，独惭樗栎藉余辉。①

在科举考试制度下，经过义、论、策三场的考试，那些表现优异的儒生有序地进入国家的行政运作体系之内。他们的出现是"斯文"的象征，体现了国家的礼兴乐盛。

徐一夔在编订选本、思考科举制度时，强调义、论、策与"文"，而不是与国家行政体系、任官标准之间的关联。这正与他对于"文"、文章的认知是一致的。徐一夔谈到，自己在元末参加科举考试，屡试不第，乡居时，就以研读前代的文章为乐。他说，"比以乱故，寓迹浙水西，屏去旧所习，专取经史、传记与凡诸大家集，伏而读之。含咀其英华，规模其步骤，益若有所得"②。他的文章得到危素的称扬，并且因文与宋濂、刘基等人交好。宋濂说，"盖大章博览载籍，发之于词章，霞粲波萦，峻洁鲜朗，威仪俨雅，又足为后进师表。声名籍籍，起儒林间"③。唐肃也在诗中写到，"我昔居秀州，友有徐一夔。好为古文章，自矜少所推"④。一直到明末及至清代，徐一夔的文章仍因才气、识力受人称赞，纪昀谈到，徐一夔的文章"皆谨严有法度，无元季冗沓之习。其与王祎论修史书，明史载之于本传。陈继儒尝称其《宋行宫考》《吴越国考》研核精确。王士禛又称其《钱塘铁箭辨》精于考核"⑤。

徐一夔编订《程文选本》，对科举制度给予关注与支持，并不仅仅是出于对新朝的认同，同时，也是为了延续学统、学脉、学风，为了作育人才。他谈到，《乡试程文》的作用还在于，"下以励来者，有所矜式"。这不仅仅是指选本中的程文可以给未中式的士子提供"文"的范本，他更多地从文运、文化、文德的层面上，关注科举制度化育人才的功能。

在徐一夔看来，在四种"选举之法"中，科举制与贡举制有着内在的差异，但它与学校之间则有着内在的一致性。那就是，发现人才，成就人才。因此，谈到科举制度，谈到程文的写作以及编选，徐一夔有意识地将之与学校教育统合于一体。徐一夔谈道：

> 余尝考之：州县有学为师弟子讲肄之地，而又有庙以祀先圣先师，此礼以义起者也。盖古者士初入学与学官四时之祭，必释菜、释奠以为礼，而其事不可混也。故有学，又有庙。唐以降，或有庙无学。非无学也，丧乱之后，裔远之域未遑立学以广教事，故姑茸庙以存祀典尔。近世以来，退州僻县，则未有有庙而无学者，而

---

① 杨溥：《会试庚子荣韵》，见杨溥：《杨文定公诗集》卷五，《续修四库全书》本，第437页。

② 徐一夔：《通危大参书》，《始丰稿》卷三，第82页。

③ 宋濂：《送徐教授纂修日历还任序》，《宋濂全集·翰苑别集》卷四，第1026页。

④ 唐肃：《挽郭秉心》，见唐肃：《丹崖集》卷二，明末祁氏澹生堂抄本。

⑤ 纪昀等：《四库全书总目提要·〈始丰稿〉提要》，河北人民出版社2000年版，第4379页。以下引文出自《四库全书总目提要》者，均同此版本。

庙学之制备矣。今天子更化制诏，州县置弟子员，设分科之条，立成效之限，以成就人材。①

与学校教育一样，科举考试的首要目的是作育人才。徐一夔一贯坚持学校教育、科举考试的实质是引人读书向学，成就"君子之学"、"圣贤之学"。他认为，程文的编选、士子的写作应该"上不负天子，下不负所学"②。徐一夔将自己的书斋题为知学斋，王祎为知学斋题记说：

> 吾友天台徐君大章，非其学不学，而慨然有志于圣贤之道者也。故名其所在之室曰"知学"。嗟乎！君子之于学，岂徒知之而已，知之则必能好之，好之则必将至之，以不止勉焉，以求其至可也。吾故推本于圣贤之学，与大章商略之。③

徐一夔认为，追迹先圣先师，是学校教育、科目考试的根本目标。徐一夔的这种观念，与明初朝廷的文化政策是一致的。据《明实录》：

> (洪武二年)上谕中书省臣曰：……治国之要，教化为先。教化之道，学校为本。今京师虽有太学，而天下学校未兴，宜令郡县皆立学，礼延师儒，教授生徒，以讲论圣道，使人日渐月化，以复先王之旧。④

君子之学、圣贤之学正与达到上古三代的礼治教化互为表里。明代前期的儒士也大多主张"以先代圣人为师"。刘基谈到学校教育与成圣、成贤之间的关系说：

> 学校以教民明人伦见于书传，肇自虞夏，以逮于今。莫不以先代圣人为师，圣人人伦之至也。自太皞迄于孔子，圣人迭出，莫不以道德被于民物，垂于后世。孔子既出，而天下翕然师孔子。自汉以来，释奠先师，皆于孔子。至唐太宗，遂诏州县学，悉立孔子庙，至今因之。⑤

明代首科状元吴宗伯也谈到，士子应该"深究圣经贤传之旨而明其体，适其用，正其心，修其身"⑥。约在洪武末年，方孝孺说，"朝廷取士以文，而所望于士者，不徒在乎文也。士之升以科目而所以成其身者，不可恃乎科目也。盖皆阶此而进焉尔。夫君子

① 徐一夔：《临安县新建庙学记》，《始丰稿》卷五，第182页。
② 徐一夔：《送蔡平赴会试序》，《始丰稿》卷一二，第346页。
③ 王祎：《知学斋记》，见王祎：《王忠文公集》卷八，《景印文渊阁四库全书》本，第321页。
④ 《明实录·明太祖实录》卷六四，第1214页。
⑤ 刘基：《诸暨州重修学记》，《诚意伯文集》卷六，第521页。
⑥ 吴伯宗：《送太学生何端归省序》，《荣进集》卷四，第96页。

之所学者，圣人之道。圣人之道，莫大乎仁义忠孝。士秉仁义忠孝，犹农夫于耒耜，不可一朝去也。达焉与俱，穷焉与偕。故立于朝，以之事君则成丰功，著大节以为社稷，镇行乎藩，屏处乎民。上以之治民，则使黎庶举得所愿，以无贻国家之忧。如是，则庶几不负圣天子之恩，而可以称为学之士矣"①。在科举制度下，徐一夔所说的"以收实效"正是通过考试义、论、策的方式，检验士子对圣人之学的理解，最终达到作育人才的目的。

徐一夔谈到，自古以来，学校教育，以及后来的科目取士都是维持社会良性运行的必要手段。"拔其俊之特者为进士，而后官之"，只是学校教育、科目取士诸多结果之一，而不是必然的、唯一的结果。他说：

> 古先哲王之欲造就人材也，未始不资于学校。是故家有塾，党有庠，术有序，国有学。自天子诸侯之子与国之俊选，皆入学焉。其学也，自成童至于始仕，讲明乎仁义之说，服习乎礼乐之容，敦行乎孝友之行。始于其躬，及于其家，达之邻里乡党。名誉既著，然后论而荐之。其始也谓之秀士；为秀士矣，其后又拔其秀之尤者为选士；为选士矣，其后又拔其选之最者为俊士；为俊士矣，其后又拔其俊之特者为进士，而后官之。②

他认为，要在士子完成了圣贤之学的基础上，再对这些培育、甄别出的人才予以重任。徐一夔认为，科举制度与学校制度的目的一样，以培育人才为前提，最终实现政治的清明、国家的兴盛。徐一夔谈到学校教育说："古之人在畎亩则学于畎亩，在山林则学于山林，在渔盐版筑则学于渔盐版筑，固不皆待于上之人也。然而，天之生人，不能家稷契而人游夏。为之上者必立学校以教之，故自三代而降，未有舍学校而为治者，此也。夫学校兴则民不惑于他道，诗书礼乐之教可讲而明，道德性命之蕴可求而知，而人皆可至于成德达材之地，而后政可成也。"③徐一夔编订选本的目的不在于为士子提供谋取功名之具，而是在于兴学，在于教化。他还谈到在科举制度下士子纷纷向学的情况，"皇朝既一四海，乃洪武二年冬，制诏州县兴学，且监前代虚文之弊，严立教条，限以岁月，务底成效。于是，天下风动，凡有民社之责者，莫不知兴学，而人亦莫不知务学矣"④。

徐一夔一生也以教育后学为己任。至正二十年（1360），徐一夔结识了时任参政知事的危素。至正二十三年（1363），徐一夔侨居嘉兴，得危素推荐，授嘉兴儒学教授，

---

① 方孝孺：《应天府乡试小录序》，见方孝孺：《逊志斋集》卷一二，《景印文渊阁四库全书》本，第378页。
② 徐一夔：《送王生序》，《始丰稿》卷五，第163页。
③ 徐一夔：《德庆府端溪县新建庙学记》，《始丰稿》卷五，第154页。
④ 徐一夔：《德庆府端溪县新建庙学记》，《始丰稿》卷五，第154页。

"俾助教诸生"①。在教授生徒时，徐一夔"数为言穷经之要，为文之法"②。此后，徐一夔以教授生徒为业。他自言，"余侨居秀水上，士之避地而至者，无不辱与余游"③。徐一夔的门生有丘克庄、钱恺、唐奂等人④。有些门生长年跟随徐一夔。徐一夔谈道，"罗生存敬，从吾受学，降登揖拜于授经之堂者六年"⑤。明王朝建立后，吴元年（1367），朱元璋设律、礼、诰三局，徐一夔入诰局。洪武三年（1370），徐一夔参与修撰《大明集礼》。洪武五年（1372），徐一夔任杭州府学教授。徐一夔谈到这一时期他教授学生的情况说，"会训导缺……余则以训导之所课者课之"⑥。洪武六年（1373），徐一夔赴京参修《大明日历》。四个月后，《日历》修成，"缙绅之家争欲荐大章入词林，大章坚以足疾辞"，"上乃诏赐文绮纤缯各三装，钱六千文，仍俾其职为真"⑦。徐一夔返回杭州，于"洪武七年岁次甲寅正月朔越二十有一日，实授杭州府学教授"⑧。宋濂谈到徐一夔说，"吾友天台徐君大章，赋资绝伦，自少学文，即期以载道。非六经所存，不复轻置念虑于其间。含积既久，烨然以文名江南。……教授武林，日以横经讲道为事，远近生徒莫不趋之，犹水之赴壑"⑨。时人也论及徐一夔的声望说，"洪武初，建立学校，招延文学老成、经明行修之士训迪生徒，时则典教叶居仲、徐大章，司训王好问、瞿士衡、莫景行、何彦恭适同其事，咸称得人"⑩。

明代初年，徐一夔在编订《乡试程文》时，明代的科举制度尚处于起步阶段，科举考试的基本向度已经确定。但是，这种制度是否具有充分的可行性，科举考试的具体内容是否具有合理性，时人尚处于探讨之中。立足于这种特定的历史场景，考察徐一夔编选《乡试程文》这一行为的价值和意义，我们可以看到，徐一夔认为，明代的科举考试是在延续前代相关制度的基础上，兴利除弊，建立起的更为优化的、更具时代特色的"取士"制度。这种"以科目取士"的制度分义、论、策三场选拔人才，能够接通文统、治统、道统，与荐举、铨选相比，它具有不证自明的合理性及有效性。徐一夔于洪武五年（1372）编订了《乡试程文》，这与宋濂编订的《会试纪录》以及《庚戌帝畿乡闱纪录》《辛亥京畿乡闱纪录》相互呼应。编订《乡试程文》这一活动具有个人化、私人化的特点，

---

① 徐一夔：《嘉兴路新建儒学记》，《始丰稿》卷二，第35页。
② 徐一夔：《送蔡平赴会试序》，《始丰稿》卷一二，第346页。
③ 徐一夔：《送丘克庄赴会试序》，《始丰稿》卷二，第45页。
④ 参见徐一夔《送钱唐二生游学序》《送丘克庄赴会试序》等文。
⑤ 徐一夔：《静学斋记》，《始丰稿》卷七，第240页。
⑥ 徐一夔：《送俞齐赴会试序》，《始丰稿》卷一二，第342页。
徐一夔谈到明初学校的基本编制情况说，"国朝学校之制，郡设教授一，训导四，弟子员四十，俱廪于官。每训导教弟子员，则以十人为率，而日课其业。教授则月考四十人所课有进与否，而加程督焉"（徐一夔：《送俞齐赴会试序》，《始丰稿》卷一二，第342页）。
⑦ 宋濂：《送徐教授纂修日历还任序》，《宋濂全集·翰苑别集》卷四，第1026页。
⑧ 徐一夔：《再至杭学谒先圣祝文》，《始丰稿》卷六，第227页。
⑨ 宋濂：《徐教授文集序》，《宋濂全集·芝园后集》卷一，第1351页。
⑩ 夏节：《柘轩集行述》，见凌云翰：《柘轩集》卷首，《景印文渊阁四库全书》本，第523页。

但是，这一行为本身却具有明确的政治倾向，暗含着徐一夔对刘基、宋濂等推行的科举制度的支持。

第二节　黎淳及《皇明历科会试录》

明代时文选本的繁盛是一个逐步发展的过程。明代初年，科举考试作为一项制度，是否具有持久性，人们尚处于观望之中。在这种情况下，很少有人致力于编订科举读物。明初，杨士奇等人阅读的是元代留存下来的程文。但是，自景泰年开始，越来越多的人投入到举业读物的编订之中。成化年间，阅读程文渐渐成为时人应举过程中的常态。这些时文选本在不断发展、延续的过程中，逐渐生成了独立的形态，衍生出特有的功能和价值。

成化年间的重要选家是黎淳。黎淳（1423—1492），字太朴，号朴庵，湖广华容人。天顺元年（1457）丁丑科状元，授翰林院修撰，与修《大明一统志》。成化二年（1466），参与修成《睿皇帝实录》，升左庶子。后，历任少詹事、吏部左侍郎、南京工部尚书、礼部尚书。弘治四年（1491），以年老多病，辞官回乡①。黎淳的儿子"民牧、民表皆举进士"②。黎淳的门生刘大夏、李东阳、杨一清、杨廷和等人在弘治年间担任要职。黎淳著有《龙峰集》《狷介集》。

黎淳编订有程文选本《皇明历科会试录》。《皇明历科会试录》共"六百四十卷""丘浚序"③。据黄虞稷的《千顷堂书目》、万斯同的《明史》、张廷玉等修撰的《明史》载，黎淳有"国朝试录"。这大约是依据徐溥、倪岳等为黎淳所作的碑文和传记。徐溥说，黎淳"辑国家诸试录合六百四十卷，藏于家"④。据丘浚的序，黎淳编纂的这部"国朝试录"题名应为"皇明历科会试录"。《皇明历科会试录》是对前代会试录的整理。成化初年，黎淳开始搜集明代历科会试录中的程文。丘浚谈到《皇明历科会试录》收入程文的情况说：

> （洪武）戊辰始刻程文……自乙丑至今，再历乙丑，而逾其半，凡三十又四科矣。

黎淳的《皇明历科会试录》搜集整理了洪武二十一年（1388）到成化二十年（1484）近百年

---

①　据徐溥《故南京礼部尚书谥文僖黎公神道碑铭》，"弘治辛亥，南京礼部尚书黎公以疾乞致仕，诏可，仍赐诰命归"（徐溥：《故南京礼部尚书谥文僖黎公神道碑铭》，《谦斋文录》卷四，第645页）。

②　《明实录·明孝宗实录》卷六二，第1194页。

③　黄虞稷：《千顷堂书目》卷三二，上海古籍出版社2001年版，第1432页。

④　徐溥：《故南京礼部尚书谥文僖黎公神道碑铭》，《谦斋文录》卷四，第645页。

间 34 科会试录中的程文①。《皇明历科会试录》成书于成化二十三年（1487）左右，最迟也不晚于弘治元年（1488）②。

要考察黎淳编订《皇明历科会试录》这一行为的影响，我们要明确的是，从洪武朝至成化朝，时间已经过去了百年之久。在这百年之中，科举考试作为一项制度设计，它自身保持着稳定性。这种稳定性是确保并推动越来越多的士子参与到其中的核心动力机制。士子在参与的过程中，他们在科举制度下的思想状态、行为方式以及阅读体验等处于持续的调整、变动之中。这样，科举制度本身是稳定的，但是，在科举制度下人们的活动却呈现出较强的动态性。比如，随着士子参与度的提高，他们对科举读物的需求量也越来越大。黎淳编订的《皇明历科会试录》就是提供给士子阅读的举业读物。再如，第一场经义原本只是一种考试形式，从明初到成化时期的百年间，在士子写作的过程中，经义渐渐衍生成为一种特定的文体，并生成了自身的独立性。《皇明历科会试录》

---

① 这三十四科分别是：洪武二十一年（1388）戊辰科、洪武二十四年（1391）辛未科、洪武二十七年（1394）甲戌科、洪武三十年（1397）春丁丑科、洪武三十年（1397）夏丁丑科、建文二年（1400）庚辰科、永乐二年（1404）甲申科、永乐四年（1406）丙戌科、永乐九年（1411）辛卯科、永乐十年（1412）壬辰科、永乐十三年（1415）乙未科、永乐十六年（1418）戊戌科、永乐十九年（1421）辛丑科、永乐二十二年（1424）甲辰科、宣德二年（1427）丁未科、宣德五年（1430）庚戌科、宣德八年（1433）癸丑科、正统元年（1436）丙辰科、正统四年（1439）己未科、正统七年（1442）壬戌科、正统十年（1445）乙丑科、正统十三年（1448）戊辰科、景泰二年（1451）辛未科、景泰五年（1454）甲戌科、天顺元年（1457）丁丑科、天顺四年（1460）庚辰科、天顺八年（1464）甲申科、成化二年（1466）丙戌科、成化五年（1469）己丑科、成化八年（1472）壬辰科、成化十一年（1475）乙未科、成化十四年（1478）戊戌科、成化十七年（1481）辛丑科、成化二十年（1484）甲辰科。

② 据丘浚《皇明历科会试录序》，"予友少宰华容黎先生搜访者累年"（丘浚：《皇明历科会试录序》，见丘浚：《重编琼台稿》卷九，《景印文渊阁四库全书》本，第 191 页）。《皇明历科会试录》成于黎淳任少宰之时。"少宰"系明人对吏部侍郎的别称。据徐溥的《故南京礼部尚书谥文僖黎公神道碑铭》，黎淳于成化十四年（1478）任礼部右侍郎；后，于成化二十二年（1486）"丙午，改南京吏部"；成化二十三年（1487）"丁未，满九载，迁左侍郎"（徐溥：《故南京礼部尚书谥文僖黎公神道碑铭》，《谦斋文录》卷四，第 646 页）。

另外，据黎淳的门生倪岳所作《黎文僖公传》以及《明孝宗实录》《馆阁漫录》，黎淳自成化十四年（1478）起任吏部右侍郎，而不是礼部右侍郎。倪岳的《黎文僖公传》说，"戊戌，今上毓德青宫出阁进学，日侍讲读。廷试，充读卷官，擢吏部右侍郎。丙午，改南京吏部。丁未，九载秩满，进左侍郎，加正二品禄。今上登极，擢南京工部尚书，寻改礼部"（倪岳：《黎文僖公传》，见倪岳：《青溪漫稿》卷二四，《景印文渊阁四库全书》本，第 341 页）。《明孝宗实录》载，"淳，字太朴，湖广华容县人。……十三年，修《续资治通鉴定纲目》成，迁詹事府少詹，兼翰林院侍读。十四年，升吏部右侍郎。二十二年，改南京吏部。二十三年，满九载，迁左侍郎，加正二品俸。弘治元年，升南京工部尚书，寻改礼部"（《明实录·明孝宗实录》卷六二，第 1195 页）。《馆阁漫录》载，黎淳"三年，《英庙实录》成，进左庶子。十三年，修《续资治通鉴纲目》成，迁詹事府少詹事兼翰林侍读。十四年，升吏部右侍郎。二十二年，改南京吏部。二十三年，满九载，迁左，加止二品俸。弘治元年，升南京工部尚书，寻改礼部"（张元忭：《馆阁漫录》卷七，《四库全书存目丛书》本，第 795 页）。

弘治元年（1488）九月，黎淳任南京工部尚书。丘浚在《皇明历科会试录序》中称黎淳为"少宰"，据此，《皇明历科会试录》一书的刊刻最迟在弘治元年（1488）。

对官方文件中的程文进行搜集、整理，这些程文原本是官方政治体系、制度构架中的要素，但是，当黎淳有意识地从"文"、从"文体"的角度观察这些程文，将这些文本从会试录中抽离出来之后，这些程文便脱离了官方文件的约束，具有了独立性，甚至个性化的色彩。

一

黎淳出生于永乐二十一年（1423），到了正统、景泰之际，黎淳正值读书期间。这时，科举制度在明代已经平稳运行了七八十年之久。随着科举考试在官方制度构架下的稳定性不断增强，举业对士子的意义也渐渐强化。黎淳谈到，自己从年轻时就"志存科第"①，将科举考试作为自己的人生目标。黎淳等士子在参与举业的过程中，阅读取向也渐渐发生了变化。这种变化是阶段性的，士子的阅读取向自正统年间开始变化，到了天顺、成化年间，他们越来越多地阅读程文选本以及其他类型的科举读物。

正统年间，黎淳等人在参与举业时，从官方"考之经术以观其业"的制度设计出发②，日常阅读、研习的书籍主要是四书五经以及相关的传注。同时，他们也开始有意识地将乡会试录中甄选的程文作为写作的范本。黎淳曾经谈到，自己在研习举业时，曾阅读了正统七年（1442）壬戌会试第三场的策。他说：

> 予始家食时，读书学文，志存科第，独爱重正统壬戌甲科大魁刘宣化榜所选拔，皆天下知名士。其表出三策，亦皆雄浑博雅，有古人忠谠气，甚盛举也。③

正统、景泰年间，士子在参与举业时，阅读乡会试录中的程文，这并不是偶然的现象。程文选本越来越受到准备科举考试的士子的青睐。正统九年（1444）左右，查济海编撰了《偶中录》④，施槃刊刻了这部选本⑤。《偶中录》收入永乐二年（1404）进士周忱的程文以及永乐年间其他乡试录、会试录中的部分程文。据周忱《偶中录序》：

———————————

① 黎淳：《送江西按察司佥事宋宗鲁课最还任序》，见黎淳：《黎文僖公集》卷一一，《续修四库全书》本，第93页。以下引出自《黎文僖公集》者，均同此版本。

② 《明实录·明太祖实录》卷二二，第322页。

③ 黎淳：《送江西按察司佥事宋宗鲁课最还任序》，《黎文僖公集》卷一一，第93页。

④ 《偶中录》的编撰者是查济海。查济海，生卒年不详。笔者检索"中国古籍全文检索数据库"中的明人别集及中国地方志，除周忱在《偶中录序》中提及查济海外，未见与查氏相关的条目。《偶中录》与黎淳的《皇明历科会试录》不同。《皇明历科会试录》主要搜集会试录中的程文，《偶中录》则兼及乡试录。《皇明历科会试录》在收录会试程文时，力求齐全，《偶中录》则是有所拣择。

⑤ 施槃（1417—1440），字宗铭，江苏吴人。正统四年（1439）己未科状元。

施槃的程文也流传广远。到了成化年间王鏊参与科举考试时，施槃在会试中的程文是士子的重要读物。王鏊有《过故状元施宗铭坟》一诗，诗中说，"四海犹传制策文"（王鏊：《过故状元施宗铭坟》，见王鏊：《震泽集》卷五，《景印文渊阁四库全书》本，第190页。以下引文出自《震泽集》者，均同此版本）。

友人查济海为礼部郎中，于尘牍中得予旧日会试朱卷，取以见遗。因录乡举公据及登科录所纪程文，通为一编，而题之曰《偶中录》。盖欲藏之筐笥以备遗忘耳，而从游之士施槃宗铭持去数日，遂为梓刻于姑苏。①

到了景泰年间，士子在参与举业之时，越来越多地阅读四书五经之外的科举读物。杨守陈生于洪熙元年(1425)，于景泰二年(1451)中进士②。成化年间，他和黎淳一道在朝中任职。杨守陈谈到，在自己参加乡试前后，"时方尚刘内翰定之《易义》"③。《易义》是刘定之编订的一部选本。这部书专选科举考试第一场五经义中《易》一科的程文。这时，社会上虽然流通着选家编订的选本，但是，这些选本的全本难以购求，士子大多只持有某部程文选本的一部分。杨守陈谈到自己手中的《易义》残缺不全，他说：

余所有甚少，唯奉化一士人有其全集。求之，诺以他日见假，谆若信誓。其人居深山中，距吾家五六十里。他日，往求之。犯雾露，披草莱，履弊，足重茧。四三往返，卒受其诒，不可得。④

在这种情况下，杨守陈决定自行编订一本《易义》。他对前代历科会试录中的程文进行整理，并搜集部分士子的日常习作，以及自己平时的课业，成《易义》一书。他谈到自己编订的选本说：

乃取旧录历科程文数百篇，与诸家新旧义数千篇，反复究观，质之经传。……发愤自为，每构一篇，必举经传诸说。……久之，累至八百余篇。录其题之要者半之，携此从赋。⑤

到了成化年间，士子阅读范文的风气越来越盛。这从杨守陈《易义》一书在成化年间的传播情况可见一斑。杨守陈说，"士竞假得之者，始若珍物，秘不以示人。其后，乃视为奇货，举以售利。逮今，则自京师以达于海隅塞徼，凡治《易》之家无不有之。……后，浙江两选第一人皆云尝读此，而礼闱及四方乡榜《易》魁亦多云尝读此。亦有录此，

---

① 周忱：《偶中录序》，见周忱：《双崖文集》卷二，光绪四年(1878)山前崇恩堂刻本。

② 杨守陈也曾选《易》一科的程文，编成选本。杨守陈(1425—1489)，字维新，号镜川，一作晋庵，浙江鄞县人。景泰二年(1451)进士，授编修。弘治元年(1488)，擢吏部右侍郎，与修《宪宗实录》，充副总裁。弘治二年(1489)去世，谥号文懿，追赠礼部尚书。

③ 杨守陈：《书旧易义后》，《杨文懿公文集》卷一二，第493页。

《易义》的编撰者是刘定之。刘定之(1409—1469)，字主静，号呆斋，谥文定，江西永新人。正统元年(1436)进士。历官编修、洗马。成化二年(1466)，"入直文渊阁"，进工部右侍郎兼翰林学士。成化四年(1468)，迁礼部左侍郎。有《周易图释》《否泰录》《呆斋集》等。

④ 杨守陈：《书旧易义后》，《杨文懿公文集》卷一二，第493页。

⑤ 杨守陈：《书旧易义后》，《杨文懿公文集》卷一二，第493页。

有司锓梓以传世者"①。成化八年（1472），黎淳为应城县儒学题写碑记时，也谈到应城县学中式士子的程文的传播情况。他说：

今科连隽二人，其一版行性理策一篇，矜式天下。②

成化十一年（1475），王鏊中进士，他的举业之文也成为士子争相仿效的范本。王鏊"少工举子文，既连捷魁选，文名一日传天下，程文四出，士争传录以为式"③。郎瑛在《七修类稿》中也说，"杭州通判沈澄刊《京华日抄》一册，甚获重利"④。从黎淳、查济海、刘定之、杨守陈等人的编选活动中，我们可以看到，正统、景泰、天顺、成化年间，程文选本在数量、规模上与明代初期已不可同日而语。

天顺、成化朝，士子不仅阅读时下的程文选本，还积极搜寻前代的相关著述，作为写作应举之文的参考。如，游明重刊了宋人编纂的《论学绳尺》，何乔新为之作序⑤。《论学绳尺》系宋人魏天应所编，林子长作注，这部书"编辑当时场屋应试之论，冠以《论诀》一卷"⑥。这种内容设置正与明代科举考试中第二场的论相对应，明人在研习举业时，纷纷参考《论学绳尺》这类前代的经典。据黄佐《翰林记》：

国朝以文取士，大概以词达为本。天顺间，晚宋文字盛行于时，如《论学绳尺》之类，士子翕然宗之，文遂一变。⑦

天顺、成化年间，士子在参与举业的过程中，四书五经及相关的传注固然是必读书目，前代以及"当下"的程文及范文也渐渐成为重要的读物。在这种风会中，我们也就能够理解，黎淳倾注大量的精力与时间，搜集有明百年间34科的程文，编成640卷的皇皇

---

① 杨守陈：《书旧易义后》，《杨文懿公文集》卷一二，第493页。

② 黎淳：《应城县新修儒学碑记》，《黎文僖公集》卷九，第44页。

③ 文徵明：《太傅王文恪公传》，见文徵明：《文徵明集》卷二八，上海古籍出版社1987年版，第1289页。

④ 郎瑛：《七修类稿》卷七，上海书店出版社2009年版，第66页。

⑤ 天顺、成化年间，明人至少两次重印《论学绳尺》。游明（1413—1472），字大升。天顺七年（1463）进士，任同安县提督学政。何乔新（1427—1502），字廷秀，号椒丘，又号天苗。景泰五年（1454）进士。初授南京礼部主事，后为刑部主事。弘治四年（1491）辞官归里，辞官后杜门著述。

⑥ 何乔新：《论学绳尺序》，《椒邱文集》卷九，第216页。

何乔新为《论学绳尺》作序说："元取士以赋易论，于是士大夫家藏此书者盖少。至国朝始复宋制，以论式士，而此书逸多矣。予友金宪司事游君大升董学于闽，极力搜访，始尽得之。……是书一出，予知四方之士疾读而力追之。上下驰骋，不自逾于法度，如工之有绳尺焉，而场屋之陋习为之一变矣。凡世之学者，本之经史以培其根，参之贾、班、夏、刘以畅其支，廓之苏、韩以博其趣，旁求之欧、苏诸论以极其变，而其法度一本此书，庶乎华实相副，彬彬可观，岂直科举之文哉。"（何乔新：《论学绳尺序》，《椒邱文集》卷九，第216页。）

⑦ 黄佐：《翰林记》卷一四，《景印文渊阁四库全书》本，第1012页。

巨著，正与明代士子的阅读经验和阅读需求有着密切的关联。

二

要把握《皇明历科会试录》编订的内在动力机制，以及时文在成化年间转型的推动力量，我们必须关注科举制度作为一个整体在成化年间的变化和调整。那就是，科举考试在国家取士以及任官的行政机制中，起到了越来越重要的作用。到了成化年间，科举制基本上替代、覆盖了荐举制。

明代前期，选举之法的特点是，荐举、科举、铨选、学校，多途并行。洪武十七年（1384），明廷重开乡试之后，在很长一段时间里，科举与荐举仍然是并行的，它们的重要性也是不相上下的。洪武三十年（1397），"署平乡县知县国子生曹礼言：'往岁诏天下州县岁贡人才一人。缘属户有多寡，宜令户少下县三年选一人充贡，人众州县如常制贡之。'时方取用富民，因命天下罢贡人才"①。但是，荐举仍是选拔人才的有效途径。如，建文年间，召修《明太祖实录》，杨士奇以史才得荐。后，杨士奇入内阁，任首辅。但是，随着科举制度在明代政治框架中日渐稳定和完善，科举考试的重要性不断加强。在学校、科举、荐举、铨选四种"选举之法"中，渐渐呈现出"士必以科第为荣"的局面。约在宣德二年（1427），杨士奇说，"国家取士非一途，而士必以科第为荣者，天子亲擢之也。今朝廷宠科第，廷试有录，以示中外；题名有碑，以垂永远"②。

到了明代天顺、成化年间，在取士、选官的过程中，科举考试起到了越来越重要的作用。黎淳对于科举渐重的现象，是支持和认同的。他说：

> 王者崇进士科以举天下贤材。③
>
> 君子发身，以科目为重。重科目所以重斯文也，重斯文所以为天下国家计也。④

成化八年（1472），应城县学重新整修后，黎淳在为县学所作的碑记中，对荐举与科举的重要性进行了排序。他说：

> 国家观乎人文以化成天下，惟尔知文之在兹，辟闱化基，崇懋道本，克举厥职。予唯尔嘉尔，罔或不恭。凡青青子衿，以领乡荐为贵，于举进士甲科为尤贵。⑤

① 《明实录·明太祖实录》卷二五五，第3678页。
② 杨士奇：《宣德二年进士题名记》，《东里集·文集》卷一，第12页。
③ 黎淳：《送固安令李宗正书最还任序》，《黎文僖公集》卷一〇，第87页。
④ 黎淳：《赠宋民表隽乡闱序》，《黎文僖公集》卷一〇，第83页。
⑤ 黎淳：《应城县新修儒学碑记》，《黎文僖公集》卷九，第62页。

他还在现实生活中看到这样的事实：从制度的层面上看，"科目之彦"、"岁贡之英"仍然是并行的①；但是，在现实实践中，那些走荐举之途的人往往淹滞不进。黎淳说：

> 国家制荐举以罗天下之贤，其怀材抱德者有司推毂以闻。此汉世续食偕计之遗法准的，于今而用之也。然必历试诸难，非阅四三年、六五年，莫膺一命。……文江李君祺，字正奇……尝以举子业试乡闱，不偶。归，益懋进前功，乡人秾式之。岁丁丑天顺纪元，邑大夫知其贤，应诏举之，即其家，促以就道。兹来京师，侨寓已阅三霜而阶尚未升，志殊倦焉。②

我们可以看到，被荐举的士子往往很难授官。相较之下，通过科举考试的士子，即令授以县令一职，也往往被认为是屈就。人们往往给他们以各种安慰与鼓励。如，黎淳在《送进士冯惟和知山阳县序》《送固安令李宗正书最还任序》等文中，就劝勉、安慰将任县令的士子。黎淳一方面强调县令这个位置的重要性，他谈到，县令非进士出身，不"足以办此"的现实情况；另一方面，他还为李宗正等人描绘了历仕州县之后"登津要"的前景。黎淳说：

> 今县令古诸侯子男爵也，于民有父母之道，最亲近焉。我国家抚绥区夏历百余年，类简诸名进士为之，虽其志不愿此，亦强之行。此非薄进士而欲以烦剧劳之也。圣人爱民，无所不用其极，欲得此甲科第一流人，发抒所蕴，为朝廷宣布德泽，以达之元元，使万亿含灵均、被养育而隆太平之基于永久也，是则所以重进士也。③
>
> 而古今进士多历州县以登津要，此于世道为得计乎？曰：世道以用人而安。然人之见用者，类皆经吏治为俗流，弃民事为末节，不屑为之。君子知吏治任学，术所当讲，民事在官，政所当行，举而委诸进士。进士有学有守，足以办此，而无负焉。于世道良为得计，而信不诬也。曰：今为州县者何如？曰：建官所以治民。然彼以明经贡者，或耋荒，智不胜繁剧之劳；由韦布荐者，多浅陋，力莫堪势利之挠。惟进士其年富，其力强，非耋荒浅陋之可忧也。其大涵养、大抱负，恒愿于今施设以酬素志也；其荷□恩荣、感激奋发，每图为报称不能自暇也。此州县民所以皆慕进士为乃师帅。上每用之州县，亦皆克称任使，有由然矣。曰：斯其人可备举钦？曰：我天顺初，一科为州县者七十有六人，皆足以当此。④

---

① 黎淳：《达县科贡题名记》，《黎文僖公集》卷九，第67页。
② 黎淳：《送李正奇归文江序》，《黎文僖公集》卷一〇，第86页。
③ 黎淳：《送进士冯惟和知山阳县序》，《黎文僖公集》卷一一，第99页。
④ 黎淳：《送固安令李宗正书最还任序》，《黎文僖公集》卷一〇，第87页。

那些仅仅在乡试中中举的士子获得的机会，也远远多于被荐举的士子。黎淳谈到，宋绍东"以麟经举景泰丙子乡闱高第，屡试春官，弗偶"①。成化元年（1465），明宪宗登基时，"以大臣言，录郡守，升京官县令。则聚国子生发身科目者群试之，择其学识优等之人，然后寄以百里之命。非隽科目者，弗预"②。宋绍东得以授崇明县知县。由此可见，天顺、成化以后，无论是在官方的制度层面上，还是在人们的日常生活中，与荐举制相比，科举考试的重要性处于日渐加强的过程之中。

成化年间，科举考试重要性的加强还表现在，科举与学校呈现出融合的趋势。《明史·选举志》说，明代"科举必由学校"③。事实上，这种现象在天顺、成化以后才完全定型。丘浚谈到学校与科目的融合。他说，"自洪武、永乐以来，士之养于学校，进于科目，仕于中外，并无异议"④。杨守陈说，"我朝进士之科，每会试所登，惟南北两监之士，恒占十之七八。盖监者，尤士之萃渊薮，琢磨镞砺之具，既众且至"⑤。稍后，罗伦也谈到，因为荐举制所起的作用越来越小，科举与学校渐渐整合于一体。他说：

> 里选既废，科举攸兴。上之待士，俊茂异等，育于学校，名曰秀士；文艺中式，宾于有司，名曰贡士；对扬休命，登于天府，名曰进士。名曰秀士，乡人荣之；名曰贡士，国人荣之矣；名曰进士，天下之人荣之矣。育之于学，宾之于乡，进之于大廷，扬之于天下。上之所以待士者至矣。夫然后名其官而爵之。名其官于县，一邑之人尊之矣；名其官于郡，一郡之人尊之矣；名其官于方岳，一道之人尊之矣；名其官于天子之廷，天下之人无不尊之矣。以匹夫之微，御万姓之尊。上之所以待士者至矣。⑥

---

① 黎淳：《送宋绍东知崇明县序》，《黎文僖公集》卷一一，第102页。
② 黎淳：《送宋绍东知崇明县序》，《黎文僖公集》卷一一，第102页。
成化年间，科举考试的规程已经得到了时人的普遍认同。在以文取士、以文选文官的基础上，有人提出，参仿以文取士的规程，以"技艺"选武官。黎淳的门生刘大夏就有《议行武举疏》。刘大夏说，"我朝设文举以求士，诚足以备一代之彝典。而其网罗之周密，自阀阅以及草泽，不以远而遗，不以贱而弃，故得人以备任。……每遇文举乡试之年，亦将武举预期行移两京各省。……请于次年四月开科，初较骑射，人发九矢，中三矢以上为合式；二较其步射，亦发三矢，中一矢以上为合式；三试策二道，论一道，优者列职论官，以示崇异。……此制一定，庶法式昭宣，足以备彝宪；礼遇崇重，足以激人心"（刘大夏：《议行武举疏》，见刘大夏：《刘忠宣公遗集·文集》卷一，光绪元年（1875）刘乙燃刻本）。刘大夏提出，武科举可以与文科举一样，使用系统的考试方法和考试规程，达到规范化、系统化。
③ 张廷玉等：《明史》卷六九，第1675页。
④ 丘浚：《大学私试策问》，见丘浚：《重编琼台稿》卷八，《景印文渊阁四库全书》本，第166页。以下引文出自《重编琼台稿》者，均同此版本。
⑤ 杨守陈：《丽泽会诗序》，《杨文懿公文集》卷二一，第560页。
⑥ 罗伦：《宝庆府进士题名记》，见罗伦：《一峰集》卷六，《景印文渊阁四库全书》本，第717页。以下引文出自《一峰集》者，均同此版本。

整个社会渐渐重视科举，科目与学校逐步融合，这两者是同步的。黎淳也非常重视学校的建设，他多次为各地的县学、儒学作记。如，景泰六年(1455)有《重建登州府儒学记》，天顺八年(1464)有《重修汲县儒学碑记》，成化六年(1470)有《大名县重修儒学碑记》，成化八年(1472)有《应城县新修儒学碑记》，成化九年(1473)有《黄州府重修庙学碑记》《沔阳州重修儒学碑记》。他还有《湘阴县学乡贡题名记》《达县科贡题名记》等。成化年间，科举与学校的融合，进一步强化了科举考试制度在明代的稳定性及有效性。

到了成化年间，科举制度在明王朝已经平稳运行了百年之久。随着这一制度在整个国家政治架构，以及国家取士、任官机制中的重要性不断强化，这种考试制度下的核心要素——义、论、策等也越来越受到人们的关注。黎淳搜集、整理自洪武二十一年(1388)到成化二十年(1484)97年间34科会试录中的程文，并将之编订成640卷的皇皇巨帙，这正与成化年间科举制度重要性的日渐强化有着直接的关联。

三

黎淳编订《皇明历科会试录》，收入前代会试录中的程文，从书籍的命名上看，这部选本袭用了某种官方文件的命名方式；从文本的内容上看，这是对明代建朝后34科会试中的程文进行整理，或者说是简单的汇总。但是，从全书的体例上看，《皇明历科会试录》只收录程文，这与官方的乡会试录产生了巨大的差异。《皇明历科会试录》的这一全新的体例设计，重新构造并明确凸显了义、论、策在科举考试构架中的意义。

首先，从文本自身所在的统系来看，在会试录中，程文只是官方文件的构成要素之一；在黎淳的《皇明历科会试录》中，程文作为独立的知识要素，构成了全新的统系。

要讨论《皇明历科会试录》只收义、论、策这一体例的意义与价值，我们有必要考察程文在官方乡会试录中的定位情况。乡会试录是科举考试后官方颁布的行政文件。明代官方乡会试录的体例安排是，先录编撰者所写的序，次列"董事之官，试士之题及中选者之等第、贯籍、经业"①，最后，选录中式士子的程文。乡会试录立足于官方的立场，以科举考试的程序为中心，反映了官方关注的核心问题——谁在监督考试的过程，哪些人中式，中式者的基本情况如何。士子的程文在乡会试录中被置于末尾，这意味着，收录程文，并不是编订乡会试录这一行政行为关注的核心问题，而只是这一行为实施过程中的一个要素。另外，从官方科举考试的整个过程来看，与弥封、糊名、誊录以及考试结束后的校阅、发榜等活动相比，乡会试录并不影响，更不会决定考试的结果。在乡会试录中，程文又只是诸多构成要素中的一种。选录程文只是科举制度的衍生物，只是科举考试的一个环节。义、论、策只是官方实施科举考试过程中的要素，有且只具有工具性的作用。

---

① 邱浚：《皇明历科会试录序》，《重编琼台稿》卷九，第191页。本节引文出自《皇明历科会试录序》者，均不再出注。

黎淳在编撰《皇明历科会试录》时，剔除了在科举考试过程中呈现的、与人和事相关的事实，不再收录会试录中的序、考官及中式士子的姓名、考试题目，只录入"历科会试程文"。丘浚在《皇明历科会试录序》中谈到他和黎淳两人一直关注会试录中的程文的情况。他说：

> 予来京师余三十年，于历科会试程文，甲申以后无不获见者，惟庚辰以前，仅见其一二。夫以京邑四方贤才所萃、古今书籍所聚，且官馆阁，以文字为职业，尚弗克尽见，况遐方下邑之士乎？予友少宰华容黎先生搜访者累年，始得其全。

在黎淳的《皇明历科会试录》中，程文成为编选活动核心的、也是唯一的要素。《皇明历科会试录》以会试程文这一类知识为中心，表明了义、论、策作为"文"独立存在的价值与意义，清晰地呈现了义、论、策等作为特定的知识要素的独立性。在黎淳的《皇明历科会试录》中，程文成为唯一的构成要素。《皇明历科会试录》的成书表明，义、论、策等科举考试文体虽然不能完全摆脱政治制度的框架，但却并非纯粹被动地依附于官方的制度之下，也并非仅仅作为官方文件的构成要素而存在。这些程文具有了独立性，可以从官方文件中提取出来，形成一套自足的统系。程文在构型统序上的变化，推动了自身在功能层面上的转变。义、论、策等科举考试文体不再仅仅是官方制度下的存在物，同时也是知识体系建构的构型物。在士子的阅读需求的促动下，乡会试录中的程文对于未中式士子的意义与价值，渐渐大于它在官方行政体系中起到的作用。

其次，从文本与文本之间的关系结构来看，在官方的乡会试录中，各科的程文之间没有任何直接的、逻辑上的关联关系。在《皇明历科会试录》中，黎淳以时间为基本的维度，将历科会试录中的程文连缀于一体，这些文本之间形成了整体性，并呈现出特定的规律性。

在官方的制度框架下，义、论、策是科举考试运行过程中产生的衍生物。在乡会试录中，中式士子的程文有而且只具有"当下"性，这些程文只是与各科的考试活动之间建立了直接的关联。乡试录或会试录作为官方的上行性文件，主要的功能是"献上"。在当年乡会试结束后，某一科的程文随乡会试录的其他内容一同呈送给皇帝审阅。之后，皇帝或其他相关的官员不可能再去研读或者揣摩程文。这一科的程文在官方的科举考试活动下完成了它应有的作用，也就此失去了它在科举制度架构下的意义。从官方的行政活动来看，乡会试录中的程文只具有"当下性"，前后各科的程文之间也不存在逻辑上的关联。

黎淳编订的《皇明历科会试录》把原本处于不同时间节点上的程文组合在一起，建构成统一体。这种重新组合生成了全新的意义框架。《皇明历科会试录》有意识地勾勒出义、论、策在时间维度上的发展状态，标志着科举考试中的义、论、策存在于时间之中，并且在时间中得以延展、生长的状态。这样，近百年间34科的会试程文形成了一个整体，这些程文由在某个特定的时间点具备"献上"的功能，转换为在时间的线性流程中"存史"的作用。这些会试程文在原有的"当下性"的基础上,重新生成了自身特有的"历时性"和"历史性",生成了超越"当下"的意义。成化年间,黎淳用选文的方式勾勒了义、论、策的"历时性",丘濬在为《皇明历科会试录》作序时,也进一步剖析并阐明了明代举业之文的风格、体貌在时间流程中发生的变化。丘濬说:

> 洪武、永乐之盛,其文章浑厚醇正,明白俊伟,无有雕琢刻画之弊。近年以来,书肆无故刻出晚宋《论范》等书,学者靡然效之,科举之文遂为一变。

这表明,在科举制度延续的过程中,原本作为考试工具的义、论、策等在时间的维度上,从体式、体貌、体格等层面渐渐生成了特定的存在形态。义、论、策等生成并确认了自身特有的规律性,它们不再仅仅是附属于科举考试的工具,也不再把科举制度的运行作为衡量、确认自身存在的唯一基值。透过《皇明历科会试录》专选义、论、策,我们可以看到,到了成化年间,义、论、策由考试工具转变为考试文体,渐渐被纳入"文"的领域。科举考试中义、论、策三场作为科举制度的具体承载物,将科举考试这一制度领域内的活动,转化为知识生产领域内的活动。

历科程文的文本从乡会试录转移到《皇明历科会试录》中,这些程文在内容上没有发生任何变化。但是,在这个转移的过程中,文本自身所在的统系、文本与文本之间的关系结构却发生了根本性的变化。在景泰、天顺、成化年间,黎淳的《皇明历科会试录》与刘定之的《易义》、杨守陈的《易义》等,共同呈现并确证了明代科举考试中的义、论、策作为特定的知识要素,在时间维度上的独立性、在价值维度上的多元性,促使科举考试中的义、论、策转化成为科举制度的标志物与象征物。这些选本作为重要的标志,凸显了科举考试这一政治制度与义、论、策等知识要素之间的耦合关系,并推促着科举制度外化为义、论、策等知识的形态。这样,《皇明历科会试录》中收入的程文看似重复了前代官方的文件,但是,这些程文从官方的会试录中提取出来之后,形成了全新的关系统系,生成了与前代会试完全不同的意义与功能。

四

黎淳重新建构义、论、策在科举考试架构下的意义,特别是将科举考试第一场经义视作独立的"文",视为有着特定功能的知识要素,而不仅仅是官方选拔人才的工具。他的这种态度是一贯的。这也正与科举考试第一场经义在成化年间的转型有着直接的关联。

景泰、天顺年间,刘大夏师从黎淳研习举业。刘大夏谈到老师黎淳指导门生揣摩"作文之法"的情况说:

> 予少十五六时,即从先生游。一日,请问作文之法,乃教予曰:文者,心之声,若能正心诚意,富读古人之书,则发而为文为诗,自平正畅达,蔚然成章。不

然，虽雕削奇功，不足贵也。岂特学文然哉？他日出试于时，心正，学则义利分明，知所向往，随其小大就功业，必不为小人之归。①

在黎淳看来，"出试于时"的义、论、策与集部的诗、文构成了共同的统系，它们在写作方法上也是贯通的。无论是科举考试第一场经义，还是二、三场的论、策，抑或是诗、文，都是"心之声"，是个人品性、气质的真实流露和表达。

黎淳重视"举业之文"的"文"的特质，这正顺应了科举考试第一场经义在成化年间的转型。义、论、策摆脱纯粹的工具性，特别是科举考试第一场经义由考试工具衍生成为一种独立的文体，由隶属于经部，渐渐转而归属于集部，这是科举制度在明代延续100年之后，它的内在要素合逻辑的、自然的演变。

明王朝建立之初，就沿着宋代熙宁朝的改革路径，确证了"用经术取士"的合法性以及合理性②。明代初年，科举考试第一场经义只是与论、策并行的考试方式，主要考察士子对四书五经的阅读、理解情况。经义尚未成为具有固定体式的、独立的文体，它在国家考试制度的实施过程中也仅仅具有工具性的作用。士子在写作中往往谨守着经部的书籍。如，建文二年（1400）庚辰科会试录收入了五经义春秋房吴溥的程文。吴溥围绕考题中罗列的庄公十四年、十五年于鄄，十六年、二十七年于幽诸侯会盟的问题，从史事、史实、史料入手，剖析了鲁庄公在会盟时的立场与态度。吴溥在破题时用偶句立论：

> 礼讲于图伯，故内臣既合而复离；信讲于尊王，故望国始疑而终信。③

他围绕论点展开论述则多用散体。吴溥分析庄公十四年、十五年在鄄地会盟的情况说：

> 于鄄之会，齐桓正欲假鲁以率诸侯而成己之伯业。而我公则进退维谷，将行乎未可也，将辞乎亦未可也。单伯之往，吾知其有所受命矣。逾年春，再会鄄。地犹前日之地也，诸侯犹前日之诸侯也，而三恪之。陈且复至矣，使鲁而一再至，则焉知齐之伯业不由是而遂成乎？而鲁则曰：未也。一王之灵，如日在天。我为周之懿亲，周礼犹在，讵忍裂冠毁冕而甘心谄事于创伯之齐哉？是以前日之集虽闻命而既往，今兹之会辞命而弗行，兹非"礼讲于图伯，故内臣既合而复离"乎？④

---

① 刘大夏：《黎文僖公集后序》，《黎文僖公集》卷末，第156页。
② 冯琦：《顺天府乡试录后序》，见冯琦：《宗伯集》卷一四，《四库禁毁书丛刊》本，第334页。
③ 屈万里：《明代登科录汇编》，台湾学生书局1969年版，第162页。以下引文出自《明代登科录汇编》者，均同此版本。
④ 屈万里：《明代登科录汇编》，第162页。

吴溥进而辨析了十六年会盟于幽，"我公虽在，《春秋》则没而不书"，二十七年会盟于幽，"我公既与，《春秋》则书而不讳"的原因。从语言表达上看，这篇经义散对无定式，并多次重复完全相同的语句。从内容上看，吴溥的这篇程文分为两个平行的部分。他首先论事，围绕齐桓公、鲁庄公等的几次会盟，深入地剖析了史实、史势；继而论书，阐明了《春秋》的章法、理法、义法。乡会试录的编纂者评这篇程文说，"此卷经义发齐桓创伯之说，及堕郈堕费之事，以见圣化行王，制定了无余蕴，非深于《春秋》者不能及此"①。

　　明代前期，士子写作的经义大多像吴溥的程文这样，围绕着经部的典籍展开阐发，散偶无定格，大体上相当于"一博士之疏义"②。他们专注于表达个人对经部义理的理解，不重辞采，更不会旁逸斜出于集部或子部。清人顾炎武就曾经谈到，明代初年，"经义之文不过敷演传注，或对或散，初无定式"③，还没有形成特定的文体。清人胡鸣玉谈到这个问题也说：

　　　　《宋史》熙宁四年，罢诗赋及明经诸科，以经义论策试士，命中书撰大义式颁行，所谓经大义，即今时文之祖。然初未定八股格，即明初百余年，亦未有八股之名。故今日所见先辈八股文，成化以前，若天顺、景泰、正统、宣德、洪熙、永乐、建文、洪武百年中无一篇传也。④

明代科举制度初建之时，"未定八股格"。士子写作的经义"不过一博士之疏义"⑤。所谓"疏义"，是"就本文而疏通之"⑥，"随文直解，贵在一贯，不假旁引"⑦。这时，科

---

① 屈万里：《明代登科录汇编》，第 162 页。

② 祝以豳：《国朝制义极则序》，见祝以豳：《诒美堂集》卷一二，《四库禁毁书丛刊》本，第568 页。以下引文出自《诒美堂集》者，均同此版本。

③ 顾炎武著，黄汝成集释：《日知录集释》卷一六，第 210 页。

④ 胡鸣玉：《八股文缘起》，见胡鸣玉：《订伪杂录》卷七，上海古籍出版社 1992 年版，第 434页。

⑤ 祝以豳：《国朝制义极则序》，《诒美堂集》卷一二，第 568 页。

"疏义"一词是宋以后人们常常使用的一个概念。元代，柳贯谈到疏义的体例说，"随其章第衍为疏义，以畅其支；申为指义，以统其会"（柳贯：《故宋迪功部史馆编校仁山先生金公行状》，见柳贯：《柳待制文集》卷二〇，《四部丛刊初编》本）。疏义的典型范例是孔颖达主持编撰的《五经正义》。皮锡瑞谈到《五经正义》说，"由唐至宋，明经取士皆遵此本"（皮锡瑞：《经学历史·经学统一时代》，光绪年间思贤书局刻本）。元代，金履祥有《大学书义》《大学指义》。明末，张溥有《五经注疏大全合纂》。张溥说，"注传之学盛于汉，疏义之学盛于唐"（张溥：《五经注疏大全合纂序》，见张溥：《七录斋诗文合集》卷二，《续修四库全书》本，第 287 页）。

⑥ 释德清：《刻起信论直解后序》，见释德清：《憨山老人梦游集》卷一〇，顺治十七年（1660）毛褒等刻本。

⑦ 释德清：《刻起信论直解题辞》，见释德清：《憨山老人梦游集》卷一八，顺治十七年（1660）毛褒等刻本。

举考试第一场主要是围绕着经部诸书籍展开。士子在写作经义时，根据四书五经的传注，简要地阐发个人的理解与认知。这时，经义还没有形成固定的体式，士子写作经义、考官评判经义都不重文采，多"以明理为主，不以修词相尚"①。

到了成化年间，黎淳在编订选本，处理与"举业之文"相关的事务之时，他的态度和观念发生了重要的变化。黎淳往往关注科举考试中的义、论、策等作为"文"的特质，他在批阅试卷时，也大多从文本、辞章的角度出发。成化十年（1474），黎淳任顺天府乡试考官时，取中马中锡一事，传为美谈。这一事件就充分展示出黎淳对"文"的关注程度。据徐溥《故南京礼部尚书谥文僖黎公神道碑铭》，黎淳阅卷时，见"有试卷奇甚，后场不类，疑有弊。勾稽墨卷，果得誊录生截卷。状按其事，而取是卷为解首，则名士马中锡也。人皆称服"②。从表面上看，在这次事件中，黎淳发现并及时纠正了科场中舞弊的现象；但是，深入到事件的内里来看，黎淳是从"文"的角度着眼，发现某试卷的前场在文义、文思、文风、文气等层面上与"后场不类"，不够协调统一，才心生疑惑，追查试卷。在这次事件中，黎淳的目的不仅仅在于清察科举考试中的作弊问题，更在于明察文风。从这里，我们可以清楚地看到，义、论、策，特别是科举考试第一场经义，不再仅仅作为考试的工具，而是渐渐演变成为特定的文体。经义，不再仅仅表达对经部的知识的理解与阐发，而且也开始从写作的技巧等层面逐渐被纳入"文"的领域，与集部的诗、赋等建构起共同的结构体系。

当科举考试中的义、论、策，特别是第一场经义由考试工具转化为特定的文体时，黎淳等人也将经义等纳入文风与天地、人文、世运、风会的关系架构中展开讨论。文风与世风之间的关系，是传统文人在讨论辞章时关注的核心命题之一。如，曹丕在《典论·论文》中说，"文章，经国之大业，不朽之盛事"。刘勰的《文心雕龙》一书，也是从文与道、文与自然、文与人这一宏阔的构架出发，讨论文体、文式、文风。当经义与集部的诗、赋形成同构关系之后，举业之文也与国家的气运形成了直接的关联。成化十年（1474），乡试结束后，黎淳主持编订了乡试录。黎淳在乡试录序中谈到举业之文与国家气运之间的关系说：

> 有天地即有人文，世运流行，相为表里。唐虞三代之隆，卓已！汉唐宋以来，在盛时则文用显明，逮季世则文随委靡。宁不系于当时，继明照四方。观文以化成天下之责，有未备欤？③
>
> 太祖高皇帝完三光五岳之气，振起斯文，如伏羲之文之古焉。时则人文光复于洪武。太宗文皇帝阐五经四书之旨，亨昌景运，如帝尧之文之焕焉。时则人文大丰于永乐。列圣相承，昭回制度，舒广国华，又如成周之文之郁郁焉。时则人文增益

---

① 纪昀等：《四库全书总目提要·〈经义模范〉提要》，第5167页。
② 徐溥：《故南京礼部尚书谥文僖黎公神道碑铭》，《谦斋文录》卷四，第645页。
③ 黎淳：《顺天府乡试录序》，《黎文僖公集》卷一〇，第85页。

于宣德、正统之间。我皇上继体守成，厉志经帷，晋明道德，垂衣礼殿，涣汗丝纶，而尤惓惓于科目得贤焉。斯则继明成化之责，岂不全备而无遗哉！①

黎淳的好友丘浚也谈到举业之文与时代气运之间的关系说，"汉以下迄南北朝，未以文取士，而文散见于奏议著述之间。唐以后，始专以文试士，非能文者不用。人文之醇驳，吏治之得失实系焉。主盟斯文者，是诚不可不加之意也"②。

大约正是因为黎淳看到义、论、策与世运、风会、人心之间的多重关联，他一直非常关注举业之文。成化十三年（1477），黎淳在少詹事任上。各省乡试录印成后，黎淳认真阅读了乡试录。他看到乡试录中的程文以及乡试录的体例规范存在问题，于是，"奏科场出题作文定式"③。据《明宪宗实录》：

> （十二月）辛亥，詹事府少詹事兼翰林院侍读黎淳奏："科场出题作文定式，洪武年间已尝颁降。近年有司多有不遵，任情行事。所刊程文，除两京外，其余纯粹者少，驳杂者多，甚至犯庙讳及御名。乞移文所司，将提调、监试并考试、同考试官究治，考官如例追夺表里。仍查墨卷，如举人自错，退还原学。及小录前列吏典掌行科举、生员誊录对读两条，亦当削去。申明科场旧制，颁降学校，永为遵守。"有旨："科举重事，各处出题刊文等事何为违式差谬，该部会官查究明白以闻。"礼部会同翰林院等衙门学士等官覆奏："……出题校文并刊录文字，必须依经按传，文理纯正，不许监临等官干预。……"从之。④

廖道南《殿阁词林记》载录了黎淳参奏的具体细节。据《殿阁词林记》：

> 天下乡试录多舛谬，或犯国讳，少詹事兼侍读黎淳摘奏数十条。下礼部、翰林院议。治考试提调官罪，且申定格例，行之至今。按：是年山东刻文，《论语》义"不曰坚乎磨而不磷，不曰白乎涅而不缁"，最为纰缪。遂逮举人张天瑞治之，以墨卷不同乃止。⑤

---

① 黎淳：《顺天府乡试录序》，《黎文僖公集》卷一〇，第85页。
② 丘浚：《大学私试策问》，《重编琼台稿》卷八，第166页。
③ 王圻：《续文献通考》卷四六，《续修四库全书》本，第324页。以下引文出自《续文献通考》者，均同此版本。
④ 《明实录·明宪宗实录》卷一七三，第3135页。
⑤ 廖道南：《殿阁词林记》卷一四，光绪二十五年（1899）刻《春在堂全书》本。
据廖道南《殿阁词林记》，"凡乡试录，旧制例进呈，祖宗时令翰林院儒臣评驳，之后其制渐弛"（廖道南：《殿阁词林记》卷一四，光绪二十五年（1899）刻《春在堂全书》本）。成化十三年（1477），黎淳对各地进呈的乡试录进行评驳。这说明，在成化年间，评议各地乡试录仍是一种惯例。廖道南是正德十六年（1521）进士，他说，评驳乡试录的制度"渐弛"。可见，正德以后，乡会试录在官方科举考试制度构架下的影响力越来越小。

在明代的科举史上，黎淳的上疏具有重要的意义。百余年后，约在万历十五年(1587)，沈鲤谈到举业之文的文体、文风时，还特意将黎淳的这次上疏作为科举史上的重要标志。沈鲤说，"宪宗谕詹事黎淳曰：出题刊文，务依经按传、文理纯正者为式。故今乡会试进呈录文必曰中式。则典雅切实、文理纯正者，祖宗之式也"①。从这个角度来看，成化年间，黎淳等对"举业之文"的关注，推动了经义这种文体由注重阐发经部的知识，转化成为与集部的诗、文并行的要素。

黎淳在处理与科举考试相关事务的过程中，从辞章的角度对科举考试中义、论、策的写作给予更多的关注。这并不是偶然的。成化年间，经义在科举考试的架构下经过了一次转型。第一场经义由考试工具转型成为一种文体。王鏊是成化十一年(1475)进士。王鏊的经义改变了"前人语句多对而不对，参差洒落"的写作模式②，转而从文章的篇法、章法、句法入手，追求"裁对整齐"的效果③。这样，阐发义理仍是第一场经义考试的核心内容，但是，士子在写作时，除关注文章的思想层面外，还着意于章法技法、用词炼句、审美风貌等层面的问题。王鏊写作的经义"标志着八股文文体真正臻于成熟"④。明清时期，有人谈到王鏊的经义说：

> 本朝制举义，王文恪公始具堂构。⑤
> 明兴，设制科以来，洪建永宣之间，其时人文未茂。制义苟若而可，后世亦不齿之，以至湮没，故无所考征，而遂泯泯也。其可考征者，自王文恪公会试文始，其后代有作者，著声场屋。⑥

明代科举考试第一场经义到了王鏊时期，形成了稳定的体制。之后，士子的写作依仿王鏊经义的体式，渐渐发展出"代有作者"的局面。姚希孟也谈道：

> 王文恪公以宪庙中连举乡会第一人，去圣祖设科已百余年矣。而论举业者，必

---

① 沈鲤：《正文体疏》，见沈鲤：《亦玉堂稿》卷一，《景印文渊阁四库全书》本，第246页。
② 梁章钜：《制艺丛话》卷四，上海书店出版社2001年版，第134页。以下引文出自《制艺丛话》者，均同此版本。
③ 梁章钜：《制艺丛话》卷四，第134页。
④ 吴承学、李光摩：《八股四题》，《文学评论》2004年第2期。
⑤ 冯梦祯：《答费学卿》，见贺复征：《文章辨体汇选》卷二四四，《景印文渊阁四库全书》本，第136页。
⑥ 徐允禄：《墨卷评林序》，见徐允禄：《思勉斋集·文编》卷六，《四库禁毁书丛刊》本，第216页。以下引文出自《思勉斋集》者，均同此版本。

首文恪。前此百年，茫茫其草昧也；后此而百数十年，蛰蛰其云初也。①

姚希孟认为，明代初年，科举考试大体沿袭宋元时期的制度。这时，明王朝的考试制度仍处于草创之际，尚未完全形成自身的时代特色。明代的科举考试在王鏊等成化年间的士子的推动下，完成了转型。

王鏊在写作经义时，着意于篇章技巧、修辞炼句，这也得到了考官的充分肯定。成化十一年(1475)会试录收入了王鏊的四书义一篇、诗义一篇。考官评王鏊的诗义说：

> 题本明白，但才短者漫不成章，好异者琢句纤巧。唯是得周人忠爱□君之心而措辞雅健，略不受窘。②

考官肯定王鏊的经义"措辞雅健"，这种品评路径与明代前期的乡会试录有着显著的区别。明代初年，乡会试录的编纂者只是把经义作为考试的方式，用来查验士子对于经部各书籍的了解与掌握情况。考官在对士子的程文给予整体性的评价时，经常使用"纯""粹"等词语。如，天顺元年(1457)，薛瑄说，"得文之中程式者若干名，并择其文之尤粹者汇而成录"③。"粹"指的是专一于一家之说，思想、观念的纯良无疵。"纯"有"精""不杂"等含义，指的是文章析理精微。"纯""粹"只是对举业程文的思想、内容等的考量。自成化年间开始，考官品评经义不仅着意于经义析理是否透彻精微，表达是否清晰明了，同时也非常关注经义的美学品格与写作技法。成化年间，丘浚任国子监祭酒。他谈到经义写作时说：

> 明经者潜心玩理，无穿凿空疏之失；修辞者顺理达意，无险怪新奇之作；命题

---

① 姚希孟：《王文恪公家藏稿序》，见姚希孟：《响玉集》卷一〇，崇祯年间刻本。以下引文出自《响玉集》者，均同此版本。

王鏊还历任乡会试主考官。弘治五年(1492)，他任应天乡试主考官；弘治九年(1496)，他任会试主考官；正德三年(1508)，他再任会试主考官。这种身份无疑有助于他更为便利、顺畅地推扬第一场经义。随着八股文文体的定型与命名，王鏊的声名也更加高扬。清人说，"鏊以制义名一代，虽乡塾童稚，才能诵读八比，即无不知有王守溪者"(纪昀等：《四库全书总目提要·〈震泽集〉提要》，第448页)。八股文选家俞长城更认为，"制义之有王守溪，犹史之有龙门、诗之有少陵、书法之有右军，更百世而莫并也。前此风会未开，守溪无所不有；后此时流屡变，守溪无所不包。理至守溪而实，气至守溪而舒，神到守溪而完，法至守溪而备"(转引自梁章钜：《制艺丛话》卷四，第135页)。也有人对王鏊提出批评。如，王夫之说，"守溪止能排当停匀，为三间五架一衙官廨宇耳。但令依仿，即得不甚相远。大义微言，皆所不遑研究，此正束缚天下文人学者一徽纆而已"(王夫之：《夕堂永日绪论外编》，见王夫之：《姜斋先生诗文集·外编》，《四部丛刊》本)。这种负面的批评从另外一个向度证明了王鏊对明清两代士子八股文写作的影响。

② 《成化十一年会试录》，《北京图书馆古籍珍本丛刊》本，北京图书馆出版社1998年版，第447页。

③ 薛瑄：《会试录序》，见薛瑄：《敬轩文集》卷一七，《景印文渊阁四库全书》本，第311页。

者随文取义，无偏主立异之非。①

在丘浚等人看来，阐发义理仍是经义的核心，但是，经义不再仅仅作为纯粹的官方考试工具。他们还有意识地将集部的要素引入经义的写作之中，着意于在篇章方法、用词炼句、审美风貌等方面下功夫。经义成功地转型为兼具审美性、艺术性的文学文体，成为具有独立性的知识要素。到了清代，顾炎武认定，"经义之文，流俗谓之八股，盖始于成化以后"②。近代学者卢前也说，"若具体之八股文，则始于明成化之世"③。当代学界也认同明清时期人们的这一看法。有学者谈到第一场经义说，"成化十一年就是个分界点，之前没有八股文，之后都是八股文"④。这样，成化年间，士子在参与科举考试时，注重义理阐发，同时，也开始重视写作的技巧、文章的风格等。科举考试第一场经义由表达思想的考试工具转型成为兼具审美性、关注写作技巧的文体。经义渐渐被纳入辞章的领域，科举考试也由"用经术取士"转变为"以文取士"。此后近200年间，科举考试在明代的延续以及繁盛，其形态、质性都是在成化年间科举考试模式基础上的赓续和因袭。

当然，成化年间，科举考试第一场经义的转型并非王鏊一人之力所能完成。明代，也有人认为，丘浚在经义的转型过程中起到了重要的主导作用。丘浚是黎淳的好友，他也是成化十一年（1475）会试的主考官。有人谈到丘浚说，"明兴，举业尔雅，自丘文庄公知贡举始"⑤。成化年间，丘浚主张，科举考试中的义、论、策应该趋于雅正、典则。他也曾非常明确地将义、论、策纳入纯粹的"文"的统系之中，与集部的诗、文置于一体。丘浚说：

> 秦汉以来之诗变至于唐极矣。唐一代以诗取士，宜乎名世者为多，然而著名者仅二人焉，而不出自科目。宋人取士，初亦沿唐制。其后专用经义，诗道几绝。间有作者，非但无三代风，视唐人亦远矣。国初诗人生胜国乱离时，无仕进路，一意

---

① 丘浚：《大学私试策问》，《重编琼台稿》卷八，第166页。

② 顾炎武著，黄汝成集释：《日知录集释》卷一六，第210页。
清人也大多认定八股文定型于成化年间。如，汪师韩谈道，"帖括废而经义兴，肇始于宋。熙宁四年，尽罢诸科，士各占治《诗》《书》《易》《周礼》《礼记》一经，兼以《论语》、《孟子》。变声律为议论，变墨义为大义。其时，命中书撰大义式颁行，不传于后。而宋之经义则自《宋文鉴》及诸家文集，间有存者，不离训诂之体。元之四书疑本经疑，设疑为问，以瞻其学识，亦不似今之八股也。明初有四书疑问，复有四书义，曾无定格。至成化后，乃有八股体式"（汪师韩：《方百川先生经义序》，见汪师韩：《上湖诗文编·文编补钞》卷上，光绪十二年（1886）刻本）。戴名世说，"有明一代之文盛矣，当其设科之始，风气未开，其失也朴遫而无文。至成化、弘治、正德、嘉靖以来，趋于文矣，而其盛犹未极也"（戴名世：《庆历文读本序》，见戴名世：《南山集》卷四，光绪二十六年（1900）刻本）。

③ 卢前：《卢前文史论稿》，中华书局2005年版，第188页。

④ 李光摩：《八股文的定型及其相关问题》，《文学遗产》2011年第6期。

⑤ 张弘道、张凝道辑：《皇明三元考》卷七，《北京图书馆古籍影印丛刊》本，第356页。

寄情于诗，多有可观者。如吴中高、杨、张、徐四君子，盖庶几古作者也。其后举业兴而诗道大废，作者皆不得已而应人之求，不独少天趣而学力亦不逮矣。①

丘浚认为，在明代，举业与诗道呈现出反向互动的关系。明初，举业废，诗作"多有可观者"；之后，举业大兴，而诗道渐衰。举业与诗道是相一致，还是呈现对立的关系，我们在此不予深论。但是，从丘浚的论述中，我们可以清楚地看到，他将"举业"与"诗道"置于共同的统系中进行对照。这正意味着，在丘浚看来，经义这种"举业之文"由阐发经部各书籍的义理，转向兼重集部的要素。

当我们了解了成化年间科举考试第一场经义的定型，以及经义在知识体系中的位移情况，也就不难理解，黎淳将义、论、策从历科的乡会试录中提取出来，编订成《皇明历科会试录》，其实质就是，将这些义、论、策重新组构成为一个独立的系统，确证它们作为特定的知识要素，在科举制度构架下的独立性，确认它们作为"文"独有的特质。透过黎淳、丘浚等人围绕"举业之文"展开的论述，我们可以看到，从洪武朝到天顺、成化朝的百年间，在科举考试的框架下，人们对于科举考试三场义、论、策，特别是第一场经义的看法发生了变化和调整。明初，徐一夔等人不否认义、论、策与"文"的关联。但是，在徐一夔等明代前期文人的观念中，"文"指的是一切以文字的形态表述的内容，"文"的核心构成是六经，因此，科举考试中的义、论、策与经部的书籍形成了共同的结构统系。百余年之后，黎淳、丘浚等人谈到义、论、策与"文"的关系时，他们不否认义、论、策能够接通古代的"六艺"，是立世之本，也是治世之本，与经部的知识有着密切的关联。但是，他们开始将义、论、策与集部的诗文等纳入同一个统系，他们所说的"文"更多地侧重于指向集部的知识要素。科举考试第一场经义在知识体系的构架下生成了动态性，经义既是着眼于阐发经部各书籍义理的考试工具，同时，也是注重文采、技巧、写作方法的具有独立性的文体。黎淳等人在关注举业之文时，开始考虑文章的体式、风格等。黎淳编订《皇明历科会试录》，一方面尊重科举考试第一场经义在成化年间的转型，凸显出义、论、策作为知识要素的独立性，另一方面，黎淳也试图站在官方的立场上为年轻的后学设定基本的写作规范。

五

随着科举考试的重要性日渐强化，这一制度在士子日常生活中的功能也逐渐发生了变化，或者说，科举考试渐渐衍生出多重的功能与价值。黎淳编订的《皇明历科会试录》在官方科举制度的架构下，对官方乡会试录中的程文进行整理。黎淳在编订这部选本时，一方面，他不否认科举考试对官方的意义，不否认举业程文与国家气运、与学术、与士风之间的正向关联，肯定了科举考试在官方的政治构架中有着特定的效用。谈到科举考试在化育人才方面起到的重要作用时，他说："国家教育贤俊，深仁厚泽，百

---

① 丘浚：《刘草窗诗集序》，《重编琼台稿》卷九，第 178 页。

年涵煦，至于登名进士，尤厚礼待，岂有他哉？冀其尽忠与孝而已矣。然未有外孝而能忠者，人舍此而他求，乌足以为人"①。另一方面，他们也开始从全新的向度思考科举考试对于普通士子的意义与价值。黎淳谈到，自己编订这部程文选本的目的是，"非但可以考见皇朝一代取士之制与夫前后人才之高下、文气之伟蔚，而于世道士风亦可于是乎观之"。他试图从士子的角度着眼，以观"世道士风"，思考科举考试对士子的声名、社会地位、个人现实利益的影响。

明代初期，人们大多立足于朝廷的立场上，强调科举考试作为"取士"制度对于国家的意义，并立足于国家的立场对士子进行训诫。如，永乐二十二年（1424），杨士奇谈道，"盖士于学问，穷日夜，弊寒暑，其志固望遭遇，展其负挟，施当时而闻后世也。上之所以奖进期望于士者，盖亦在此"②。当科举成为人们生活转型的动力，越来越多的士子参与其中，科举制度对社会中的个体也产生了全新的意义与价值。到了宣德年间，杨士奇谈到科举制度时，就开始将视角由官方转向士子个体。宣德二年（1427），他谈到举业对于士子个体的意义说：

> 岂徒显其名哉？固望为当世之用、太平之具也。士平居勤苦学问，亦岂徒借为名哉？固将推所学见诸功业，及诸天下也。名之所在，使后人睹之而思其所立，歆艳爱慕之无已，荣莫大焉。不然，碌碌无称，或所行非所学，后将有指其名而疵议之者矣。此系其立志与否？③

杨士奇认为，对士子来说，科举的意义并非在于"显其名"，而是"勤苦学问"，"见诸功业"。这时，杨士奇阐述相关问题时，他虽然由官方立场切换到士子的视角，但仍是以训诫的姿态面对士子。

到了成化年间，黎淳等人在谈到科举制度对士子的价值和意义时，已经完全站在了士子的立场上。对于普通士子来说，他们关注的不是科举考试与国家气运之间的关系，而是这一制度与个人命运、个人生活之间的关联。

首先，在推扬士子的声名上，科举考试起到了重要的推促作用。黎淳在《蜚英乡榜为余鼎实赋》一诗中说，"词锋三度捷文场，从此才名四海香"④。他在《赓韵庆杨继新兄弟魁选》诗中也说，"最喜朝绅趋燕贺，翰林先索震爻雷"⑤。在《赠宋民表隽乡闱序》一文中，黎淳说：

> 己卯，当大比，民表……凡三试俱中程度，一举而登名荐书，列在优等。……

---

① 黎淳：《送进士潘公瑞归省序》，《黎文僖公集》卷一〇，第78页。
② 杨士奇：《永乐二十二年进士题名记》，《东里集·续集》卷一，第378页。
③ 杨士奇：《宣德二年进士题名记》，《东里集·文集》卷一，第8页。
④ 黎淳：《蜚英乡榜为余鼎实赋》，《黎文僖公集》卷四，第17页。
⑤ 黎淳：《赓韵庆杨继新兄弟魁选》，《黎文僖公集》卷五，第23页。

民表因此而益懋进修，擢秀春闱，策名黄甲，大魁天下。内焉给侍从，登乡佐；外焉寄岳牧，司风纪。以树功名，以崇事业，实权舆于此也。①

在这里，个人"策名黄甲，大魁天下"成为科举考试的重要目标。对士子来说，科举的核心要素不再是"学"，而是声名，甚至是荣耀和富贵荣华。

当然，世人头脑中关于科举考试的这种观念是逐渐形成的，甚至是在官方的推促下形成的。据陈霆《百可漫志》：

> 国初岁贡生在京中式者，必令出榜原籍张挂。尝见《新昌志》载云：礼部为科举事，洪武十七年九月十三日，本部尚书任昂等官于华盖殿奏。钦奉圣旨："在京乡试多有中式的国子监生，为他肯学，所以取中。似这等生员，好生光显他父母，恁部里出榜于原籍去处张挂，着他乡里知道。钦此。"今将中式生员开坐，合行出榜知会须至榜者。②

前朝或当朝的少年进士渐渐成为人们仰慕的对象。查继佐《罪惟录》卷一八《科举志》有"科举盛事，年二十以内魁元"条：

> 吉水解缙，年十七，洪武丁卯解元，十八戊辰；闽县陈景著，十八，永乐乙未探花；淳安商辂，二十，宣德乙卯解元；吴县刘昌，十九，正统甲子解元；休宁程敏政，以神童，丁酉为翰林院秀才，成化丙戌榜眼；铅山费宏，二十，成化丁未状元；全州蒋冕，十五，成化丁酉解元。③

这样的记录直接表达了时人对于功名的艳羡。这种艳羡显然与修身、齐家、治国、平天下的文人理想、与"勤苦学问"、"见诸功业"的目标是相悖的。

在官方政策的推促下，明人也渐渐地把现世的"功名"与超越性的"世道"融会于一体。黎淳在教育士子时，勉励他们说：

> 讲学以穷天理，使其智明；修德以践天理，使其仁备。而勇以断之，以立道德，以建功名，以守坚贞之节，用扶植世道于悠久。④

黎淳劝勉落第的朋友也说：

---

① 黎淳：《赠宋民表隽乡闱序》，《黎文僖公集》卷一○，第83页。
② 陈霆：《百可漫志》，《丛书集成初编》本，第2页。
③ 查继佐：《罪惟录》卷一八，北京图书馆出版社2006年版，第246页。
④ 黎淳：《湘阴县学乡贡题名记》，《黎文僖公集》卷九，第51页。

况此英妙年，六艺心通解。器宇恢洪容，风神穆潇洒。暂屈须淹留，超腾可期待。不闻古昌黎，三谒春官宰。一朝龙虎荣，功业垂千载。①

相比之下，那些在科举考试中夺得一第的人，则被称"人之最秀者"：

禀二五之精而为人，其得服儒衣冠，游庠序，谭经史，则人之秀者也。至于策名科第，显融于时，又人之最秀者也。②

黎淳的门生刘大夏也将举业与功名关联起来。他说：

一别章华作远游，此身今为圣恩留。……殷勤好为知心道，云路功名次第收。③

抚字多年卓有声，崇儒又喜此碑成。屡朝科甲增光彩，一郡人才识姓名。事业已看前辈盛，衣冠重喜后生荣。当时牧伯皆如此，林下还应见太平。④

这样，随着科举制度的稳定与完善，这一制度在多重层面上生发出全新的意义。人们在谈到科举考试时，由明代前期关注"学"，转向成化年间关注科举考试的"中"，以及与"中"相伴随的个人的声名、功名等。

其次，当人们立足于士子个体的角度时，科举考试甚至开始与利禄建立起直接的关联。对于官方来说，科举考试的目的在于"取士"，在于评鉴士子的才学、识力。但是，到了成化年间，在普通民众的观念中，利禄渐渐成为科举考试的题中之意。罗伦说：

朝廷之待士也，方其幼也，设学以教之。及其成也，设科以取之，设位以任之，设禄以厚之。为是道也。⑤

古之为教也，方其幼也，觉以小学而行艺立。及其长也，觉以大学而道德明。今之为教也，父之于子，兄之于弟，师之于弟子，其所以觉之者，方其幼也，诗律声对，及其长也，则科举爵禄而已。⑥

当功名利禄成为士子参与举业的追求时，人们参与科举考试的目标就背离了官方制度设

① 黎淳：《送友人下第南归》，《黎文僖公集》卷七，第 33 页。
② 黎淳：《湘阴县学乡贡题名记》，《黎文僖公集》卷九，第 51 页。
③ 刘大夏：《寄同房诸友》，见刘大夏：《刘忠宣公遗集·诗集》卷一，光绪元年（1875）刘乙燃刻本。以下引文出自《刘忠宣公遗集》者，均同此版本。
④ 刘大夏：《贺澧州熊太守新立科甲题名碑》，《刘忠宣公遗集·诗集》卷三。
⑤ 罗伦：《徽州进士题名记》，《一峰集》卷六，第 719 页。
⑥ 罗伦：《复胡提学》，《一峰集》卷八，第 734 页。

计的初衷。杨守陈批评士子的功利之心，他说：

> 今世之士无远志，结发即习举业，不过欲夺伦魁、取卿相而已。有能卓然立志、法古圣贤而泽天下、名后世者，盖鲜也。①

杨守陈还谈到，自己曾力图扭转这样的局面。他说，"金华吴生澜天禀颖迈、博学强记过人，尝自诵曰：举不伦魁，仕不卿相，非夫也人。……从予游，予抑而历之，幡然悔其往志而欲进于道。居数月，骎骎乎不已。兹告归省，予虑其往志之犹存而进学之或懈也。申语之曰：世有一时之士，有一世之士，有数世之士，有万世之士。子知之乎？夫举而冒伦魁，荣不兼乎后科，仕而幸卿相……此一时之士也"②。

实施科举制度与追求功名利禄之间并不是直接的因果关系。也就是说，我们并不能说，因为实行了科举制度，所以社会上形成了追求功名利禄的风气。但是，我们必须要承认的一个事实是，在科举制度这一架构下，人们追求功名利禄之心并没有消弭。科举与功业、功业与地位、地位与利禄、富贵形成了某种微妙却紧密的关系。追求富贵、利禄，这并不是官方科举制度颁行的目的。但是，在科举制度发展的过程，追求功名利禄，成为士子应考的目的之一。从某个角度上说，从现世利益出发，指导门生参与科举考试，这是黎淳编订时文选本的潜在推动力之一。在考察《皇明历科会试录》的功能时，我们要清楚地看到，这是黎淳为指导门生参与举业编纂的读物。也就是说，《皇明历科会试录》的编订在一定程度上顺应或者说迎合了"世道士风"。

自景泰、天顺、成化年间，整个社会渐重科目，士子也纷纷求师问学、研习举业。景泰年间，黎淳一边研习举业，一边授徒课业。在中状元前后，黎淳也一直保持着经师的身份，致力于教授生徒。刘大夏、李东阳、杨一清等均曾跟从黎淳研习举业。景泰五年(1454)，刘大夏19岁，游学于黎淳门下③。据《刘忠宣公年谱》：

> 同邑黎文僖公僖公淳读书于圆觉寺，松岩公命公（注：刘大夏）往从之。同处

---

① 杨守陈：《与冯汝止书》，《杨文懿公文集》卷三，第429页。
② 杨守陈：《送吴生澜序》，《杨文懿公文集》卷四，第432页。
③ 刘大夏谈到自己师从黎淳的经历说，"先考松岩府君为瑞昌令。生予于官舍，时正统元年丙辰十二月二十五日也。六年，先考进御史，先妣严恭人携予来京师。……景泰初，先考出为广西按察副使……既还华容，从黎文僖公学，补邑庠生，领天顺己卯乡荐。赴礼闱，脱癸未风火之变，登彭教榜进士。与今西涯李学士辈十八人俱改翰林庶吉士"(刘大夏：《寿藏记》，《刘忠宣公遗集·文集》卷一)。
　刘大夏(1436—1516)，字时雍，号东山，湖广华容人。天顺三年(1459)，中湖广乡试解元。天顺八年(1464)成进士，选为翰林院庶吉士。成化十九年(1483)，升福建右参政。弘治二年(1489)，任广东省布政使。弘治十五年(1502)，任兵部尚书。正德元年(1506)，上疏请求归隐。有《东山诗集》《刘忠宣公遗集》。

二载。①

天顺元年(1457)，李东阳10岁，他跟从黎淳研习举业。李东阳说：

> 从文僖黎公先生游，举业之暇，获见所为古文歌诗诸作。时公方以状元及第，文名满天下。②

天顺八年(1464)，13岁的杨一清"踵西涯公（注：即李东阳）之后，与民表昆季同笔砚，先生恒子视之"③。黎淳的门生还有倪岳以及杨慎的父亲杨廷和等人④。天顺七年(1463)癸未，黎淳任乡试考官，当年取中的士子有倪岳。倪岳记道，"天顺癸未之秋，公方在场屋司考校，岳幸以书经登第，忝门生之列。及入翰林，复获从公后，辱教爱者久"⑤。倪岳在为黎淳作的传中，称自己的老师"善教人，尤好汲引后进，及门之士登甲科，跻显仕者累累有之。胥吏向学者，公亦亲为考课。癸卯乡选，登荐者四人，其一遂举进士，前此未有也"⑥。

《皇明历科会试录》的编纂，就是黎淳在指导门生参与举业的过程中完成的。在编订这部选本时，黎淳虽然不否认，但是，他也并不有意强化自己的官员身份。这部选本

---

① 刘世节：《刘忠宣公年谱》卷一，《北京图书馆藏珍本年谱丛刊》本，第20页。

② 李东阳：《黎文僖公集序》，《黎文僖公集》卷首。

李东阳(1447—1516)，字宾之，号西涯，谥文正，湖南茶陵人。天顺八年(1464)进士，授编修，累迁侍讲学士，充东宫讲官。弘治八年(1495)，以礼部侍郎兼文渊阁大学士，直内阁，预机务。立朝五十年，柄国十八载。文章典雅流丽，有《怀麓堂集》《怀麓堂诗话》《燕对录》。

李东阳在黎淳过世后的诔文中说："昔奉先君之命，撰杖屡以从公也：导我幼稚，开我晦蒙；诱我以力学，教我以固穷；谷我以三饭，乘我以一骢。此诚父子之爱，而尤得见长厚之风也。"（李东阳：《黎文僖公诔》，见李东阳：《怀麓堂集》卷四二，《景印文渊阁四库全书》本，第458页。）

③ 杨一清：《黎文僖公集序》，《黎文僖公集》卷首。

杨一清(1454—1530)，字应宁，号邃庵，别号石淙，江苏丹徒人。成化八年(1472)进士，曾任陕西按察副使兼督学。弘治十五年(1502)，以南京太常寺卿都察院左副都御史出任督理陕西马政。后，三任三边总制。历经成化、弘治、正德、嘉靖四朝，为官50余年，官至内阁首辅。

杨一清有《哭朴庵宗伯黎先生四首》，其四曰："俯仰兹辰梦屡惊，海天空阔恨难平。极知灯火门墙谊，不尽师生父子情。少小有缘劳接引，疏顽何计答生成。黄泉万一逢先子，可听人间痛哭声。"（杨一清：《哭朴庵宗伯黎先生四首》，见杨一清：《石淙诗稿·北行诗稿》卷五，《四库全书存目丛书》本，第416页。）

④ 倪岳(1444—1501)，字舜咨，江苏南京人。天顺八年(1464)进士，授编修。成化中，累迁为礼部右侍郎。弘治中，官礼部尚书，历南京吏、兵二部尚书，还为吏部尚书。著有《青溪漫稿》。

杨廷和(1459—1529)，字介夫，号石斋，四川新都人，杨慎之父。成化十四年(1478)进士，授检讨。正德七年(1512)，出任首辅。嘉靖三年(1524)，因"大礼议"与世宗意不合，罢归故里。后，削职为民，卒于乡。著有《杨文忠公三录》。

⑤ 倪岳：《黎文僖公传》，见倪岳：《青溪漫稿》卷二四，《景印文渊阁四库全书》本，第341页。

⑥ 倪岳：《黎文僖公传》，见倪岳：《青溪漫稿》卷二四，《景印文渊阁四库全书》本，第341页。

与官方颁行的乡会试录"献上"、"传远"、"正文体"等功能不同，它的编撰目的是，立足于提携后进的立场，帮助士子在科举考试中取得一第。丘浚在《皇明历科会试录序》中谈到黎淳整理这部选本的情况，他说：

> 予友少宰华容黎先生搜访者累年，始得其全。暇日因假以归，俾诸生录出，益以家所有者编次，通为一帙，以便观览。

围绕着《皇明历科会试录》，黎淳前期进行了搜集、整理工作。之后，黎淳的门生将这些程文誊录成册，以便日常阅读。黎淳是在闲暇时间搜集文献，在休假期间编撰完成了《皇明历科会试录》。很显然，对黎淳来说，这项编撰工作并非职务性的，而是出于他本人的兴趣以及指导门生的需要。黎淳的哪些门生参与了编订《皇明历科会试录》的活动，已无从查证。但是，我们可以确定的是，黎淳并不否认科举制度与日常生活，乃至世俗需求之间的关联。

作为程文选本的编订者，黎淳与徐一夔的一致之处在于：他们都对科举制度保持着较高的认同度。黎淳编订程文选本的目的与徐一夔存在着根本的不同。明初，科举制度尚未定型，徐一夔编订《乡试程文》时，明王朝正处于科举制度存废的焦灼之中，《乡试程文》主要是为了呼应刘基、宋濂等人主持制定的文化政策，确证以科目取士的合理性。到了成化年间，科举制度在明代已经平稳运行了百年之久，这一制度在明代处于有效的、良性的运转时期，整个社会对科举制度的认同度正处于最高点。黎淳编订《皇明历科会试录》是满足士子个体阅读的需求。由《乡试程文》到《皇明历科会试录》，明代程文选本渐渐呈现出去官方化的趋势。

第二章　弘治至隆庆年间(1488—1572)：
选家的去官方化

科举考试第一场经义在成化年间定型成为特定的文体之后，弘治、正德、嘉靖、隆庆年间，蔡清、林希元、归有光等人专门围绕第一场经义展开选文活动，社会上涌现出大批严格意义上的时文选家和选本。与明代前期的徐一夔、黎淳等人相比，弘治至嘉靖朝的这些选家表现出明显的去官方化的特点。

首先，从选家的身份上看，明代前期，徐一夔、黎淳、刘定之、杨守陈等在编订选本时，都是国家行政体系之内的官员。自弘治朝开始，选家的身份由明代前期的单一化向多元化发展。如，蔡清中进士后，在乡间教授士子时，编订了《精选程文》。归有光在编订系列时文选本时，则是未中式的士子。归有光为了准备科举考试，与其他士子自行缔结文社、编选时文。归有光编订时文选本，这一行为意味着，普通士子不再仅仅被动地参与官方主持的科举考试。这些未中式的士子在准备科举考试之时，预先以隐性的方式介入科举考试的评价体系，主动、积极而且有效地融入到社会政治结构之中。

其次，从选本的内容和选文的动机上看，弘治、正德年间，时文选本在数量上迅猛增加，在类型上不断拓展，选家的动机和目的也更加复杂。蔡清、林希元等人在编订时文选本时，承续前代徐一夔、黎淳的编选模式，选入的是中式士子的程文。他们选文的目的是，为普通士子提供写作的典范。还有一些退居家中的官员，则更多地立足于提携后进的立场编订时文选本。而归有光等屡试不第的士子则一边准备举业，一边广为招收生徒。他们选取自己日常的习作，编成举业读物。这些时文选本既用来作为门生日常研读的范本，同时，也是归有光等人推扬自己声名的重要手段。

最后，从选本的性质上来看，弘治至嘉靖朝出现的私刻的时文选本，在质态上与官方的乡会试录形成了根本的区别。明代初年，徐一夔刊刻的《乡试程文》大体相当于乡试录；成化年间，黎淳的《皇明历科会试录》则汇集了官方会试录中的程文。自弘治年间开始，程文选本的私刻性质愈加显著。

弘治朝以后出现的这些私刻的时文选本与官方的乡会试录具有一致之处：它们都是非常重要的中介物，在实践过程中接通了官方科举考试的制度、规范与普通士子参与科举考试的行动。这些私刻的选本同时又与官方的乡会试录有着根本的区别。一是，乡会试录是官方文件，它以官方的科举考试活动为中心。乡会试录作为官方政治仪式的一部分，它的目的在于强化官方对于科举制度的控制力，加强科举考试结果的权威性。私刻的时文选本虽然没有跃出科举制度的框架，但是，它以经义这类知识要素为中心。私刻的时文选本不是被动地应对官方的制度、规范，而是在新的价值维度上生成了自身特有的意义。这些私刻的选本在发展的过程中，有意识地建构了某种连续性以及内在的结构。如，林希元的《批点四书程文》就是模仿并接续蔡清的《精选程文》。二是，乡会试录的编订、刊刻处于官方的掌控之中，处于有序的状态，它在体例上也具有程式化的特点。时文选家的活动有着较高的自由度，他们是根据个人的审美趣味、辞章观念，从多种类型的时文中进行选择，选文的目的也是为了满足未中式士子的需求。蔡清的《精选程文》、归有光的《会文》等在编选内容、刊刻方式、传播途径等各个方面具有随意性，处于无序的状态。在这种无序的状态下，私刻的时文选本展现出自主性、灵活性，以及随时更新的特性，这成为私刻的选本迅速发展的重要动力。

明代中期，科举考试不再仅仅是官方的"取士"活动，也不再仅仅是一种行政行为，它的影响力遍及社会生活的各个层面、各个细节。通过剖析这些时文选家的活动，我们可以看到科举制度的影响正在逐步泛化，科举考试已经渗透到社会生活的各个层面。如，编订选本已经不再是纯粹的文化活动，同时也成为商业活动，许多书商大规模地参与到时文选本以及其他科举读物的刊刻之中。林希元的系列时文选本，就是在书商的运作和推动下，最终得以刊刻的。在科举考试的框架下，相关的制度、规范以及考试的程序掌控在官方手中，但是，随着士子参与科举考试的深度、广度不断拓展，八股文的编选、士子对科举考试的认知和理解已经跃出了官方能够掌控的范围。

第一节　蔡清与《精选程文》

蔡清（1453—1508），字介夫，别号虚斋，成化十三年（1477）乡试第一，成化二十年（1484）中进士。历官礼部祠祭司主事、吏部稽勋司主事、南京吏部文选司郎中。弘治十七年（1504），"山东巡按御史陆公偁请主其省试事"①。正德元年（1506），任江西提学副使②。正德二年（1507），致仕回乡。正德三年（1508），"朝廷复以南京国子祭酒起之"③，未及就任，因病离世。蔡清著有《易经蒙引》《四书蒙引》《蔡文庄公文集》等。

---

① 林希元：《南京国子监祭酒赠礼部左侍郎理学名臣谥文庄虚斋蔡先生行略》，见林希元：《林次崖文集》卷一四，乾隆十八年（1753）陈胪声诒燕堂刻本。以下引文出自《林次崖文集》者，均同此版本。

② 据蔡清《白鹿洞书院告夫子文》，"维正德丙寅八月二十四日，巡视学校江西按察司副使蔡清兹诣白鹿洞书院"（蔡清：《白鹿洞书院告夫子文》，见蔡清：《虚斋集》卷五，《景印文渊阁四库全书》本，第891页）。以下引文出自《虚斋集》者，均同此版本。

③ 林希元：《南京国子监祭酒赠礼部左侍郎理学名臣谥文庄虚斋蔡先生行略》，《林次崖文集》卷一四。

弘治年间，蔡清为指导乡间后学研习举业，编订了《精选程文》。

蔡清于成化二十年(1484)中进士。之后，"以病归"①，开始在家乡教授生徒。弘治元年(1488)，蔡清任官，"授礼部主客司主事"②。弘治四年(1491)，蔡清丁母忧。在家乡居丧期间，蔡清为了指导乡里的子弟研习举业，编订了《精选程文》。他谈到编纂这部选本的初始动因时说：

> 乡子弟有从予请业是者，予弗暇也，乃为选取四书程文中之优等者数十篇，略加指点，以指示之。③

《精选程文》的基本情况是：

> 批选始自永乐之壬辰，止于弘治之壬子，历年八十一，经科二十七，而所得之文为篇止四十四。④

《精选程文》选取科举考试第一场中的"四书程文中之优等者"⑤，共44篇。这44篇程文选自永乐十年(1412)至弘治五年(1492)81年间27科的会试录⑥。

《精选程文》编成十余年后，蔡清于正德元年(1506)任江西提学副使。在学政任上，

---

① 林希元：《南京国子监祭酒赠礼部左侍郎理学名臣谥文庄虚斋蔡先生行略》，《林次崖文集》卷一四。

② 林希元：《南京国子监祭酒赠礼部左侍郎理学名臣谥文庄虚斋蔡先生行略》，《林次崖文集》卷一四。

③ 蔡清：《刊精选程文序》，《虚斋集》卷三，第823页。

④ 林希元：《批点四书程文序》，《林次崖文集》卷七。

林希元在《重刊蔡虚斋先生批点四书程文序》中也说，"《四书批点程文》四十四篇，吾泉蔡虚斋先生之笔也。起自永乐之壬辰，迄弘治之壬子，中经八十一年，凡阅二十七科"(林希元：《重刊蔡虚斋先生批点四书程文序》，《林次崖文集》卷七)。

⑤ 蔡清：《刊精选程文序》，《虚斋集》卷三，第823页。

⑥ 永乐十年(1412)至弘治五年(1492)，明王朝共举行会试27科。这27科分别是：永乐十年(1412)壬辰科，永乐十三年(1415)乙未科，永乐十六年(1418)戊戌科，永乐十九年(1421)辛丑科，永乐二十二年(1424)甲辰科，宣德二年(1427)丁未科，宣德五年(1430)庚戌科，宣德八年(1433)癸丑科，正统元年(1436)丙辰科，正统四年(1439)己未科，正统七年(1442)壬戌科，正统十年(1445)乙丑科，正统十三年(1448)戊辰科，景泰二年(1451)辛未科，景泰五年(1454)甲戌科，天顺元年(1457)丁丑科，天顺四年(1460)庚辰科，天顺八年(1464)甲申科，成化二年(1466)丙戌科，成化五年(1469)己丑科，成化八年(1472)壬辰科，成化十一年(1475)乙未科，成化十四年(1478)戊戌科，成化十七年(1481)辛丑科，成化二十年(1484)甲辰科，成化二十三年(1487)丁未科，弘治三年(1490)庚戌科。

蔡清刊刻印行了《精选程文》。他说:

> 予之亡是有年矣。乃奉命视学江右,见士子之业是而不得其方者多,因检出
> 此,以为之式。诸生遂录布诸梓。①

林希元谈到蔡清在学政任上刊刻《精选程文》的情况说,"丙寅,正德改元,朝廷即其
家,拜江西提学副使。既至,修白鹿洞,重师儒,以德行道艺教学者,而时课试之,激
劝有方。士欣然争向上。刊《学政文移》及《大学》《中庸》蒙引,《精选程文》于学宫,学
者有所矜式。丁卯小试,凡居首选之士,悉丽乡荐,人尤服其明"②。

正德元年(1506),《精选程文》刊刻成书之后,蔡清在与朋友、同僚的交往中,
常常有意识地推介这部选本。蔡清将《精选程文》寄呈给刘大夏。他在给刘大夏的信
中说:

> 此间学校事宜尽多,生到此,概未能举行,只有应酬目前文具及考试去取而
> 已。……兹附奉新刊吴康斋先生文集一部备览,外《批点程文》及《学政文移》附渎。③

正德二年(1507),蔡清在江西提学副使任上,乞致仕归养。在离任前,他有《寄周黄门
书》,随信还附赠了自己编订的《精选程文》。蔡清在信中说:

> 已于七月驰本乞致仕,今只待报到即行。……外奉柳文一部备览。又《程文》
> 及《文移》各一册。④

从这些社会交往的细节中,我们可以看出,蔡清对自己编选的《精选程文》颇为自得,
这部选本的刊刻也在一定程度上展现出他在学政任上的工作实绩。

当我们把《精选程文》置于明代科举读物编印史的流程中,可以看到《精选程文》在
成书形态以及刊刻情况等层面上的特点。弘治、正德年间,时文选本由单篇的、手抄的
形式转而变为规模化的成册刊印,选本的性质也由半官方化完全转向非官方化。《精选
程文》正顺应着这样的发展形势。

明初,士子在准备举业时,他们接触到的科举读物,可能是编订成册的,也可能是

---

① 蔡清:《刊精选程文序》,《虚斋集》卷三,第 823 页。
② 林希元:《南京国子监祭酒赠礼部左侍郎理学名臣谥文庄虚斋蔡先生行略》,《林次崖文集》
卷一四。
③ 蔡清:《与刘司空书》,《虚斋集》卷二,第 815 页。
④ 蔡清:《寄周黄门书》,《虚斋集》卷二,第 813 页。

单篇的程文，或者可能是手抄的形式。士子阅读到的书籍，一部分是前代人编订并遗存下来的，如元人萧镒的《四书待问》、王充耘的《书义矜式》等；一部分是当代人编订的，如徐一夔的《乡试程文》、黎淳的《皇明历科会试录》。这些书籍虽然已经编订成册，但是刊印的数量很少。在一般情况下，士子借阅到这些书籍之后，抄录其中的某些程文。如，杨守陈谈到，自己读到刘定之的《易义》残缺不全，打算找人借阅，着手抄写这部《易义》①。自成化年间开始，一方面，科举制度在官员选拔过程中发挥着越来越重要的作用，士子参与科举考试的热情越来越高，举业读物的需求量也越来越大；另一方面，印刷技术也有了很大的进步。成化年间，人们开始用石刻法刻印科举读物。据郎瑛《七修类稿》"时文石刻图书起"条载：

> 成化以前，世无刊本时文。杭州通判沈澄刊《京华日抄》一册，甚获重利。后闽省效之，渐至各省刊提学考卷也。图书，古人皆以铜铸。至元末，会稽王冕以花乳石刻之，今天下尽崇处州灯明石，果温润可爱也。②

郎瑛说，成化年之前，书籍多是铜字印刷。这种刊印方式的成本较高，因此，"世无刊本时文"，大多数的科举读物是手抄本。成化年间，沈澄用石刻法刊印了《京华日抄》。沈澄是天顺六年（1462）壬午科举人，"钱塘仕，至府通判"③。《京华日抄》这部举业读物的基本情况未得知悉。但是，从郎瑛关于《京华日抄》的记载中，我们可以看到，与前代相比，成化、弘治年间举业程文的刊刻方式经历着一次重大的改革④。

举业读物由手抄转向大规模刊印，这种改革是渐变的、过程性的。弘治、正德年间，单篇的、手抄的举业之文仍是科举读物主要的传播方式。李诩生于正德元年（1506），他谈到自己少年时阅读手抄程文的情况说：

> 余少时学举子业，并无刊本窗稿。有书贾在利考朋友家往来，钞得灯窗下课数十篇，每篇誊写二三十纸，到余家塾，捡其几篇，每篇酬钱二文或三文。⑤

这种单篇程文在售卖、抄录的同时，刻印时文选本不断向规模化发展，批量地刊行成册

---

① 明初，手抄书籍仍然非常普遍。如，宋濂在《送东阳马生序》中说，"家贫，无从致书以观，每假借于藏书之家，手自笔录，计日以还"（宋濂：《送东阳马生序》，《宋濂全集·朝京稿》卷三，第1679页）。
② 郎瑛：《七修类稿》卷二四，上海书店出版社2009年版，第234页。
③ 陈善：《（万历）杭州府志》卷五七，万历七年（1579）刻本。
④ 这与成化年间印刷行业的整体变革也有着密切的关系。
⑤ 李诩：《戒庵老人漫笔》卷八，中华书局1997年版，第334页。

的时文选本已是大势所趋①。蔡清的《精选程文》正与这种趋势相呼应。蔡清谈到《精选程文》说，"诸生遂录布诸梓"，这表明，《精选程文》是印刷成册的。他多次将《精选程文》寄送友朋，这说明，《精选程文》一次性地刊印了多部②。

弘治、正德年间，科举读物的编订、刊印进入繁盛期。弘治四年（1491），南京国子监祭酒谢铎上《修明教化疏》说：

> 今不读《京华日抄》则读《主意》，不读《源流至论》则读《提纲》。③

弘治十一年（1498），河南按察司副使车玺说：

> 《日抄》之书未去，又益之以《定规》《模范》《拔萃》《文髓》《文机》《文衡》；《主意》之书未革去，又益之以《青钱》《锦囊》《存录》《活套》《选玉》《贯义》，纷纭杂出。④

《京华日抄》《源流至论》等都是当时通行的科举读物。《源流至论》是针对第二场论编撰的科举读物，系元人林駉、黄履翁编订，刊本题名为《新笺决科古今源流至论》。这部书"取夫治体之大者约百余目，参古今之宜，穷始终之要，问而辨之"⑤，有"前集十

---

① 隆庆以后，举业读物的刊刻更是迅猛增长，普通士子也开始刊刻个人的八股文。如，隆庆年间，谢与思有八股文集《属意余稿》，"苦于钞录，楼、王二生送寿之梓"（骆问礼：《属意余稿序》，见骆问礼：《万一楼集》卷三七，《四库禁毁书丛刊》本，第 470 页）。

② 弘治年间，亲朋好友之间赠送的不仅仅是八股文选本，事实上，刊刻个人的文集或编订的书籍馈赠给亲友，成为当时的一种风气。据陆容《菽园杂记》，"国初，书板惟国子监有之，外郡县疑未有。观宋潜溪《送东阳马生序》可知。宣德、正统年间，书籍印板尚未广。今所在书板日增月益，天下右文之象，愈隆于前已。……上官多以馈送来，动辄印至百部，有司所费亦繁"（陆容：《菽园杂记》，中华书局 1997 年版，第 320 页）。

成化以后，举业程文的刊刻方式与前代相比，发生了很大的变革。到了"弘治六年，会试同考官靳文僖批已有'自板刻时文行，学者往往记诵，鲜以讲究为事'之语，则彼时已有刻文，但不多耳"（顾炎武著，黄汝成集释：《日知录集释》卷一六，第 205 页）。这些板刻时文在内容、论说模式上有着一致性，甚至在一定程度上还影响了当时的学风。康海说，士子"读书惟求大义，不寻章摘句，若板刻时文之为者"（王九思：《明翰林院修撰儒林郎康公神道之碑》，见王九思：《渼陂集·续集》卷中，《四库全书存目丛书》本，第 327 页）。

③ 谢铎：《修明教化疏》，见张瀚：《皇明疏议辑略》卷二一，《续修四库全书》本，第 342 页。

④ 黄佐：《南雍志》卷四，《续修四库全书》本，第 170 页。

⑤ 张金吾：《爱日精庐藏书志》卷二六，道光七年（1827）刻本。

《源流至论》对明代科举考试第二场论的写作具有指导作用。明代，《源流至论》重刊时，李濂写序说，"是书门析科列，粲如井如，搜罗事实，悉有断制。初学之士，读之亦足以闻所未闻，见所未见。于凡经史之纲要，百家之异同，前人论说之是非，历代制度之沿革，咸得以略识其概焉"（李濂：《源流至论序》，见李濂：《嵩渚文集》卷五七，《四库全书存目丛书》本，第 231 页）。

卷，后集十卷，续集十卷，别集十卷"①。这些科举读物大规模刊行，并流传广远，已经超出了官方控制的范围，这在某种程度上引起了官方的恐慌，多有官员奏请禁绝《京华日抄》等书。如，弘治四年(1491)，谢铎说：

> 凡此《日抄》等书，其板在书坊者必聚而焚之，以永绝其根柢；其书在民间者，必禁而绝之，以悉投于水火。于其廪之未食者必严加考核，而不容其幸进；已食者必痛加裁革，而不通其私愿。②

弘治十二年(1499)，吏科给事中许天刚上疏说，这些科举读物"损德荡心，蠹文害道"，"悉断绝根本，不许似前混杂刊行"③。弘治四年(1491)，谢铎奏请禁毁《京华日抄》等书之时，蔡清正在吏部稽勋司主事任上。不久之后，他丁母忧，居于家乡。弘治十二年(1499)，许天刚奏请禁绝科举读物时，蔡清正在南京吏部文选司郎中任上。蔡清并没有直接谈到他对《京华日抄》等书的看法，对于谢铎、许天刚等人奏请禁绝举业读物一事，也未见蔡清论及。但是，从蔡清在弘治四年(1491)编订《精选程文》，后于正德年间刊定这部选本的情况来看，蔡清无疑对私刻的举业读物持肯定、认同的态度。另外，这一时期，也多有其他官员刊刻时文选本。如，陆深是弘治十八年(1505)进士，他曾"选历科会试程文，刻之臬司，为士子准式，晋阳文体为之一变"④。弘治、正德年间，蔡清、陆深与谢铎等虽然同为朝中官员，但是，他们对科举读物以及时文选本的态度呈现出两极分化的趋势。弘治年间以后，坊间的时文选本愈加繁盛，这些选本也与官方的理念渐行渐远。

---

① 黄履翁：《新笺决科古今源流至论序》，见张金吾：《爱日精庐藏书志》卷二六，道光七年(1827)刻本。

② 谢铎：《修明教化疏》，见张瀚：《皇明疏议辑略》卷二一，《四库全书存目丛书》本，第214页。

目前，笔者查见的史料中，最早提出禁绝《京华日抄》的是成化年间的赵仲辉。据《(雍正)山西通志》，"赵仲辉，闻喜人……成化乙酉举人。时举业者多记《京华日抄》，仲辉奏请禁绝。登辛丑进士，历户部郎中、广平知府"(见罗石麟：《(雍正)山西通志》卷一三四，雍正十二年(1734)刻本)。弘治年间，谢铎有《修明教化疏》，提请禁绝《京华日抄》。张瀚辑《皇明疏议辑略》、孙旬辑《皇明疏钞》、雷礼辑《国朝列卿纪》、雷礼辑《皇明大政纪》、涂山辑《明政统纪》、黄佐撰《南雍志》、朱健撰《古今治平略》、张萱辑《西园闻见录》等谈到《京华日抄》的问题，基本上辑录谢铎的疏奏。

③ 《明实录·明孝宗实录》卷一五七，第2825—2727页。

事实上，这些科举读物并没有因官方的禁绝而消失。《源流至论》等举业读物一直到清代仍在书市上流通。如清人俞正燮说，"予又于旧摊买得《决科古今源流至论》别集二册，计十卷"(俞正燮：《癸巳存稿》卷一四，道光二十八年(1848)灵石杨氏刻《连筠簃丛书》本)。

④ 唐锦：《詹事府詹事兼翰林院学士俨山陆公行状》，见唐锦：《龙江集》卷一二，《续修四库全书》本，第584页。

二

　　蔡清在编订《精选程文》时，举业与辞章之间的关系成为他关注的一个重要的问题。在《刊精选程文序》中，蔡清突出强化了一个重要概念——"举业之文"。"举业之文"一词最早出自宋人饶鲁。胡广等人修纂的《性理大全》引饶鲁之言，"举业之文未有不自义理中出者，若讲明得义理通透，则识见高人"①。到了弘治、正德年间，蔡清在编选《精选程文》时，重新启用"举业之文"这个概念。蔡清用到"举业之文"一词时，这个概念指向的实体与饶鲁所说的有着根本的差异。饶鲁用"举业之文"泛指宋元科举考试中的各个科目。蔡清所说的"举业之文"并不是指科举中的所有科目，而是特指第一场经义，并不包括二、三场的论、策。蔡清使用"举业之文"这个概念指称科举考试第一场经义，这意味着，到了弘治、正德年间，经义已经被完全纳入辞章的范畴、纳入集部的构架。蔡清在辞章的构架下，深入地思考了一种全新的文体——八股文——的内在特质。在编订《精选程文》时，他的看法是，"今之举业之文非古也，而其理则犹古也"②。

　　蔡清首先谈道，"今举业之文非古也"。"非古"这样一个判断，意味着蔡清是以"古"作为参照系，观照"当下"的举业之文。为此，我们有必要梳理明代科举考试第一场经义的源流变迁。经义的源头可以追溯到隋唐时期的明经科。隋唐之时，常科中的明经科主要是考察士子通经的能力。唐玄宗时，明经科"先帖文，然后口试经问大义十道，答时务策三道"③。这里的经问大义、时务策是后来经义的原始形态④。到了宋代，经义形成了基本的体制。明清两代，人们大多认定，"经义试士，自宋神宗始行之。神宗用王安石及中书门下之言定科举法，使士各专治《易》《诗》《书》《周礼》《礼记》一经，兼《论语》《孟子》，初试本经，次兼经大义，而经义遂为定制"⑤。

---

① 胡广：《性理大全书》卷五五，《景印文渊阁四库全书》本，第412页。

② 蔡清：《刊精选程文序》，《虚斋集》卷三，第823页。

③ 欧阳修等：《新唐书》卷四四，中华书局1975年版，第2435页。

④ 参见傅璇琮：《唐代科举与文学》，陕西人民出版社1995年版。

⑤ 刘熙载著，刘立人、陈文和点校：《艺概》卷六，华东师范大学出版社1993年版，第183页。

明人谈到这个问题说，"神宗时，王安石撰《周礼》《诗》《书》三经义颁行试士，旧法始变。彼其欲以己说一天下士，固无是理。然其所制义式，至今仿之，盖不得以人废法也"（吴讷、徐师曾：《文章辨体序说 文体明辨序说》，人民文学出版社1962年版，第139页）。后，纪昀也谈道，"经义取士，昉自宋王安石。……《宋文鉴》载张才叔《自靖人自献于先王》一篇发挥明畅，与论体略同，当即经义之初式矣"（纪昀：《甲辰会试录序》，见纪昀：《纪文达公遗集》卷八，嘉庆十七年（1812）纪树馥精刻本）。

元代，"延祐中，定科举法，经义与经疑并用"①。明代初年，科举考试的题目和士子的答题方式依然沿袭宋元两代的考试方式，基本上是经疑的形式②。从隋唐到宋元再到明代前期，经问大义(经义)与辞章没有形成直接的关联。经义无论在唐代处于萌芽状态，还是在宋代具备雏形，抑或在明代前期成为一种稳定的考试方式，它属于而且只属于经部。科举考试第一场经义是对经部诸书籍相关的义理进行阐发，经义这样一类知识要素与子、史、集等部类没有任何直接的关系。成化年间，经义由官方的考试工具演变成为一种特定的文体，即后世所说的"八股文"③。这种在科举制度下生成的新型的文体，既是官方行政制度下的附属物，又成为兼具审美性、艺术性的文学文体。蔡清谈到"今举业之文非古也"，指的正是经义由经部入集部的这种重要的转变④。

面对这种新生的"举业之文"，蔡清的看法是，"其理则犹古也"。蔡清作出这样的判断，主要是针对成化、弘治以后士子在写作经义时形成的风尚。

在经义转型成为一种文体的过程中，士子写作经义不仅注重对四书五经的义理进行阐发，还有意识地将集部的要素引入经义的写作之中，着意于在篇章技法、用词炼句、

---

① 纪昀：《甲辰会试录序》，见纪昀：《纪文达公遗集》卷八，嘉庆十七年(1812)纪树馥精刻本。

② 据《日知录集释》，"洪武三年开科，以《大学》'古之欲明明德于天下者'二节，《孟子》'道在迩而求诸远'一节合为一题。问二书所言'平天下'大指同异。此即宋时之法"；"四书疑犹唐人之判语，设为疑事问之，以观其学识也。四书义犹今人之判语，不过得之记诵而已"(顾炎武撰，黄汝成集释：《日知录集释》卷一六，第207页)。

③ 吴承学、李光摩等谈到八股文定型的问题说，万历年间，科举考试第一场的基本形式"从经疑变为经义，这是一种重要的转向。经疑是考官以提问者的口气出题，考生要谈自己的体会。经义则以经书文句为题，要考生根据考题的语境，以圣贤口气来阐述其义理"(吴承学、李光摩：《八股文四题》，《文学评论》2004年第2期)。

④ 到了清代，"经义"、"帖括"等甚至衍生成为与"举业之文"有着明显差异的概念。如，张大受谈道，"经义、帖括变为举业之文"(张大受：《魏是园时文序》，见张大受：《匠门书屋文集》卷二〇，雍正七年(1729)顾诒禄刻本)。张大受的这一看法可以看做对蔡清的回应。"经义"、"帖括"是唐宋以来较为常用的词语，在不同的时间流程中，它们对应的实体大体是一致的，也是稳定的。但是，在特定的语境下，这些词语也各有其特定的内涵。在张大受的观念中，"举业之文"虽然与"经义"、"帖括"密切相关，但是，它们并不能完全等同。张大受说，"经义、帖括变为举业之文"，这表明，"举业之文"特指第一场经义，在前代"经义"、"帖括"的参照下，明代成化以后科举考试第一场形成了特有的体式、风貌，成为全新的"举业之文"。以张大受的表述为参照，我们容易理解，对明清人来说，成化年以后科举第一场经义，与前代的经义是有着根本的区别的。蔡清正是从第一场四书义、五经义在体式、风格等层面上的转变着眼，提出"今举业之文非古也"这一命题。也就是说，成化、弘治年间，科举考试第一场经义的体式与唐宋元等朝，乃至于与明代前期都有了根本的区别。

审美风貌等方面下功夫①。到了弘治年间，经义以经部为依托，进而融会集部的要素，成为一种风会。王鏊年长蔡清 3 岁，比蔡清早 9 年中进士。王鏊于弘治五年（1492）任应天府乡试考官。他在《应天府乡试录》中，罗列了汉唐宋诸大家，目的是鼓励士子在写作举业之文时，融会各家的文章、各部类的知识，最终"成一家之言，耸一代之盛"。他说：

> 汉之文盛于武宣之世，唐盛于元和，宋盛于嘉祐、治平间。盖皆立国百年，海宇宁谧，人兴于文，则有若董仲舒、司马迁、相如、韩愈、柳宗元、欧阳修、苏轼、曾巩，异人间出。虽不能无高下纯驳，而能各成一家之言，耸一代之盛。②

王鏊在此拎出董仲舒，这是因为董仲舒曾经讲授《公羊春秋》，撰有《春秋繁露》，这与经部之学有关；王鏊拎出司马迁，这是因为司马迁及其《史记》被置于史部之首。王鏊

---

①　这种变化始自景泰年间。景泰、天顺年间，科举考试在明代已经平稳运行了近百年。士子在写作中，开始借鉴古文的方法，暗中推动经义的写作理路、体式风貌的转变。何乔新是景泰五年（1454）的进士。他在研习举业时，从欧阳修、苏轼入手，参会宋人的文章写作技法。这种做法引发了其他士子的惊骇和嘲笑。他说，"予少时从事举子业……取欧、苏诸论熟读之，间仿其体，拟作一二，出示同舍生，莫不骇且笑之"（何乔新：《论学绳尺序》，《椒邱文集》卷七，第 216 页）。这一方面说明，当时士子写作经义普遍以四书五经为根柢，参会史部，何乔新效仿欧苏是悖逆常规、有违"常识"的，是具有突破性的、颠覆惯例的尝试。另一方面，这也表明，在景泰、天顺年间，整个社会的认知框架已经有所松动，士子在参与举业时，不再完全拘囿于经部和史部，而是开始借鉴集部辞章的写作方法。到了成化年间，古文、时文完成了相互之间的对接。科举考试第一场经义由重经部进而兼重集部的知识要素，经义渐渐地被纳入辞章的范畴。这时，人们虽然很少将八股文置于个人的文集之中，但是在日常写作中，他们认为，经义这种新的文体可以与古文并置于一体，相互参照，相互依存，建构起全新的统系。吴宽于成化八年（1472）中状元，后，于成化二十三年（1487）任会试考官。他谈到时文与古文之间的关系时说，"乡校间士人以举子业为事，或为古文词，众辄非笑之，曰是妨其业矣。噫！彼盖不知其资于场屋者多也。故为古文词而不治经学，于理也必阁；为举子业而不习古作，于文也不扬"（吴宽：《容庵集序》，见吴宽：《家藏集》卷四○，《景印文渊阁四库全书》本，第357 页）。张邦奇于弘治十八年（1505）中进士，历任湖广提学副使、四川提学、南京国子监祭酒。他在四川提学任上，指导士子写作举业之文时说，"作文之法，本之五经四书，参之《左氏》《公》《穀》、先秦两汉、《文章正宗》、韩柳欧苏集，及取弘治初年以来会试两畿程文之佳者为法"（张邦奇：《四川学政》，见张邦奇：《张文定公纡玉楼集》卷一八，《续修四库全书》本，第 120 页）。张邦奇认为，士子在准备科举考试时，不仅要关注义理的纯正，而且要注重"作文之法"。举业程文应该以经部的四书五经为根基，融会史部诸书籍，同时，也需要参会集部中的《文章正宗》等总集类书籍，以及韩、柳、欧、苏等人的文章。王鏊、张邦奇着意拎出韩愈、柳宗元、欧阳修、苏轼、曾巩，这意味着，明代科举考试的风向发生了重大的变化：明人的经义写作由着眼于义理的阐发到兼重辞章的技法，由谨守经部的矩矱到参会集部的要素，甚至是倚重于集部辞章的写作方法。到了正德、嘉靖年间，士子在准备举业之文时，往往融贯古文的写作方法，"或效唐而专于韩柳，或效宋则亦专于欧苏"（韩邦奇：《论式序》，见韩邦奇：《苑洛集》卷一，《景印文渊阁四库全书》本，第 344 页）成为一时的风潮。

②　王鏊：《应天府乡试录序》，见王鏊：《震泽集》卷一○，《景印文渊阁四库全书》本，第 1256 册，第 250 页。

将司马相如、韩愈、苏轼等人与董仲舒、司马迁并提，这表明，他认为，经义的写作不仅要以经部、史部的知识要素为依托，同时，也必须注重集部诸要素的知识累积和构型逻辑。

科举考试第一场经义的这种转型可能引发双重的结果。一是，从八股文作为文学文体的角度来看，士子在写作中融贯经史，沟通集部，这有力地推动了经义写作的繁盛。二是，从经义作为国家的考试工具来看，士子从"文"、从辞章的角度入手，过分注重写作技巧的使用、词藻的华美，这在一定程度上背离了官方"以经义取士"的初衷。在这种情况下，蔡清、丘浚等人开始深入地思考经义写作中"文"与"理"，辞章的表达与"圣贤之学"之间的关系。丘浚是蔡清的老师，他曾命蔡清"批点《易经大全》"①。丘浚谈到"文"与圣贤之学的关系说：

> 科举兴而草泽无逸儒，儒之书如五经四书，非不盛行于时，然而孜孜讲究者，惟用于文词以假途荣宦，不仕而能究心于圣贤之学者，盖亦鲜矣。②

蔡清刊订《精选程文》的目的正是要遏制这种"惟用于文词以假途荣宦"的趋势。他在《刊精选程文序》中说：

> 略加指点，以指示之，使其不至于纯乎架屋叠床、浮花浪蕊之习也。其亦进于古之一阶乎？嗟乎！古云，古云，文词云乎哉！而况于举业之文云乎哉！

所谓"架屋叠床、浮花浪蕊"，指向的正是第一场经义重词藻、轻义理的风气。在蔡清看来，科举考试第一场经义是而且首先是官方行政体系之下的考试工具。在这种考试工具向文学文体转型时，"举业之文"应该保持自身某些质的规定性，那就是要传播"理"和"道"③。

蔡清认为，科举考试的目的是取士，为国家选拔人才。士子在研习举业、写作经义时，过分关注"文词"，即重视技法、词藻，不注重义理的阐发，这背离了科举考试的本意，无法与真正的"道"贯通。面对"时下"重辞章、轻义理的风气，蔡清不仅编订了《精选程文》，还对时下忽视义理、过分注重写作技巧的风气提出直接的批评。他说：

① 蔡清：《寓杭州上琼山邱祭酒先生书》，《虚斋集》卷二，第813页。
② 丘浚：《兰湖先生哀辞》，见《大学衍义补》卷九，《景印文渊阁四库全书》本，第136页。
③ 明代中期，人们大多认定，举业之文的特质应该是"理"。如，嘉靖三十九年(1560)，张绍芳在《中庸说要序》中说，"举业之文亦必穷理而后有以尽其妙。不然，吾未见其为举业矣"(张绍芳：《中庸说要序》，见宋大勺：《中庸说要》，《续修四库全书》本，第304页)。

治平百年，万品滋皐。是以上下之间，不觉其日趋于巧便侈靡。①。

他还说：

> 文章在宇宙间，支流日益衍矣。三代无文士，六经无文法者，不以文为事也。韩柳之徒，天才本自挺出，可以大有所立，终不免于以文立家者，枝叶胜也。②
>
> 若是真学问文章，须见于威仪之际与夫日用之常；若是真道德性命，须见于治家之法与当官之政。不然，是真博学之小人，而词章之儿竖耳。③

蔡清认为，六经的写作并不关注技巧、技法，但却流传久远。科举考试第一场经义的根本目的是，阐明四书五经的义理，因此，也应该取法于六经，做到不究"文法"，"不以文为事"。他还谈到重"文词"、轻义理可能造成的不良后果，"士之所以自求于经者浅也，盖不务实造于理而徒务取给于文。文虽工，术不正而行与业随之矣。举子业之关于世道也有如此"④。

当然，蔡清也不是极端地、决绝地否弃"文"。他认为，从根本上来看，文与理并不相悖，"惟其所求于理者有未莹，故其命于词者不能发夫理，而反以障夫理。于是，其文之去古也益远矣"⑤。在他看来，"理"不会设障于"文"，只会让"文"更充实。他说：

> 实大者声宏，理自然也。兹非所谓充于中、畅于外而韵于远者乎。⑥
>
> 今人看书皆为文词计，不知看到道理透彻后，词气自昌畅，虽欲不文，不可得已。⑦
>
> 吾为《蒙引》，使新学小生把这正经道理渐渍浸灌在胸中，久后都换了他意趣，则其所成就自别。⑧

他认为，应该在以"理"为根基的前提下，在"文"与"理"、"文词"与"义理"之间找到一

---

① 蔡清：《送惠安张尹述职序》，《虚斋集》卷三，第822页。

② 蔡清：《与徐方伯书》，《虚斋集》卷二，第797页。

③ 李熙：《序斋李先生请特祀奏疏》，见蔡清：《蔡文庄公集》卷七，乾隆七年（1742）逊敏斋刻本。

④ 蔡清：《题蒙引初稿序》，《虚斋集》卷三，第825页。

⑤ 蔡清：《刊精选程文序》，《虚斋集》卷三，第823页。

⑥ 蔡清：《八桂联芳诗序》，《虚斋集》卷三，第825页。

⑦ 参见林希元：《南京国子监祭酒赠礼部左侍郎理学名臣谥文庄虚斋蔡先生行略》，《林次崖文集》卷一四。

⑧ 参见林希元：《南京国子监祭酒赠礼部左侍郎理学名臣谥文庄虚斋蔡先生行略》，《林次崖文集》卷一四。

种动态的平衡。在文理难以俱至的情况下①,蔡清的态度是,"志存用世,匪汩溺于词章"②,也就是,"理"始终是举业之文的核心要素。当蔡清依丘浚之命,批点《易经大全》时,他的批点原则是,"以本义为宗,而以尊命为据。自程传之外,凡合于本义者批之,其非本义意者空之。有虽于本义不甚切而实有发于义理者亦批之,有虽切于本义而一意错出者,则惟批其一二,而余皆空之。有本义意兼两三端而彼仅得其一二者,则亦批之,有文采甚烂似于举业可用而实词胜理者,则亦空之"③。在士子关注经义的写作技巧的风气下,蔡清坚持举业之文"其理则犹古也",坚持经义写作自身特有的品格。从经义作为官方考试文体来看,蔡清的这种态度具有毋庸置疑的合理性及合逻辑性。

蔡清在指导后学研习举业的过程中,重视"理",这也是成化、弘治年间大多数人的看法。罗伦比蔡清年长 22 岁,他是成化二年(1466)会试第一名。罗伦谈道,"进士名成于周,科定于隋,文盛于唐宋。夫求其实而不以文,士修其实以应之。实为主,文为宾也"④。罗伦认为,科举考试第一场经义成为特定的文体,在一定程度上具有了独立性,但立足于国家考试的框架,"举业之文"仍只是具有工具性的作用,它的定位是"宾",而实际的践履、在现实生活中的能力才是"主",这种能力是通过士子表达的观念、看法得以展现的,而不是通过文章的技巧、修饰呈现出来的。

弘治年间,蔡清在编订《精选程文》时,正是从当时的社会风气出发,提出了"今举业之文非古也,而其理则犹古也"这一命题。这一命题包含双重的向度。一方面,蔡清不否认"举业之文"所具有的"文"的特质,他用"举业之文"这样的概念对科举考试第一场经义重新进行命名,对明代科举考试第一场区别于前代经义、经疑的全新的形式进行确认;另一方面,蔡清也有意识地强化"举业之文"不同于集部的"文词"之文的独有的属性。他试图维护科举考试第一场的独立性,将经义置放在"理"与"词章"、经集与集部之间某个中间的、独立的地带。蔡清认为,在阐明义理这个问题上,从经疑到经义是一以贯之的。"理"既是经疑、经义这些知识要素固有的、核心的要素,也与"举业之文"这一概念始终保持着稳定的对应关系。

---

① 在日常写作中,"理"与"词章"常常无法达到平衡。李东阳谈到举业与辞章不能并兴的情况。他说,"今之科举纯用经术,无事乎所谓古文歌诗,非有高识余力,不能专攻而独诣,而况于兼之者哉"(李东阳:《春雨堂稿序》,见李东阳:《怀麓堂集》卷六,《景印文渊阁四库全书》本,第 454 页)。罗伦在科举考试构架下,将士子的知识结构区分为诗文之学、科举之学与圣贤之学。罗伦说,"自今以往,科名之得失,文诗之工拙,皆洗净而痛决之,不使乱吾之念虑。一意从事圣贤学,研精义理,检点身心,必至于成人而后已。学诗文而至不过为诗人、文人而已,学科举而至不过为官人而已,学吾道而至则可以为圣人,可以为贤人"(罗伦:《与刘素彬书》,《一峰集》卷八,第 736 页)。

② 李廷机:《九我李先生请赠官奏疏》,见蔡清:《蔡文庄公集》卷七,乾隆七年(1742)逊敏斋刻本。

③ 蔡清:《寓杭州上琼山邱祭酒先生书》,《虚斋集》卷二,第 806 页。

④ 罗伦:《宁县进士题名记》,《一峰集》卷四,第 689 页。

三

蔡清的这部时文选本题名为《精选程文》，这些程文是从前代会试录中挑选出来的。但是，《精选程文》与徐一夔的《乡试程文》、黎淳的《皇明历科会试录》相比，有着根本的不同。《精选程文》在选文体例上最显著的特点是：只选取举业程文中的某一类型——"四书程文中之优等者"①。《精选程文》不取论、策，而是只选第一场经义，且仅仅收录经义中的四书文，不取五经义。这正与科举制度在明代中期转型的趋势相一致。

明王朝关于科举考试制度的基本设计理念是义、论、策三场并行。但是，制度设计中的最初的理念并不能完全制约和控制制度的实践过程。制度本身包含着诸多隐性的要素，在制度实践的过程中，这些隐性的要素有可能在无意识中被不断地强化，最终被凸显出来。明代科举考试第一场经义，即后世所说的八股文，就是在实践的过程中不断被强化，逐渐发展成为科举制度的象征物和标识物。祝允明在《贡举私议》中谈到，在明初制度的设计中已经潜藏着第一场渐重的可能性。他说，"今之司校者惟重首考而略于后选，是国家定制之旨已有重轻，今复加偏焉"②。洪武三年(1370)，明王朝实施科举制度，后罢停；洪武十七年(1384)，明廷重开科举时，官方强化了第一场经义的内容，五经义由一道变为四道，四书义由一道增为三道，第二场论基本上没有变化，第三场策则由"一千字以上"变为"三百字以上"(见表 2-1)。这种变化意味着"国家定制之旨已有重轻"。

表 2-1　　　　洪武三年(1370)、洪武十七年(1384)科举考试程式

	洪武三年(1370)	洪武十七年(1384)
第一场	本经义 1 道，限 500 字以上。	本经义 4 道，每道 300 字以上，未能者许减 1 道。
	四书义 1 道，限 300 字以上。	四书义 3 道，每道 200 字以上，未能者许减 1 道。
第二场	礼乐论。限 300 字以上；诏、诰、表、笺。	论一道，300 字以上；判语 5 条；诏、诰、表、笺内科一道。
第三场	经史时务策一道，限 1000 字以上。	经史策五道，各 300 字以上。未能者许减 2 道。

---

①　蔡清：《刊精选程文序》，《虚斋集》卷三，第 823 页。

　　在蔡清之前，选家编订的选本大多是三场并重或重二、三场之策、论。如，洪武年间徐一夔的《乡试程文》、成化年间黎淳的《皇明历科会试录》就是义、论、策三场兼重。

②　祝允明：《贡举私议》，见黄宗羲：《明文海》卷七五，《景印文渊阁四库全书》本，第 345 页。

大约在天顺、成化之际，在经义由考试工具转型成为特定的文学文体之时，社会上就已经出现了渐重第一场的倾向。杨守陈曾谈到这种转向，他说：

> 国家试士之文三：曰义、曰论、曰策。近岁有司惟较义之工不工以黜陟。士义苟工矣，论策虽不工，犹陟之；论策虽工，义不工，则黜之矣。①
> 天下学者率工义而不工论策。②

杨守陈对这种重第一场的风气非常不满。他说，"试士之初意，岂端使然哉"③。天顺四年（1460），杨守陈在任会试考官时，"试天下士，乃取所谓三文者合较其工不工而等差之，黜陟惟允"。他认为，"义惟明乎一经，四书者能工，而论策非淹贯百氏者莫能工也"④。杨守陈谈到，他们在阅卷时，有意识地矫正不重二、三场的风气，"今科所陟多博洽魁垒之士"⑤。另外，何乔新也谈道，"近时场屋论体卑弱"⑥。游明重刻宋人的《论学绳尺》，就是试图扭转这种"论体卑弱"的局面。但是，重第一场而轻二、三场的趋势并没有停止，反而愈演愈烈。成化年间，明代科举考试重第一场经义而轻二、三场论策渐成定局。

到了弘治、正德年间，明王朝已"治平百年"⑦。科举制度在平稳运行的过程中，第一场经义由考试工具转型成为考试文体，义、论、策三场在科举考试构架下的重要性发生了重大的变化。士子在参加科举考试的过程中，第一场经义起到了越来越重要的作用。在时人的观念中，科举制度的内核也完成了转换：科举考试由重视科目的多样性，转为重视第一场经义。人们甚至在无意识中对科举制度的基本理念进行了置换。科举考试由明初官方所说的"设科取士"，转换为"以文取士"。

明初官方颁行科举制度时的根本理念是"设科取士"。据《明太祖实录》：

> 己亥，诏设科取士。……自今年八月为始，特设科举……於戏，设科取士，期必得乎全材，任官惟贤，庶可成于治道。⑧

这里，官方明确地表明要"设科取士"。所谓"科"，就是分为义、论、策这些不同的科

①　杨守陈：《送陈士贤诗序》，《杨文懿公文集》卷六，第 443 页。
②　杨守陈：《送陈士贤诗序》，《杨文懿公文集》卷六，第 443 页。
③　杨守陈：《送陈士贤诗序》，《杨文懿公文集》卷六，第 443 页。
④　杨守陈：《送陈士贤诗序》，《杨文懿公文集》卷六，第 443 页。
⑤　杨守陈：《送陈士贤诗序》，《杨文懿公文集》卷六，第 443 页。
⑥　何乔新：《论学绳尺序》，《椒邱文集》卷九，第 216 页。
⑦　蔡清：《送惠安张尹述职序》，《虚斋集》卷三，第 822 页。
⑧　《明实录·明太祖实录》卷五二，第 1030 页。

目测试士子的能力①。在这一制度框架下，明代前期的程文选本，如，徐一夔的《乡试程文》、查济海的《偶中录》、黎淳的《皇明历科会试录》都是义、论、策兼收。到了蔡清的《精选程文》，他的选本只收录第一场的四书义。蔡清在选文、编撰科举读物的过程中，围绕科举考试的基本内核，还完成了概念的转换和置换。蔡清在《蒙引初稿序》中明确地说：

> 国家以经术造士，其法正矣。②

在这里，蔡清把朝廷制定的"设科取士"改成了"以经术造术"，强调并凸显了第一场经义的重要性。蔡清的老师丘浚谈到科举制度的演变，也明确地指出，科举考试由宋代的"科目取士"转型成为明代的"以五经四书取士"。丘浚说：

> 宋科目取士，有进士、有明经二途。进士试诗赋，明经试墨义。其后罢明经而改试进士以经义，其所试之经用汉唐之疏义、王安石之新说，此当时儒先所以有道学之说也。我祖宗准古制，立进士科，以五经四书取士，一主程朱之说。今日士子所习以应科举者，是即先儒所谓道学也。③

丘浚将科举考试直接定位为"以五经四书取士"。他还有意忽略了第二、三场的论策，从宋代开始追溯"以五经四书取士"的历史，在历史和逻辑的双重维度强化了以"经义"而不是以"科目"取士的合理性、合逻辑性。

与丘浚、蔡清一样，王鏊也有意识地强化第一场经义在科举考试中的作用。王鏊将第一场经义置于与科举考试完全对等的位置。他说：

---

① 所谓的科举，就是分科目举士。明代分科目进行考试的方式，是隋唐以来科举考试理念的延续和发展。唐代，科举考试设科繁多，科目设立也因时而变，前后有几十种之多。其中常设的科目有：秀才、进士、明经、明法、明字、明算、一史、三史等科。到了宋代，建隆元年（960），科举考试沿五代旧制，设进士、九经、五经、三史、三礼、三传、学究、明经、明法等科。这时，科举考试各科目之间欠缺内在的关联性。熙宁四年（1071），宋王朝对科举考试进行改革，"中书奏定贡举新制：进士罢诗赋、帖经、墨义。各占治《诗》《书》《易》《周礼》《礼记》一经，兼以《论语》《孟子》。每试四场，初本经，次兼经，并大义十道。务通义理，不须尽用注疏。次时务策二道、礼部五道"（《宋通鉴长编纪事本末》卷七四，清抄本）。这次改革对科举考试的具体内容与形式进行了清理与简化。官方区分了科目，确定了场次，各场的科目之间形成了内在的关联，构成了完整的考试体系。之后，中国科举考试的规程设计基本上没有越出熙宁改革确立的基本构架。如，元太宗九年（1237），朝廷下诏设科取士，设策论、经义、词赋三科。后，停罢。皇庆二年（1313），朝廷公布考试程式，"蒙古、色目第一场经问五条……第二场策一首"，"汉人、南人，第一场明经、经疑二问……第二场古赋、诏诰、章表内科一道……第三场策一道"（王圻：《续文献通考》卷四四，第637页）。到了明代，朝廷在前代科举考试的制度与理念的基础上，确定了义、论、策三场"科目取士"的制度架构。
② 蔡清：《题蒙引初稿序》，《虚斋集》卷三，第825页。
③ 丘浚：《大学私试策问》，《重编琼台稿》卷八，第166页。

国家以经学取士，其名最正，其途最专，往往名臣皆出其中，得人之效，不可诬矣。①

王鏊极力贬抑论、策的地位。他说，"今科场虽兼策论，而百年之间主司所重惟在经义。士之所习亦惟在经义，以为经既通，则策论可无俟乎习矣。近年颇重策、论，而士习既成，亦难猝变"②。王鏊还大力表彰那些专注于为士子讲解经义的人。如，王鏊为王淳作有墓表，他说，王淳"虽致政归，犹为学者指授经义"③。在为韩琦写的墓志铭中，王鏊也谈到，韩琦致力于"与学者讲解经义"④。李梦阳是弘治、正德年间的文坛盟主。正德二年(1507)，蔡清在江西提学副使任上致仕归乡。后，正德六年(1511)，李梦阳任江西提学使。李梦阳谈到科举制度也说，"国家之取士，文也"⑤。

到了嘉靖年间，重第一场的风气愈演愈烈。嘉靖四十三年(1564)，官方颁布法令，试图扭转只重第一场的风气。据张朝瑞《皇明贡举考》载，明廷下诏令，"阅卷虽以经义为重，论策亦不可轻。……若经义虽善而论策空疏者，不得中式"⑥。但是，这并没有扭转第一场经义越来越受到重视的趋势。万历末年，有人谈到"时下"只重第一场经义的风气说：

国家取士之制，士试经义，犹令各占论表判策以征古学、考时宜，命之曰"后场"，不独以经术进。高皇帝之为此也，兼体用，该文质，严且备。自洪武甲子，著为令，今二百五十有三年矣。近名存实亡……士砥厉以应王司者，经义耳。⑦

到了清初，世人眼中科举制度的构架设计已经成为"明以五经取士，以帖括为制，久焉益崇，不可以变"⑧。《明史·选举志》谈到明代的科举制度说，"科目者，沿唐、宋之旧，而稍变其试士之法，专取四子书及《易》《书》《诗》《春秋》《礼记》五经命题试士"⑨。

---

① 王鏊：《时事疏》，《震泽集》卷一九，第334页。
② 王鏊：《拟罪言》，《震泽集》卷三三，第480页。
③ 王鏊：《知永年县致仕尤君墓表》，《震泽集》卷二六，第404页。
④ 王鏊：《贵州按察司副使陈公墓志铭》，《震泽集》卷二八，第430页。
⑤ 李梦阳：《代同榜序齿录序》，见李梦阳：《空同集》卷六一，《景印文渊阁四库全书》本，第55页。
⑥ 张朝瑞：《皇明贡举考》卷一，《续修四库全书》本，第148页。
⑦ 万时华：《后场四奥序》，见万时华：《溉园二集》卷二，《四库禁毁书丛刊》本，第370页。以下引文出自《溉园二集》者，均同此版本。
⑧ 孙宗彝：《斯文论》，见孙宗彝：《爱日堂诗文集·文集》卷一，乾隆三十五年(1770)孙同邵刻本。
⑨ 张廷玉等：《明史》卷七〇，第1693页。

在张廷玉等人看来，科举考试中的科目就等同于四书五经。论、策在考试实践中仍然施行，但是，在清人的讨论中，这两场已经被忽略不计了。

总体来看，明人专取四书五经试士，这并不是有明一代的普遍状况，而是在成化、弘治以后才出现的一个突出的现象。明代科举考试三场轻重的基本趋势是：明初，义、论、策三场并重；自成化、弘治年间开始，经过蔡清与丘浚、王鏊等人的大力提倡，科举考试中第一场经义的重要性得以提升。经术只是科举考试中诸科目中的一科，在蔡清、丘浚、王鏊、李梦阳等人的表述中，"经术"、"文"却取代了"科目"。这种暗中的置换，意味着社会对于科举考试的认识已经完成了整体性的转变。这表明，到了成化年间，第一场经义由阐发经部诸书籍的义理，转而变为一种特定的文本，成为集部之"文"的一个部分。士子在写作经义这种"举业之文"时投入了越来越多的精力和注意力。在第一场经义的质性、质态转化的过程中，第二、三场的论和策虽然没有废除，但是，它们的重要性却日渐弱化。

随着科举考试第一场经义在体式、风格、类型上的逐渐定型，明代科举考试也渐渐被外化，第一场经义——后世俗称的八股文，成为科举制度的象征物和标志物。所谓外化，就是科举制度实施的手段、方式与这一制度之间建构了稳定的、内在的、不可更易的联系。自明代成化年以后，科举制度与第一场经义逐渐形成了稳固的关联，科举制度能而且只能固着在义、论、策，特别是第一场经义上。科举原本是一种抽象的政治制度，实施的手段是多样化的，运行的方式也具有动态化的特点。但是，自成化年开始，科举考试渐渐被物化为特定的知识要素——八股文。在这个过程中，第一场经义不再仅仅是取士的手段和方式，也不再仅仅是科举考试这一制度性结构中的某个要素，而是渐渐成为科举制度的标志物，最终转化为一种"符号"，成为科举制度的象征。《精选程文》只选第一场的经义，这正与成化以后时人重第一场的风气相呼应。蔡清在刊定《精选程文》时还表示，自己将逐步展开论、策等的编选。他说，"尚欲遍选诸经及论、表、策、判等文之优者而批点之，使各有所式而时文悉趋于正"①。但是，蔡清此后并没有开展这样的编选活动。

四

明代科举考试第一科经义分五经、四书两场。在蔡清之前，刘定之的《易义》以及杨守陈的选本也是只选第一科经义。蔡清的《精选程文》与《易义》等的区别是，《易义》专选五经中《易》的程文，《精选程文》则从第一场经义入手，仅选取第一场中的四书程文。这与蔡清重视四书的态度一致，也与整个社会渐重第一场经义中的四书义有着密切的关系。

---

① 蔡清：《刊精选程文序》，《虚斋集》卷三，第823页。

明代科举考试中四书义的渊源，最早可以追溯到隋唐明经科考试《论语》①。明经科试《论语》只是明代四书义的萌芽形态，还远远没有完成四书义在形、质等方面的建构。到了宋代绍熙元年(1190)，朱熹取《礼记》中的《中庸》《大学》两篇文章单独成书，与记录孔子言行的《论语》、记录孟轲言行的《孟子》合并，刊刻成《四书章句集注》。这时，四书完成了作为知识序列的建构过程，《大学》《论语》《孟子》《中庸》构成了一个具有内在整体性的统系。但是，四书尚未成为科举考试的核心科目。直到元代，仁宗皇庆二年(1313)，朝廷确定科举程式，才将四书作为科举考试的核心内容。据《续文献通考》：

> 蒙古、色目第一场经问五条，《大学》《论语》《孟子》《中庸》内设问，用朱氏《章句集注》。
>
> 汉人、南人第一场明经经疑二问，《大学》《论语》《孟子》《中庸》内出题，并用朱氏《章句集注》。②

延祐二年(1315)开科举，四书成为科举考试的基本内容。纪昀在《四库全书总目提要》中谈到四书的成型以及它进入科举考试构架的过程说，"《论语》《孟子》，旧各为帙。《大学》《中庸》，旧《礼记》之二篇。其编为四书，自宋绍熙始。其悬为令甲，则自元延祐复科举始"③。到了明代，科举考试第一场的四书义，正是在元代科举制度的基础上最终确立的考试形式。

谈到四书义，我们还要注意的就是程朱理学在明代科举考试架构下的定位情况。程朱理学借助于科举制度的力量，借助于四书义、五经义的写作，演化成为明代的官方哲

---

① 唐代，明经科考试的内容是《诗》《书》《易》，三礼、三传，以及《论语》《孝经》。从制度的演变来看，明经一科试《论语》，是后来四书义的萌芽形态。五经义的渊源可以追溯到隋唐时科举考试中的明经、进士两科。唐代的明经、进士两科均试《礼记》。明人在唐代科举考试试以《礼记》以及宋元科举规程的基础上，确定了五经义这种考试方式(见表2-2)。

表2-2   **唐代科举考试明经、进士科的基本情况**

	初　　试	二　　试	三　　试
明经科	选《礼记》或《左传》之一及《孝经》《论语》《尔雅》，每经帖十条	口答诸经大义	答时务策三道
进士科	选《礼记》或《左传》之一及《尔雅》，每经帖十条	作诗、赋、文各一篇	作时务策五道

② 王圻：《续文献通考》卷四四，第637页。
③ 纪昀等：《四库全书总目提要·经部·四书类提要》，第914页。

学，这本身也是阶段性的、动态化的。明代初年，科举考试第一场并不专重程朱，而是兼重古注疏，各家并行。其中，"《易》兼主程、朱，《书》主蔡，《诗》主朱，《春秋》兼左氏、公羊、穀梁、程、胡、张，《礼记》主陈"①。宋濂、王祎以及徐一夔、黎淳、杨守陈等诸儒以及程文选家认同程朱的性理之学，但是他们无论是在编订程文选本，还是在展开其他学术活动、社会活动的过程中，都没有刻意地推崇程朱。解缙是洪武二十一年(1388)进士，他曾上书，要"上溯唐、虞、夏、商、周、孔，下及关、闽、濂、洛，根实精明，随事类别，勒成一经"②。但是，这项活动并未真正展开。程朱理学在官方科举制度架构下位置的变化始于永乐年间。永乐十二年(1414)，翰林大学士胡广等人编纂《五经大全》《四书大全》《性理大全》。永乐十三年(1415)九月，"《五经四书大全》及《性理大全》书成"③。之后，科举考试中的四书义"尽弃注疏"④，转而以《四书大全》为基本的依据。之后"二百余年尊为取士之制"⑤，"庠序之所教，制科之所取，一禀于是"⑥。蔡清编订《精选四书程文》，正与《四书大全》的推行，与程朱理学在科举制度构架下的影响不断强化有着密切的关系。

蔡清在研习举业、编订选本的过程中，一贯尊崇朱熹。蔡清中式之前，他于"六经子史及周程张朱性理之书，靡不熟读而精究之"⑦。蔡清基于宋元以来的学术统系，对朱熹进行了定位。他说：

> 吾平生所学，惟师文公一人而已。文公折衷众说，以归圣贤本旨。至宋末诸儒，割裂妆缀，尽取伊洛遗言以资科举。元儒许衡、吴澄、虞集辈皆务张大其学术，自谓足继道统，其实名理不精而失之疏略。本朝宋潜溪、王华川诸公虽屡自辨其非文人，其实不脱文人气习，于经传鲜有究心。⑧

① 王圻：《续文献通考》卷四五，第647页。
② 张廷玉等：《明史》卷一四七，第4116页。
③ 《明太宗实录》卷一六八，第1993页。
④ 王圻：《续文献通考》卷四五，第647页。
⑤ 纪昀等：《四库全书总目提要·〈四书大全〉提要》，第949页。
纪昀等在《四库全书总目提要》中还谈到《四书大全》与《五经大全》在科举制度构架下不同的影响，认为《四书大全》"初与《五经大全》并颁。然当时程式，以四书义为重。故五经率皆庋阁，所研究者惟四书，所辨订者亦惟四书。后来四书讲章浩如烟海，皆是编为之滥觞。盖由汉至宋之经术，于是始尽变矣"(纪昀等：《四库全书总目提要·〈四书大全〉提要》，第950页)。
⑥ 高攀龙：《崇正学辟异说疏》，见高攀龙：《高子遗书》卷七，《景印文渊阁四库全书》本，第93页。
⑦ 林希元：《南京国子监祭酒赠礼部左侍郎理学名臣谥文庄虚斋蔡先生行略》，《林次崖文集》卷一四。
⑧ 林希元：《南京国子监祭酒赠礼部左侍郎理学名臣谥文庄虚斋蔡先生行略》，《林次崖文集》卷一四。

蔡清认为，朱熹以后的大儒，如元代的许衡、吴澄、虞集，虽然力图推扬朱子之学，但却失之疏略；到了明代初年，宋濂、王祎等人多重文辞，而不重学问。因此，蔡清直接师法朱熹，他的志向是"上继朱子"。林希元在为蔡清所作的行略中说，蔡清"胸中所存，要不肯小就，直欲穷极底奥，折衷群言而上继朱子"①。成化十七年（1481），蔡清参加会试，落第。但是，他却因有宋人风度，深得丘浚的赏识。据林希元所作的《行略》，蔡清"入胄监，祭酒琼山邱公浚试蔡沈进尚书传表，批其卷，有'他真个是宋人'之语，深加敬重"②。丘浚还因蔡清的建议，"欲更定《易经》《四书大全》，出其本，令先生（注：蔡清）批点之"③，蔡清批点了《四书大全》。为推扬程朱理学，他还编订了《蒙引初稿》。蔡清曾谈到自己编订《蒙引初稿》的背景与初衷：

> 国家以经术取士，其意甚美。但命题各立主意，众说纷纭。太宗皇帝命诸儒集群书大全，不分异同，撮取成书，遂使群言无所折衷。故吾为《蒙引》，合于文公者取之，异者斥之。使人观朱注珑玲透彻，以归圣贤本旨。④

蔡清明确地表示，在《蒙引初稿》中，与朱熹之说相合则取，不合则舍。蔡清的这部《蒙引初稿》与《精选程文》一样，正是力图在科举制度的框架内，推行他所尊崇的程朱之学。

后学也一致认为，蔡清是程朱理学的坚定倡扬者。林希元谈到蔡清说：

> 先生少而闻道，自幼知学，即悟世儒词章训诂之非，得乎濂洛关闽之风旨。谓宋儒之道，至朱子始集大成。朱子之道不明，则圣贤之道因之遂晦，故其所学、所推明惟朱子而已。⑤

---

① 林希元：《南京国子监祭酒赠礼部左侍郎理学名臣谥文庄虚斋蔡先生行略》，《林次崖文集》卷一四。
② 林希元：《南京国子监祭酒赠礼部左侍郎理学名臣谥文庄虚斋蔡先生行略》，《林次崖文集》卷一四。
③ 林希元：《南京国子监祭酒赠礼部左侍郎理学名臣谥文庄虚斋蔡先生行略》，《林次崖文集》卷一四。
④ 林希元：《南京国子监祭酒赠礼部左侍郎理学名臣谥文庄虚斋蔡先生行略》，《林次崖文集》卷一四。
蔡清尊崇朱子，但他并不执迷于朱子之学。他在《易经蒙引》中说，"朱子之说亦不能无未尽善处"（蔡清：《易经蒙引·系辞上》，《景印文渊阁四库全书》本，第56页）。纪昀等人谈到蔡清对朱子之学的态度也说，"朱子不全从程《传》，而能发明程《传》者莫若朱子。清不全从《本义》，而能发明《本义》者莫若清。醇儒心得之学，所由与争门户者异欤"（纪昀等：《四库全书总目提要·〈易经蒙引〉提要》，第130页）。
⑤ 林希元：《南京国子监祭酒赠礼部左侍郎理学名臣谥文庄虚斋蔡先生行略》，《林次崖文集》卷一四。

万历七年(1579)，李熙在奏请祀蔡清的疏中，也谈到蔡清承续朱熹的情况。他说，蔡清"以经学自娱，讲明践履。一本诸考亭、濂洛，而仰溯夫洙泗告语之绪。又虑学者之论说纷纭而折衷靡定也，乃于四书、《易经》各著为蒙引，往往融释群疑，极探理本。虽反覆于字折句议之间，今其书布于四方，而治经之士不至涉足而误途径，则清所以发挥羽翼之功，信非渺少矣"①。

蔡清尊崇程朱理学，致力于编选四书程文，我们不能简单地判定这是选家与官方的"共谋"。蔡清的编选活动、思想观念也与弘治年间人们对科举制度、对程朱理学的认同有关。

到了弘治年间，科举制度平稳运行了百余年之久，这种制度正处于良性运转的状态中。蔡清身处科举制度的框架下，对这种"当下"的政治制度有着较高的认同度。他在《刊精选程文序》中说：

> 夫举业在今不可废也，欲变举业而古之，在今亦未易也。孔子之论治道曰："齐一变至于鲁，鲁一变至于道。"夫孔子独不欲齐之一变至于道哉？势有所不可蹴也。

蔡清认为，科举考试无法返之于古，举业、举业之文也是无法废弃的。他还谈到，在举业与"道"之间，"其理有相仿佛者"②。蔡清说：

> 今之学者，其所请业于师者，不能一一与古人同。虽然，今所业者本经、四书及诸子史，古圣神及诸贤哲之精蕴在焉，天、地、人之道悉备。虽使古人复生，亦不能舍此以为学。③

蔡清认为，科举制度是随时、随势而生的。从形式上看，明代士子参与、研习的举业，与前人所攻之学术有着很大的差异。但是，从本质上看，四书五经以及士子阅读的子部、史部的书籍，蕴藏着"诸贤哲之精蕴"。在特定的时代，科举考试是最优化的制度，即令"古人复生"，也不可能在治学时跃出科举考试制度的构架之外。

蔡清认为，科举考试以四书五经为根本，以程朱理学为基本的依据，最终的目的是引导士子寻找、确认个人在当下的意义与价值，像朱熹那样达到圣贤的境界。在四书五

① 李熙：《序斋李先生请特祀奏疏》，见蔡清：《蔡文庄公集》卷七，乾隆七年(1742)逊敏斋刻本。
② 蔡清：《刊精选程文序》，《虚斋集》卷三，第823页。
③ 蔡清：《送陈太和先生撤馆归莆序》，《虚斋集》卷三，第825页。

经、程朱理学中蕴藏着古圣先贤的精蕴，士子在参与科举考试的过程中，认真研读典籍，追寻古人的精蕴，最终成人成己，这也正是国家施行科举制度的初衷。他说：

> 有识之士，固将于今世法度之内，探溯古人用意所在，而取其精蕴以自淑，而亦以淑夫人，初亦不害于科举也。①

蔡清认为，从实践上看，科举是促人读书的；从终级目标上来看，科举制度是推促人成圣成贤的。他在《自警诗》中说：

> 自怪读书廿余年，于今始解书中意。……古昔圣贤所树立，明并日月照天地。非义一毫绝胸中，方能充养浩然气，方能作得人间事。②

科举考试作为一种官方的政治制度，它的原初目是把士子培养成为符合国家需要的人才。但是，在实施的过程中，它的功用逐渐衍生、分化，士子在科举制度下的自我认知也发生了一定的变化。到了弘治年间，士子自我的需求——成圣成贤、"充养浩然气"等也成为他们参与举业的重要目标之一。蔡清在给门生黄德馨写信时，一方面谈治学、修心、修身的问题，"人心本是万理之府，惟虚则无障碍，学问工夫大抵只是要去其障碍而已"③；另一方面，他也很关心黄德馨的举业情况。在《与黄德馨书》的末尾，蔡清殷殷关切地问道，"今岁科举不知足下与仲殷得了此否"④。在蔡清看来，学问与举业不仅是两不相碍的，而且是相互促进的。

蔡清认为举业与学问互不相碍，他的这种看法在当时并不是孤立的。自成化、弘治，一直到嘉靖年间，人们非常关注士子在科举考试的框架下个人学问的精进。杨守陈比蔡清年长 28 岁，他也多次谈到举业与学问之间的关系：

> 既学道德，则余力亦足以为举业。二者可并行而不相害也。今举业者，蚤夜诵味经传，以明其理于心，亦近于格致之学矣。⑤
>
> 举业无妨于学道，先儒盖尝言之。余因作此而专心一力，涵泳义理，至于日久粗有所得。至于今，临事幸无大惑，而行己幸无大恶者，盖此尝有助焉。⑥

---

① 蔡清：《送陈太和先生撤馆归莆序》，《虚斋集》卷三，第 825 页。
② 蔡清：《自警诗》，《虚斋集》卷一，第 633 页。
③ 蔡清：《与黄德馨书》，《虚斋集》卷一，第 656 页。
④ 蔡清：《与黄德馨书》，《虚斋集》卷一，第 656 页。
⑤ 杨守陈：《临海县学记》，《杨文懿公文集》卷二三，第 577 页。
⑥ 杨守陈：《书旧易义后》，《杨文懿公文集》卷一二，第 497 页。

杨守陈认为，举业主要是从五经四书入手，因此，举业与学问是一体的，是相辅相成的。他在给门生的信中也谈道，"举业无妨德学。……六经四书读已，宜温而熟之，以端其本；诸子群史百集宜博览而强记之，以畅其枝；序碑铭传赞宜识其体裁，间作数十篇；则于讲义理、评人物，论古今事变、记名物度数皆与德学举业有相资者，不可废也。若诗赋声律之语，则妨废德，绝不宜作"①。王守仁比蔡清年少 19 岁，与蔡清相比，他对于科举制度多了一些负面的看法。但是，这并不意味着他反对科举制度。他也认为，举业与学问、学业与圣贤之学"两无相碍"。王守仁教育门生说，"举业不患妨功，惟患夺志。只如前日所约，循为之，亦自两无相碍"②。

科举制度作为取士制度，原本置于国家行政体系之内，当四书文、五经文成为科举考试的核心，并进一步演化为科举制度的标志时，科举制度的影响进而以多重方式渗入文化领域、学术领域以及文学领域。蔡清在编订《精选程文》教育门生时，对程朱理学的推扬，以及他在举业框架下成圣成贤的追求，正反映出科举制度在明代的变化。或者说，这正是科举制度在弘治年间形成的、区别于前代的本质特征。对于生活在弘治年间的蔡清来说，他对科举制度和程朱理学认同的原因、内在理路等与明代前期的徐一夔等人有着根本的不同。明初，官方制定科举制度的目的是选拔"经明行修、文质相称之士"，"能以所学措诸行事者"③。徐一夔在编订选本时，与刘基、宋濂等制定科举制度的朝中要员在观念、立场上是一致的。《乡试程文》的目的是立足于国家的立场，展现"国家兴文之盛"。从终极目标来看，明初设立科举制度是以上古的"六艺"为参照系。如，宋濂说"皇明设科，仿古者六艺之教"④。徐一夔、凌云翰等朝廷中的中下层员官员也认同这样的观念。如，凌云翰谈道，"圣朝之设科也，本德行而兼六艺"⑤。到了弘治年间，蔡清在编订选本时，也认真思考了科举制度的意义。蔡清不否认经义与国家气运、朝廷取士之间的关系，但是，他不再仅仅关注这种制度在官方政治构架下"取士"的功能和意义。同时，蔡清也关注举业与个人学问的涵育、品性的培养之间的关系，清楚地阐明了这一制度对于普通士子，对于个体的意义和价值。蔡清等人不仅抱持着对科举制度、对程朱理学的认同，而且也表现出了对"当下"、对个体、对自我的尊

① 杨守陈：《与冯汝止书》，《杨文懿公文集》卷三，第 429 页。
② 王守仁：《与辰中诸生(己巳)》，见王守仁著，吴光等编：《王阳明全集》卷四，上海古籍出版社 2011 年版，第 156 页。以下引文出自《王阳明全集》者，均同此版本。
③ 《明实录·明太祖实录》卷七九，第 1439 页。
④ 宋濂：《会试纪录题辞》，《宋濂全集·翰苑前集》卷六，第 464 页。
⑤ 凌云翰：《送金元哲之官分水序》，见凌云翰：《柘轩集》卷四，《景印文渊阁四库全书》本，第 829 页。

重与认同①。从这个角度来看，科举制度在明代虽然是稳定的，但是，对于不同时代的人来说，它的意义和功用则发生了显著的变化。

五

蔡清在编订选本时，不仅关注士子成圣成贤的需要，同时，他也认同时人在日常生活中世俗的或者说现实的需求。

明代，科举考试在延续、发展的过程中，科举制度本身是稳定的，但是，士子的知识结构、认知模式、思想观念却发生了变化，同时，时风、士风以及世风也在悄然转变。明代初年，科举制度的功能是单一的，也是单向性的。科举制度的价值与意义主要指向的是政府、政权与政治，科举制度的核心功能是"取士"。这时，举业与个人的"爵禄"尚未构成直接的，或者说是显在的关系。到了成化年间，对于士子来说，科举考试成为他们改变自己命运有效的、合法的且合理的通道，科举制度成为中国社会阶层流动的重要推动力量②。那些中式者渐渐形成了特定的阶层，成为"这个朝代实际利益的真正获得者"③。中举、中进士在一定程度上意味着一个人成就了自己的声名，但是，这时士子在科举制度下对功名利禄的追求还未形成恶性循环。罗伦甚至还谈道，"士生斯

①　蔡清曾认真地、理性地思考科举制度在官方行政体系中的意义与价值。蔡清谈到，他熟识的一个同僚曾"奏请求天下之异才"，这位同僚对科目选人产生了怀疑，并提出应该在科举制度之外，采用其他的方法旁求"异才"，蔡清的态度是，"异才尤光岳所靳，亘古不多得。今日上之人虽未可绝望当世之无人，然亦不可必求其人以实其科，端教养、精举察而已矣。至于天下之人尤宜自量，不可因上之有求而妄应其选，以远大自励而已矣"（蔡清：《与郭文博书·其八》，《虚斋集》卷一，第646页）。蔡清认为，"异才"不可多得，并非代有其人，科举制度的目的不是求"异才"，这一制度常规性的功能是"端教养、精举察"。蔡清还谈到，自隋唐以来，科举考试与"取士"、举业与"豪杰"之间只具有相关性，并不存在直接的因果关系，或者一一对应的关系。他说，"自唐以来，名公巨人，不能舍是以进身。所谓豪杰之士，由此而出也。然谓豪杰出于此则可，谓必出于此而后为豪杰则不可，谓即得于此而遂为豪杰尤不可也"（蔡清：《送解元林汝宣赴春闱序》，《虚斋集》卷三，第828页）。蔡清也对科举考试"取士"的有效性提出质疑，并对科举制度下不可能出现"异才"的原因进行分析。他说，"公又问：今学者满天下，何故异才难得？予对言：是固有由也。上之人所以养之者，本未尽其道，下之人又幸际时之升平而售之急耳。以生所见言之，如生稍知章句、训诂，人便举而进之于学宫矣。未几，作经义。甫成篇，便得补廪，以为当然矣。又未几，作三场文字。才可读，便迫迫期中举、中进士矣。一中进士，则官已到手，或无暇于学，或自以为无用学矣。其仕而能学者无几耳，又或有过时扞格之患。盖识见既浅，践履必薄，规为必粗，非所谓俟其熟而食之者也。况自幼入小学，而其所学者多非学作人之实事。人才之不如者，以此故。虽有异质者，亦不能成异才"（蔡清：《与郭文博书·其九》，《虚斋集》卷一，第648页）。从这个角度来看，弘治、正德年间，科举制度在运行了百余年之后，已成为一种稳定的、较为优化的制度，但同时，这一制度的弊端也渐渐显露出来。科举考试作为一种制度，它本身"无妨于学"，无妨于成圣成贤。在实践中，这种制度并不会完全按照初始的设计来运行，而是处于不断调整、变化之中。这种调整和变化既有正面的向度，也有负面的向度。

②　参见何炳棣：《中国社会史论》，上海书店出版社2010年版。

③　左东岭：《王学与中晚明士人心态》，人民文学出版社2000年版，第2页。

世……无科举爵禄之累"①。

到了弘治年间，在蔡清编订《精选程文》时，对于士子个人来说，研习举业不仅仅是成圣成贤的途径，同时也成为他们获取功名利禄的工具。士子中进士之后，就能够任官，进入社会政治权力的构架之内。这对士子个人来说，意味着身份的转变，意味着"贵"。科举考试不仅对国家来说具有"取士"的功能，同时，它对于士子个人及其家族也具有了非常重要的意义与价值，它可以带来某些显在的或者潜在的荣耀和利益。

蔡清在编订选本的过程中，就曾经对社会上"读书只为利"的情况发出感慨②。他说，"自怪读书廿余年，于今始解书中意。往闻世俗语津津，总道读书万倍利。吁嗟读书只为利，是亦商人而已矣"③。他还谈道，"今之贪禄利而不贪道义，要作贵人而不要作好人者皆是也"④。蔡清不愿意迎合社会上"读书只为利"的风气。他在春闱之后，给朋友写信说：

> 清此行本为应春闱行。然静中自顾，殊无可以应春闱者。况孱弱之躯，顾影只然。子嗣一节，犹未能上慰亲心，岂宜切切于功名富贵？恨向日摇于亲朋之议，不能坚持夙心而虚此数百里之跋涉耳。故今断然而归，非能轻功名富贵也，鸿鹄之微，岂能一日而忘其翘然外骛之心。⑤

中进士之后，他也与同年相互劝勉。他谈到，虽然很多士子把科举视为求取功名利禄的工具，但是，对他本人来说，"民胞并物与"，才是自己的责任所在。他在诗中写道：

> 丈夫始读书，便拟掇科名。及其既登名，岂徒娱一生。高科一时事，千载有汗青。富贵无所树，风花不百龄。端居时独念，宇宙事非轻。皇天生我曹，岂我私聪明。民胞并物与，此责在书生。昔年窗下业，一一皆典刑。少者忌谋躁，老者戒宦成。⑥

蔡清对功名与隐逸、否与泰等都抱着一种超然的态度。他在诗中写道：

> 朱紫荣于朝。……何似林下一身闲，万事从容任君意。有时载酒对花衢，有时静读古人书。有时耕兮有时牧，有时樵兮有时渔。此乐人生不易得。⑦

---

① 罗伦：《宝庆府学记》，《一峰集》卷四，第690页。
② 蔡清：《自警诗》，《虚斋集》卷一，第633页。
③ 蔡清：《自警诗》，《虚斋集》卷一，第633页。
④ 蔡清：《洛阳送别卷后序》，《虚斋集》卷三，第825页。
⑤ 蔡清：《寄周汝厚书》，《虚斋集》卷二，第799页。
⑥ 蔡清：《同年会》，《虚斋集》卷一，第635页。
⑦ 蔡清：《送乡人》，《虚斋集》卷一，第632页。

不见伊吕当年无科第，自有功名万古新。……先生早了环中趣，否泰由来都是春。此行如遇成都卜，只问忠与孝，不问屈与伸。①

我辈云为太后生，功勋名节两未成。②

对于蔡清来说，即令中进士，也未必等同于成就功业。举业上的成就、官员的身份对他个人来说都没有意义，他更多的是满足家族的需要。

面对整个社会，包括自己的家族对于功名、声名的追求，蔡清并没有产生严重的焦虑感，他也从来没有试图与这种风气进行对抗。他的做法是，不追求功名，也不拒绝、不排斥科举。蔡清本人无意仕进，他"急于求道而进取之念略。筮仕二十五年，从官不能十年"③，研习举业只是促进他"求道"的途径之一。但是，在生活中，他顺应社会的变化，满足家族的需求。如，他在中进士之后，试图远离官场，专意于讲学著述。但是，他的母亲王安人郁郁不乐。据林希元《南京国子监祭酒赠礼部左侍郎理学名臣谥文庄虚斋先生行略》：

> （蔡清）方进士在告，为母王安人写容。安人愀然不乐曰：吾闻母以子贵，儿既登第，吾容犹巾帼如故耶？先生闻其言，随促装赴选。比至，得封安人，始殁。④

他也积极地鼓励自己的朋友参与政务。他在《送郑仲平教谕揭阳序》中，还勉励自己的朋友说，"吾诚欲揭阳人士知吾仲平之大概，庶几其不以寻常为禄仕者见目，而当有气求声应于举子常业之外，以备吾国家异日为栋梁柱石之用者也。吾又欲揭阳人士知吾文选之所为乡邦模范计者，有若此之拳拳庶几其感励之心，益有不容少缓焉者也。更欲吾仲平自是恒念文选及众人厚望之意，益加凛凛其心，期他日大有以慰于文选及众人者也"⑤。

另外，蔡清从指导举业出发，招收了众多的门生。在教育这些士子时，他的目的并不仅仅是为朝廷培养官员，而是出于对士子个体的关怀。蔡清编订《精选程文》的最初原因是"乡子弟有从予请业是者"。他谈到自己授徒的情况说：

① 蔡清：《洛江行送业师》，《虚斋集》卷一，第634页。

② 蔡清：《送邹汝愚谪官》，《虚斋集》卷一，第630页。

③ 林希元：《南京国子监祭酒赠礼部左侍郎理学名臣谥文庄虚斋蔡先生行略》，《林次崖文集》卷一四。

④ 林希元：《南京国子监祭酒赠礼部左侍郎理学名臣谥文庄虚斋蔡先生行略》，《林次崖文集》卷一四。

⑤ 蔡清：《送郑仲平教谕揭阳序》，《虚斋集》卷三，第828页。

吾年十有九，子年仅十有五，即从予游。①

成化辛丑，予自京师南还，以病少留严州。严之士就予馆问所疑者二十人。②

辛丑之秋，余自京师归，以疾留严陵，严陵之士有就予馆问所疑者。③

司吾泉安溪之教事博罗李先生之子愉，字顺夫者，今年以《易》学句读来证于予。④

安溪詹生宝信厚而知所向者，昔尝从清游。⑤

蔡清本人一贯重视教育。在南京吏部郎中任上，归乡丁忧时，他将"园地一所，坐落本县儒学背后，周围约有六十余丈"⑥，捐赠给县学。正德年间，任学政期间，他也非常关注士子的学业。他说：

清初九日至吉安城，已考吉安府学及庐陵、安福、吉水、永新诸县，余犹未及也。⑦

清近试省下三学，诸生试卷方阅未毕。⑧

清六月间，十三府小试已毕……七月间，复多考了三千三百人，连日夜看卷，颇疲劳……及物之功，惟有考较文字一节得行，余根干上俱未能及，而计亦未必能行也……今科所中举人，清所取优等及案首者凡四十八名。

蔡清也常常提携那些不念念于功名的士子。他在《与徐大参书》中谈到某位后学说，"今之科举之士，志不在温饱，而又不汲汲于名者，以生所见，或未有过之者也"⑨。林希元谈到蔡清教育后学的情况说，蔡清"居官，出则治事，入必观书，或与诸生讲论，虽隆寒盛暑不废。常见其卧榻置灯，思惟自得，虽夜半必起而笔之。与诸生讲退，即记其难疑答问之语，以入《蒙引》。有就问者，即倾倒与语，每自夜分达鸡鸣，方辞去。教人以看书思索义理为先。……先生教人既不为言语文字之学，士出其门皆能以理学名于时。故教声振于远近，宦辙所至，如建、如严、如杭以及两京，随杖履者常百余人。其在病告，侍养守制，家居，则设讲于水陆僧寺，有志之士不远数

① 蔡清：《祭表弟黄于鼎文》，《虚斋集》卷五，第890页。
② 蔡清：《四哀诗序》，《虚斋集》卷一，第758页。
③ 蔡清：《哀詹鼎》，《虚斋集》卷五，第893页。
④ 蔡清：《李愉字顺夫说》，《虚斋集》卷四，第890页。
⑤ 蔡清：《詹宝字世重说》，《虚斋集》卷四，第890页。
⑥ 蔡清：《送园地入县学柬》，《虚斋集》卷二，第809页。
⑦ 蔡清：《复王希文宪金书》，《虚斋集》卷二，第809页。
⑧ 蔡清：《与都宪吴先生书》，《虚斋集》卷二，第802页。
⑨ 蔡清：《与徐大参书》，《虚斋集》卷二，第804页。

千里从之。泉南一时人物之盛，皆先生所造就。今天下称《易》学者犹推泉南"①。弘治、正德年间，"识字的人数大量增加，社会的整个精英以下各层次的学识有了增长，同时精英和精英以下的文化形式也繁荣了起来"②。这一时期，以参与举业为目标，大规模地招收门生，教授后学，成为人们日常生活中的一种常态。除蔡清外，王守仁、陈献章、薛瑄等人均设馆教学，把教授后学研习举业、传播个人的学术及思想观念作为重要的工作之一。

蔡清在编订《精选程文》时，科举制度的内在结构及其影响的深度和广度，以及程文选本的需求群体和潜在读者都发生了根本性的变化。蔡清的编选理念、编订目标与徐一夔、黎淳也有着很大的差异。徐一夔、黎淳等在编订选本时，对自己的定位是国家政治体系之中的官员。他们编订的选本与官方的乡会试录一样，目的在于强化科举制度在官方政治构架下的影响力和控制力。到了弘治年间，蔡清在编订《精选程文》时，更多的是将自己定位为指导门生后辈的经师，而不是一个官员。他为这部选本设定的潜在读者是未中式的士子。《精选程文》的目的，是挑选出典范性的作品，供士子学习、仿效、参考。这样，时文选本由徐一夔《乡试程文》的示范、规范作用，转而变为蔡清《精选程文》的典范功能。蔡清等选家虽然不排斥、不反对官方的规范，但是，他们开始将自己的注意力转向士子的需求。随着时文选家的身份、编订目的的转变，选本也呈现出去官方化的趋势，在价值结构、文本形态等各个层面完成了转型。时文选本由以国家、以皇帝为中心，转向了以士子为中心。

此外，我们还要看到的是，蔡清的《精选程文》只选经义，这标志着科举考试第一场经义的重要性不断强化。在第一场经义日渐受到重视的过程中，科举考试这种政治制度、政治行为也渐渐被外化、固化为某种具体的知识形态——八股文。蔡清的《精选程文》正是在科举制度外化、固化的节点上出现的一部选本。它与科举制度的演变、与科举考试第一场经义的转型形成了相互呼应的关系。从科举考试实施的根本动机来看，这一制度的发出者是官方，但是，在科举考试实施的过程之中，义、论、策等文体不仅仅处于官方制度性的话语体系之内，同时也与士子的日常需求形成了对应的关系，并推动了中国社会阶层的流动，强化了科举制度的渗透力和影响力。

第二节　林希元及《批点四书程文》

林希元（1482—1567），字茂贞，号次崖，福建同安县人。正德十二年（1517）进士。

---

①　林希元：《南京国子监祭酒赠礼部左侍郎理学名臣谥文庄虚斋蔡先生行略》，《林次崖文集》卷一四。

②　崔瑞德、牟复礼著，张书生等译：《剑桥中国明代史》，中国社会科学出版社1992年版，第1页。

初督学岭南，继授大理寺评事。因"以书规正"杨慎之父杨廷和①，"谪判直隶泗州"②，后，解官归家。复起为大理寺丞。嘉靖十四年（1535），因事谪知钦州。安南莫登庸废主自立，侵犯明境。林希元上疏力主征伐。因与夏言意见相悖，林希元于嘉靖二十年（1541）罢官。嘉靖三十七年（1558），倭寇侵扰同安，林希元上书建议抗倭保境。林希元一生精研理学，"著有《太极图解》《春秋质疑》《读史疑断》《训蒙四言》《考古异文》《批点四书程文》《宋绳尺论表策》等书行于世"③。另有《林次崖先生文集》《自鸣稿》《易经存疑》《四书存疑》《更正大学经传定本》《南国谈兵录》，编有《（嘉靖）钦州志》。

一

　　林希元是蔡清的同乡，他比蔡清年少 29 岁，对蔡清拜服有加。林希元重刊了蔡清的《精选程文》，并接续《精选程文》，编选了《批点四书程文》。

　　正德十二年（1517），林希元中进士。嘉靖六年（1527）年九月，林希元任"大理寺寺副，寻升广东按察司佥事，初理盐法，继掌学校"④。他在督学岭南时，打算刊印蔡清编订的《精选程文》，刻板已成。嘉靖九年（1530），林希元迁南京大理寺评事⑤，离开广东，《精选程文》未及刊印。林希元谈到这次刊刻活动说：

> 予视学岭南，乃取虚斋江右刻本刻之，期与多士共厘厥弊。未几迁去……绩用弗成，为之浩叹。⑥

嘉靖十八年（1539）至嘉靖二十年（1541），林希元又任广东按察司佥事。到任后，他又准备刊印《精选程文》，"索往日所刻之板，已莫知所往，而坊间鬻卖亦不见有是编"⑦。他再次请人刻板，并印行了蔡清的《精选程文》，他将之题名为《重刊蔡虚斋先生批点四

---

① 林希元：《谢恩明节疏》，《林次崖文集》卷四。

据林希元《谢恩明节疏》，"初任南京大理寺评事，幸遇皇上登极，臣应诏陈言《新政八要》，蒙圣明嘉纳，因为大学士杨廷和所知"。嘉靖二年（1523），"杨廷和顿改初心，渐招物议。臣以书规正，不意反逢其怒。时臣因审录刑名，执法不阿，被堂官参论。杨廷和因而挤臣，谪判直隶泗州"（林希元：《谢恩明节疏》，《林次崖文集》卷四）。

② 林希元：《谢恩明节疏》，《林次崖文集》卷四。

③ 焦竑：《国朝献征录》卷一〇二，《四库全书存目丛书》本，第 421 页。

④ 林希元：《患病乞归调理以保残躯疏》，《林次崖文集》卷三。

据林希元《患病乞归调理以保残躯疏》，"臣正德十二年进士，初授南京大理寺评事，历升寺副、寺正。嘉靖二年八月，为正体统、严堂属以便职守事，谪授直隶凤阳府泗州判官。嘉靖三年七月，告病回籍。嘉靖六年九月，吏部为奉钦依，斟酌举用，事起臣大理寺寺副，寻升广东按察司佥事，初理盐法，继掌学校"。

⑤ 林希元在《到任谢恩疏》中说，"嘉靖九年十二月二十六日，接到吏部文凭，蒙圣恩，擢南京大理寺右寺丞。臣已于嘉靖十年五月初三日到任"（林希元：《谢恩明节疏》，《林次崖文集》卷四）。

⑥ 林希元：《重刊蔡虚斋先生批点四书程文序》，《林次崖文集》卷七。

⑦ 林希元：《重刊蔡虚斋先生批点四书程文序》，《林次崖文集》卷七。

书程文》。

约在嘉靖三十三年(1554),林希元接续蔡清的《精选程文》编订了《批点四书程文》。林希元说:

> 虚斋批选始自永乐之壬辰,止于弘治之壬子……今予之选,始自弘治之癸丑,至今嘉靖之癸丑,年止六十有一,经科二十,而所选者,乃几三倍。①

蔡清的《精选程文》收录永乐十年(1412)壬辰科到弘治三年(1490)壬子科的会试程文44篇。林希元的《批点四书程文》接续《精选程文》,收录了弘治六年(1493)癸丑科到嘉靖三十二年(1553)癸丑科共20科中的会试程文②,选文100余篇。

林希元还选刻了《新刊宋策》。林希元中进士之前,在研习举业之时,就开始批点宋人所作的策。他在指导门生研习举业时,也将这些策作为范本,给门生阅读。后,居于乡里时,林希元刊刻了这部书。林希元说,"宋策若干篇,予微时,灯窗之所业者,遇得意处,辄为批点以发其义,一时从游之士咸预闻之,多有以是显者,故士争传诵焉。予既入仕,此本遂为梯航,加之宦业易志,故业就荒,兹尤不暇及矣。退居无事,温寻旧业,后生子弟或从学问,因及举业"③。此外,林希元还刊刻了举业读物《易经存疑》《四书存疑》《增订四书存疑》等④。

林希元编选《批点四书程文》时,有意识地"步虚斋之武"⑤,这包含着一定的地缘因素。林希元系福建同安人,蔡清系福建晋江人,两地相距百余里。他年轻时无缘得蔡清指授,但却一直对蔡清仰慕不已。成化二十年(1484),32岁的蔡清中进士,这一年,林希元3岁。成化二十一年(1485)到成化二十三年(1487),蔡清因病居于家乡;弘治四年(1491)到弘治六年(1493),蔡清因"丁母太安人忧"⑥,居于家乡。弘治十四年

---

① 林希元:《批点四书程文序》,《林次崖文集》卷七。
② 这20科是弘治六年(1493)癸丑科、弘治九年(1496)丙辰科、弘治十五年(1502)壬戌科、弘治十八年(1505)乙丑科、正德三年(1508)戊辰科、正德六年(1511)辛未科、正德九年(1514)甲戌科、正德十二年(1517)丁丑科、正德十六年(1521)辛巳科、嘉靖二年(1523)癸未科、嘉靖五年(1526)丙戌科、嘉靖八年(1529)己丑科、嘉靖十一年(1532)壬辰科、嘉靖十四年(1535)乙未科、嘉靖十七年(1538)戊戌科、嘉靖二十年(1541)辛丑科、嘉靖二十三年(1544)甲辰科、嘉靖二十六年(1547)丁未科、嘉靖二十九年(1550)庚戌科、嘉靖三十二年(1553)癸丑科。
③ 林希元:《新刊宋策序》,《林次崖文集》卷七。
④ 林希元在《增订四书存疑序》中说,"《四书存疑》,余窗稿也。昔提督岭南,曾刻《大学》《中庸》以示诸生,四方学者见而悦之,有不见全书之恨。入丞南大理,士多相从学问。于是,金陵胡椿、胡栋,江都卞崃共求《论语》与《学》《庸》并刻,始为完书"(林希元:《增订四书存疑序》,《林次崖文集》卷七)。
⑤ 林希元:《批点四书程文序》,《林次崖文集》卷七。
⑥ 林希元:《南京国子监祭酒赠礼部左侍郎理学名臣谥文庄虚斋蔡先生行略》,《林次崖文集》卷一四。

（1501）至弘治十八年（1505），蔡清乞归养，居于家乡。蔡清在中进士后，几次返回家乡。乡居期间，他致力于读书、讲学。陈琛、易时中、王宣、林同、蔡烈、李墀、张元玺、赵录等拜于蔡清门下。成、弘之际，蔡清居于乡间，林希元尚年幼；弘治末年，蔡清在家乡讲学，林希元因为"少经忧患，就学最晚"①，也未及亲得蔡清指授。林希元谈到这件事，引以为恨。他说，"年二十一，始获就学。乡有先正蔡虚斋，竟不及游其门。终身为恨"②。林希元虽然未能在蔡清门下亲沐教泽，但是，他非常认真地研读了蔡清的著述。他在给蔡清所作的行略中说：

> 每恨不得与诸贤及先生之门，亲领其教音。盖尝闻风兴起，于先生之书潜心熟读，亦既有年，窃有以得其绪余之一二矣。③

林希元与蔡清的三个儿子交往甚深，他刊刻蔡清的《精选程文》，以及《四书蒙引》《易经蒙引》等，或者是从蔡清的儿子那里得到的原本，或者是与蔡清的儿子共同刊刻。林希元在《重刊四书蒙引序》《重刊易经蒙引序》中谈道：

> 虚斋蔡夫子以理学名当世，平生志述考亭。所著有《四书蒙引》，板行已久，颇多讹误，为学者病。余得善本于夫子之子选士存远。④
>
> 虚斋蔡夫子以理学名成化、弘治间，《易》说若干卷，坊间有旧刻。顾荒缺弗理，人有遗恨。三子存微、存远、存警雅嗣先志，各出家本，以增校。予属禄仕，分心未之及也。退居暇日，始克承事。⑤

蔡清去世后，林希元还于嘉靖二年（1523）癸未应蔡清之子蔡存远之请，为蔡清作行略。林希元说，"癸未春，考绩北上，先生之季子举人存远遇予于京邸，备述其先人平生事，托为序次"⑥。林希元对蔡清服膺有加，他后来重刊蔡清的著作，并接续《精选程文》刊刻《批点四书程文》，显然是酝酿已久的。

在考察林希元与蔡清之间的接续关系时，我们还必须注意的是，蔡清的《精选程文》编订于弘治四年（1491），林希元的《批点程文》成于嘉靖三十三年（1554），两者相

---

① 林希元：《四书存疑序》，《林次崖文集》卷七。
② 林希元：《与王蘗谷中丞书》，《林次崖文集》卷五。
③ 林希元：《南京国子监祭酒赠礼部左侍郎理学名臣谥文庄虚斋蔡先生行略》，《林次崖文集》卷一四。
④ 林希元：《重刊四书蒙引序》，《林次崖文集》卷七。
⑤ 林希元：《重刊易经蒙引序》，《林次崖文集》卷七。
⑥ 林希元：《南京国子监祭酒赠礼部左侍郎理学名臣谥文庄虚斋蔡先生行略》，《林次崖文集》卷一四。

距 63 年。时移势易，嘉靖年间时文选本以及其他科举读物的编选，呈现出与前代完全不同的特点。时文编选的非官方化倾向愈加显著。

一是，这些选家将越来越多的精力投注于指授后学、编订选本等活动中。

林希元在编订时文选本方面投入了很多的精力，他常常以教授后学研习举业为乐。林希元谈到自己教授门生的情况说：

> （刘南郭）年十一从予游。子聪明夙成，予不授以科举常套，惟授以古人书，而子辄能领解。故出语辄惊长者。①
>
> 刘生楹少从予受句读。②

林希元在任广东按察使司金事时，"政暇视学，与诸生讲论经理，亹亹忘倦，多所发明。秋闱校文，权度精审，尤多得人"③。他在外做官，写信给儿子一松、一梧，也不忘指授他们读书课业。他说，"一松尤以多作为先。每早读书食饭后，就作义一篇，了。然后，看书。做到一二月后，当自有功效，笔下自纯熟矣。又须论、表、判、策相间而作。大要以三分为率，二分头场，一分二场，三场自然本末兼举。一松汉文已读得几篇，今且将《三苏文集》择其善者熟读。一梧可读汉文，但全史未熟，根本门户未立，虽读古文无益也。须将《通鉴纲目》及《性理》诸书，日夜熟读，以立根本门户。教学颜亦依此法。一松今科场中策一二道，亦能成言，只是简短寂寥，不丰赡，不周匝，皆寡读寡见，无材料之故也"④。我们将《林次崖文集》中的信件与徐一夔、黎淳以及蔡清等人进行对比，可以看到，徐一夔等人在给后辈的信中，往往是从宏观的角度，鼓励后学实现修齐治平的理想。但是，在林希元的信中，他往往是从时文写作的角度出发，对儿子及门生进行非常细致、具体的指导。这说明，嘉靖年间科举考试作为一种官方的制度，已经渗透到人们日常生活的方方面面。

二是，嘉靖年间，士子对程文选本的需求陡然增长。未中式士子的阅读需求成为时文编选最重要的推动力量。

林希元谈到自己编订系列科举读物时，多次明确地表示，自己是应门生之请展开这类工作的。林希元说道：

> 门人胡卞二子，请与《学》《庸》并刻为全书。⑤

① 林希元：《祭刘南郭提学文》，《林次崖文集》卷一五。
② 林希元：《刘汝楠字说》，《林次崖文集》卷一一。
③ 林希元：《送郡侯熊北潭考绩序》，《林次崖文集》卷八。
④ 林希元：《家训》，《林次崖文集》卷一二。
⑤ 林希元：《四书存疑序》，《林次崖文集》卷七。

曾刻《大学》《中庸》以示诸生，四方学者见而悦之，有不见全书之恨。入丞南大理，士多相从学问。于是，金陵胡椿、胡栋，江都卞崃共求《论语》与《学》《庸》并刻，始为完书。①

　　视学岭表，因出以示诸生，一二同志欲广其传，辄谋之梓。②

　　当路君子以予尝刻此编，从予求之以教子弟。③

　　宋策若干篇……一时从游之士咸预闻之，多有以是显者，故士争传诵焉。④

从林希元的这些叙述中，我们可以看到，未中式的士子已经成为科举读物刊印的重要推动力。相比之下，从明初到弘治年间，无论是徐一夔、黎淳，还是蔡清，他们在编订选本时，也设定了门生后学作为选本的阅读者。但是，在徐一夔等人的表述中，这些门生往往是"被"指导者，而不是某种活动主要的、主动的推动力量。

　　三是，时文选本不仅仅满足了士子参与举业的需要，同时也开始与商业运作产生关联。这表明，到了嘉靖年间，时文选本已经全面完成了去官方化的进程。

　　选家的身份并非自我随意构设的，而是在特定环境中逐渐展开、形成的。选家身份的变化与社会结构的转变具有内在的相互呼应的关系，在一定程度上甚至会影响到社会的政治结构，促使社会权力在旧有的基础上进行再分配。明代前期的徐一夔，以及成化年间的杨守陈、黎淳等人还不能称为严格意义上的时文选家。他们的编订活动虽然不是一种职务行为，但他们却是以官员的身份、立足于官方的角度展开编选活动的。成化年间，在《京华日抄》刊刻、流通的过程中，时文选本已经渐渐融入了商业的要素。据俞樾《刻本时文》载，"乡会试录……由官刊刻也。若坊间刻以牟利，则自《京华日钞》始耳"⑤。到了嘉靖年间，选家在编订时文选本时，他们的行为动机与官方制度设计的初衷渐行渐远。一些书商甚至介入了选本的编刻工作，他们开始有意识地把科举读物作为营利的工具。因为八股文编选融入了商业的因素，带有了营利的目的，这项编选活动也演变成一种职业。林希元多次谈到，在这些科举读物出版的过程中，书商起到了巨大的推促作用。他说：

　　书林詹氏因求刻，予弗能止，惧其讹乱不伦，姑为之校正而予之。⑥

　　建阳叶氏如璧复从予求旧本，刻之书肆。予喜曰：斯文未丧，其在斯乎？乃取

① 林希元：《增订四书存疑序》，《林次崖文集》卷七。
② 林希元：《易经存疑序》，《林次崖文集》卷七。
③ 林希元：《重刊蔡虚斋先生批点四书程文序》，《林次崖文集》卷七。
④ 林希元：《新刊宋策序》，《林次崖文集》卷七。
⑤ 俞樾：《刻本时文》，见俞樾：《茶香室续钞》卷一四，光绪二十五年（1899）刻《春在堂全书》本。
⑥ 林希元：《易经存疑序》，《林次崖文集》卷七。

旧日所藏之本付叶氏刻之。①

　　书林陆玑氏求寿之梓，以广其传，此予志也。乃命门人叶文山、陈光宇编次校正与之。②

　　书林龚文华氏因求寿诸梓，以广其传。③

　　（徐楚）为春秋之会，得义若干篇。金陵赵氏见之，请刻，以惠同志。④

林希元还说，他刊刻《古文类抄》，也是因"书林龚文华等求锓诸梓"⑤。大约是林希元编订的科举读物影响力巨大，书商之间因观念有异、利益不均，还引起了争端。林希元谈到《四书存疑》《易经存疑》的刊刻说：

　　建安王氏取其本，翻刻于书坊，顾字多讹脱，观者弗便。嗜利之徒见此书之行之远也，欲刻之，而嫌起争。又于《学》《庸》编首增入数条，列其名曰《明心义》。既不伦，名亦无谓。予病焉，思有以正之，未得也。废居林下，不忍自泯，爰取旧闻，复加温习。幸天不闭其衷，时有开益，经传子史，颇有论著，此书亦有增改。阳溪詹文用氏既刻予《易疑》于书肆，复请曰：四书近为叶氏所乱，若以今本与文用刊行，彼当自废矣。⑥

选家身份的转变，编选立场的调整，不仅仅是政治层面、制度层面的，也不仅仅停留于社会文化结构层面，还与商业领域的某些变化有着密切的关联。

　　蔡清、林希元等的选本虽然与官方对于举业的要求相一致，但是，士子中式的需求、商人牟利的需要，这些非常明显的非官方目的的因素渗入选本的编订、传播过程，这使他们的选本具备了去官方化的成分。这些选本虽不能超越科举制度的框架，但是，却有了独立于官方制度之外的商业价值。编订程文选本成为一项专门化、职业化的工作，选文的目的和功能也呈现出多元化的态势。

二

　　林希元编订《批点四书程文》是"步虚斋之武"，要了解林希元的编选观念和评选意识，我们不妨以蔡清为参照。嘉靖年间，林希元在刊刻、编订时文选本时，整个社会的辞章观念与蔡清所处的成化、弘治年间已经有了根本的不同。面对时文由经部入集部的

---

① 林希元：《重刊蔡虚斋先生批点四书程文序》，《林次崖文集》卷七。
② 林希元：《批点四书程文序》，《林次崖文集》卷七。
③ 林希元：《新刊宋策序》，《林次崖文集》卷七。
④ 林希元：《春秋文会录序》，《林次崖文集》卷七。
⑤ 林希元：《古文类抄序》，《林次崖文集》卷七。
⑥ 林希元：《增订四书存疑序》，《林次崖文集》卷七。

情况，蔡清是在"未然"之际，力图阻止未知的可能性；林希元则是在"已然"之时，力图扭转已成的定局。

林希元面对的定局之一是，时文写作中的藻丽之风。这种风气在成化、弘治年间还是隐性的，到了嘉靖年间，已经蔚为大宗。

成化、弘治之际，科举考试第一场经义正处于转型和定型阶段，经义由考试工具进而衍生成为具有独立性的文学文体。这时，时文由于数量、规模的迅速扩展，成为特定类型的知识要素，并产生了归类的要求。关于时文如何归类，时人正处于思考之中，这种知识要素也时时在经部、集部之间徘徊不定。蔡清编订《精选程文》，强调时文中"理"的要素；在"文"与"理"之间，他也有意识地张扬"理"。他的这种做法，正是力图维持时文隶属于经部的状态，阻止时文被完全纳入"文"、纳入辞章的领域。但是，蔡清以及同时代其他人的努力未能阻止时文向集部的迁移。到了弘治年间，时文已经完全进入"文"的领域。从体式上看，时文生成了稳定性；从风格、类型以及思想内容等层面上看，时文也与其他的文体一样，变化多端，精微难测，呈现出多元化的特点。主持乡会试的官员也在有意无意间顺应了时文作为"文"而求新求变的风气。嘉靖元年（1522），张羽任河南乡试考官。他在《拟河南乡试录前序》中明确地将时文从经部中提取出来，置于"文章"的领域之内，并论证了时文"屡变"的合理性和合逻辑性。他说，"文章必屡变而益盛，自昔已然，非由今日也。然昔之文，其变也以时；今之文，其变也以地"①。他还细致地分析了时文在空间上形成的审美差异。他说：

> 今之诸省固古者列国之分地，京师南圻，文章都会，故能备四方之体。外之业文者，吴楚长于富丽，瓯越长于清雅，齐鲁长于蕴藉，巴蜀长于组绘，三秦习雄浑，而三晋尚豪华。②

嘉靖年间，以"清""雅""丽"为标准品评经义得到了部分官员以及普通士子的认同③。

---

① 张羽：《拟河南乡试录前序》，见张羽：《东田遗稿》卷下，《景印文渊阁四库全书》本，第299页。

② 张羽：《拟河南乡试录前序》，见张羽：《东田遗稿》卷下，《景印文渊阁四库全书》本，第299页。

③ 科举考试第一场经义的宗旨是考察士子对四书五经的理解。明代前期，考官多关注士子对义理的阐发，他们多用"典""正""纯"等词语评价经义。到嘉靖年间，时文的风格以及评价时文的标准发生了改变。士子写作时文的风格也有了明显的转变。唐顺之于嘉靖八年（1529）中进士，他的八股文"标志着文体的新变"（吴承学、李光摩：《八股四题》，《文学评论》2004年第2期）。这种新变在于，唐顺之在前代八股文"典""浅""显"的基础上，融会了"轻""清""精"等特质（茅坤：《与俟举人桂书》，见茅坤：《茅鹿门先生文集》卷九，《续修四库全书》本，第587页）。明人谈到，唐顺之八股文的风格是"清涵蕴藉"（郑郊：《明文稿汇选序·唐荆川》，见郑郊：《垩阳草堂文集》卷七，《四库禁毁书丛刊》本，第372页），"轻清而稍加之以秀逸疏爽"（茅坤：《与俟举人桂书》，见茅坤：《茅鹿门先生文集》卷九，《续修四库全书》本，第587页）。

当科举考试第一场经义被纳入"文"的范畴之后，士子写作举业之文过分重视技巧的运用、词藻的修饰，藻丽之风也成为必然趋势①。

林希元深切地感受到举业之文写作中这种藻丽之风，他对这种风气极其不满。他在《重刊蔡虚斋先生批点四书程文序》中谈道：

> 近世学术大坏，后生尚词华而略理致，科举之文为之大弊。②

他还谈到时文由弘治、正德到嘉靖年间的变化说：

> 弘治、正德以前，文气类皆深厚雄浑，如太羹玄酒之为味，黄钟大吕之为音。自嘉靖以后，气则渐漓，求能如前或寡矣。③

郎瑛比林希元年少5岁。郎瑛也谈到一些坊间的时文选本顺应这种藻丽之风的习气，"今杭之举业之文，可谓盛矣。究其实，则皆录诸书藻丽之语，货近时泛巧时文"④。针对"众言淆乱，学者无所质衷"的局面，林希元认为，自己"亦不得而辞也"⑤，应该借助编订选本的方式来扭转这种风气。林希元重刊蔡清的《精选程文》、编订《批点四书程文》的直接原因，正是要扭转、对抗这种藻丽之习，重振文风。

林希元在编订时文选本及其他科举读物的过程中，为了扭转当下时文写作只重文辞、忽视义理的局面，有意识地借重了乡间的先贤蔡清。他谈到蔡清以"理学"教育后学时说：

> 自科举之学兴，天下之士始则浮华于文词，终则破碎于经义，遂失浑厚之体。至国朝弘治间极矣。蔡虚斋先生崛起南服，以理学教学者，遂盛行于海内。先生以高明之资，尤能发明师旨，至有青出于蓝之誉。⑥

---

① 这种藻丽之风在成化年间还是隐性的。成化年间，经义刚刚转型成为特定的文体，还没有完全进入集部的领域。但是，时文写作中已经出现了弊病，士子过于追求写作的技法、技巧。成化七年（1471），吴宽批评士子的这种习气说，"今之世号为时文者，拘之以格律，限之以对偶，率腐烂浅陋可厌之言。甚者指摘一字一句以立说，谓之主意。其说穿凿牵缀，若隐语然，使人殆不可测识。苟不出此，则群笑以为不工"（吴宽：《送周仲瞻应举诗序》，见吴宽：《家藏集》三九，《景印文渊阁四库全书》本，第347页）。成化年间，士子过度关注技法、技巧。到了嘉靖年间，对技法、技巧的追求演化成为藻丽之风，或者有意追求奇奥的效果。

② 林希元：《重刊蔡虚斋先生批点四书程文序》，《林次崖文集》卷七。

③ 林希元：《批点四书程文序》，《林次崖文集》卷七。

④ 郎瑛：《七修类稿》卷一八，上海书店出版社2009年版，第198页。

⑤ 林希元：《批点四书程文序》，《林次崖文集》卷七。

⑥ 林希元：《王一矍先生文集序》，《林次崖文集》卷七。

林希元还理性地考察经义写作中文与理的关系。他承续蔡清的观点，认为在经义写作中，首先要重视理。弘治、正德年间，士子在研习举业时，有许多人经过了从追逐骈丽之风转向坚持"穷理"的转变。张岳比林希元年少 10 岁，他谈到自己的转变说，"某少而读书，以为所取读书者，能骈俪言语以取世资而已矣。于是取所谓场屋时文之类，而伏读之。操笔效颦，辄能满纸，以为止于此矣。及稍长，有觉，又以为未也，则取古今史传若家文集纵横而伏读之，操读效颦，亦能满纸，又以为止于此矣"；之后，张岳逐步认识到，"讲学之功，读书为要。而所读之书，文必先经后史"①，不能追随"时下"的骈俪之风。

林希元也清楚地看到，他所处的时代与蔡清的时代有着根本的区别。蔡清认为，"理"是时文唯一的核心要素。蔡清谈到举业之文，仍未摆脱前代的惯性，在经义写作中，他仍坚持"理"比"文"具有优先性。林希元则意识到，虽然从科举考试的本源上说，经义之文必须"依经傍注"，但是，时文发展到嘉靖年间，"文"已经演变成为与"理"同等重要的要素。林希元追求的是"文理俱至"的境界，他力图在文与理之间找到一种平衡的状态。他说：

> 国朝以经术造士，取之于科举。科举之文，必依经傍注，于义理有所发明，然后为明经，然后为合式，故曰程文。然经子之旨难明，义理之文难工，工于文者未必明于理，明于理者未必工于文，文理俱至，自古所难。②

林希元不否认文与理之间相互依存、相互支撑的关系。他说：

> 文字以明理达意为主，其体制要典实浑健。不但举业为然，历观前古，自史汉而下诸家文字，但其典实浑健者，非太平之音，则其贤士大夫内有实得之所作也。

为此，林希元在为蔡清的《精选程文》作序时，在蔡清的时文观念的基础上进行了生发。他谈到，《精选程文》的核心特征是"句语自工"、"义理自著"。林希元说：

> 虚斋去取之严其以是与！今观其文，随题发挥，据理铺叙，初不待铸辞而句语自工，不待钩深而义理自著。诸篇之中，虽有丰约不同，然词各切当。丰者不见其多，约者不见其少。一篇之中，或有纯疵不一，然全文难得，大体可观，亦所不弃。③

————————

① 张岳：《杂言 三十四条》，见张岳：《小山类稿》卷一八，《景印文渊阁四库全书》本，第 506 页。

② 林希元：《重刊蔡虚斋先生批点四书程文序》，《林次崖文集》卷七。

③ 林希元：《重刊蔡虚斋先生批点四书程文序》，《林次崖文集》卷七。

林希元刊印《精选程文》，编订《批点四书程文》，正是希望指导后学，让他们能达到"不待铸辞而句语自工，不待钩深而义理自著"的境界。他也谈到自己编订《精选程文》的原则，"故愚之所取，必文理俱到、于经义不悖者。于经义若有出入，则虽文似相如、杨雄（注：也作扬雄），亦不在所取。通经穷理之士试博取而详观之，始知愚言之不谬矣"①。

林希元面对的另一个定局是，在"文"的领域内，影响极于一时的"复古"思潮。这种"复古"思潮对时文写作的影响是，一部分士子在写作中由经入集，由集入史，更有甚者刻意追求奇博、古奥的效果。

弘治、正德年间，以李梦阳、何景明为代表的"前七子"引领着文坛的风会。李梦阳比林希元年长 9 岁，何景明比林希元年少 1 岁，"正德十八年，何景明去世……嘉靖八年，李梦阳病逝。这些曾经扭转风气的文人巨子在正、嘉之际相继陨落。但是，他们巨大的身影始终横亘于嘉靖文人的文化视野之中，影响和塑造着嘉靖时期诗文思想的内在品格"②。李梦阳于弘治七年（1494）22 岁时中进士，何景明于弘治十五年（1502）19 岁时中进士。他们本人对举业以及举业之文没有给予太多的关注。但是，他们的辞章观念对当时的文风产生了深刻的影响。在李梦阳、何景明得到一部分人追捧之时，也有一部分人对他们在时文写作领域的不良影响提出批评。林希元就曾对这种"复古"之风提出批评。他说：

> 今海内推大家者二人，曰李崆峒、何大复。二子雕辞铸意，刮陈去新，力挽颓风，以还之古，似足为一时文人矣。然考其所得，典谟已乎？盘诰已乎？予皆未能知也。③

崔铣比林希元年长 5 岁，他对时文写作中的摹古之风也极其不满。崔铣在《漫记》中说：

> 弘治以前，士攻举业，仕则精法律，勤职事，鲜有博览能文者。间有之，众皆慕说，必得美除。自孝皇在位，朝政有常，优礼文臣，士奋然兴。高者模唐诗，袭

---

① 林希元：《批点四书程文序》，《林次崖文集》卷七。

林希元在《批点四书程文序》中谈道，"经义程式之文譬之绘画。夫绘画者，传人之神与临山水、人物、翎毛异。临山水、人物、翎毛者模写独异传神者，若一毫一发与人物不相似，则非其人矣。书疏、序记、碑铭等作，随人才思发挥，或出或入，不可得而见。科举之文于经义若有一字一句出入，不得谓之程文"。当林希元把经义与绘画相比较时，这意味着，他是从纯粹的技艺、技巧的角度讨论时文。在他的观念中，时文与诗、赋等要素一样，是从属于集部的要素，应该归于辞章的范畴。

蔡清、林希元等人的讨论，虽然并未解决文与理孰重孰轻的问题。但是，我们可以看到，文与理，是文章批评领域内的核心命题。蔡清、林希元等人对文与理问题的讨论，其意义在于，当经义成为一种文体之后，人们在新的情势下使用、重构传统的概念和命题，确证了传统的概念、命题在不同的历史阶段所具有的普遍的有效性。

② 杨遇青：《明嘉靖时期诗文思想研究》，三秦出版社 2011 年版，第 17 页。

③ 林希元：《与兴节推汪可亭书》，《林次崖文集》卷五。

韩文……弘治末，颇知习左氏、《史记》矣。……大抵钓名以致利而已。①

徐阶曾就边事问题与林希元通信。在科举考试文体的问题上，徐阶虽然没有与林希元进行直接的交流，但事实上，他与林希元一样，也反对"时下"的摹古之风。徐阶在为嘉靖三十二年（1553）会试录作序时，也批评正德以后举业之文有意追求古奥怪僻的不良文风。他说，"举业之文，宣德以前，其词简而质。弘治以前，其词雅而畅。至正德间，其词蔚以昌矣。然厌弃师说而流于诡僻、骛于怪奇者，亦间有之"②。

林希元在编订、刊印科举读物、时文选本的同时，还编撰了《古文类抄》。通过《古文类抄》，他有意识地引导后学在写作举业之文时由秦汉接续唐宋。林希元在《古文类抄序》中说：

> 或曰：文上秦汉，东京而下弗上矣。子取文而及唐宋，以至于今，不亦左乎？予曰：是何言与？夫古之文不能不变而为今，犹今之时不可复而为古也。时既不可复古，文乃不欲为今，其可得乎。③

林希元谈到，有人追摹秦汉，坚持"东京而下弗上"，这实际上割裂了文的发展。他认为，"文"处于不断发展变化的过程之中，"古之文"必然会"变而为今"，今之文不可能完全复归于古时的规模、风格等。林希元还在时间流程以及时代风会的变化中，谈到文从三代到唐宋的变化。他说：

> 文章根乎元气，元气之行于宇宙间也。一盛一衰，衰而又盛。相因于无穷，文章以之。故三代之文，至战国而衰，汉兴，复盛。汉之文，至南北朝而衰，唐兴，复盛。唐之文至五季而衰，宋兴，复盛。……文之制则随时以变，而各适于用。……文无古今，适用则贵。苟适于用，虽非秦汉而安得而左之，昌黎、澹庵是也。不适于用，虽秦汉安得而上之，李斯、杨雄是也。④
>
> 客有就予论文者曰：文必秦汉已乎？曰：然。曰：今之为屈诘赘牙之语者，秦汉矣乎？曰：否。秦汉之文，雄浑典则，而得于自然变化，飞动不可捉摸也。今之作者，辞坏于割裂，气伤于研削，意屈于拘牵，困苦偏弊也。甚矣。乌乎！秦汉！然则若何而可秦汉乎？曰：噫！浅哉！文章关气运，气运有登降，文与时迁，何秦汉之拘乎？文以载道，道穷于春秋，文止于孔孟，战国而下，陋矣。何秦汉之尚乎？然则将奚从？曰：吾奚从？从于道耳。夫文有五要：门户要正，取材要博，尺

① 崔铣：《漫记》，见崔铣：《洹词》卷一一，《景印文渊阁四库全书》本，第611页。
② 张朝瑞：《皇明贡举考》卷一，《续修四库全书》本，第174页。
③ 林希元：《古文类抄序》，《林次崖文集》卷七。
④ 林希元：《古文类抄序》，《林次崖文集》卷七。

度要定，步骤要重，气势要壮。文有三利：辩是折非利于明，比物引类利于切，陈事说理利于尽。文有四恶：用意恶奇，立论恶迂，用字恶僻，造语恶陈。文有五弊：深也或弊而晦，显也或弊而浅，高也或弊而亢，卑也或弊而诡，激也或弊而怒。经之以五要，发之以三利，屏四恶，惩五弊，文之法于是乎尽矣，道于是乎著矣。①

林希元认为，秦汉文艰深，唐宋文平易。他说，士子在写作中，应该在艰深与平易、秦汉与唐宋之间找到个人的风格，这才是举业与作文的不二法门。他说，"文忌艰深，艰深则过。文忌平易，平易则不及。盘诰之文近艰深，典谟之文近平易，然皆其旨无穷，其言足以法。故夫子删经取以宪世。今之习为艰深者，不过使人不能以句而其意则浅，正坐杨雄之病。其为平易者，则又言轻而味淡，语陈而意浅，使人读不终卷而厌观"②。

　　林希元、崔铣等人对举业之文的看法，与朝廷中主流的观念是一致的。官方也注意到时文写作中的这种追新逐异的趋势。嘉靖六年（1527），"署都察院事兵部左侍郎兼学士张璁条陈慎科目三事"，其中之一是"正文体。请令主司校文，务取平实尔雅，有裨实用"③。嘉靖八年（1529），张璁任会试主考官，在编订当年的会试录时，他重申了"变文体以正士习"一事。他说，"文体不正则实录难明，考官不慎则文体难正"④，他力图以实际行动扭转经义在文风上的诡巧新异。他在《会试录序》中说，当年取中的"经义之文，多发明理致，不事浮夸"⑤。是年，会试第一名是唐顺之。唐顺之的八股文"由精思而出，读之令人整襟肃虑，起敬不暇"⑥。嘉靖十一年（1532）会试前，"礼部尚书夏言以岁当会试，条奏科场三事"⑦。他再次强调乡会试录甄选的程文对士子的规范作用。他说，"试录程文成于多贤之手，足为海内矜式，庶几学者有以循据"⑧。这一年，"学士张潮、郭维藩为主考，用尚书夏言正文体疏，诸刻意骈辞者悉摈不取"⑨。嘉靖三十三年（1554）林希元在重刊《精选程文》、选评《批点四书程文》时，对官方提出的"正文体"要求表示了认同。他在《重刊蔡虚斋先生批点四书程文序》中说，"往者诏书拳拳以正文体是务"⑩。从这个角度来看，林希元刊印蔡清的《精选程文》、编订《批点

①　林希元：《刘执斋先生稿录序》，《林次崖文集》卷七。

②　林希元：《与兴节推汪可亭书》，《林次崖文集》卷五。

③　《明实录·明世宗实录》卷八〇，第1783页。

④　张孚敬：《会试录序》，见张孚敬：《太师张文忠公文稿》卷一，《四库全书存目丛书》本，第254页。

⑤　张孚敬：《会试录序》，见张孚敬：《太师张文忠公文稿》卷一，《四库全书存目丛书》本，第254页。

⑥　袁黄：《了凡袁先生论文》，见袁黄撰，黄强、徐姗姗校订：《〈游艺塾文规〉正续编·游艺续文规》卷四，武汉大学出版社2009年版，第618页。

⑦　《明实录·明世宗实录》卷一三四，第3174页。

⑧　夏言：《请变文体以正士习等事疏》，见夏言：《夏桂洲先生文集》卷一二，《四库全书存目丛书》本，第557页。

⑨　梁章钜：《制艺丛话》卷一二，第244页。

⑩　林希元：《重刊蔡虚斋先生批点四书程文序》，《林次崖文集》卷七。

四书程文》，目的正在于引导、规范士子的写作，扭转士子写作或求藻丽或骛奇古的局面，试图消弭官方与士子之间的差异。

三

嘉靖年间，林希元在举业的框架下编订时文选本时，一方面，他将这些选本作为指导门生、引领文风的读物，另一方面，这些选本也成为他表明个人价值取向、宣传个人思想观念的重要载体。

自永乐年间官方颁行《五经大全》《四书大全》以后，明王朝的科举考试转而以程朱理学的思想体系为根基。朱伯昆谈道，"《大全》的颁布是经学史上一件大事，标志着宋代的经学即宋学终于代替了汉唐经学《五经正义》，成为占统治地位的学术形态，对明代思想文化的发展起了深刻的影响"①。四书五经成为士子共同研习的读物，程朱理学也成为受到官方支持的思想学说。从个人的学术理念上看，林希元在编订时文选本时，他有意接续乡间前贤蔡清的观念，坚守程朱理学。有人谈到蔡清、林希元倡扬程朱理学的情况说，"吾闽恪守程朱，以有蔡虚斋先生持之，而林次崖与陈紫峰两先生继之。《蒙引》《浅说》《存疑》三书，久衣被天下"②。但是，时移势易，林希元阐扬程朱与蔡清祖述程朱的具体环境有着根本的区别。蔡清在倡扬程朱理学时，虽然有陈献章、湛若水等人崇奉陆九渊，质疑程朱，但是陈献章的影响限于学术的领域之内，尚未在整个社会产生轰动性的影响。当林希元追步蔡清推扬程朱，编订时文选本及科举读物时，他为自己设置了一个明确的对立者——王守仁。

弘治、嘉靖年间，明代的文坛风会、思想观念发生了重要的变化。明人谈到这一时期的思想、文学风气与前代的不同说：

> 成、弘间，师无异道，士无异学。朱子之书立于掌故，称大一统，而修辞之家墨守欧曾，平平尔。时文之变而师古也，自北地始也；理学之变而师心也，自东越始也。③

的确，"李、何的文学复古运动和王守仁所开启的心学思潮以直接或间接的方式引领着嘉靖时期诗文思想的发展方向"④。王守仁（1472—1529），字伯安，别号阳明。弘治四年（1491），在蔡清编订《精选程文》，教导门生、推扬程朱之时，王守仁刚刚20岁。王守仁于弘治十二年（1499）中进士。之后，他"初溺于任侠之习，再溺于骑射之习，三溺

①　朱伯昆：《易学哲学史》，昆仑出版社2009年版，第365页。
②　雷鋐：《林次崖文集序》，见雷鋐：《经笥堂文钞》卷三，同治十二年（1873）刻本。
③　董其昌：《合刻罗文庄公集序》，见董其昌：《容台集》卷一，《四库全书存目丛书》本，第261页。
④　杨遇青：《明嘉靖时期诗文思想研究》，三秦出版社2011年版，第17页。

于辞章之习，四溺于神仙之习，五溺于佛氏之习"①。弘治十七年（1504），王守仁"主考山东乡试，试录皆出阳明之手。世人始知阳明经世之学。明年，至京师，得人益进"②。这时，王守仁在社会上的影响力还相当有限。蔡清于正德三年（1508）年去世，王守仁心学思想是在正德年间渐渐形成的。正德元年（1506），王守仁被贬谪为贵州龙场驿驿丞，"始归正于圣贤之学"③。正德四年（1509），王守仁38岁，他在讲学中提出了"知行合一"这一观念。正德六年（1511），王守仁担任会试同考官。正德七年（1512）三月，王守仁升为考功清吏司郎中。穆孔晖、顾应祥、黄绾、徐爱等几十人及门受业。到了嘉靖年间，当林希元指导后辈研习举业，刊刻蔡清的《精选程文》，编选《批点四书程文》时，也正值王守仁的影响日渐加盛之时④。据王守仁年谱，嘉靖三年（1524），王守仁辟稽山书院，聚八方彦士，"诸生前后左右环坐而听，常不下数百人"⑤。

林希元羽翼程朱，坚持"道问学"，他在教授后学之时，王守仁也广收门生。王守仁从陆九渊"尊德行"一脉出发，提出了心学。在阳明心学的影响日盛之时，林希元对阳明之说则颇多不满。他写信给朋友说：

> 江西又有一种新学，迷误后生，非有许大识见力量，莫之克正。⑥
> 阳明之学近来盛行江右，吉安尤甚。此惟督学者能正之。⑦
> 阳明说道理乖戾处最多。⑧

林希元对王阳明提出的"心外无理"、"心外无事"、"心外无物"有不同的看法。他说：

> 心是人之神明，乃一身之主；道是人所当行之理，而具于心。心是心，道是道，不是一物。……夫心有善恶，道无善恶。心有放逸，道则系于心。⑨

林希元认为，理"具于心"。但是，理与心不能混为一谈。林希元谈道，"阳明之说，蒙

---

① 谢无量：《阳明学派》，中华书局1915年版，第2页。
② 谢无量：《阳明学派》，中华书局1915年版，第2页。
③ 谢无量：《阳明学派》，中华书局1915年版，第2页。
④ 据《明史》，嘉靖年间，阳明心学的影响甚盛，"宗守仁者曰姚江之学，别立宗旨，显与朱子背驰，门徒遍天下，流传逾百年……嘉隆而后，笃信程朱、不迁异说者，无复几人矣"（张廷玉等：《明史》卷二八二，第7222页）。
⑤ 钱德洪：《王文成公年谱》，见《王阳明全集》，第1822页。
王守仁去世后，明世宗下诏停止守仁世袭，不行赠谥诸典，并严禁阳明心学。38年后，即隆庆元年（1567），明穆宗诏赠王守仁新建侯，谥文成。万历十二年（1584），明神宗诏以王守仁从祀孔庙。
⑥ 林希元：《与张净峰提学书》，《林次崖文集》卷五。
⑦ 林希元：《与张净峰提学书》，《林次崖文集》卷五。
⑧ 林希元：《与林国博论格物大学问疑书》，《林次崖文集》卷六。
⑨ 林希元：《彭城复马宗孔同年书》，《林次崖文集》卷五。

昧不通，厚诬圣贤，区区已不取。……万物之理皆具于心，必求诸物。物通则心通矣。故曰：致知在格物，物格而后知至。至善是事理当然之极，此理则具于心，非外物也。孟子曰：万物皆备于我。子思曰：中者，天下之大本。皆可证也。阳明以朱子事理当然之极之语，是认吾心之理为外物，非厚诬乎"①。林希元谈到，自己曾就阳明心学的问题多次与人辩驳。但是，他渐渐转而"就自己身心上用功"。他说，"阳明初讲道，一时学士无底蓋者群然趋之。或见招，元不惟不从，且力与之辩。然终不能回或。至平日相知反失和气。此缘无圣贤许大见识学问故也。后思此皆无益身心底事，故一切置之，且就自己身心上用功。又十余年，道理见得又颇分晓，益见得不必与之辩"②。

林希元的"就自己身心上用功"也表现在践履的层面上。他编撰了《大学经传定本》，刊刻了朱熹的《大同集》、蔡清的《四书蒙引》等，并刊行了罗钦顺的《困知记》。

林希元为了在科举考试中进一步推扬程朱，编撰了《大学经传定本》。他谈到四书中的《大学》在科举考试体系中的作用与功能说：

> 《大学》一书，孔子言之而为经，曾子述之而作传。其纲领有三，条目有八。帝王成身御世之道，学者修己治人之方，无不毕具。圣朝建学立师，以经学造士，而取之于科目，是书独先焉。③

林希元认为，《大学》一书在科举考试中具有重要的作用，这自有其合理性及合逻辑性。林希元顺应着官方的这些规定，着手编撰了《大学经传定本》。在编撰《大学经传定本》时，他尊崇朱子，但绝不拘泥于朱子。林希元对《大学》的经、传重新进行考订、整理。他说，自己选取汉代刘向、郑玄，再到宋代的程颐、朱熹，一直到朱熹之后的"近世诸儒董槐、叶梦鼎、王柏、车清臣、宋濂、方孝孺、蔡清之所见"，"反复详玩"④。他的

---

① 林希元：《彭城复马宗孔同年书》，《林次崖文集》卷五。

② 林希元：《与林国博论格物大学问疑书》，《林次崖文集》卷六。

林希元只是不太认同王守仁的学说，但他并不就此与王守仁相抵牾。王守仁去世之后，林希元有《祭王阳明总制文》说，"维公英资盖世，雄智出群。涉猎三教，迄自成家。文武通才，功成乃武。若公者可谓一世非常之士矣。公之功业，固当世不敢望而及焉者"（林希元：《祭王阳明总制文》，《林次崖文集》卷一五）。据《四库全书总目提要》，林希元谈到对王守仁的态度说，"希元之学，宗其乡人蔡清，故于明代诸儒，惟推薛瑄、胡居仁。与王守仁同时，而排其《传习录》最力。虽与守仁门人季本同年相善，而本之书，亦不少假借其师。其祭守仁文，但推其功业而已，无一字及其学问也"（纪昀等：《四库全书总目提要·〈林次崖集〉提要》，第4706页）。

③ 林希元：《改正经传以垂世训疏》，《林次崖文集》卷四。

④ 林希元：《改正经传以垂世训疏》，《林次崖文集》卷四。

林希元将自己住所的亭子命名为"交翠亭"，这表明了他有意取法于宋濂的治学路向。张岳为交翠亭作记说，"南京大理寺评事次崖林君茂贞卜宅于都城之东北隅，某往造焉。……取交翠之语名之，法濂溪也。夫濂溪之学，已极于明通公溥之妙矣。而日用之间，即事即物，所以体验涵泳此心者又如此，固非初学之所敢议。然即所谓自家意思者而深思之，亦可悟求仁之端矣"（张岳：《交翠亭记》，见张岳：《小山类稿》卷一四，《景印文渊阁四库全书》本，第476页）。

看法是"宋儒之所定委有未安，近世诸儒更定，义理周尽，委无可议，臣因细为辩折，以明其可从"①。他还谈到后世大儒矫朱熹之未竟的问题说：

> 或谓，朱熹命世大儒，万世所宗，所定之书，似无容更改。臣窃谓不然。夫义理无穷，非一人之言所能尽，亦天地所秘，未肯一时尽泄于人也。故宇宙数千年，圣贤迭兴，各自立言，后圣有作，尚有可言者焉。精一执中之传，始于尧舜未发之中……义理非一人之所能尽，天地之秘，至是始泄耳。《大学》一书，已经程朱所定，近世诸儒又取而更正之，诸儒岂贤于程朱哉？亦义理非一人之所能尽，天地之秘至是而始泄也。必以出于朱子所更改，不容复改，则大禹之圣，何以闻善则拜，大禹之圣，何以舍己从人？……故执朱子之说而不欲更改者，固非学者求是当仁之诚，亦岂朱子所望于后学之意哉？②

他甚至请求朝廷将自己编撰的《大学经传定本》作为科举考试的基本读物。他在《改正经传以垂世训疏》中说，"如果是书可全，臣言不谬，乞勒礼部改正颁行两京国子监，及天下司府州县，使学官以是造士，科举以是命题"③。

林希元还刊刻了朱熹的《大同集》。林希元谈道，"大同集者，集朱子簿同时之文也。旧板岁久坏烂，加以字多讹误，予谓此先贤遗墨，不可使片言只字泯没"④。围绕《大同集》的刊刻，林希元做了大量检校工作。他说，"朱子簿同时与门人许顺之辈答问甚多，旧集所收仅十之五六。……乃取全集参校，坏烂者新之，讹误者正之，遗缺者补之，其去同之后与诸人翰墨往来者亦集焉，从其类也。其有异时论学、论政及于同安者亦附焉，明所自也。旧八卷，今增至十三卷"⑤。

林希元也非常推重罗钦顺。罗钦顺（1465—1547），字允升，号整庵，江西泰和人。弘治六年（1493）进士，官至南京吏部尚书。后辞官，隐居乡里，杜门著书。罗钦顺与王阳明二人在学界分庭抗礼，同为大儒。著有《困知记》《整庵存稿》《整庵续稿》。林希元曾经多次拜访罗钦顺，并多有书信往来。嘉靖六年（1527）至九年（1530），林希元任广东按察使司金事。在这期间，他刊刻了蔡清的《精选程文》，还刊刻了罗钦顺的《困知记》。林希元谈到，自己刊刻《困知记》的根本原因是，"其攻阳明处尤多，故刻之岭南"⑥。林希元谈到《困知记》还说，"罗整庵不就吏部之召，家居，惟杜门著书，此圣贤事也。所作《困知记》于道理尽有发明处"⑦。关于自己刊刻《困知记》的情况，他说：

---

① 林希元：《改正经传以垂世训疏》，《林次崖文集》卷四。
② 林希元：《改正经传以垂世训疏》，《林次崖文集》卷四。
③ 林希元：《改正经传以垂世训疏》，《林次崖文集》卷四。
④ 林希元：《重刊大同集序》，《林次崖文集》卷七。
⑤ 林希元：《重刊大同集序》，《林次崖文集》卷七。
⑥ 林希元：《与张净峰提学书》，《林次崖文集》卷五。
⑦ 林希元：《困知记序》，《林次崖文集》卷七。

整庵罗先生既辞之命，家居杜门，著书明道。予往得其《困知记》三卷，刻之岭南。忽迁官去，未及叙也。兹又得其续记三卷，乃合而叙之。①

嘉靖十四年（1535），林希元因事谪知钦州。林希元在《复罗整庵冢宰书》中说：

兹以狂言获罪南迁，舟中无事，始得取先生之书，从容检阅。未能升堂观奥，尽得大君子之用心，宫墙外望大都，亦得其一二也。②

罗钦顺早年笃信佛学，后转而穷究性理之学。他提出，"释氏之明心见性，与吾儒之尽心知性，相似而实不同"③。对于程朱理学，罗钦顺的态度是在认同的基础上有所修正。如，罗钦顺认为，朱熹"终身认理、气为二物"，而不了解"理只是气之理"。针对罗钦顺的理气论，林希元说，"理、气两字，实难体认。先儒理堕气中之说，诚可疑。执事之辩是也。然理一分殊之论，区区辗转深思，竟未见落着。更俟请教"④。

嘉靖年间，随着印刷技术的迅猛发展，书籍刻印更为快捷。林希元刊刻《批点四书程文》，刻印蔡清、罗钦顺的系列书籍，正是在科举制度的框架内，在技术进步的助推下，宣扬个人的思想观念，表达个人的学术主张。林希元立足于官方的立场，关注科举考试，推扬程朱理学。他力图从选文、学术以及价值观念等各个层面上接续蔡清，尊崇程朱，抑制阳明心学的影响。编订时文选本，这种原本与举业相关的活动，在士人的生活中发挥了多重的、多向度的作用。

第三节　归有光及《会文》

归有光（1506—1571），字熙甫，又字开甫，别号震川，又号项脊生，江苏昆山人。他五赴乡试落第，在嘉靖十九年（1540）中举。之后，八次会试落第，在嘉靖四十四年（1565）60岁中三甲进士。历任长兴知县、顺德通判、南京太仆寺丞，后留掌内阁制敕房，修《世宗实录》。归有光在屡试不第期间，曾侨居嘉定安亭江上，读书讲学，门生众多。归有光也是嘉靖年间的时文大家。据《明史》载，"有光制举义湛深经术，卓然成大家"⑤。归有光与蔡清、林希元等同为时文选家，但是，他在选文时的身份与蔡清、林希元等人有着根本的不同。蔡清、林希元是在中进士之后，为指导门生研习举业编订时文选本。相比之下，归有光编订选本，既是为了指导后学，同时，也是他本人在屡败

---

①　林希元：《困知记序》，《林次崖文集》卷七。
②　林希元：《复罗整庵冢宰书》，《林次崖文集》卷五。
③　罗钦顺：《困知记》卷上，中华书局1990年版，第89页。
④　林希元：《复罗整庵冢宰书》，《林次崖文集》卷五。
⑤　张廷玉等：《明史》卷二八七，第7383页。

屡试的过程中参与举业的一种方式。

一

归有光编订的时文选本有《会文》《群居课试录》等。

归有光是在与同道结文社的过程中，开始编订时文选本的。据孙岱《归震川先生年谱》，嘉靖十年(1531)，归有光"二十六岁，与同学诸人结文社"，"时县中有南北两社，同日并举。先生每晨起赴南社，午后赴北社"①。在结社研习举业之时，归有光与社中同道编订他们自己日常写作的经义，成《会文》。归有光谈到《会文》说：

> 经义百篇，予与诸友辛卯应试时会作也。②

《会文》是归有光在嘉靖十年(1531)辛卯与同道在结社的过程中，共同研习举业的习作。《会文》在士子中广泛流传，嘉靖十四年(1535)，归有光"偶见于文叔之馆"③。后，归有光为《会文》作序，并再次刊印这部选本。

归有光一生，科场蹭蹬。在读书应举的过程中，他一边研习举业，一边授徒课业。归有光谈到，在他中举前后，有很多士子前来受业。归有光说，嘉靖十四年(1535)，"乙未之岁，余读书于陈氏之圃。……从余游者十余人……悉年少英杰，可畏人也。每环坐听讲，春风动帷，二鹤交舞于庭，童冠济济，鲁城、沂水之乐，得之几席之间矣"④。因为归有光本人的影响，以及他在教授生徒、编订时文选本的过程中树立的声名，各地士子纷纷前来就学。归有光于嘉靖十八年(1539)"己亥之岁，读书于邓尉山中，颇得深究《书》之文义"⑤，"四方来学者多至数十百人"⑥。在教授生徒的过程中，他考较"从游者十余人"的时文⑦。之后，他择取其中的优秀之作，编成了《群居课试录》。

归有光还编有其他的科举读物，如《程论》《程策》《文章指南》。《程论》收录的是科举考试第二场的论。这部选本"取近科会试录及乡试墨卷，不过数十篇"⑧。《程策》收录的是第三场策，主要收录嘉靖元年(1522)至嘉靖二十二年(1543)间乡试中的策程文。归有光谈到《程策》说，"右乡试程策，今兹编类，颇亦有所删削。盖国家典章庙堂谋议

---

① 孙岱：《归震川先生年谱》，光绪六年(1880)嘉兴金吴澜《归顾朱三先生年谱》合刻本。以下引文出自《归震川先生年谱》者，均同此版本。

② 归有光：《会文序》，见归有光著，周本淳校点：《震川先生集》卷二，上海古籍出版社1981年版，第36页。以下引文出自《震川先生集》者，均同此版本。

③ 归有光：《会文序》，《震川先生集》卷二，第36页。

④ 归有光：《群居课试录序》，《震川先生集》卷二，第52页。

⑤ 归有光：《尚书叙录》，《震川先生集》卷一，第8页。

⑥ 孙岱：《归震川先生年谱》。

⑦ 归有光：《群居课试录序》，《震川先生集》卷二，第52页。

⑧ 归有光：《跋程论后》，《震川先生集》卷五，第122页。

及当世施行之务，亦或可考于斯。起自壬午至癸卯，中间缺轶者十之二三，此后亦未及续编也"①。另外，归有光的"从季弟有达非闻甫荟萃其应试论策若干首"②，成《归太仆应试论策集》，"刻而传之"③。此外，归有光还选有《文章指南》。《文章指南》收录自《左传》至明代的文章共180篇，其中选唐宋八大家为多。嘉靖四十四年（1565），归有光的同年詹仰庇为《文章指南》作序说：

> 乙丑春，震川归先生登进士第，余辱附冀尾。诸同年唯先生爱余笃至，每日相与追论举业利病。先生深谓古文有益，余意必有善本。少之，果出古文一帙，示余曰：余之幸至今日者，赖有此耳。余阅有得，辄叹获睹之晚。于是，录之以为继武者之也。后，余授南海县尹，道经维扬，适鸣岐黄契友在焉。余晋谒之，款寓月余。鸣岐旧尝共业南雍，至是，具告以所闻，兼以是帙示之，庶途之迷于既往者，冀其知所用心也。鸣岐志欲嘉惠天下，命余芟其鲁鱼亥豕之讹，题曰《文章指南》。④

《文章指南》虽选的是古文，但实际上是为指导后学研习举业之文而选的。总体来看，嘉靖年间，研习举业已经成为士子生活中极其重要的内容。在刊刻时文选本的同时，刊刻个人八股文集也成为一时的风潮。如，归有光的同年王梅芳刊刻自己的时义，归有光写有《王梅芳时义序》。

归有光比林希元年少24岁。二人都是在嘉靖年间编订、刊印选本，但是，在编订选本时，两人的身份、生活的境况等有着很大的差异。林希元在广东任官，嘉靖年间，广东的印刷业又极其发达。相比之下，归有光则"久困于试"⑤，他在编订《会文》《群居课试录》等选本时，既没有官员的身份，也没有受到商业因素的影响。与林希元编订的系列科举读物相比，归有光编订的《会文》《群居课试录》等选本从不同向度展现时文选本非官方化的倾向。

《会文》是归有光在结社的过程中编订的选本。归有光在嘉靖年间的结社活动大约是模仿了他的业师魏校。成化、弘治年间，未中式的士子就开始缔结文社、研习时文。归有光的老师魏校与顾鼎臣等人曾经结社探讨经义的写作。据《复社纪略》，"三吴文社最盛者，莫如顾文康公之邑社。社友十一人，如方奉常、魏恭简辈，后皆

---

① 归有光：《跋程策后》，《震川先生集》卷五，第122页。
② 娄坚：《归太仆应试论策集序》，见娄坚：《学古绪言》卷一，上海古籍出版社1993年版，第11页。
③ 娄坚：《归太仆应试论策集序》，见娄坚：《学古绪言》卷一，上海古籍出版社1993年版，第11页。
④ 詹仰庇：《文章指南序》，见王水照：《历代文话》，复旦大学出版社2007年版，第1738页。
⑤ 归有光：《送余先生南还序》，《震川先生集》卷五，第233页。

为名臣，可谓彬彬者矣"①。到了嘉靖年间，这一风气渐盛。归有光在嘉靖十年（1531）结社之后，又于嘉靖十七年（1538）戊戌结文社。这一年，归有光33岁，他与同道在马鞍山东麓的野鹤轩共同研习举业。归有光谈到这次结社的情况说：

> 嘉靖戊戌之春，予与诸友会文于野鹤轩。……时会者六人，后至者二人。潘士英自嘉定来，汲泉煮茗，翻为主人。②

参社者包括归有光、潘士英以及"吴中英纯甫、沈世麟元朗、张鸿子宾、季龙伯子升、方元儒思曾、陈敬纯吉甫"共八人③。归有光等未中式士子的这次结社活动，目的仍是"会文"，即研习经义的写作。

在结社的过程中，归有光等人的身份意识发生了明显的变化。归有光谈到《会文》中所选的时文说，"以今观之，纯驳不一，然场屋取舍，又不在是也"④。归有光说《会文》中的文章"纯驳不一"，这是他对自己写作的反省，同时，也是一种自谦。归有光还说，"场屋取舍，又不在是也"。这说明，归有光清楚地意识到，作为一个没有功名的选家，他的选文标准与官方的评定标准是存在差异的。归有光在编订选本时，不仅明确地标识出《会文》《群居课士录》等私刻的选本与官方评定标准之间的差异，而且进一步对官方的评定标准提出质疑。归有光说，有些未中式的士子"每得一篇，先问其名，乃徐而读之，咕咕然曰：有司信不诬耶。其得固然耶？其失者诚有以取之耶？虽辩者不能诘也"⑤。归有光谈到，时下的士子多以官方的评定标准为依据，在阅读选本时，以辨人为首务，以辨文为其次。士子只读那些中式的程文，并且还不加辨别地一概认定"有司信不诬"。归有光谈到，他重刊《会文》的目的就是让士子在研习举业中学会以辨文为先。他在为《会文》作序时，明确地说：

> 若斯会之编，诸友之文在焉，有中第者，有为显官者，有为诸生者，有甚不肖如予者，而不为区别名字，观者于是可以平心。⑥

归有光谈到，《会文》这部选本中收录的文章，有后来中式的人所作的，也有尚未中式者所作的。但是，他有意"不为区别名字"。这样做的目的是，鼓励后学从根本上除去对官方评定标准的盲目的认同，"平心"阅读这些文章，以体会其中的妙处。嘉靖年间，在归有光结社选文时，文社、社稿正渐渐呈现出繁盛的趋势。嘉靖以后，特别是万历、

---

① 陆世仪：《复社纪略》卷一，《续修四库全书》本，第473页。
② 归有光：《野鹤轩壁记》，《震川先生集》卷一五，第399页。
③ 孙岱：《归震川先生年谱》。
④ 归有光：《会文序》，《震川先生集》卷二，第36页。
⑤ 归有光：《会文序》，《震川先生集》卷二，第36页。
⑥ 归有光：《会文序》，《震川先生集》卷二，第36页。

泰昌、崇祯、天启年间，士子在结社的过程中，往往选取日常课业，编订成八股文集，这些八股文集被称为社稿。归有光等编撰的《会文》正开启了明代未中式士子编订社稿的风气。社稿作为特定的选本类型，它清楚地表明未中式士子的生存状态，以及他们的写作观念、选文观念与官方之间的差异。

嘉靖年间，教育方式也在发生着潜在的变化。在教育门生的经师中，一部分像蔡清、林希元这样中进士授官之后教育后学者，另一部分则是像归有光这样科场失利，但却负有声名者。屡试不第的归有光在教育后学时，也开始有意识地探寻全新的方式，参与到科举考试的过程之中。归有光在教授生徒时，模仿官方科举考试的形式，组织门生写作时文，并进行评定。归有光在《群居课试录序》中说：

> 诸生间以诵读之暇，执笔请试，求如主司较艺之法。余谓考较非古也，昔人所谓起争端者也。虽然，吾观诸子之貌，恂恂然务以相下，其必不至于色喜而怨胜已也。于是，定为旬试法。试毕，录其言之雅驯者，盖劝勉之意寓于其间。①

这种考较之法既是对官方科举考试程序的模仿，同时，对归有光及其门生等未中式的人来说，也生成了全新的意义。这种考较活动表明，未中式的士子虽然不能左右官方的评价体系，但是，他们试图在官方的评价体系之外，另行建立一套考评标准。

二

谈到归有光的《会文》《群居课试录》，我们不仅要关注这些选本在质性、特点上与《乡试程文》《皇明历科会试录》《精选程文》的根本区别，同时，我们还要注意的是，因为处于特定的历史情境之中，归有光在编订这些时文选本的过程中，他的立场、观念、态度等与徐一夔、黎淳、蔡清等人形成了非常大的差异。

从个人的应举经历来看，归有光在参与举业的过程中屡败屡试（见表2-3），这与前代的选家黎淳、杨守陈、蔡清以及林希元的情况都有所不同。黎淳于35岁中进士，杨守陈于27岁中进士，蔡清于31岁中进士，林希元于36岁中进士。而归有光则是在屡试不第的生活状态中，展开时文选本的编订活动的。自嘉靖四年（1525）至嘉靖十六年（1537）的12年间，归有光六赴乡试；自嘉靖二十年（1541）至嘉靖四十一年（1562）的21年间，归有光九试礼部；归有光中进士之时，已是花甲之年。

从整个社会对于科举考试的认知上来看，归有光生活的环境与明代前期的徐一夔、黎淳身处的场景有着根本的区别。

明代前期，科举制度尚未稳定，科举是而且只是国家多种取士制度中的一种，人们的日常生活并不是围绕着科举而展开。对明初的士子来说，科举考试并不是人们进入社会政治空间，在公共领域产生影响的唯一通道。科举制度可能与他们的生活建立关联，

---

① 归有光：《群居课试录序》，《震川先生集》卷二，第52页。

表 2-3 归有光赴试情况

时　　间	年龄	应 试 情 况	
嘉靖四年（1525）	20 岁	乡试	应提学卢公试，以第一名补苏州府学生员，同年秋赴应天乡试。
嘉靖七年（1528）	23 岁		秋，赴应天乡试。
嘉靖十年（1531）	26 岁		
嘉靖十三年（1534）	29 岁		
嘉靖十六年（1537）	32 岁		入南京国子监读书，赴应天乡试。
嘉靖十九年（1540）	35 岁		赴应天乡试，中举。
嘉靖二十年（1541）	36 岁	会试	应礼部试，下第南还。
嘉靖二十三年（1544）	39 岁		应礼部试，下第南还。
嘉靖二十六年（1547）	42 岁		应礼部试，下第南还。试卷中庸"天地位万物育"讲语，用"山川鬼神莫不乂安，鸟兽鱼鳖莫不咸若"①，房考大札批一粗字。王世贞会试中试，殿试二甲进士。
嘉靖二十九年（1550）	45 岁		应礼部试，下第南还。张治对客曰："吾为国得士三百人，不自喜；而以失一士为恨"②。同年，张治去世。
嘉靖三十二年（1553）	48 岁		应礼部试，下第南还。
嘉靖三十五年（1556）	51 岁		应礼部试，下第南还。
嘉靖三十八年（1559）	54 岁		应礼部试，下第南还。礼闱易题，节六四爻象，归有光因用"龃龉不合，劳苦不堪"③，而为人丑诋。是科试卷为忌之者格帘外。下第。
嘉靖四十一年（1562）	57 岁		应礼部试，下第南还。归，父亲去世。
嘉靖四十四年（1565）	60 岁		中进士。

但他们也可以忽略科举制度对个人生活的影响。如，从学术领域来看，明代前期的大儒宋濂、王祎、刘基等都并非科举出身。稍后，学者吴与弼也不应科举。吴与弼（1391—1469），初名梦祥、长弼，字子傅（一作子传），号康斋。吴与弼"年十九，见《伊洛渊源图》，慨然向慕，遂罢举子业，尽读《四书》、《五经》、洛闽诸录，不下楼者数年"④。之后，比较重要的学者是陈献章。陈献章（1428—1500），号石斋，别号碧玉老人、玉台居士、江门渔父、南海樵夫、黄云老人等，人称白沙先生。陈献章于正统十二年

---

① 归有光：《己未会试杂记》，《震川先生集》卷六，第 131 页。
② 归有光：《上瞿侍郎书》，《震川先生集》卷六，第 125—126 页。
③ 归有光：《己未会试杂记》，《震川先生集》卷六，第 131 页。
④ 陈文新等主撰：《明代科举与文学编年》（上），武汉大学出版社 2009 年版，第 920 页。

（1447）乡试中举。景泰二年（1451）乡试落第后，拜吴与弼为师，居白沙里，读书静坐，十年间不出户。成化二年（1466），复游太学入京至国子监。成化十九年（1483），授翰林检讨。我们可以看到，一直到景泰、天顺、成化年间，士子在未中进士的情况下，个人的学识、能力有机会得到社会以及官方的认可。

到了嘉靖年间，对归有光等人来说，参与科举考试成为他们日常生活的常态；进入科举制度的架构之内，参与科举考试，并考中进士，成为士子进入政治、学术领域的前提条件。在归有光屡试不中的过程中，科举考试正处于稳定运行之中，这种制度在整个社会中的影响越来越大。从科举在国家政治结构中发挥的作用来看，"在16世纪末期开始出现翰林在政府的高层掌权"①。科举考试中脱颖而出的士子在国家的政治结构、文化结构中起到了越来越重要的作用。到了嘉靖年间，官方也采取各种形式表明它对科举考试的重视程度、对进士的关注程度。如，张朝瑞《皇明贡举考》载，嘉靖八年（1529）会试，"时上方励精求贤，益亲文学士。于是，大学士杨公一清等以罗洪先、程文德、杨名、唐顺之、陈束、任瀚六卷进览，上一一品题卷首，各有批语"②。嘉靖十四年（1535），"上凡廷试策题多出自宸衷，不假臣下之手。是岁上亲制策题，欲以法天法祖立意"，并"亲为品题，首三卷各有批语"③。皇帝亲批题语，正说明官方对科举考试、对进士的关注度越来越高。从科举在家族发展中的作用来看，"科举也成为赋予社会文化地位和家族获得或维持乡绅身份的途径"④。当我们了解到科举制度对于嘉靖年间士子日常生活的意义与价值时，就能够理解归有光在漫长的时光中屡败屡试的坚持。

在归有光的一生中，他一方面参加科举考试屡试不第，另一方面，他个人声名却日渐高扬。归有光的才华得到很多人的认可。如，归有光谈到，嘉靖十九年（1540）"庚子之岁，举于南都，而所试之文，乃得达于左右。顾称赏之不置，时有获侍而与闻者，辄相告以为幸矣。子之见知于当世之巨公长者如此。自后数试于礼部，遇明公之亲知，未尝不传道其语以为宠"⑤。嘉靖二十九年（1550），张治任会试主考，"撤帘后，仆见之里第。时孙祭酒在坐，相与叹息。临送出门，有不能相舍之意。京师诸公皆云：龙老两主试，不以子为拙，而每以失子为恨"⑥。

归有光身处特定的生活场景中，他在编订选本以及在日常生活中对于科举制度的反思与质疑也带着自身的特点。嘉靖年间，归有光开始清醒地意识到，一个人在科举考试中能否取中具有很大的偶然性。归有光在给门生沈孝的信中说，"试事未知何如？遂不

---

① 艾尔曼著，复旦大学文史研究院译：《经学·科举·文化史》，中华书局2009年版，第149页。
② 张朝瑞：《皇明贡举考》卷六，《续修四库全书》本，第419页。
③ 张朝瑞：《皇明贡举考》卷七，《续修四库全书》本，第443页。
④ 艾尔曼著，复旦大学文史研究院译：《经学·科举·文化史》，中华书局2009年版，第149页。
⑤ 归有光：《上徐阁老书》，《震川先生集》卷六，第123页。
⑥ 归有光：《与赵子举书》，《震川先生集》卷七，第153页。

能毫分有所赞益。……科举自来皆撞着，必无穿杨贯虱之技"①。士子作为一个特定群体崛起之后，"遇不遇"成为一个常用的词语，也是他们在参加科举考试时关注的一个重要问题。归有光说：

> 君子之论不施于早晚之间，而施于遇不遇之际；不以徒遇之为喜，而以得所遇之为乐。予惟国家以科目收天下之士，名臣将相接踵而兴，豪杰之士莫不自见于其间。②

> 予谓先生不谓之晚，而如先生乃可谓之真遇也。若彼碌碌者徒，虽襁褓而朱紫，日唯诺于殿廷，吾不谓之遇也。③

这种"遇不遇"的问题，前代也有人进行过思考。如，正统十年(1445)，钱习礼就谈到"不偶于时"的情况。他说，"天士之通经博士者孰不欲擢科取仕，荣其身以显闻于人。然或不偶于时，终不得名荐书者，历代有之"④。但是，在正统年间，钱习礼的这样的思考并不具备普遍性。另外，他的这种说法，也只是中式者对于未中式者，或者说官方对于普通士子的劝慰。近百年之后，到了嘉靖年间，屡试不中的士子往往会从时、运、命等终极意义上追问自己屡试不第的原因。如，归有光说，"国家以科举之文取士，士以科举之文升于朝，其为人之贤不肖，及其才与不才，皆不系此。至于得失之数，虽科举之文，亦不系其工与拙。则司是者，岂非命也夫"⑤。在归有光身边，也多有屡试不中的同道。如，陆允清经学深湛，屡试不中。归有光说，"以允清之不遇，孰谓科举之能得士也"⑥。张自新与归有光同为"昆山三绝"，归有光感叹说，"以自新之才，使之有所用，必有以自见者。沦没至此，天可问邪"⑦。我们可以看到，在嘉靖年间，科举制度在渗透到士子日常生活的同时，也与他们的信仰体系建立起关联⑧。

<h2 style="text-align:center">三</h2>

嘉靖年间，当归有光参与举业时，科举制度渗透到日常生活的方方面面。归有光也深切地体会到了这一点，他在《示徐生书》中对门生说，"世学之卑，志在科举为第一事。天下豪杰，方扬眉瞬目，群然求止于是。生非为科举文，不以从予；予不为科举

---

① 归有光：《与沈敬甫》，《震川先生集》卷七，第158页。
② 归有光：《送吴纯甫先生会试序》，《震川先生集》卷九，第188页。
③ 归有光：《送吴纯甫先生会试序》，《震川先生集》卷九，第189页。
④ 钱习礼：《会试录序》，见屈万里：《明代登科录汇编》，第347页。
⑤ 归有光：《南云翁生圹志》，《震川先生集》卷二二，第530页。
⑥ 归有光：《陆允清墓志铭》，《震川先生集》卷一九，第474页。
⑦ 归有光：《张自新传》，《震川先生集》卷二六，第601页。
⑧ 我们不能说，因为有了科举制度，时人形成了对"运"及"命"的思考。但是，"遇不遇"这种有着具体指向性的追问的确是在科举制度的架构下生成的，它们与科举制度有着密不可分的、多重的关联。

文，亦无由得生"①。归有光等嘉靖年间的士子对科举制度渐渐生出了多重的、同时也是矛盾的心态。

从整个社会风气上来说，官方及社会中的大多数人对考中进士者给予越来越多的尊宠。士子以科举为业成为他们日常生活中的常态。归有光谈到江南举业大兴的情况说：

> 吴为人材渊薮，文字之盛，甲于天下。其人耻为他业，自髫龀以上，皆能诵习举子应主司之试。居庠校中，有白首不自已者。江以南，其俗尽然。每岁大比，棘围之外林立。京兆裁以解额，隽者百三十五人耳。故虽方州大邑，恒不能三四数。至或连岁无举者，有司以为耻。②

人们以举业为第一要务，"耻为他业"。归有光谈到自己之所以参与举业，其中也包含着对家族的责任。归有光在《请敕命事略》中说，"岁壬戌，有光八上春官，不第。还，先人遂以是年卒，年七十有八。又三年，始登第，而先人不及见矣。悲夫！以有光之困于久试，祖父皆以高年待之，而竟不及。及先人之方殁，而始获一第，曾不得一日之禄养，所以为终天之恨也"③。

归有光一方面对科举考试给予了认同，另一方面，在屡试不第的情况下，他也开始深入地思考科举制度的弊端。

归有光看到科举制度下人情的浇薄。到了嘉靖年间，人们关注的不仅仅是科举考试，更关注士子在科举考试中能不能取中进士。这与蔡清生活的时代相比，人们的举业观念又经历了一次变化。归有光谈宁姓士子中了举人之后，在会试中屡试不第，在家中遭到冷遇的情况。他说，"今制，举于乡与进士未及一等耳，而世以进士为荣。未第于南宫，儒然犹诸生也。不特人情为然，虽其父母之情亦然。大受之尊府翁于前是科以其数试不第，亦已厌其为举子矣"④。从这个角度上看，这种家族的使命感并不是来自于个人的本心，而是来自于家庭的压力。

归有光还看到，科举考试越来越多地与功名利禄形成了对等的关系。有明一代，科举考试始终有效地发挥着"取士"的功能。但是，随着这种制度的稳定发展，它在世人心中的功能却发生了变化。归有光敏锐地感受到这种民风、世风的转向。他谈道，"凡士之读书应举，以登进士为荣。其登进士，服官受采，以衔天子命。过乡闾寿其亲，而姻戚宾友迎延满堂，日为供具，饮酒欢宴为乐。此今之所夸以为富贵者，尽世俗以然"⑤。

归有光还谈到，世风的改变与士风的转向是相辅相成的，世人在科举的框架下求取

---

① 归有光：《示徐生书》，《震川先生集》卷七，第 150 页。
② 归有光：《送王汝康会试序》，《震川先生集》卷九，第 191 页。
③ 归有光：《请敕命事略》，《震川先生集》卷二五，第 595 页。
④ 归有光：《宁封君八十寿序》，《震川先生集》卷一三，第 301 页。
⑤ 归有光：《顾母陆太孺人七十寿序》，《震川先生集》卷一四，第 348 页。

世俗的利益，这对学风造成了不良的影响：

> 自太学以至郡县学，学者徒攻为应试之文，而无讲诵之功。夫古今取士之途未有如今之世专为一科者也。苟徒以应试之文，而未能明其所以然，吾恐国家之于士其用之者甚重，而养之教之者犹未具也。夫苟习为应试之文，而徒以博一日之富贵，士之所以自为者亦轻矣。①
>
> 尝见元人题其所刻之书云，自科举废而古书稍出，余盖深叹其言。夫今世进士之业滋盛，士不复知有书矣。以不读书而为学，此子路之佞，而孔子之所恶。②

这种风气甚至还造成了人们对"士"这一身份的认同度的降低，甚至是"士"这个阶层的衰落。用归有光本人的话来说，就是"士之终"。归有光说：

> 自科举之学兴，而学与仕为二事。故以得第为士之终……士无贤不肖，由科目而进者，终其身可以无营，而显荣可立望，士亦曰吾事毕矣。故曰士之终。③

在科举制度下，治学与做官分为二途，士子读书的目的不再是济世利民。归有光认为，这表明，"士"作为一个阶层已经趋于衰落了。

归有光还谈到，士风与文风形成了直接的对应关系。他说，在科举考试的架构下，士风的衰落主要表现在两个层面。一是，士子写作的时文多"柔曼、觑觎、媚悦之辞"。归有光说：

> 科举之所为式者，要不违于经，非世俗所谓柔曼、觑觎、媚悦之辞以为式。……今以柔曼、觑觎、媚悦之辞以相夸，而以得者骄其未得者。④

归有光在指导门生写作举业之文时，谈到文、辞、志之间的关系说，"文字殊有精义，然使读者不能不以文害辞，以辞害志也"⑤。归有光认为，过于浮靡、华美的文辞往往会"以辞害志"。他还在文与德、华与诚、巧与拙、辩与讷等概念框架下思考经义写作的问题，"文太美则饰，太华则浮。浮饰相与，敝之极也，今之时则然矣。夫智而用私，不如愚而用公。巧不如拙，辩不如讷，富不如贫，贵不如贱。欲文之美，莫若德之实；欲文之华，莫若德之诚"⑥。二是，士子为了夺得一第，在考试中专事模拟、剽窃。

---

① 归有光：《送计博士序》，《震川先生集》卷九，第215页。
② 归有光：《送童子鸣序》，《震川先生集》卷九，第208页。
③ 归有光：《送王汝康会试序》，《震川先生集》卷九，第191页。
④ 归有光：《庄氏二子字说》，《震川先生集》卷三，第84页。
⑤ 归有光：《与沈敬甫十八首》，《震川先生集》卷八，第176页。
⑥ 归有光：《庄氏二子字说》，《震川先生集》卷三，第84页。

归有光谈道，"近时学者止取墨卷及书坊间所刻，猥杂莫辨，惟事剽窃而已"①。他还谈到，士子只知记诵程文，而不知读经典著作。他说：

> 近来一种俗学，习为记诵套子，往往能取高第。浅中之徒，转相仿效，更以通经学古为拙。则区区与诸君论此于荒山寂寞之滨，其不为所嗤笑者几希。然惟此学流传，败坏人材，其于世道，为害不浅。②
>
> 自科举之习日敝，以记诵时文为速化之术。士虽登朝者，有不知王祥、孟宗、张巡、许远为何人者。③
>
> 今科举之学，日趋简便。当世相嗤笑以通经学古为时文之蠹，而史学益废不讲矣。④
>
> 世乃惟追章琢句，模拟剽窃、淫哇浮艳之为工，而不知其所为，敝一生以为之，徒为孔子之所放而已。⑤
>
> 顾徒以科举剽窃之学以应世务，常至于不能措手。⑥

归有光谈到，这种模拟、剽窃之习与时文选本的繁盛相互推促，在社会上造成了恶劣的影响。归有光的门生娄坚谈道，"自士以剽窃为文，索意愈深而实离，属辞愈妍而实陋，主司亦能知之而误揣以为才也，反亟收之。其人之得者，因不复自知而世且妄推之，谓是尝胜于人而取于人矣，且相与仿效，以为之及"⑦。

在归有光之前，就有人谈到举业与文风、世风之间的关系问题。如，弘治六年（1493），陆简说，"世多指科名之士徒骛浮夸而乏实用"⑧。蔡清、王守仁、林希元等人也曾谈到文与质、辞章与义理之间的关系，他们认为，文风的颓靡与士风日下是紧相伴随的。如，王守仁说，"世之学者，承沿其举业、词章之习，以荒秽戕伐其心，既与圣人尽心之学相背而驰，日骛日远，莫知其所抵极矣"⑨。林希元也谈道，"科举之文为之大弊"⑩。到了嘉靖年间，当第一场经义成为科举考试中的核心文体时，归有光一方面关注文风与士风的关系，另一方面，他也将经义视为独立的文体进行考察。李贽比归有光年轻20岁。李贽回顾自己科场的经历说，"稍长，复愦愦，读传注不省，不能

---

① 归有光：《跋程论后》，《震川先生集》卷五，第122页。
② 归有光：《山舍示学者》，《震川先生集》卷七，第151页。
③ 归有光：《跋小学古事》，《震川先生集》卷五，第120页。
④ 归有光：《史论序》，《震川先生集》卷三，第82页。
⑤ 归有光：《沈次谷先生诗序》，《震川先生集》卷二，第30页。
⑥ 归有光：《山斋先生文集序》，《震川先生集》卷二，第25页。
⑦ 娄坚：《武先生校士录序》，见娄坚：《学古绪言》卷二，上海古籍出版社1993年版，第24页。
⑧ 陆简：《会试录序》，见陆简：《龙皋文稿》卷九，《四库全书存目丛书》本，第204页。
⑨ 王守仁：《重修山阴县学记》，《王阳明全集》卷六，第245页
⑩ 林希元：《重刊蔡虚斋先生批点四书程文序》，《林次崖文集》卷七。

契朱子深心。因自怪，欲弃置不事，而闲甚，无以消岁日，乃叹曰：此直戏耳，但剽窃得滥目足矣。主司岂一一能通孔圣精蕴者耶？因取时文尖新可爱玩者，日诵数篇，临场得五百。题旨下，但作缮写誊录生，即高中矣"①。这种"以剽窃为文"的现象在前代也存在，但是，并未形成一种风气，也尚未引发社会上的焦虑感。到了嘉靖年间，随着科举制度的稳定，整个社会对科举考试的参与度越来越高，科举考试渗透到日常生活的方方面面，人们开始从各自的立场出发，在不同的层面对这种制度进行思考，整个社会对这种制度的反思、质疑也越来越强烈。

第四节　嘉靖、隆庆年间的其他选家

嘉靖、隆庆年间，选本的数量、种类、规模迅速增长。林希元在编订《批点四书程文》时，谈到时文选本渐渐兴盛的情况说，"四书程文自蔡虚斋批点之后，选者非一家"②，"坊间传刻诸经义，无虑数种"③。这一时期，除林希元、归有光外，还涌现出了大批选家。如，张时彻编有《品士录》、杨宜编有《崇雅录》、梅守德编有《校刻程文》、钟崇武编有《豫章文会录》、骆问礼编有《私试程文》等。李濂谈到时文选本的刊刻状况说，"比岁以来，书坊非举业不刊，市肆非举业不售，士子非举业不览"④。李濂的说法不无夸张的成分。这一时期与万历、天启、崇祯朝相比，时文选本的刊刻并未达到高峰期。但是，刊刻时文选本的热潮在嘉靖、隆庆年间不断升温，这是不争的事实。

一

嘉靖年间，地方府学大多存备有各类应举书籍，其中包括较为畅销的科举考试读物。如，贵州普安州府学的藏书有《易经大全》《性理大全》《通鉴纲目》，另外还有指导第二场论、第三场策写作的读物，如《论学绳尺》《源流至论》以及《三场文脍》《策学集略》《策海集成》等。嘉靖年间，参与科举的士子在数量上猛增。随着士子对科举读物的需求越来越大，很多时文选家为指导门生后辈研习第一场经义编订了大量的时文选本。

张时彻（1500—1577），字维静，号东沙，又号九一。正德十五年（1520）中举，嘉靖二年（1523）成进士。曾任江西按察副使提督江西学政，继任山东右布政史、四川巡抚，官至兵部尚书。著有《张司马集》，编纂《宁波府志》《定海县志》《四明风雅》《明文范》等。在江西学政任上，张时彻评定士子的日常课业，编订了《品士录》。张时彻说，"《品士录》者何也？录品士之文也"⑤。之后，张时彻也非常关注士子的时文写作情况。

① 李贽：《卓吾论略》，见李贽：《焚书》卷三，中华书局2011年版，第59页。
② 林希元：《批点四书程文序》，《林次崖文集》卷七。
③ 林希元：《春秋文会录序》，《林次崖文集》卷七。
④ 李濂：《纸说》，见李濂：《嵩渚文集》卷四三，《四库全书存目丛书》本，第647页。
⑤ 张时彻：《品士录序》，见张时彻：《芝园定集》卷二七，《四库全书存目丛书》本，第132页。

王世贞说，在张时彻任山东右布政使时，"乡试录成文多出公手"①。

杨宜，生卒年不详，字伯时，号裁庵。嘉靖二年（1523）进士，出按河南，迁南京户部右侍郎。嘉靖十九年（1540），杨宜编有《崇雅录》。杨宜与徐阶同为嘉靖二年（1523）进士。徐阶为《崇雅录》作序说，"嘉靖庚子春，侍御裁庵杨君奉命董南畿学政。始至，移书博士弟子，教之为文。已，乃悬绳衡以去取之。已，复择其优者裒为此录。将以颁诸学官，而题之曰《崇雅》"②。

项乔（1493—1552），字子迁，号瓯东。嘉靖八年（1529）会试第二，授南京工部主事。调兵部武选主事，后，谪福宁州同知。嘉靖十四年（1535），升抚州守。项乔编有《义则》。王慎中作序说，《义则》"取本朝会试及两京十三省乡试诸录四书程式之义，择其文词之美而义不诡于传注者，凡数十篇，评而著之"③。一直到隆庆、万历年间，项乔的《义则》依然影响甚广。陈懿典谈道，"余少时犹见先辈耆旧所遗，如项瓯东、敖清江所批义训，铢称分积，极其精细"④。

程秀民，生卒年不详，字天毓，号习斋，西安人。嘉靖十一年（1532）进士。嘉靖二十四年（1545）担任泉州府知府。后调任建宁府知府，因捍卫倭寇进犯有功，官至云南参政。嘉靖二十二年（1543）至二十七年（1548），程秀民在泉州任知府，与王慎中、唐顺之交好。王慎中、唐顺之曾一同拜访程秀民。王慎中说，"予尝与荆川唐君为武夷之游，而程侯习斋方守建州"⑤。程秀民在泉州任上，刻有《萃英录》。《萃英录》"辑兴化、泉州二郡诸生之文"⑥。《萃英录》成，王慎中为之作序。林希元也与程秀民交好。他说，程民秀"以兴学校、作人才、崇节义、励风俗为首务。时进诸生，较艺解惑，探玄微显。士经其指授者咸洒然自新，有仰高景贤之意"⑦。

瞿景淳（1507—1569），字师道，号昆湖，江苏常熟人。嘉靖二十三年（1544）会试第一，殿试第二。后，任《永乐大典》总校官。瞿景淳与况姓幕僚同选《春秋汇稿》。嘉靖三十五年（1556），瞿景淳任会试考官，主试《春秋》一房。试毕，瞿景淳等选《春秋》一房中24名进士的日常课业，成《春秋汇稿》。据瞿景淳《春秋汇稿序》，"试毕，共拔士得二十四人，数相过从，讲论经义。余有感于明经之难，因谓多士各出平日所撰经

---

① 王世贞：《资德大夫南京兵部尚书参赞机务东沙张公墓志铭》，见王世贞：《弇州山人续稿》卷九四，《景印文渊阁四库全书》本，第207页。以下引文出自《弇州山人续稿》者，均同此版本。

② 徐阶：《崇雅录序》，见徐阶：《世经堂集》卷一二，《四库全书存目丛书》本，第592页。

③ 王慎中：《义则序》，见王慎中：《遵岩集》卷九，上海古籍出版社1993年版，第387页。

④ 陈懿典：《选刻壬子程墨序》，见陈懿典：《陈学士先生初集》卷三，《四库禁毁书丛刊》本，第680页。以下引文出自《陈学士先生初集》者，均同此版本。

⑤ 王慎中：《送程习斋公之任序》，见王慎中：《遵岩集》卷十，上海古籍出版社1993年版，第412页。

⑥ 王慎中：《萃英录序》，见王慎中：《遵岩集》卷九，上海古籍出版社1993年版，第386页。

⑦ 林希元：《送郡侯程习斋终养序》，《林次崖文集》卷九。

义，送况君稽其精粹，削其不合，共得若干篇，将锓梓，以嘉惠四方"①。

栗祁（1537—1578），字子登，号东岩。嘉靖四十一年（1562）登进士第，授徽州推官。隆庆元年（1567），迁南京户部主事，不久升为郎中，专管杭州税务。后，调湖州知府，继而擢为山西按察司副使。栗祁选有《吴兴明道录》。大约在隆庆五年（1571）至万历七年（1579），栗祁任湖州知府。在知府任上，栗祁"阖七州县之士而试之。拔其隽者数十人，聚而课之明道书院。月一试而或再试、三试，公躬为之校雠字句。引六艺之深者，折衷其至。于是时，七州县之士无不人人发愤，淬且砺。凡试之明日，人士辄传诸生所为文"②。后，栗祁"萃七州县之士而课之明道书院"③，并辑录这些士子的日常课业，成《吴兴明道录》。

此外，陆深、张濂等也选有历科会试的程文。陆深（1477—1544），初名荣，字子渊，号俨山。弘治十四年（1501）应天府乡试第一名举人，弘治十八年（1505）进士二甲第一。正德十二年（1517），陆深任会试同考官，舒劳、夏言等皆为陆深所得士。嘉靖八年（1529），陆深任"山西按察司副使，总理学政。……公暇选历科会试程文，刻之臬司，为士子准式。晋阳文体为之一变"④。张濂也编有时文选本，张濂的孙子在万历年间续编，成《张太学刻洪武以来程文编》。张濂（1512—1561），"字子清，甫弱冠，举浙江乡试第一"⑤。嘉靖十七年（1538），与茅坤同第进士。茅坤为《张太学刻洪武以来程文编》写序说，"兹编也，予同年张泽山中丞公所从诸生时手辑洪武以来试录之文而藏之家者，方弱冠，辄得兹编之隽且永，以文名当世，首解额。而其孙太学生文炎又能读其遗书，且于公身没之后，下及隆庆、万历，并为按年而次之。其所擘画，则首之以会试，暨两京乡试，盖重馆阁也；次之以十三省而稍加选择，盖拔其尤也；又终之以文谈辑略，则按诸名家所条次善文者之诀也"⑥。

嘉靖年间，随着八股文选家数量的猛增，这些选家也渐渐开始形成特定的交往圈。如，在薛应旂的交游圈中，就有多人着意于编订时文选本。薛应旂（1500—1575），字仲常，号方山，嘉靖十四年（1535）进士。官至浙江提学副使。后，居于家乡，专事著述。刻印古籍数十种，如《六朝诗集》24种55卷、《四书人物备考》40卷、《宪章录》46卷。薛应旂中进士后，李诩等人刊刻了薛氏的会试卷。李诩说，"方山薛应旂中会魁，其三试卷余为从臾其常熟门人钱梦玉以东湖书院活板印行"⑦。薛应旂虽然并未刊刻时

---

① 瞿景淳：《春秋汇稿序》，见瞿景淳：《瞿文懿公集》卷六，《四库全书存目丛书》本，第549页。

② 茅坤：《吴兴明道录序》，见茅坤：《茅鹿门先生文集》卷九，《续修四库全书》本，第587页。以下引文出自《茅鹿门先生文集》者，均同此版本。

③ 茅坤：《吴兴明道录序》，《茅鹿门先生文集》卷九，第587页。

④ 唐锦：《詹事府詹事兼翰林院学士俨山陆公行状》，见唐锦：《龙江集》卷一二，《续修四库全书》本，第584页。

⑤ 茅坤：《都察院右佥都御史泽山张公墓志铭》，《茅鹿门先生文集》卷二二，第19页。

⑥ 茅坤：《张太学刻洪武以来程文编序》，《茅鹿门先生文集》卷一七，第694页。

⑦ 李诩：《戒庵漫笔》，中华书局1997年版，第156页。

文选本，但他为多部选本写有序，也对举业时文给予了较多的关注。

薛应旂曾为钟崇武的《豫章文会录》写序。钟崇武，生卒年不详，字季烈，别号郭溪，江西南昌人。薛应旂任江西九江府儒学教授时，主掌白鹿书院，各郡诸生群集书院，读书讲学，钟崇武也到白鹿洞书院读书。据薛应旂《郭溪窗稿序》：

> 往余请教九江，今大学士少湖徐公督学江右，属余署白鹿洞院，凡四方来学者给洞租，以资薪水膏火之费，俾其专志于学。维时类多颖异之士，而南昌钟子季烈则尤其余所知者。①

钟崇武于嘉靖二十二年（1543）"癸卯遂魁乡籍"②。薛应旂说，嘉靖二十四年（1545），他"谪盱江"时，钟崇武"复不远数百里从余游"③。钟崇武于嘉靖二十九年（1550）"庚戌，复登南宫魁亚，成进士，令吴江"④。钟崇武中进士后，搜集江西籍进士之文，编成了《豫章文会录》。薛应旂为这部选本作序说，"豫章诸进士修辞立诚，相观而善"⑤。钟崇武另有八股文集《郭溪窗稿》。这是钟崇武从吴江县令一职离任后，吴江诸生搜集钟崇武的八股文，整理刊刻的。据薛应旂《郭溪窗稿序》，钟崇武在吴江时，"暇则与诸士讲学论道，虽课试文艺，亦篇为评校，咸庆得师。逾年，以守制去。又逾年，诸士思焉，乃裒其文刻之，题曰《郭溪窗稿》。……其门人周仲吕以其尝受知于余，请序简端"⑥。

薛应旂还为梅守德的《校刿程文》作序。梅守德（1510—1577），字纯甫，号宛溪，人称宛溪先生⑦。梅守德于嘉靖二十一年（1542）中进士。嘉靖二十九年（1550），薛应旂任浙江提学副使。这时，梅守德任绍兴知府。嘉靖三十一年（1552），梅守德任浙江乡试主考。浙江乡试结束后，梅守德选浙江乡试中的程文，成《校刿程文》，"属以校示诸学"⑧。《校刿程文》刊刻时，薛应旂正视学绍兴，他为这部选本作序。薛应旂在《校刿程文引》中说：

> 顷莅绍兴，值宛陵梅君守郡政先化原，锐志文教，适得程文若干篇，因属以校示诸学。学者诚虚心观之，则文之兴也其有几乎。惜试录散逸，兹帙犹未为完编。

---

① 薛应旂：《郭溪窗稿序》，见薛应旂：《方山先生文录》卷九，《四库全书存目丛书》本，第325页。以下引文出自《方山先生文录》者，均同此版本。

② 薛应旂：《郭溪窗稿序》，《方山先生文录》卷九，第325页。

③ 薛应旂：《郭溪窗稿序》，《方山先生文录》卷九，第325页。

④ 薛应旂：《郭溪窗稿序》，《方山先生文录》卷九，第325页。

⑤ 薛应旂：《豫章文会录序》，《方山先生文录》卷九，第327页。

⑥ 薛应旂：《郭溪窗稿序》，《方山先生文录》卷九，第325页。

⑦ 梅守德历任台州府推官、绍兴知府。嘉靖三十五年（1556），升云南布政司左参政。后，托病辞归。梅守德著述颇丰，有《沧州摘稿》《沧州续稿》《无文漫草》《宣风集》等十余种。

⑧ 薛应旂：《校刿程文引》，《方山先生文录》卷九，第330页。

然得此途辙，神明会通，亦可以例其余矣。用是引诸简端。①

梅守德的儿子梅鼎祚谈到自己的父亲与薛应旂在嘉靖三十一年(1552)乡试时的交往说：

> 壬子，分校浙闱，得诸公大圭、冯方伯叔吉、严太常用和数人，皆致显名。诸公者，督学方山薛公许以为必解首，然实分校者失之，先府君搜得之者也。薛公诣府君谢。②

后，黄宗羲在《明儒学案》中也记载了这件事。据《明儒学案》，薛应旂"试慈溪，得向程卷曰：今科元也。及试余姚，得诸大圭卷，谓向程曰：子非元矣，有大圭在。已，果如其言"③。清人佟赋伟谈到《校刿程文》一书刊刻的始末也说，"宣之文脊，梅氏世居其间。科第最盛，而始于宛溪先生，不独理学经济，制义亦开山手，在霍林诸公之先。尝见薛方山先生文集有《浙中刻程文引》，盖宛溪定本也。方山视学，持衡精严，浙人宗师之。或言大家桃鹤滩而跻方山，以其有功。然当时犹以过刻调官，实分宜嗛党枊其进耳。程刻自绍兴。时，宛溪方为守，故方山引简端"④。

薛应旂任浙江提学副使时，负责学政事务，骆问礼成为薛应旂的门生。骆问礼(1527—1608)，字子本，号缵亭，诸暨人。嘉靖四十四年(1565)进士，初任行人司行人，继任南京刑科给事中。隆庆三年(1569)，陈皇后移置别宫，骆问礼偕同官张应治上言谏阻，贬楚雄知事。隆庆六年(1572)，神宗即位，诏起言官，迁扬州府推官，升南京工部主事等职。后乞终养归。著有《万一楼集》61卷，《续羊枣集》9卷，《外集》10卷。隆庆间纂修《诸暨县志》20卷。孙矿称《诸暨县志》详博，尤精核有据。骆问礼在《复薛方山》中谈到薛应旂的举业之文说，"若老师之文，自为举子，至今无一字不脍炙人口"⑤。

---

① 薛应旂：《校刿程文引》，《方山先生文录》卷九，第330页。
② 梅鼎祚：《进阶太中大夫云南布政使司左参政先府君宛溪先生行状》，见梅鼎祚：《鹿裘石室集》卷二〇，《续修四库全书》本，第382页。以下引文出自《鹿裘石室集》者，均同此版本。
梅守德的儿子梅鼎祚曾为多部八股文选本作序。如，梅鼎祚为子侄的《先鸣集》《振雅会业》《挚言初业》等作序。他还为尹姓官员的《宣城课士录》、蔡曦伯的《四书小题文》作序。据梅鼎祚《四书小题文选序》，"吾友蔡曦伯选小题文四百余首以授梓，属予序"(梅鼎祚：《四书小题文选序》，《鹿裘石室集》卷四，第168页)。梅鼎祚(1549—1615)，字禹金，号胜乐道人。有《梅禹金集》20卷。另有《才鬼记》16卷、《青泥莲花记》13卷。又辑有《唐乐苑》《古乐苑》《宛雅》《鹿裘石室集》等。
③ 黄宗羲著，沈芝盈点校：《明儒学案》卷二五，中华书局1985年版，第457页。
④ 佟赋伟：《二楼纪略》卷二，康熙年间刻本。
⑤ 骆问礼：《复薛方山》，见骆问礼：《万一楼集》卷二六，《四库禁毁书丛刊》本，第357页。以下引文出自《万一楼集》者，均同此版本。

隆庆四年（1570），骆问礼任云南楚雄知事①。在云南时，骆问礼讲学授徒、教习举业。在指导当地士子写作时文的过程中，骆问礼选取乡间后学的时文，编订了《私试程文》。之后，骆问礼居于家乡，为了指导家中后辈，他又编订了《四书程文选》。《四书程文选》收入的是前代乡会试录中的程文，但骆问礼在编订这部选本时，却不是以官方的乡会试录为底本，而是以麻沙刘氏所刻的《四书程文》为基础，"参以王晋庭秋元所选，再加品酌，共得百六十余篇为集"②。骆问礼谈到，幼年时，曾读麻沙刘氏的《四书程文》，这部选本对自己影响甚深。他说：

> 童子买举业书，得麻沙刘氏所刻《四书程文》。余为选其尤者，惧鄙见不时，参以王晋庭秋元所选，再加品酌。③

麻沙刘氏的《四书程文》是坊间刻本，这些选本是书坊为谋求经济利益而编订。从这里，我们可以看到，骆问礼作为一名官员，在编订选本时，他的编订理念基本上已经偏离了官方制度设计的轨道。此外，骆问礼还刊刻了一系列个人的时文集。隆庆六年（1572），骆问礼有《运甓集》。万历二十六年（1598）年，骆问礼有《蜡屐编》。此外，骆问礼选自己为诸生时的日常课业，成《学游集》④。另外，骆问礼还为旧知删定八股文集，成《枝指集》。他说，"不才谢事以来，时为诸小子改课……适一旧知来，顾为理其稿之存者几五百篇，采为集"⑤。他还评定了《属意余稿》⑥。

嘉靖、隆庆年间，选家编订的时文选本呈现出规模化、系统化的趋势。这些选家及其选本也呈现出非官方化的特点。从选文的内容上看，时文选本在类型上有了全新的拓展。有些选本沿袭徐一夔的《乡试程文》、黎淳的《皇明历科会试录》收录中式士子的程文，还有些选本采用了归有光《会文》的编选方式，将未经官方认定的士子的日常课业收录其中。

这一时期的选本大体可以分为三类。第一类是选录中式举子的程文或者课业。如，林希元的《批点四书程文》、项乔的《义则》、梅守德的《校刾程文》、瞿景淳等的《春秋汇稿》、骆问礼的《四书程文选》、张濂及其孙编纂的《洪武以来程文编》。这些选本在一定

---

① 据《明史》，隆庆四年（1570），骆问礼"贬楚雄知事。明年，吏部举杂职官当迁者，问礼及御史杨松皆在举中。帝曰：此两人安得遽迁？俟三年后议之。万历初，屡迁湖广副使"（张廷玉等：《明史》卷二一五，第5682页）。

② 骆问礼：《四书程文选序》，《万一楼集》卷三三，第433页。

③ 骆问礼：《四书程文选序》，《万一楼集》卷三三，第433页。

④ 据《学游集序》，"乃检点旧稿，于散失中仅得若干篇为一册，而名之曰《学游集》。皆诸生时稿也。藏之敝笥，以验自后更有寸进与否"（骆问礼：《学游集序》，《万一楼集》卷三二，第420页）。

⑤ 骆问礼：《枝指集序》，《万一楼集》卷三九，第484页。

⑥ 骆问礼说，"《属意余稿》者，我邑大夫方壶谢公作也。……不佞求而得之，把玩数过，若有所得，乃并摘其魁卷，僭加之批评，以授我子弟暨亲友之同志者，而访求者众"（骆问礼：《属意余稿序》，《万一楼集》卷三七，第470页）。

程度上承续了明代前期的《乡试程文》《皇明历科会试录》等，主要是为士子写作提供基本的规范。从性质上看，这些选本是在官方乡会试录的基础上，对这种官方文件的拓展和补充。第二类是官员选录门生的日常课业编订而成的选本。如，杨宜的《崇雅录》、张时彻的《品士录》、程秀民的《萃英录》、骆问礼的《私试程文》、栗祁的《吴兴道明录》。其中，钟崇武的《豫章文会录》、程秀民的《萃英录》、栗祁的《吴兴道明录》又具有地域特色。《豫章文会录》专收江西籍进士的课业，程秀民的《萃英录》收福建兴化、泉州诸生的课业，栗祁的《吴兴道明录》收湖州明道书院士子的时文。第三类是未中式的士子自行编订的时文选本。如，归有光的《会文》《群居课士录》。这些选本辑录未中式士子的日常课业。第二、三类时文选本不再将乡会试录选评出的程文作为标准，也就是说，对未中式士子来说，官方在乡会试中选录出来的程文已经不能对他们的日常写作起到直接的规范作用。另外，这两类选本主要是用来推扬未中式士子的声名的。这种类型的选本在数量上不断累积的同时，在功能上也渐渐发生了微妙的变化。时文选本由关注国家的制度，转而关注制度下生活的个体。

二

正德、嘉靖年间，当杨宜、薛应旂、骆问礼等编订选本或者为选本写序时，他们的身份是官员。但是，他们同时为自己设定了一个全新的身份——经师。经师与蒙师不同。蒙师是负责启蒙的老师，经师就是那些专门指导后辈研习举业的老师。明代中期以后，经师已经渐趋专业化、职业化①。

嘉靖年间，这些经师从指导后学写作经义出发，参与选本的编订、刊刻。他们行动的原初动机是，有资于门生的举业。梅守德、项乔等中进士以及任官前后，在闲暇的时间里，把聚徒授业作为自己生活的重要内容。如，梅守德在绍兴郡守任上"锐志文教"②。他编订《校刔程文》既与他的职责有关，也与他本人关注举业、引导后学的兴趣相关。项乔编订《义则》，也是为了指导后学研习举业。嘉靖五年(1526)，项乔在会试落第后，居家授徒，收授门生多至20余人。项乔以精于举业著名，他的制义"揣合时制，折之以理"，"即有高才宿学，莫能出其范围"③。嘉靖八年(1529)，项乔中进士。嘉靖十四年(1535)，项乔在抚州守任上，为教授后学，编订了这部《义则》。项乔的门生在研习举业的过程中，阅读了《义则》，获益良多。据王慎中《义则序》：

> 先生所至于职事之外，辄有以教学者，而黄生日煦、孙生振宗实始从授此编而卒业焉。二生以呈郡博士纪君，博士以呈郡侯方西川公，曰：不当使治此业者人挟

---

① 明代前期，社会上也不乏类似的经师。但是，自弘治、正德开始，这些经师在科举制度的框架下教授后学时，呈现出规模化、专业化的趋势。

② 薛应旂：《校刔程文引》，《方山先生文录》卷九，第330页。

③ 转引自陈瑞赞：《明代乐清乡贤侯一元的生平与成就》，《温州日报》2012年2月16日。

一编耶？于是，《义则》之编刻成。①

我们可以看到，在编订选本时，项乔等人试图弱化自己的官员身份，强化自己的经师身份。

还有一些官员甚至试图放弃或者掩藏自己的官方身份。如，蔡清中进士后，告假还乡，聚徒授业。在任官期间，他也多次回到家乡，以教授后学为乐。另如，薛应旂中进士后，在浙江慈溪县任知县，闲暇时，他召集诸儒生讲学。后，他两次请改教职。薛应旂写有《乞恩改除教职疏》。他说：

> 臣禀气虚弱，赋质厄羸……伏乞圣慈怜悯，俯赐曲全，敕下吏部，查照嘉靖八年进士高简先除直隶徽州府休宁县知县，后因本官具奏，改除直隶扬州府儒学教授事例，将臣改除附近教职。②

敕下吏部，"逾三月，未经该部题复"③。薛应旂又上《乞恩改除教职第二疏》，得改授江西九江府儒学教授。再如，骆问礼无论是在云南任官期间，还是在后来居于家乡之时，他都致力于教授后学。他谈到自己在云南的生活说，"及至滇南，幸与李卓吾同住一城，卓吾先至，延揽群英，师模甚肃，以生至而罢"④。在教授生徒之时，骆问礼说：

> 骆子放伏荒野，日闭户与童子讲举子业，亦时为举子文。⑤

后，骆问礼乞致仕归养。他以课业为乐，常常与门生、家中后辈同作举业之文。骆问礼说：

> 作举业文非我分也，而老年无事，以课儿辈，讨论日精，不敢谓前无古人而来者恐不能易矣。⑥

他谈到自己的生活说，"春间无事，与小儿课举子业，旧本荒疏，兼以久废，初甚龃龉。月余渐习。知非所当为者，聊以遣光景，且所误者非他人"⑦。嘉靖年间，像骆问礼这样以写八股文为乐的人为数不少。骆问礼谈到他的一个朋友对时文写作的浓厚兴

---

① 王慎中：《义则序》，见王慎中：《遵岩集》卷九，上海古籍出版社1993年版，第387页。
② 薛应旂：《乞恩改除教职疏》，《方山先生文录》卷二，第241页。
③ 薛应旂：《乞恩改除教职疏第二疏》，《方山先生文录》卷二，第241页。
④ 骆问礼：《简许敬庵》，《万一楼集》卷二七，第370页。
⑤ 骆问礼：《运甓编序》，《万一楼集》卷三三，第431页。
⑥ 骆问礼：《待云集序》，《万一楼集》卷三九，第489页。
⑦ 骆问礼：《复邵体泉》，《万一楼集》卷二五，第344页。

趣说：

> 钟山主人好为举子文，老犹不辍。上自贤士大夫，下自粗知章句者笑之；外自
> 亲友，内至妻子、臧获亦笑之。岁癸巳冬，集而题曰《枝指》。因誓曰：真壮夫所
> 不为者，何足事也已。亦笑而罢之。曾不月余，又复技痒。每成一篇，辄怡然自
> 得，忧喜俱忘。……主人曰：……世之谢事者，我知之。上者以酒佐吟，次者以酒
> 佐弈。我性不能饮，吟既无与唱和，弈且无对局者。日得凭几抽卷，诸孙呈课，按
> 技而与之较胜，似亦一乐，以此代吾弈也，不亦可乎。①

对于骆问礼等人来说，在科举制度的框架下，教授生徒、研习举业不仅仅是出于为国家
造士、为科举取士的目的，帮助后学攻习举业，甚而成为他们人生最重要的寄托，成为
个人在日常生活中的爱好与追求。

随着选家编选的观念、动机的变化，这些程文选本的性质也发生了根本性的变化，
表现出明显的去官方化的特点。张时彻的《品士录》、程秀民的《萃英录》、骆问礼的《私
试程文》、栗祁的《吴兴道明录》收录的时文并不是直接从官方的乡会试录中挑选出来
的，而是士子本人在考试中的原文，或者是日常的课业。这些选本既是对官方乡会试录
选文的模仿，同时，又体现出对官方规则的疏离。当选本由选录中式士子的程文，转而
选入未中式士子的日常课业时，这种活动本身就对未中式的士子参与举业活动给予了认
同，并对他们的需要给予了充分的尊重。

通过剖析骆问礼的《私试程文》、归有光的《群居课士录》，我们能更清楚地看到这
些选本非官方化、去官方化的性质。骆问礼谈到编订《私试程文》的情况说，自己在云
南楚雄时，"暇日私试，偶得确然中式者数篇，因汇之为录"②。归有光在家乡教授门
生时，也"如主司较艺之法"③考较门生的课业。正德、嘉靖年间，骆问礼、归有光等
人在科举制度的构架下考较门生、编订选本的活动具有双重意义。

《私试程文》《群居课士录》等"私试"之后刊刻的时文选本与官方的科举制度形成了
合力，强化了官方的科举制度以及个人的选文行为等在社会、在士人群体中的影响力。
骆问礼、归有光仿效官方的科举考试考较门生，在考试之后，他们又模仿官方的乡会试
录编订了《私试程文》《群居课士录》。这些活动着眼于让那些未中式的士子认识、熟悉
科举考试的规则，进而利用这些规则。这些选本强化了官方制度的权威性。骆问礼、归
有光等人在指导门生写作举业之文时，尊重并仿效了官方的科举考试形式、公共性的规
则，对士子进行考试，继而评判文章的优劣。因此，从《私试程文》《群居课士录》的实
质上看，它是以官方的科举考试作为基础、作为参照的，它建立在某种公共的标准之

---

① 骆问礼：《代弈集序》，《万一楼集》卷三九，第488页。
② 骆问礼：《私试程文序》，《万一楼集》卷三六，第465页。
③ 归有光：《群居课试录序》，《震川先生集》卷二，第52页。

上。这说明，到了隆庆年间，官方科举考试的权威性已经完全确立，官方的规则被普遍接纳、认同。程文的编选者、阅读者借助于他们对科举制度权威性的共同认知，转而接纳《私试程文》《群居课士录》所具有的内在效力。从这个意义上看，《私试程文》反映并强化了官方科举考试的权威性。《私试程文》《群居课士录》等选本与官方的规则、公共的世界之间形成了关联和对应的关系，也只有在官方科举制度的框架下、在公共的场域之中，这些选本才能发挥它的功能、作用，才能展现它的价值。

我们还要注意到的是，骆问礼、归有光等人展开的这种"私试"、私选活动，同时也对朝廷的活动进行着校正，对科举制度的官方化产生了某种反作用。它在认同官方制度、权力的基础上，进一步确认了私刻选本的合理性及合法性。骆问礼有意识地将较试门生、评定程文的活动定位为"私"。这里的"私"不是强调这种活动的私人性，也不是将它归于私密的范畴，而是彰明这次试士、选文的非官方化的特点。嘉靖年间，骆问礼、归有光私自校士、编订程文选本，这与官方举行科举考试、编纂乡会试录不同。骆问礼等人在校士、刻文时，他们的直接目的不是"取士"，而是校文。他们不是立足于官方的立场，而是着眼于士子写作的程文，着眼于士子的需求。《私试程文》《群居课士录》以及张时彻的《品士录》、程秀民的《萃英录》等因编入的是未中式士子的程文，这些选本以科举考试的公共性为平台，它们自身的性质和功能却发生了偏移和转化。这些选本收录了优秀的时文，用以指导士子研习举业，这与官方乡会试录中的程文，以及徐一夔的《乡试程文》、黎淳的《皇明会试录》、蔡清的《精选程文》具有一致性。但是，《私试程文》等收录的是未中式士子的程文，它的意义与价值也指向未中式的士子。从未中式士子的立场上来看，在官方科举考试的体系之内，制度设计者是不会关注、关怀那些没有取中的士子，"录遗才"也不可能给予士子以非常有效的心理安抚。私刻的程文选本则有意识地关注绝大多数未能中举的士子的心理状态。这些选本建立了一套新的评价体系，在未中式的士子产生"遇不遇"的慨叹时，私刻的时文选本围绕官方科举制度，提供了一套有效的辅助手段，对参与举业但是在科举考试中未能得中的士子给予肯定和鼓励，尽可能地对他们进行有效的疏导。士子可以将举业之文能否刻印，作为评判个人的时文好坏的标准，并因此认定自己有可能在以后的考试中被取中。这样，归有光、骆问礼等人的选文活动就演变成为纯粹个人化的行为，形成了去官方化、非官方化的特点。

嘉靖、隆庆年间，其他类型的选本也展现出去官方化的特点。杨宜的《崇雅录》、瞿景淳等的《春秋汇稿》等收录的是中式士子的时文，但这些选本录入的时文与官方的乡会试录有着很大的区别。随着时文及时文选本在数量、规模上的积累，明人也对这些时文进行了归类。中式士子的时文被分为两类。第一类是经主司润色，刊录在乡会试录中的时文，这是程文。官方乡会试录中的程文，虽然以士子的文章为基础，但是，在刊入乡会试录时，这些程文往往经过了主司评定、润色、修订，部分程文甚至直接出自考官之手。骆问礼曾经说，"国家取士以文，而每取士，必录其文之可程者。固曰士之文也，而实出于主司之手"①。第二类是中式士子本人在日常课业中写作的时文，明人称之为墨卷。这些时文完全出自士子本人的创作。如，杨宜的《崇雅录》、瞿景淳等的《春秋汇稿》等。这种类型的选本体现了选家对于士子个人身份、个人才能的认同和肯定。

骆问礼谈到，因为创作主体的身份、阅历等存在差异，程文，即经主司修改之文，与墨卷，即士子个人之文，在品格、风貌上也呈现出明显的差异。他说：

> 墨卷譬则士女也，光彩动人；程文则名家老媪，芳姿抛谢，而举止动作，历历可法。墨卷譬则披皴也，色相工密；程文则大斧皴文，入眼似拙，而意匠曲折，玩味有不可穷者。②

骆问礼还指出，主司润色、修改的程文也自有其不足。士子的日常习作虽然有不合程式之处，但是，其中包含着"逸气"，即士子的个体精神。骆问礼将士子本人的文章与乡会试录中主司修改后的时文进行比较，他说，"盖试录之文，限之以式，多有司改窜。而此则风寸中真稿，虽未尝不合于式而不以顾忌挫其逸气，尤有可观者"③。从这个角度上看，瞿景淳、钟崇武等在选定中式士子的墨卷时，虽然没有试图在官方的规范之外另建一套评价标准，但是，这些选本却清楚地表明，选家开始有意识地追求文风的个性化、多元化。这种评选标准与官方乡会试录的价值取向显然存在着巨大的差异。

嘉靖年间，墨卷等非官方化的时文选本针对不同的阶层，产生了多重的，甚至是看似矛盾的功效。对于普通士子来说，经师自刻的选本在特定的情势下，引导士子认同官方制定的制度，并为士子日常的研习举业活动提供了范本。但是，从官方的立场来看，这些选本渐渐产生了负面的效果。选家的编选活动也越来越偏离官方既定的轨道，最终引发了万历以及天启、崇祯年间士子与官方的选权之争。

三

成化、弘治年间，科举考试第一场经义作为特定的文体完成了定型的过程。到了嘉靖、隆庆年间，经义的文风为之一变。在文风大变的情况下，这些选家一方面顺应着时文自身发展的规律性，另一方面，他们也试图控制时文写作愈变愈奇的局面。

经义成为一种文体后，举业之文虽然不能脱离科举制度的构架，但它们同时也生成了"文"的特质，展现出"文"——辞章的自律性和自我规定性。经义与辞章、与集部诸要素建立起直接的关联，士子在写作中就获得了更高的自由度。辞章的特点是，在形成"定势"、建构了基本的文体风范之后，往往在遵循基本体式的基础上趋于"率好诡

---

① 骆问礼：《四书程文选序》，《万一楼集》卷三三，第433页。
② 骆问礼：《四书程文选序》，《万一楼集》卷三三，第433页。
③ 骆问礼：《滇南己卯科砼卷序 代作》，《万一楼集》卷三七，第476页。

巧"①。刘勰在《文心雕龙》中谈到"文"由正入奇的规律说：

> 讹势所变，厌黩旧式，故穿凿取新，察其讹意，似难而实无他术也，反正而已。②

举业程文获得了辞章的身份后，也无法摆脱"文"的这种规定性。嘉靖、隆庆年间，参与举业的士子的数量迅猛增加，为了博得一第，他们在写作八股文时开始"反正"，从经部、史部进入集部，甚至借鉴子部的要素。

第一场经义的文风愈变愈奇。他们甚至将子部的老庄、佛道的义理、词汇引入八股文的写作之中，以使自己的文章显得与众不同，在考试中引起考官的注意。王圻谈到这种风气说：

> 嘉、隆以降，文气积弱，好古博雅。真儒出焉，为之改弦易调。其复古初，文体哀然一变矣。沿习既久，后进承讹，以棘螫为格韵，以险怪为奇警，率又剽窃佛老庄杨唾余以文饰浅陋，遂自谓能为博士家言。③

徐阶也说，"国家以文取士百八十年于兹，在宣德以前，场屋之文虽间失之朴略，而信经守传，要之，不抵牾圣人。至成化、弘治间，则既彬彬盛矣。正德以降，奇博日益而遂以入于杨墨老庄者"④。

正德、嘉靖年间，时文选家并不排斥、也不反对士子在写作中借鉴佛道类的知识。但是，在他们看来，研习佛老是为了将之作为参照物，更深入地理解孔孟、程朱。他们的目的并不是取法于佛老。如，骆问礼谈道：

> 吾儒读佛老之书，如读操、莽、荀、斯等传，非即效而法之，正以辨其用心之差耳。⑤

骆问礼等选家对时文融入佛道的情况保持着警觉，并表达了他们的担忧。骆问礼说，"老佛与吾孔子恐终不可同年而语。盖吾儒之粗者固不可当老佛之精，若老佛之精则吾圣贤已先得之。不学圣贤而学释老耶"⑥。茅坤梳理了明代八股文文风的流变情况，他还将八股文置于中国诗文发展的历程之中进行讨论。他说：

---

① 刘勰著，詹锳义证：《文心雕龙义证》，中华书局 1989 年版，第 1134 页。
② 刘勰著，詹锳义证：《文心雕龙义证》，中华书局 1989 年版，第 1134 页。
③ 王圻：《四书指南序》，见王圻：《王侍御类稿》卷四，《四库全书存目丛书》本，第 197 页。
④ 徐阶：《崇雅录序》，见徐阶：《世经堂集》卷一二，《四库全书存目丛书》本，第 592 页。
⑤ 骆问礼：《复许敬庵》，《万一楼集》卷二六，第 353 页。
⑥ 骆问礼：《简归子祜》，《万一楼集》卷二六，第 355 页。

洪、永、宣、成间，譬之群卉之于春阳，气方萌而始芽苗也。弘正迄嘉靖初，则稍稍盛夏矣。隆庆以还，文日以靡，气渐以漓，譬则入秋以后凋落相半。其所当家龙骧而户虎攫，钩奇钓异，言人人殊。然而剽窃庄老，掇拾秦汉，甚且旁剿释氏空门者之影响，以相夸诩。其于孔孟程朱敻不相及矣。何者？汉之录士首孝廉，其弊也则室于墓圹；唐之录士盛诗赋，其弊也则变为西昆，其势然也。①

茅坤认为，时下的士子将老庄、佛家的词汇、思想、观念以及价值取向融入时文之中，他们还刻意追求秦汉诸子散文放逸不拘的气势。时文的这种演变虽然有其合理性及合逻辑性，但是，从文学的发展来看，时文中融入佛典道藏之后，就如同唐代的诗赋转变为宋代的西昆体一样，因为过分追求技巧、形式，最终走向衰靡。

嘉靖、隆庆年间，八股文这一文体在风格、内容等层面上果真如选家所担忧的那般，每况愈下。八股文——这种在明代科举制度下生成的全新的文体本应依经守注，但却渐渐演变成离经背注。当第一场经义作为特定的文体，归于集部的范畴，由重经义的阐发转向重辞章的写作，由经部转入集部进而转入子部之后，士子写作的文风及内容都发生了重要的变化。这种变化的核心特征就是——"叛经"。一部分士子在写作经义时，甚至开始以佛老为据，厌弃经传。这是经义在嘉靖、隆庆年间出现的全新的动向。瞿景淳、徐阶等人在为八股文选本作序时，谈到第一场经义的写作背弃经典、偏离传注的问题说：

士君子之明经也，非徒以缀文辞取青紫，将资之以修身立政也。信道笃而执德坚，如仲舒之进退以礼，卓尔不群，斯无愧于春秋。不然，则如公孙弘之曲学，其为叛经甚矣。即辨析幽眇，张皇大义，皆希世取宠之资也。②

今之世，其畔圣人之道，饰郑而乱雅者，独文已哉？③

骆问礼谈到八股文写作"厌薄六经"的风气也说：

一二系籍圣贤者厌薄六经而脍炙子史，甚至以朱子章句为可删，无惑乎后生小子执弓挟矢而莫知正鹄之所在也。④

弃本领，宗外家，有志者将化而为异端。作为文字不惟背于先儒，并孔孟亦诋

① 茅坤：《张太学刻洪武以来程文编序》，《茅鹿门先生文集》卷一七，第694页。

② 瞿景淳：《春秋汇稿序》，见瞿景淳：《瞿文懿公集》卷六，《四库全书存目丛书》本，第549页。

③ 徐阶：《崇雅录序》，见徐阶：《世经堂集》卷一二，《四库全书存目丛书》本，第592页。

④ 骆问礼：《枝指集序》，《万一楼集》卷三九，第493页。

忤之。①

更重要的是，非毁程朱、厌薄六经的，不仅仅是未中式的士子，部分官员在评定试卷时甚至也有意背弃先儒、不遵传注。王圻说，"有司亦有售其欺者，遂令鼓箧升堂之士藐程朱为糟粕，而传注几束之高阁矣"②。

在骆问礼等选家看来，官方实施科举考试的目的是"以四书五经造士"，是培养、选拔文、德、道兼备的人才。骆问礼说，"朝廷以四书五经造士。所造者何物，在《大学》谓之明德新民，在《中庸》谓之尽性，在《孟子》谓之明人伦，而谓必自四书五经始。造其理则曰博文、曰惟精，履其事则曰约礼、曰惟一，皆所以修道也，而以文章验其所学之浅深。考其文者，正考其德，考其道也"③。社会上的一部分人开始怀疑主流的价值观念，他们在参与国家的科举考试之时，抱着否定一切、否弃一切的态度。这种倾向引起了骆问礼等选家的恐慌。骆问礼甚至把这种风气视为国运将衰的征兆。他不无忧虑地说：

> 今天下所可忧者，士夫竞谈佛老，有魏晋之流风；中涓默持，国是近汉唐之末造。④

张时彻也谈到，自己之所以编撰《品士录》，正是出于对世风的忧虑。他试图借助于选文以确立范本，将士子的写作引向正轨。他说，"吾惧夫诸士之以诡词畔道也，弃遗注疏，离逖经义。剿窃浮言，罔衷于训；险侧晦昧，罔式于程。譬之荆棘丛生而周道塞矣。忠信日薄而心志慎惑，若尚可以弗戒乎？是故录之以迪士也"⑤。

骆问礼等选家认为，时下部分士子剿窃老庄、非毁程朱的风气，都是阳明心学风靡一时所造成的。骆问礼说，国家科举考试以四书五经为据，以程朱的传注为准的，这本是正当的、合理的。但是，自从吴与弼、王守仁及其弟子王直等接续陆九渊"以自己之精神为主宰"⑥的观念后，一部分士子追慕阳明，并进而将心学引向偏歧。这些士子治学术、写文章都只好迂谈高论，他们的经义也追求纯出己心、好奇求异。骆问礼说：

> 六经语孟，士林正业也，目为腐烂，而脍炙子史。唐虞洙泗之传，濂洛关闽正矣，诋为支离，而金溪、崇仁、葱岭幻谈则宗为正脉，盖十而九也。何者？以隐怪

———————————

① 骆问礼：《举业》，《万一楼集》卷五六，第 668 页。
② 王圻：《四书指南序》，见王圻：《王侍御类稿》卷四，《四库全书存目丛书》本，第 197 页。
③ 骆问礼：《举业》，《万一楼集》卷五六，第 668 页。
④ 骆问礼：《简耿楚侗》，《万一楼集》卷二七，第 375 页。
⑤ 张时彻：《品士录序》，见张时彻：《芝园定集》卷二七，《四库全书存目丛书》本，第 132 页。
⑥ 黄宗羲：《宋元学案》卷五七，中华书局 2013 年版，第 2738 页。

可博名高，而经术非奇致耳。①

及王文成公从祀，而子弟之所以为学，父师之所以立教，主司之所以取士者，咸以朱文公之说为糟粕。虽朝堂之文移日下，莫不以遵朱为言而反以为腐滥，不惟诋訾朱子，并孔孟亦公然哗之。②

他还说：

王敬所《山居随笔》正是阳明邪说。③

今之学者重异阳明而轻异朱子，诐淫邪遁，无所不至。而自以为直接孔孟之传，害将不小。④

王文成公以蒙杰之才唱异端之学，使世之有志者相率而不知其非。此尧舜所必诛也，而犹享大名于后世，不知何故。⑤

骆问礼还谈到，隆庆、万历年间，在对待程朱、陆王的问题上，官方与士子之间渐行渐远的态势：

我朝学术极正，自孔孟之后，于宋取周张二程，而尤以朱文公为的。自陈献章尊信陆学，而王文成公滥觞其说。世之学者遂持两端，学校诸君主朱子，而游谈诸公主陆九渊。⑥

为此骆问礼非常推崇林希元。他曾向朋友借阅林希元的《四书存疑》⑦。他谈到《四书存疑》说，"得林次崖《四书存疑》，为录数条，足以订证《传习录》而发挥圣学者，名之曰《新学忠臣》，以授诸生"⑧。

这些选家对正德朝以后的文风表示了不满。如，骆问礼在《续羊枣集八·学术》中说：

科举之文自宏正以来日盛，至嘉靖年间，辞理灿然，隆庆中，未改也。至今万历日趋于散，天下士子厌薄宋儒，堂奥庄列，宗主佛老。《性理大全》一书无穷妙

---

① 骆问礼：《诸暨县重修儒学记》，《万一楼集》卷三一，第 412 页。
② 骆问礼：《学术》，《续羊枣集》卷九，清高承梴抄本。
③ 骆问礼：《复盛云浦》，《万一楼集》卷二六，第 355 页。
④ 骆问礼：《复何知州》，《万一楼集》卷二六，第 358 页。
⑤ 骆问礼：《简徐觉斋》，《万一楼集》卷二六，第 350 页。
⑥ 骆问礼：《学术》，《续羊枣集》卷九，清高承梴抄本。
⑦ 骆问礼：《复盛云浦》，《万一楼集》卷二六，第 352 页。
⑧ 骆问礼：《新学忠臣序》，《万一楼集》卷三六，第 463 页。

理，皆以发明六经，有习之者诋为俗儒；山林老僧，一字不知，得之者以为奇货。及作为时文，全无体认，但能与章句背者，便为奇士。①

他还对经义日变日新的风气提出批评说：

> 呜呼！今之制义，鱼兔之筌蹄耳。既罢鱼兔，宁复有顾筌蹄者？而妍媸无定，朝所金玉，暮已瓦砾。即有可观存之，宁足覆瓿？而况以老妇摀衫，明经尤非其事，抑人有枝指者？②

杨宜、徐阶等也以《论语》中"放郑声，远佞人。郑声淫，佞人殆"来比附"时下"的文风。杨宜选有《崇雅录》，徐阶作序说："雅也者，郑之反也。昔者孔子恶似是而非，以为郑实乱雅，又以为为邦者之所必放。惟文亦然。圣人之道，杨墨老庄、刑名术数不容以并之，固也。然士之言圣人之道，欲杂以刑名术数之言，其非易知也。其矜奇炫博，溢入于杨墨老庄，未易知也。是岂非乱雅之郑而学圣人者所必放欤"③。在这种风气下，骆问礼等时文选家强调，第一场经义应该"本之经术"、"明经守传"，他们力图促使时文写作回归程朱。如，骆问礼在《枝指集序》中谈到自己编订科举读物的目的。他说：

> 不才谢事以来，时为诸小子改课，固不敢不趋夫时，而要以守传明经为主。

张时彻也谈到，《品士录》的编订宗旨就是，指导后学在时文写作中"本经以敷义，训则章矣；稽古以立论，事则著矣；因文以征蕴，学则定矣。体无奇邪，义无颇僻，以存忠信，以格缪迷"④。王慎中还在科举制度的框架下，细致地辨析了士子读书与通经、问学与明道之间的区别。王慎中指出，读书、问学只是士子的日常活动，士子读书的终极目的是要达到通经、明道。他把读书人分成三种类型：史、工、士。他说，读书人研读五经，"精之者以为史，善之者以为工，而习之者顾不越乎童子之所舞、宗祝之所辨。惟通乎道而明乎义者，乃称其为士"⑤。科举考试的目的不是培养史、工，而是要培育"通乎道而明乎义"的士。他进而指出，目前读书人的问题是，"顾以其为士者之业，同于工史之所攻、童子宗祝之所执，彼其潜深于象形之表，而参伍乎节度之间，正衡乎胸

---

① 骆问礼：《学术》，《续羊枣集》卷九，清高承梃抄本。
② 骆问礼：《枝指集序》，《万一楼集》卷三九，第493页。
③ 徐阶：《崇雅录序》，见徐阶：《世经堂集》卷一二，《四库全书存目丛书》本，第592页。
　在此，我们要注意的是八股文代圣贤立言的问题。科举考试第一场经义代圣贤立言，并不是在明初就确立的，而是在科举考试延续、发展的过程中慢慢形成的。代圣贤立言这一特点的形成，正与嘉靖、隆庆年间，人们力图对抗阳明心学的影响有着直接的关联。
④ 张时彻：《品士录序》，见张时彻：《芝园定集》卷二七，《四库全书存目丛书》本，第132页。
⑤ 王慎中：《萃英录序》，见王慎中：《遵岩集》卷九，上海古籍出版社1993年版，第386页。

臆之中，而润色于毫芒之末，自以为巧之适而技之得也"①。

正德、嘉靖年间，骆问礼、张时彻等选家表达了对时文风气的忧虑，他们还力图借助选文这种方式扭转八股文文风日渐衰靡的颓势。事实上，这种背经弃注、非毁程朱的风气在正德、嘉靖年间只是初兴。到了万历年间，时文追新求异的风气更盛。孙矿是万历二年(1574)会试中的会元。他在指导外甥孙天成写作八股文时，公开地说，"古书中《左》《国》太拘，《策》《史》太纵。《庄》《列》正得中，但须稍避其形耳。《淮南子》亦佳"②。万历年间，科举考试第一场经义仅仅在体制方面保持稳定性，在风格、内容，表达的思想、主题等各个层面上都愈变愈奇，跃出了官方控制的范围。正德、嘉靖年间选家力图规避的可能性，到了万历年间，还是不可避免地成为现实。

① 王慎中：《萃英录序》，见王慎中：《遵岩集》卷九，上海古籍出版社 1993 年版，第 386 页。
② 孙矿：《与吕甥孙天成书牍》，见孙矿：《居业次编》卷三，万历四十年(1612)吕胤筠刻本。

第三章　万历年间(1573—1620)：选权的下移

到了万历年间，科举制度在明代已经运行了200年之久。这种制度渗透到社会生活的各个层面，成为士子生存、发展的基本依托，八股文选本的编订也发展到了极其繁盛的阶段。

在八股文编写的风潮中，黄汝亨(1558—1626)是一个典型的代表。黄汝亨，字贞父，钱塘人，万历十九年(1591)中举，万历二十六年(1598)中进士，官至江西布政使司参议①。他一生至少编订了《秋水编》《灵鹫山素业》《素业二编》《坛石山素业三编》以及《丙辰房稿》《西江巨观录》《酉戌墨卷选》《三先生墨选》等30余部八股文选本。黄汝亨奋力地跻身于仕进之路，积极介入到科举制度的演进过程之中。他在年轻时，结文社，选时文；中举后，编订士子的日常课业；居官期间，也以教育后学、编订选本为要务。以黄汝亨为中心，剖析万历年间选家的选文活动及编选观念，我们可以看到，在科举制度平稳运行的过程中，编选时文这一领域酝酿着诸多重要的变化。这些变化为后人突破科举制度打开了缺口，在日后发展成为改革乃至颠覆科举制度的力量。

第一节　黄汝亨结文社及其八股文编选活动

魏晋南北朝以来，结社赋诗是文人交往的重要方式之一。唐代许浑曾说，"结社多高客"②。到了明代嘉靖年间，归有光等人在研习举业之时，也开始缔结文社。万历年间，文人结社之风有增无减。士子在文社中的主要活动和重要目的是：共同研习举业、编订时文选本，以期在科举考试中博得一第。黄汝亨年轻时曾参与了秋水社、虎丘社，并组织了烟水社、淡社等多个文社。明代的这些文社是前代文人结社行为的延续，但并非对他们的简单模仿和重复。前代文人雅集主要是"表达私人化的感情"③，万历年间，黄汝亨等士子组建的文社则产生了公共性的意义：尚未中式的士子通过缔结文社、编订

---

① 据《(乾隆)杭州府志》，黄汝亨有《易书诠旨》另辑有《廉吏传》，"《廉吏传》，明参议仁和黄汝亨辑。见《浙江遗书总录》，作四册"(郑沄修，邵晋涵等纂：《(乾隆)杭州府志》卷五七，乾隆四十九年(1784)刻本)。

② 许浑：《送太昱禅师》，见彭定求等：《全唐诗》卷五二九，中华书局1979年版，第6053页。

③ 左东岭：《玉山雅集与元明之际文人生命方式及其诗学意义》，《文学遗产》2009年第3期。

八股文选本，公开地表达对举业的理解以及对中式的诉求。这些文社、选本处于国家制度与文人生活、公共事务与私人需要、政治权力与文化力量相交接的场域之中。借助于结社、选文，这些选家不仅从官方手中分割到八股文的编选权，而且还建构了新型的人际关系网络，推动了文人共同体的形成。

一

隆庆、万历年间，结社成为文人沟通、交往的重要方式，社团的存在形态也具有多元化的特点。从活动内容上看，这些社团可以分为文社、诗社、禅社等。在文社中，社中成员主要研讨八股文的写作。比如，归有光与同道结成的文社。另如，黄汝亨的老师冯梦祯在年轻时与同道结成的文社。据《重修奉贤县志》，彭汝让"与冯开之、唐文献、方应选诸人同社"①。魏象先"与其邑王、谢、谭为黄玉社，工苦为诸生业"②。在诗社中，士子们主要研习诗艺。如，袁中道结冶城大社，"大会文士三十余人于秦淮水阁，各分题怀去"③。另外，还有禅社，如，董其昌"为禅悦之会"④。致仕的官员也在乡间聚集后辈结社讲学。此外，还有纯粹以娱乐为目的的结社，袁中道曾与"少年二十余人，结为酒社"⑤。从成员的年龄结构上看，有年轻士子组成的文社，也有怡老社，比如，"南翔里有八老人为社……耄耋相望，日杯酒谈笑"⑥。从社团的结构方式上看，有些社团定期举行常规性的活动，有的则非常松散，甚至只是一次偶然的会集。

在结社的热潮中，黄汝亨与同道先后缔结了秋水社、虎丘社、烟水社等文社。结社是特定的个体在具体的社会场景中展开的交往活动。当我们将黄汝亨结社视为具有独立意义的行为单元，剖析这些文社的内在构成形态时，可以看到，秋水社、虎丘社等是结社活动发展到万历年间出现的全新模式。

首先，这些文社的主要活动是研讨八股文的写作。万历年间，未获一第的士子纷纷缔结文社，"励学讲艺、求取功名是其主旨所在"⑦。万时华曾谈到嘉靖、隆庆、万历以后"社"的这种转化说，"社者，先王所以同民于州里也。今学士聚而攻其业者，率取名焉"⑧。

万历八年(1580)，黄汝亨23岁，他与茅国缙等共同创建文社。茅国缙是茅坤的次

① 韩佩金：《重修奉贤县志》卷一一，光绪四年(1878)刻本。

② 钟惺：《明茂才私谥文穆魏长公太易墓志铭》，见钟惺：《隐秀轩集》，上海古籍出版社1992年版，第521页。

③ 袁中道：《沣游记(三)》，见袁中道著，钱伯城点校：《珂雪斋集·珂雪斋游居柿录》卷三，上海古籍出版社1989年版，第1150页。

④ 董其昌：《画禅室随笔》卷四，《景印文渊阁四库全书》本，第482页。

⑤ 袁中道：《回君传》，见袁中道著，钱伯城点校：《珂雪斋集》卷一六，上海古籍出版社1989年版，第707页。

⑥ 唐时升：《南翔八老人诗序》，见唐时升：《三易集》卷三，《四库禁毁书丛刊》本，第40页。

⑦ 何宗美：《文人结社与明代文学的演进》，人民文学出版社2011年版，第325页。

⑧ 万时华：《剑社序》，见万时华：《溉园初集》卷一，《四库禁毁书丛刊》本，第271页。

子，万历初年，随父亲居住在家乡，"筑居苕上，与名士刘公宪宠、黄公汝亨、范公应宾辈结秋水社"①。黄汝亨、范应宾在写作八股文方面颇具才华，他们获得茅坤的青睐，并与茅国缙一同缔结文社。茅坤曾谈到黄汝亨、范应宾等人与茅国缙的结社活动以及八股文写作的情况。他说，"黄君贞父少以隽才雄视诸州郡间，而儿缙数兄事之"②；"嘉禾范光甫少以茂才名，间同予缙儿辈为文社，片楮所落，人士辄啧啧不置口，予间亦评之而曰：文之规不加圆，矩不加方"③。王世贞的长子王士骐在乡中结社，他也邀请了黄汝亨。黄汝亨说，"琅琊王同伯兄弟邀东南之隽以盟，滥及不佞"④。万历十五年（1587）左右，王世贞的季子王士骏在虎丘结社，黄汝亨也是重要的成员。王世贞称赏黄汝亨的八股文说，"虎林诸生黄贞父……以文字得余知"⑤。王世贞推促儿子王士骐、王士骏与黄汝亨缔结文社，不是为了在日常生活中自由地休闲、娱乐，而是有着明确的目的。这些未取得功名的士子在文社中共同研习八股文，以求博得一第，进入社会政治空间。

万历年间，士子在科举制度的框架下缔结文社、覃研时艺，这成为一种普遍现象⑥。袁宏道、袁中道等人曾"结社城南之曲"，"相勉以举子业"⑦。他们"揣摩时艺，习八股文，以备应举考试之用"⑧。董其昌也与"冯咸甫辈结社斋中，晨集，构经生艺"⑨。在名士与官绅子弟共同结社、选文的风会中，首辅张居正曾打算让儿子与汤显

---

① 茅元仪：《先考工部都水司郎中二岑府君行实》，见茅元仪：《石民四十集》卷三六，《续修四库全书》本，第365页。以下引文出自《石民四十集》者，均同此版本。

② 茅坤：《黄贞父近刻寓庸集题辞》，《茅鹿门先生文集》卷三一，第139页。

③ 茅坤：《题范光甫所刻举业引》，《茅鹿门先生文集》卷三一，第123页。

④ 黄汝亨：《与王宇泰》，见黄汝亨：《寓林集》卷二三，《续修四库全书》本，第368页。以下引文出自《寓林集》者，均同此版本。

⑤ 王世贞：《黄汝亨作茅章丘传小叙》，《弇州山人续稿》卷五三，第702页。

⑥ 成、弘之际，这种以研习举业为目的的文会就已经出现。钱福是弘治三年（1490）的状元，也是明代的时文大家，他曾经与顾清等人结社。据李延昰《南吴旧话录》，"黄宪副明为诸生时，与顾文僖清、钱修撰福、李宪使希颜、曹侍御闵、顾比部斌结社课文"（李延昰：《南吴旧话录》卷二三，民国四年（1915）铅印本）。正德初年，林希元与苏昌国等人结文会。林希元说，"北峰，予会友也，相与最厚。……曾与予及黄武峰、黄白泉为文会。二君相继领乡荐去，予亦嗣登甲第。君累试不第"（林希元：《淳安县学训导北峰苏君墓志铭》，《林次崖文集》卷一三）。归有光的老师魏校也曾与人结文社。嘉靖、隆庆以后，结文社、共同研习举业渐渐成为一种潮流。万历年间，文社的数量、规模不断扩充。到了天启、崇祯朝，文社的性质也渐渐转变，衍生为党社。

关于明代文人结社情况的研究，参见谢国桢的《明清之际党社运动考》（上海书店出版社2004年版），何宗美的《明末清初文人结社研究》（南开大学出版社2003年版）、《明末清初文人结社研究续编》（中华书局2006年版）、《文人结社与明代文学的演进》（人民出版社2011年版），以及李玉栓的《明代文人结社考》（中华书局2013年版）。

⑦ 袁宏道：《送兰生序》，见袁宏道著，钱伯城笺校：《袁宏道集笺校》卷九，上海古籍出版社1989年版，第447页。

⑧ 钱伯城语。见袁宏道著，钱伯城笺校：《袁宏道集笺校》，上海古籍出版社1989年版，第34页。

⑨ 董其昌：《陶白斋稿序》，见董其昌：《容台集》卷一，《四库禁毁书丛刊》本，第129页。

祖、沈懋学等结交。据《明史》，"张居正欲其子及第，方罗海内名士以张之。闻显祖及沈懋学名，命诸子延致"①。张居正罗致汤显祖，原因在于，汤显祖"少善属文，有时名"②。汤显祖的八股文常被作为士子写作的范本。如，姜垛 10 余岁时，"外父董公……以汤显祖、李若愚制艺授垛读之"③。张居正"欲其子及第"，希望自己的儿子与文名日盛的汤显祖共同准备举业，研习八股文。

其次，这些士子在缔结文社的过程中，大多编订有八股文选本。明代人将这些选本称为"社稿"。

嘉靖年间，士子在结文社时，就有人编订社稿。如，归有光与同道结社，选有《会文》；徐楚"率其友笪廷和辈十余人，为春秋之会"，成《春秋文会录》④。到了万历年间，士子结社、刻文的风气更盛。黄汝亨与茅国缙在结秋水社时，汇聚社中诸位士子的八股文，成《秋水编》。《秋水编》刻成后，茅坤写序说：

> 兹编也，儿缙辈所群诸友校文于其堂，择其隽而录之者也。而编以秋水名，盖言神解也。……诸君子材各天授，不无异同，而诸君子所自喜处亦不无或至与不至。要之，不落言诠，不入俗调，并以神解为案。……然杜甫不云乎：秋水为神玉为骨。兹编于秋水之为神处，大较所得已什之九；而于杜甫所称玉为骨处，倘稍再注心焉，可与日月俱远矣。⑤

茅坤于嘉靖十七年（1538）中进士，"文章擅海内"⑥。茅坤的称赏让这些年轻的士子产生了极大的满足感。黄汝亨将《秋水编》的刊刻视为非常重要的事件。《秋水编》刊行多年之后，他在给茅国缙的信中说，"不佞弟同季子碌碌度时，无甚相长，发愤为文，不过七八十首，顾比《秋水编》，沾沾自喜，精诣佳境"⑦。王士骐、王士骏等人在结社过程中，也编选了《广行素编》。《广行素编》收录虎丘社中诸位士子的八股文：

> 闽有李宗廉等，浙有黄贞父等，云间有董玄宰等，晋陵有陈筠塘等，计三省可三十人。⑧

---

① 张廷玉等：《明史》卷二三〇，第 6015 页。
② 张廷玉等：《明史》卷二三〇，第 6015 页。
③ 姜垛：《姜贞毅先生自著年谱》，见姜垛：《敬亭集》，华东师范大学出版社 2011 年版，第 3 页。
④ 林希元：《春秋文会录序》，《林次崖文集》卷七。
⑤ 茅坤：《题秋水编》，《茅坤集》卷三一，第 843 页。
⑥ 褚人获：《坚瓠集》，浙江人民出版社 1986 年版，第 283 页。
⑦ 黄汝亨：《与茅荐卿》，《寓林集》卷二三，第 362 页。
⑧ 王士骐：《四子行素编序》，见王士骐：《中弇山人稿》卷四，《四库禁毁书丛刊》本，第 600 页。以下引文出自《中弇山人稿》者，均同此版本。

王士骏将《广行素编》寄给黄汝亨审阅。黄汝亨说，王士骏的八股文"精英横逸，镂刻万有；房仲灵根玄箸，超然云际；而王宇泰名理不乏，似蒲团悟后，其中有精。三者真足揭日月而行。……珠玉在前，觉吾形秽，而足下漫然掩其拙，而题之以浑璞"①。王氏兄弟还选有《行素编》《续行素编》《四子行素编》等社稿。黄汝亨后来以"素业"命名自己编订的系列时文选本，有《灵鹫山素业》《素业二编》等，这与他和王氏三兄弟共同结社、选文有密切的关系。

万历年间，士子大多像黄汝亨这样，将缔结文社的活动与编订八股文选本的行为紧密地融合于一体。如，潘之恒等结成芝云社，"哀其社所为时义，将付之剖劂者，以志其一时遇合之盛"②。梅鼎祚也谈到，自己的侄子梅博贞与乡人结文社，"取今小试之文，先后梓行之"③，成《挚言初业》《先鸣集》。梅氏的外甥也与地方的士子结成振雅社，编订有社稿《振雅会业》。另外，张凤翼的姻友冯献猷"延江浙万仲弢、冯定之两名儒结社，昕夕校艺"④。

再次，文社成员的身份具有多元化的特点。茅国缙、王士骏等人是官绅子弟，黄汝亨则被视为"名士"。"名士"就是出身寒门⑤，尚未中举，但是天资聪颖、苦心向学的士子⑥。在秋水社中的名士还有范应宾。范应宾的"曾祖一斋公璋以明经举于乡，祖菁山公言嘉靖丙戌进士"⑦。但是，他的父亲没有任何科名，甚至还可能有些落魄，直到范应宾中进士后，他的父亲"之京，以子贵，赠工部屯田司主事"⑧。这些来自社会各个阶层的士子因参与举业、结社选文而相识、相知，建立起密切的联系。

黄汝亨等未取得功名的士子没有机会参与科举制度的制定，但是，这一制度的顺利实施与运转，却离不开他们的积极配合、参与。文社、社稿是他们与科举制度、与官方建立起关联的重要连接点之一。通过分析黄汝亨等人的结社、选文活动，我们可以看到，万历年间，普通士子以自己特有的方式，暗中推动了科举制度的变化，乃至社会结构的重构。

---

① 黄汝亨：《复王逸季》，《寓林集》卷二三，第 374 页。

② 李维桢：《大泌山房集》，见李维桢：《芝云社稿序》卷二六，《四库全书存目丛书》本，第 71 页。

③ 梅鼎祚：《挚言初业序》，《鹿裘石室集》卷四，第 235 页。

④ 张凤翼：《如兰草引》，见张凤翼：《句注山房集》，《四库禁毁书丛刊》本，第 251 页。

⑤ 据黄汝亨《先府君行略》，黄汝亨的父亲黄裳(1517—1549)，字子重，别号鹤洲生，"数试，数不第，以诸生老也"(黄汝亨：《先府君行略》，《寓林集》卷一八，第 292 页)。

⑥ 据陈子龙《二周文稿序》，"今世人小负辞藻，挟书数卷，则侈然自以为名士也，人亦以此目之"(见陈子龙：《安雅堂全集》卷七，上海古籍出版社 2007 年版，第 246 页)。

⑦ 申时行：《承德郎工部屯田清吏司主事范君墓志铭》，见申时行：《赐闲堂集》卷二七，《四库全书存目丛书》本，第 568 页。

⑧ 申时行：《承德郎工部屯田清吏司主事范君墓志铭》，见申时行：《赐闲堂集》卷二七，《四库全书存目丛书》本，第 568 页。

二

　　黄汝亨、茅国缙等人在缔结文社时，拥有共同的身份特征——未中式的士子。文社、社稿是他们积极参与举业的见证，同时，也将这些未中式的文人与其他类型的人群区隔开来。顾炎武把万历以后的选本分为四类，"曰程墨，则三场主司及士子之文；曰房稿，则十八房进士之作；曰行卷，则举人之作；曰社稿，则诸生会课之作"①。这是对选本的分类，也是对参与科举考试的文人的身份、生存状态的归类。这四类选本各自处于明代社会结构的某一构型层次之上。程墨、房稿等录入的是进士、举人的时文，《秋水编》《行素编》等社稿是未中式士子的日常课业。这些社稿成为特定人群的标志，清晰地将尚未进入官方体制之内的士子与那些获取了功名的举人、进士等区隔开来，更与那些身处权力阶层的官员区分开来。身处特定的社会层级之中，黄汝亨等未中式的士子自然会产生相应的位置感。他们在科举制度的框架下结文社、选社稿，这些活动不再仅仅是对前代文人结社行为的延续，而且也与官方以及科举制度形成了多层级的对话关系。

　　到了万历年间，科举制度在明代已经平稳运行了200年之久。这一制度为士子提供了改变命运的通道，黄汝亨等人对科举考试普遍持有较高的认同度。社稿的编订，正反映了他们对科举制度的支持与认可。这些社稿在体例上也模仿了官方的乡会试录。在明代前期和中期，官方掌握着科举考试的评定权，同时也借助乡会试录控制着举业程文的编选权。到了万历年间，黄汝亨等未中式的士子在结社过程中，同前代的蔡清、林希元、骆问礼等选家一样，仿照官方乡会试录收入程文的体例，编订了《秋水编》《行素编》《振雅会业》等社稿。他们还进而模仿乡会试录的选文体例，从自己的日常课业中拣择部分时文，刊刻成个人的八股文集。万历初年，黄汝亨有《寓庸集》；万历十六年（1588）冬，他"检之笥中，得近稿二十首，以烦匠氏而取证焉"②，成《近稿》；万历二十一年（1593）左右，他又刊刻了《清音篇》。其他士子也纷纷刊行自己的时文集。如，吴氏两兄弟"曰绳祖，曰继祖，而能并以文雄州里间者也。……发箧中草而梓之"③。未中式的士子在参与科举考试、研习时艺的过程中，模仿乡会试录编订了社稿、个人的八股文集，这些选本成为他们认同官方制度的重要表征。

　　黄汝亨等人在科举制度的框架内结社、选文，但是，基于特定的社会身份和生存状态，他们并非亦步亦趋地仿效官方的乡会试录，而是主动、积极地借社稿表达自己的现实诉求。这些士子在日常写作时文、编撰选本时，"耻循矩矱，喜创新格"④，往往根据个人的性情、兴趣、爱好，或者从文社的需求着眼，发表个人对八股文的文风、内

---

①　顾炎武著，黄汝成集释：《日知录集释》卷一六，第208页。
②　黄汝亨：《近稿自序》，《寓林集》卷七，第67页。
③　茅坤：《题吴两生草》，《茅坤集》卷二三，第849页。
④　沈鲤：《正文体疏》，见沈鲤：《亦玉堂稿》卷一，《景印文渊阁四库全书》本，第246页。

容、主旨的认知和理解，建构不同于官方标准的评价体系。黄汝亨谈到自己的八股文集说，"向吾刻《寓庸集》，小创理法"①。他还将阮籍、司马徽等行为不羁的隐士作为标准，评价沈守正及其八股文。他说：

> 天下事逢所欲言，吐露不讳，绝无依傍回互之气。其为文如是也。……世有阮嗣宗、司马德操其人，何愁仙响不传人间，壮吟不作宏业哉！②

阮籍、司马徽的性情品格、处世态度显然不为官方所倡扬；"逢所欲言，吐露不讳"的文章也不会得到考官的认可，更不可能收入乡会试录之中。这些社稿和个人的八股文集并不是完全符合官方的训诫与规范。黄汝亨等万历年间的选家与嘉靖、隆庆年间的林希元、骆问礼等人在编选意识上形成了明显的差异。黄汝亨等年轻的士子有意识地追求"奇而险，新而诡"③的风格，不断地探触、突破国家制度的底线。他们的选本与官方"会试校文，务要醇正典雅，明白通畅"④的要求相背离，"惟南华、西竺之语是宗是竞，以实为空，以空为实。以名教为桎梏，以纪纲为赘疣，以放言恣论为神奇"⑤。士子的社稿逐渐脱离官方乡会试录设定的规范，坊间的八股文编选标准与官方的评定标准产生了偏离、形成了断裂。

明代科举制度运行到万历年间，产生了两歧性的效应：一是士子受教育的机会迅速提升，一是中举、中进士的比例迅猛下降。这让更多的士子体会到强烈的挫败感。这些选家感受到科举制度带来的压力以及负面影响，他们不是以狂狷的姿态藐视或者对抗制度，而是在接纳官方既定制度的基础上，通过结社、选时文等方式，表达个人的诉求，并暗中从官方手中部分地分割选文的控制权。如，黄汝亨等试图通过编订社稿和个人八股文集，缓解科举制度造成的压力。他们在刻成社稿或个人八股文集后，往往寻求身为官绅的父辈的支持，以制造公共舆论。黄汝亨、茅国缙等人的《秋水编》得到了茅坤的推扬。黄汝亨将《秋水编》作为举业路途上重要的里程碑。他说，自己写的最精妙的文章，"在《秋水编》者三得之"⑥。对于范应宾、王士骏等人来说，他们在年轻时编订的社稿也具有标志性的意义。陈懿典谈到范应宾说，"光父业在壬午以前，颇以轻俊自喜，有《秋水编》"⑦。《广行素编》刊行多年之后，陈懿典论及王士骏的时文选本说，"当丁戊之交，娄东王逸季筑坫坛，走邮筒，遍召江以南诸君子盟而树赤帜……至今，

---

① 黄汝亨：《胡休仲稿小引》，《寓林集》卷七，第 56 页。
② 黄汝亨：《沈无回近义序》，《寓林集》卷七，第 60 页。
③ 王在晋：《正体裁》，见王在晋：《越镌》卷一七，《四库禁毁书丛刊》本，第 445 页。
④ 赵用贤：《大明会典》卷七七，明万历内府刻本。
⑤ 冯琦：《为重经术、祛异说以正人心、以励人材疏》，《宗伯集》卷五七，第 410 页。
⑥ 黄汝亨：《近稿自序》，《寓林集》卷七，第 67 页。
⑦ 陈懿典：《范光父五技稿叙》，《陈学士先生初集》卷二，第 665 页。

《行素》一编在此道中推为巨丽"①。对于屡试不中的士子来说，官绅称扬他们的时文以及选本，这给他们带来了诸多的声誉。这些声誉看起来似乎是有名无功，但是，这种具有象征意义的成功对于他们个人来说，却有着极其重要的价值。士子能够暂时跳出官方的科举评价体系——乡会试，在日常的人际关系网络中获取成就感和认同感。黄汝亨在乡试前夕刊刻了《寓庸集》。他写信给茅坤，希望能够得到褒扬和提携。他说，"刻已就，秋事且迫，即万冗中乞特为悬笔立洒"②。茅坤写有《黄贞父近刻〈寓庸集〉题辞》。蔡献臣曾为王姓士子的窗稿《古镡八面锋》作序说，"余戊子识王华明于省试。是时，君已树帜艺林，数为督学郡邑合使者所奖拔。弱冠，骏材不可羁靮，余心异焉。去七载，为今乙未之秋，休沐还朝，而君犹衣青衿，抱所刻制义谒予延水上，予慰藉为久之"③。

万历年间，未中式的士子自行刊刻的八股文选本在数量上进行着累积、在规模上不断增长。这些大量涌现的社稿最终摆脱了对官方文件的模仿，形成独立的类别，甚至成为与乡会试录相抗衡的力量。到了明代末年，"进士未足尽服天下，而社稿盛矣，至举天下惟社稿之是读。而当时之持文衡者可知矣"④。经由文社及社稿，未中式的士子确认了他们作为特定阶层在知识场域中握有的权力，扭转了"文章之贵贱操之在上"⑤的格局，成功地从官方手中分割到了一部分选文的控制权，并影响了官方对时文的评定。

在大规模的、非官方选文的风潮中，明朝政府也看到坊间选本的灵活性、自由度以及影响力。他们借鉴坊刻选本的编订模式，试图将选文重新官方化，以把控局势，避免选权旁落到士子手中。如，万历十五年（1587），"礼部言：……弘治、正德、嘉靖初年，中式文字纯正典雅，宜选其尤者，刊布学宫，俾知趋向。因取中式文字一百十余篇，奏请刊布，以为准则"⑥。但是，官方并没有得到他们预期的结果。与坊间的选本相比，礼部的选本因为官方化而无法贴近士子的趣味和需要；与呈给皇帝的乡会试录相比，这类新型的选本因"献上"功能的丧失⑦，随之失去神圣性、权威性。时人"以士子所好为趋，不遵上指"⑧，官方颁行的程文选本没有发挥指导、约束作用，而是迅速湮没在坊间刊刻的海量的选本中。

万历年间，黄汝亨等积极地结社、选文，这反映了士子参与举业的热情。这些活动与官方的科举制度之间进而形成了多层级的关系。未中式的士子虽然无法完全把控中式的决定权，不能在国家的政治场域中产生直接的影响，但是，这些文社和社稿却间接地

---

① 陈懿典：《题张成叔试草》，《陈学士先生初集》卷二九，第245页。
② 黄汝亨：《启鹿门先生》，《寓林集》卷二三，第364页。
③ 蔡献臣：《古镡八面锋稿序》，见蔡献臣：《清白堂稿》卷五，《四库未收书辑刊》本，第108页。
④ 任源祥：《读墨小序》，见贺长龄：《皇朝经世文编》卷五七，道光七年（1827）刻本。
⑤ 夏允彝：《岳起堂稿序》，见陈子龙：《陈忠裕公全集》卷首，嘉庆年间刊本。
⑥ 张廷玉等：《明史》卷六九，第1689页。
⑦ 王世懋：《江西己卯序齿录序　代》，见王世懋：《王奉常集》卷九，《四库全书存目丛书》本，第203页。以下引文出自《王奉常集》者，均同此版本。
⑧ 张廷玉等：《明史》卷六九，第1689页。

参与了文化资源、科举权力的配置。文社、社稿将坊间的编选权与官方的评定权分离开来，对官方既定的制度、规则造成了冲击，促成了科举话语权的重新分割，推动了选权的下移。

<h2 style="text-align:center">三</h2>

结社、选文，原本是个体展开的、带有私人性的行为。但是，当它形成热潮，发展为具有普遍性的活动时，就生成了群体的力量，具备了多向度的作用。这些活动直接的、显性的功能是，促进士子共同研习举业，推动科举话语权的分割。万历年间的文社还具有潜在的、隐性的作用：文社、社稿与科举制度以及社会生活处于多元关联之中，经由这种动态的、多重的关联，士子在精神、文化、现实利益等层面上结成共同体。

万历年间，士子在结文社、选社稿的过程中，经常使用"同"这个概念。黄汝亨写信给共处一社的王肯堂说：

> 足下倘亦稍稍知草间有鄙人而无嫌未同乎？①

这里的"同"，包括"同文"、"同授"、"同赏"、"同心"等多重含义。基于"同"的意识，黄汝亨、王士骐、王肯堂等来自不同阶层的士子在科举制度的框架下结社、选文，他们超越了地缘因素、师承授受、身份地位，建构起复杂的新型人际关系网络。

在科举制度的框架下，黄汝亨与茅国缙、王士骏等人形成了"同文"的关系。所谓"同文"，就是朝廷"以经术制义网罗豪俊，夫固同伦、同文之世也"②。成化年间，科举考试第一场经义开始定型，"八股文"正式形成。自此，士子在日常写作中使用相同的文体格式表达个人对于经典的理解与认知。到了万历年间，士子进而结成文社，并将日常写作的时文汇聚成社稿。黄汝亨与茅国缙等人以文社为基础，以社稿为标志物，在"同文"的基础上，建构了超越地缘关系的文人共同体。《秋水编》《行素编》《广行素编》等是士子相互联系的重要中介物：在编订社稿的过程中，士子加强了彼此在现实生活中的联系与沟通；经由社稿，一些士子即使未曾谋面，也能够建立起微妙的关联。黄汝亨与王肯堂就是在从未会面的情况下，借助社稿而彼此了解、互通声气的。黄汝亨阅读社稿后，写信给王肯堂说：

> 足下博物玄览，响振海内久矣，不佞愿执鞭而未有路。乃瑯琊王冏伯兄弟邀东
> 南之隽以盟……而有足下姓名在焉。近始得足下社中义读之，微妙无上，为名理

---

① 黄汝亨：《与王宇泰》，《寓林集》卷二三，第368页。

② 薛冈：《海内名公广社序》，见薛冈：《天爵堂文集》卷二，《四库未收书辑刊》本，第472页。以下引文出自《天爵堂文集》者，均同此版本。

宗，此道至足下可谓达摩西来矣。①

社稿不仅展现了士子的写作能力与才华，而且消除了地理区隔造成的交往障碍。黄汝亨、王肯堂两人虽然不曾相识，但是，通过阅读社稿，他们了解了各自的写作风格、创作取向，确认彼此在行为模式、活动方式、思想观念等层面上的一致性，从而建立了精神上以及事实上的联系。他们突破地缘的限制，建立友谊。社稿成为士子之间相互关联的象征物，成为建构新型公共领域的重要载体。

黄汝亨的好友陈懿典还敏锐地发现，在科举制度的框架下，士子的交往方式、社会的建构秩序发生了根本性的改变。他说：

汉世，明经各中师说，主于递传，称为同门，以同授同也。朝家制义各自写其所得，以羽翼四子六籍，以徼有司之知，其称同门，以同赏同也。②

汉代，士子在"同授"的方式下展开联系和交往，他们之间的联结点是特定的人——传道授业的经师。到了明代，科举考试主要考察士子个人对于经典、历史、时事的理解，以选拔擅长处理政务的官员。朝廷并不关注士子的师承渊源，也不着力于推进学术的延续。在科举制度的框架下，士子建立关联的方式由"同授"改为"同赏"，他们之间的连接点也转而变为某一种类型的知识——四书五经。为了在科举考试中博得一第，士子们"羽翼四子六籍"，阅读相同的经典。这意味着"士之业同"③。"同赏"、"同业"的交往方式影响了士子日常的生存状态以及交际模式。

万历年间，年长的、有声望的指导者尚未从普通士子的生活中退场。茅坤与黄汝亨就是师生关系。黄汝亨谈到茅坤说，"某自弱冠从先生游……所以事先生非一日"④。茅坤比黄汝亨年长46岁，他们之间有着年龄上的差异，同时，也有着师承授受的关系。但是，在科举制度的框架下，他们二人又是平等的关系，黄汝亨与茅坤面对着共同的知识体系、阅读共同的典籍、参加同一类型的考试。这样，他们可以就相关问题公开、坦率地进行交流与探讨。黄汝亨曾经直言不讳地批评茅坤删《春秋》说：

删繁就简，其功似巨；举一废百，为误亦多。恐上无当于圣人经世之法，下不协于文人博物之识，中不成乎先生一家之言。若取举业径途，其中删削，更有可议。明公当世文匠，片语所出，人诵金石，以此传之子孙，必将流播海内，延及后世，信述固多，疑误亦起。⑤

---

① 黄汝亨：《与王宇泰》，《寓林集》卷二三，第368页。
② 陈懿典：《朱沈两进士丁甲同门稿序　代》，《陈学士先生初集》卷三，第699页。
③ 薛冈：《海内名公广社序》，《天爵堂文集》卷二，第472页。
④ 黄汝亨：《茅鹿门先生传》，《寓林集》卷一一，第154页。
⑤ 黄汝亨：《与茅鹿门先生论删〈春秋〉传》，《寓林集》卷二四，第380页。

在"同业"、"同赏"的关系之下，门生不是纯粹的被教育、被训诫的对象，他们常常会对老师的观点、看法提出质疑，传道授业的教师不再具有绝对的权威性。

茅坤本人也从不否认他与黄汝亨之间的平等关系。对茅坤来说，黄汝亨是年轻的后辈，是被提携的对象，也是他希望自己的子侄辈结交的"名士"。据《(康熙)仁和县志》，黄汝亨"年十八，归安茅坤家居，闻其名，聘之与仲子国缙同学"①。茅坤主动结识黄汝亨，并促成儿子茅国缙与黄汝亨共同创建秋水社。在文社中，年轻的士子自行研习举业、探讨时文的写作、选订社稿。这表明，未中式的士子摆脱了师承渊源、家法门户，成为社会结构中一个独立的群体。

在这个独立的群体内部，士子们超越既有的身份地位，形成了新的平等协作的关系。秋水社、虎丘社的发起人是官绅子弟，这些文社能够不断地拓展规模、扩大影响，还需要借助黄汝亨等名士的声望以及活动能力。在结识茅坤父子之前，黄汝亨就因为八股文写作而小有才名。他在地方文化圈中是非常重要的坐标点。汤宾尹说，"予之闻吴伯实也，盖得之黄贞父云"②；"天下之名知文如黄贞父辈者数急举呈瑞，非我所得私也"③。茅国缙从异地回到家乡，他是通过与黄汝亨等结社，才在地方上逐渐树立起自己的声名。茅元仪说，父亲茅国缙"为诸生祭酒时，与海内名士结秋水社于横塘"④，"名大噪"⑤。在文社成立后，黄汝亨还凭着自己广阔的交往圈以及在地方上的影响力，积极推介更多的士子加入其中。他说：

> 君爱……乃从予论交于琏溪之茅子、慈水之刘子，相期许以意气，切靡其

---

① 赵世安：《(康熙)仁和县志》卷一八，康熙二十六年(1687)刻本。
② 汤宾尹：《吴伯实传》，见汤宾尹：《睡庵稿》卷二一，《四库禁毁书丛刊》本，第306页。以下引文出自《睡庵稿》者，均同此版本。
③ 汤宾尹：《汪呈瑞稿引》，《睡庵稿》卷六，第95页。
这种"同"的意识最初是在中式士子群体中萌生的。林希元曾谈到，在科举考试中中式的同年因"其道同，其志同，其时又同"而建立起情感的联系。林希元说，"成周乡里选之法废而科目兴，科目兴而同年之义始重。唐宋以来未之有改也。夫率土韦布之人，一旦际会风云，起亩亩依光日月，将以平生之所学者显设于明廷。其道同，其志同，其时又同，而谓泛然无情，有是乎？今夫君、父一也，同生于父，则为兄弟，同仕于君，不为兄弟乎？知君亲之并重，则同年之不减于兄弟也可见矣。唐李绛谓：同年乃四海九州之人，偶同科第，因而相识，于情何有？此一时对君之言，非通论也。然人生十指，尚有短长，人之行止，焉能齐一？士之初登朝，虽曰同年，及其分仕中外，命运否泰之相反，世途险易之异趋，加以富贵声利之波荡难持，赤子良心之存亡不一，于是始有不同者矣"(林希元：《同年彭季山话别序》，《林次崖文集》卷九)。到了万历年间，这种"同"的意识影响、渗透到了未中式士子这个群体之中。因为未中式士子的数量众多，这种"同"的意识甚至影响到了社会结构的变迁。
④ 茅元仪：《石民横塘集序》，《石民四十集》卷一七，第229页。
⑤ 茅元仪：《先考工部都水司郎中二岑府君行实》，《石民四十集》卷三六，第365页。

141

文章。①

　　瑯琊王氏兄弟邀东南之隽，指虎丘而社，而不孝以请铭弇州公，与之言，以为无东海张生不可也。②

黄汝亨除参加官绅子弟主盟的社事外，也在地方上主持文社。他与"吴伯霖、杨仲坚、张仲初辈为社烟水"③，还与"二三友生盟于飞来、岣嵝间"④。这些文社虽然在全国，乃至在地方上都名不见经传，但是，它们在数量上进行着庞大的累积，在规模和实力上为秋水社提供了明确的参照。这种积累和参照是秋水社、虎丘社等在地方上树立声名、产生影响的重要根基。

　　这样，基于"同文"、"同赏"的关系，名士与官绅及其子弟之间的关联更加多元化、复杂化，也日趋平等，他们超越了年龄、师承、地位、身份，结成了紧密的学术共同体、文化共同体。到了崇祯年间，黄汝亨等人结社、选文的行为衍生出新的意义与价值。士子彻底摆脱地缘、师承渊源的影响，纯粹依靠社稿将彼此联系于一体。如，张溥等成立的复社，"规模达到两千余人"⑤。社中成员是通过系列八股文选本《国表》《国表二集》《国表三集》等社稿得以确认的。还有一些士子四处邀游，征选八股文，"麻城王屺生自黄州入南昌，上广信，至临川，梓其征途所录，名之曰随社"⑥。这种"相距数千里而名之为社，则古未前闻也"⑦的情况，其实质就是摆脱地理空间及师门传承的限制，通过社稿，在更大范围内、更具公共性的领域中，建构了超越地缘关系、超越现实关联的交际网络。

　　万历年间，士子之间建构的"同"的关系，最终落实在"同心"的层面上："士之业同则心同，心同则出处同，出处同则声名之洋溢同。……而同立于盛名之下之人，不社而无不社"⑧。所谓"同心"，是指士子在建构起精神共同体、文化共同体的基础上，进而形成了现实利益的共同体。在文人共同体中，"友谊关系并不只是社会交往的形式，更是主体藉以与世界发生联系、生产存在性意义和社会团结的机制"⑨。经由这一机制，名士与官绅及其子弟聚合起来，将前代结社中生成的地缘要素、感情依托、现实利益等整合于一体。他们之间平等协作的关系、相互关照的情谊会超出举业之外，超出结社活动之外。

────────────────

① 黄汝亨：《祭颜君爱文》，《寓林集》卷二〇，第 326 页。
② 黄汝亨：《与张成叔》，《寓林集》卷二三，第 375 页。
③ 黄汝亨：《高士许然明行状》，《寓林集》卷一八，第 285 页。
④ 黄汝亨：《与张成叔》，《寓林集》卷二三，第 375 页。
⑤ 何宗美：《载酒征歌，交游文物——复社文学活动及其影响》，《文艺研究》2006 年第 5 期。
⑥ 艾南英：《随社序》，见艾南英：《天傭子集》卷二，道光十六年（1836）刊本。以下引文出自《天傭子集》者，均同此版本。
⑦ 艾南英：《随社序》，《天傭子集》卷二。
⑧ 薛冈：《海内名公广社序》，《天爵堂文集》卷二，第 472 页。
⑨ 罗朝明：《友谊的可能性——一种自我认同与社会团结的机制》，《社会》2012 年第 5 期。

明代以前，文人吟诗雅集是通过"文化的优越感来确认自我的存在价值"①。到了万历年间，文社成员进而将"文化的优越感"转换为彼此互惠的根基，以获取现实生活中隐性的或显性的利益。万历二十年（1592），茅国缙任章丘令，为了提高茅国缙的声望，黄汝亨写有《茅章丘传》。继而，黄汝亨凭借自己与王世贞父子的密切交往，请王世贞为《茅章丘传》作序。黄汝亨说：

> 兹以茅生令章丘之事，忘其疏贱，不揣略陈请于左右。……章之士民谋刺其行事为百世利，而托不肖为之传，刘进士则纪其荒政。顾独缺序首，而又若有所慕而未敢请者。②

后，王世贞有《黄汝亨作〈茅章丘传〉小叙》。他梳理自己与茅坤父子的关系说，"吴兴有茅鹿门先生，其居官所至，负才术，顾厄于谗，不获究归，而以文学收远近声。其伯子翁积能嗣茅先生。……父子余俱识之，独不识仲子，今章丘令荐卿"③。黄汝亨等名士成为官绅之间联系、交往的纽带，在建构起情感共同体、文化共同体的基础上，通过相互的褒奖、推扬，获得在现实世界中的声誉。

在这个共同体之中，名士与官绅及其子弟之间也存在直接的利益互助关系。据《（康熙）仁和县志》，"初，汝亨以文学受知督学滕公。及汝亨读书湖州，而滕公已为浙巡。会坤忤县令，中奇祸，汝亨为滕公白其冤。事解，坤持三百金为谢。汝亨笑曰：吾以义往，而利公金耶？不受。坤益重之"④。黄汝亨与茅坤等人的情谊可以超越物质，但是，却没有抽离于人的现实生活之外。他们之间的交往不是出于纯粹的功利目的，但却具有现实功用性。这强化了名士与官绅、官绅子弟之间的凝聚力。

名士与官绅及其后辈进而建构了多层级的、动态的关联。黄汝亨早年师事茅坤，兄事茅国缙。后，茅坤的季子茅维又成为黄汝亨的门生。茅维未取得功名，他编订了考试读物《策衡》《论衡》《表衡》等。黄汝亨任江西布政使司参议时，为《策衡》作序，称扬茅维"夙有妙才"，并说"兹编领袖末学，良亦远矣"⑤。这样，文人在结社过程中形成的共同体不仅是超越空间的、超越地缘的，同时也超越了代际的限制。在多重层次、多种形态、多个节点的关联中，文人形成了特定的阶层，完成了文化权力的延续。

创建文人共同体并非黄汝亨等结社的原始意图。此外，由于社会阶层、人的日常生活的动态性、复杂性，我们无法清晰地切割出文人共同体的范围。但是，黄汝亨等万历年间的士子以同文、同赏、同业、同心为基础，确认彼此在精神、文化，乃至现实利益等方面的一致性，这是在结社、选文过程中生发而成的、不可忽视的事实。这些文社从

① 左东岭：《玉山雅集与元明之际文人生命方式及其诗学意义》，《文学遗产》2009 年第 3 期。
② 黄汝亨：《上王元美先生》，《寓林集》卷二三，第 366 页。
③ 王世贞：《黄汝亨作〈茅章丘传〉小叙》，《弇州山人续稿》卷五三，第 702 页。
④ 赵世安：《（康熙）仁和县志》卷一八，康熙二十六年（1687）刻本。
⑤ 黄汝亨：《策衡序》，《寓林集》卷七，第 64 页。

内在形态、外在影响力等层面上实现了对前代结社的超越,并从根本上改变了文人之间的联系以及交往模式。

士子将结文社、选社稿等活动融会于一体,这开始于嘉靖年间,在万历时期形成热潮,到天启、崇祯之际发展到顶点。清代顺治、康熙年间,官方将"窗艺、社稿通行严禁"①,结社、选文的风气渐渐消散。缔结文社、编订社稿作为一种活动,自有其盛衰消长,这种活动造成的影响却是持续性的。万历年间,黄汝亨等通过结社、选文,建构起朋友场。到了崇祯年间,张溥等进一步将士子情谊制度化、规范化,将文人共同体的诉求合法化,建构了党社。党社发展成为对抗、突破官方科举制度的力量。黄汝亨等人超越身份、师承、地缘、代际等的限制,在情感、文化、利益等多个层面上建构起共同体,这促进了士阶层的流动,推动了明清之际精英阶层的形成。黄汝亨等人缔结文社、编订选本时,并不打算颠覆既有的官方制度或打破"现有"的社会结构,这些活动最终却推动了科举话语权的分割,蕴含着促成中国社会结构调整的要素。

第二节　黄汝亨的宗教经验与八股文观念

要了解万历年间黄汝亨等八股文选家的活动,我们不仅要考察他们编订选本的情况,而且要考察他们的日常生活方式与八股文观念之间的联系。宗教经验与八股文观念原本分属两个毫不相关的领域。前者属于终极信仰的范畴,与彼岸的皈依相关;八股文是官方的考试文体,是国家选官制度的重要组成部分,与现世的功业相关。但是,自嘉靖、正德年间,士子的时文写作开始借鉴子部的佛典、道藏,到万历年间,这种风气有增无减。通过分析黄汝亨的八股文观念与宗教经验,我们可以看到,黄汝亨有着丰富的宗教经验:他与苇航上人等僧侣往来密切,多次参与寺庙的捐赠、修建活动。这些宗教体验改变了他的文化感知以及知识结构。在准备举业、教授门生、编订选本时,黄汝亨屡屡谈及举业之文与佛经道藏的关系;在写作中,黄汝亨还将佛典道藏的义理、词汇融入官方的考试文体之中,突破了八股文的文体边界。万历年间,士子的宗教经验与八股文文风以微妙的方式相互映照、相互鼓荡,形成了复杂的关联。

一

万历年间,整个社会的风气是,"禅风浸盛,士夫无不谈禅,僧亦无不与士夫结纳"②。在这种时代风会中,黄汝亨等士子的知识结构,乃至举业之路、仕宦生涯与佛教的寺院、僧徒、义理等形成了多层次、多类型的联系。从某种意义上甚至可以说,寺院成为士子进入国家权力结构的出发点之一。要透彻地了解万历年间黄汝亨等的时文写

---

①　素尔讷纂修,霍有明、郭海文校注:《钦定学政全书》卷七,武汉大学出版社 2009 年版,第386 页。

②　陈垣:《明季滇黔佛教考》,河北教育出版社 2000 年版,第 334 页。

作、时文编选情况，我们有必要考察他们的宗教体验与时文观念之间的关系。

黄汝亨自年轻时就积极参与举业，"诵六籍，为高材生"①。他研读四书五经、准备科举考试之时，不是在书院或者私塾里，也不是在家中，而是寄居于寺庙。万历年间的寺院具有今人难以想象的开放性和公共性。僧人非常乐意结交那些研习儒家经典的士子，并接纳他们在寺庙中长期居住。万历四年（1576），黄汝亨19岁，他住在杭州的云居圣水寺。黄汝亨自言，"年十九，与刘抑之读书圣水寺"②。云居圣水寺"创自李唐，绵亘千年"，"虽在都会之冲，实为烟霞之窟，且筼寮松舍，靡不雅洁"③。黄汝亨居住在此，潜心研读四书五经，为参与举业做准备。万历十五年（1587），黄汝亨从圣水寺迁至杭州西山的灵鹫禅院。万历十九年（1591），黄汝亨中举。他"偕二三子幽栖西山"④，住在灵鹫禅院，一边教授生徒，一边准备会试。万历二十六年（1598），黄汝亨中进士。直到这时，他才离开灵鹫禅院。

黄汝亨居住在寺庙中研习举业，这并非特例，而是万历年间的普遍情形。这一时期，寺院不再是纯粹的宗教机构，不再仅仅是僧众的修行之地、民众的膜拜之所，同时也为黄汝亨等读书应举的士子长期提供食宿。如，吴之鲸屡试不第，"不幸伏幽忧之中，栖息圣水"⑤。他与黄汝亨在此相识并交好。黄汝亨在圣水寺还结识了许多像吴之鲸这样的同道。他说：

> 仲初与钟中丞文陆读书云居禅寺之西舍，不佞与刘仪部抑之居东舍，时时论文，以尊酒过从。……所交游多四方名士，友人如许令慈、许然明、吴伯霖、翁子先、郑元夫、江澹如，尤号莫逆。⑥

黄汝亨中进士之后，于万历二十七年（1599）重游西山。经过西山隆恩寺时，他还遇到了同一年中举的"刘完白读书于此"⑦。据陈垣《明季滇黔佛教考》，邹元标、艾友芝、孙应鳌等人也都曾在山寺中读书⑧。万历年间，寺庙转型成为具有多重功能的社会机构，为年轻的士子准备科举考试提供了安定、清净的居所，成为士子展开社会交往、观察了解世风的重要出发点。

当黄汝亨等士子居住在寺庙中研读儒家典籍、应对科举考试时，他们能切身地感受到俗众崇信佛教的盛况。黄汝亨在灵鹫山读书时，"见夫十方万众，填山谷，蹈湖海，

---

① 茅坤：《鹤洲黄先生传》，《茅鹿门先生文集》卷一九，第714页。
② 黄汝亨：《寿询法师五袭序》，《寓林集》卷六，第34页。
③ 释明伦撰，释宝懿重纂：《圣水云居寺志》卷首，《武林掌故重编》本。
④ 黄汝亨：《沈观颐先生六十寿序》，《寓林集》卷五，第19页。
⑤ 黄汝亨：《吴伯霖稿序》，《寓林集》卷七，第58页。
⑥ 黄汝亨：《亡友张仲初夫妇行状》，《寓林集》卷一八，第284页。
⑦ 黄汝亨：《游西山纪》，《寓林集》卷九，第106页。
⑧ 参见陈垣：《明季滇黔佛教考·读书僧寺之风习第九》，河北教育出版社2000年版。

而礼拜称念观世音者无算"①。他自己也常常聆听僧人开讲佛法，并与僧众建立了密切的联系。黄汝亨在山寺中准备科举考试时，日常生活状态是，"取邹鲁性命之书，仰而与足父群贤晤国朝以来奏疏经济之章；俯而与今之贤士大夫晤，而间及禅玄之眇论、汉晋之清言"②；与"域外之士高谈名理，靡靡玉屑。或祇园禅伯持《金刚》《楞严》《圆觉》秘密之旨偏袒问讯"③。万历四年（1576），黄汝亨在圣水寺时，"偶与苇航法师会，宣说《楞严》，雅好之"④。到了万历七年（1579），黄汝亨与苇航法师已经非常熟悉，"且晚相过从……于佛理稍有开示，皆师力也。嗣是，相往还以为常"⑤。与黄汝亨交好的僧人还有询法师。黄汝亨说，"询禅师有华严径，去余家不远，亦少良晤。曾一面之语溪经席，则心识之"⑥。后，"乃旦夕与师周旋"⑦。此外，他与莲池、雪浪禅师，佛石上人，居祖上人以及明昱、溯音、介溪、耶溪法师等都有密切的往来。在与僧众的交往中，黄汝亨还阅读了大量的佛学著作，其中包括明昱的《成唯识论俗诠》、慧上人的《观世音菩萨普门品经备解》等。慧安重刻《华严会玄记》，黄汝亨写有《重刻华严会玄记序》。

　　黄汝亨在读书课业、教授生徒时，也常常请僧人为门生讲经说法。苇航法师"止栖水横里之普宁寺"时，黄汝亨与他"相去衣带，因为诸学人乞师过此，讲《首楞严》了义"⑧。出于对佛法的热情，黄汝亨还曾邀请忘年之交沈桐一起聆听苇航法师开坛讲经。他写信给沈桐说，"不肖近共一二善信邀苇航师宣说《楞严》。其间智灯疑网，种种相参。……明公有意辱临之乎？不肖请与群僧袒右肩迎之"⑨。在指导门生研习举业时，黄汝亨也会毫无隔阂地借用佛教典籍中的词汇、义理解读儒家经典。黄汝亨在给门生讲授《论语》时，往往借用佛典中的词语。他说：

　　　　《论语》如空中月，实实照地而空不可捉；又如摩尼珠，色色现前，而色亦不可捉。汝亨常于山中与诸生演说。⑩

"空中月"一词多见于佛教类的著作中。五代时，释延寿在《宗镜录》中说，佛法"如空中月，世间靡不见。非月往其处，诸佛法如是"⑪。唐代释道世在《引证部》中也说，"善

---

　　①　黄汝亨：《观世音菩萨普门品经备解序》，《寓林集》卷二，第 636 页。
　　②　黄汝亨：《答茅荐卿》，《寓林集》卷二三，第 371 页。
　　③　黄汝亨：《沈观颐先生六十寿序》，《寓林集》卷五，第 19 页。
　　④　黄汝亨：《寿询法师五袠序》，《寓林集》卷六，第 34 页。
　　⑤　黄汝亨：《苇航法师塔铭》，《寓林集》卷一四，第 208 页。
　　⑥　黄汝亨：《寿询法师五袠序》，《寓林集》卷六，第 34 页。
　　⑦　黄汝亨：《寿询法师五袠序》，《寓林集》卷六，第 34 页。
　　⑧　黄汝亨：《题苇航禅师构净室手册》，《寓林集》卷三〇，第 520 页。
　　⑨　黄汝亨：《与沈中丞观颐》，《寓林集》卷二五，第 403 页。
　　⑩　黄汝亨：《论语商序》，《寓林集》卷二，第 638 页。
　　⑪　释延寿：《宗镜录》卷二七，《续修四库全书》本，第 265 页。

男子如空中月，从初一至十五日，渐渐增长。善知识者亦复如是"①。明末高僧憨山在诗中写道，"心若空中月，形如镜里像。此是吾师四十年，随顺众生真榜样"②。"摩尼珠"译自梵语。唐代，道绰说，"释有三番。一譬如净摩尼珠，置之浊水，以珠威力，水即澄清。……二如净摩尼珠，以玄黄帛裹投之于水，水即玄黄，一如物色"③。澄观也说，"佛身如摩尼珠，无心现色"④。黄汝亨在给门生讲解《论语》时，自如地融会转化佛教的词汇，指出《论语》这部书包蕴的思想、义理至深至广的特点。

对于黄汝亨等万历年间的士子来说，朝堂与寺庙并不构成强烈的对抗关系，四书五经与佛教典籍也不处于互相对立的两极。士子在取得功名之前，朝堂是他们精神追求的目标，寺庙是现实生活中的居所；儒家经典是他们日常研读的课业，佛典道藏则为他们阅读儒家典籍提供了全新的观照视角。朝堂与寺庙、儒学与佛教和谐地叠加、融会在士子的日常生活之中。这种生活状态渐渐催生出新的主体立场、文化需求。这种文化立场推动黄汝亨等士子在参与科举考试时，无意识地将佛典道藏中的要素融入八股文之中。

二

在中国文化传统中，文人会通儒释两家的义理、与僧侣参谈佛理，这是生活中的常态。宋代，有人谈到"儒佛见处""无二理"⑤。到了明代，文人也不缺乏与宗教相关的经验。如，明初，宋濂笃信佛教，自号无相居士；之后，自"阳明起，诸大儒无不醉心佛乘"⑥。从知识构成的维度上看，黄汝亨等万历年间文人在思维范型上与前代似乎没有本质的区别。但是，当我们进而引入日常生活以及写作实践的维度后，可以看到，士子在准备科举考试时，借用佛教、道教的词汇、义理阐释儒家的经典，特别是在八股文的写作、编选中融入佛典道藏的要素，这是明代中后期独有的现象。

黄汝亨等人在日常生活中与佛教、佛寺、佛法、佛理的接触，渐渐改变了他们的认知结构以及思维方式。这种改变也反映在八股文写作、时文选本的编订之中。明王朝建立之初，官方从取材、立意上对第一场经义，即俗称的八股文进行了限定。经义"专取四子书及《易》《书》《诗》《礼》《春秋》五经命题试士"⑦。按照官方的要求，经义的写作应以四书五经为本，注重对这些书籍的内在义理进行阐发。但是，到了万历年间，黄汝亨等士子开始融会佛教的词汇以及义理等对八股文进行改造。佛教、佛法、佛理生成了

① 释道世：《引证部》，见《法苑珠林》卷六四，影印上海涵芬楼藏明万历刊本。

② 释德清：《云栖大师赞》，见释德清：《憨山老人梦游集》卷二〇，顺治十七年（1660）毛褒等刻本。

③ 道绰：《安乐集》卷上，商务印书馆1925年版，第56页。

④ 澄观：《大方广佛华严经疏钞会本》卷一八，光绪九年（1883）常熟刻经处刊本。

⑤ 朱熹：《答李伯谏》，见《朱子全书》卷六〇，上海古籍出版社、安徽教育出版社2002年版，第624页。

⑥ 蕅益：《阅阳明全集毕，偶书二则》，见蕅益：《灵峰宗论》，北京图书馆出版社2005年版，第189页。

⑦ 张廷玉等：《明史》卷七〇，第1693页。

全新的、特殊的意义，成为八股文求新求变的重要推动力。黄汝亨曾谈到这种现象说，"隆、万以来，历气而取精先秦也。至于今，横意之所出，自二氏、百家以及稗官里谚之眇论，皆可肆而猎之"①。隆庆、万历之际，士子在写作八股文时，不断调整自己的路向，他们由以经部为依归，转而效法先秦诸子的雄厉之风；到了万历前期，士子在写作中进而将"二氏"，即佛典道藏的要素融入八股文之中。

万历六年(1578)，黄汝亨师事茅坤。万历八年(1580)，黄汝亨与茅坤的儿子茅国缙选定日常写作的八股文，成《秋水编》。茅坤为《秋水编》作序，称赞这些年轻士子的八股文。同时，茅坤基于自己的经验，指出黄汝亨文章中融入佛典道藏的问题。黄汝亨得茅坤指授后，回信说：

> 居尝思吾伯向所疾呼不肖而语之曰：尔向年之文，其为庄蒙乎？今之文，其为语录乎？不肖以为庄之本旨既与吾儒相轧，必不当参而附之孔孟之调。而语录者，其精为茧丝，其词为葛藤，径其词，得其精，亦举子业之法门真谛也。②

黄汝亨谈到，自己的八股文一度仿效庄周之风，庄子逍遥无待的处世态度与儒家的入世态度是相悖的。他改变了自己的创作路向，由仿效庄蒙进而转习语录体。所谓"语录"，即门人弟子记录下来的导师的言行，或者是佛门的传教记录。这种文体不重文采，将日常生活中的感悟以及口语纳入文中。黄汝亨认为，从语录体入手改造八股文，是"举子业之法门真谛"；在写作八股文时，可以借助佛教的话语系统，阐释、论证儒家思想体系的合理性。

科举考试中的五经义主要考察士子对《诗》《书》《礼》《易》《春秋》的理解。士子在参加考试时，可以从五经中任选一经。黄汝亨主要研习《易经》一科。他批评来知德的《日录》研《易》不能兼通儒、释、道三家。他说：

> 先生指宋儒观喜怒哀乐未发气象与静坐默认，及象山之主静、新建之致良知，以为渺于禅宗，而窃窃然辨之。余不敢谓然也。即如佛、老之教与吾儒轨物黑白相反，而其微而至者可以相证，不可以言传。先生以形为俗流，气为仙佛，神为吾儒，又诋诃佛氏，比之夷狄禽兽，此杜祁公未读《楞严》时语也。③

黄汝亨认为，儒、佛两家的外在形态、内在义理存在巨大的差异，具有对立的一面；但同时，儒、释的价值形态、观念信仰又可以纳入共同的统系之中，相互参证，以确证彼此的合理性，形成新的意义秩序。他说，"天下之动，两相遇而两不相下，未有不争者

---

① 黄汝亨：《范光父程文选序》，《寓林集》卷七，第61页。
② 黄汝亨：《启鹿门先生》，《寓林集》卷二三，第364页。
③ 黄汝亨：《来瞿唐先生日录序》，《寓林集》卷三，第518页。

也。儒释之论亦犹是。夫合则为泥，而当其合时，世眼未见分半"①。黄汝亨认为，人的思想、认知达到一定的水平和境界之后，儒、释两家的思想、义理是可以相互转化、相互支持的，就如同泥土混在一起，再也无法清楚地区分开来。在准备举业、研读儒家的经典之时，佛道两家的义理与儒家的思想在根本上也存在着精深、微妙的联系，"微而至者可以相证"②。在研习《易经》或者写作经义时，也要将儒、释、道融会于一体。

万历年间，黄汝亨等八股文选家在参与举业、编订选本、教育门生时，坚持儒、释、道三家会通，他们越出经部的范畴，在八股文中融入子部佛典道藏中的知识要素，这是一种普遍的现象。罗姓士子是黄汝亨的门生，他将佛典道藏的内容融入到八股文之中。黄汝亨谈到这位门生说：

> 余廿余年来及门之士，独玄父周旋久。……玄父制义具在，正者可以翼六经，微者可以苴二氏。③

黄汝亨说，从整体上看，罗氏的八股文羽翼六经，阐发了个人对于儒家经典的理解。但是，从细节上看，这些时文也包蕴着佛教、道教的义理。主持乡会试的官员也多次谈到八股文文体越界的问题。沈一贯在《会试录序》中说，"士旁逸于诸子百家，至摽佛、老以为奇"④。冯琦也说，士子"取六籍遗言，而强傅以竺乾、柱下之说"⑤。"竺乾"即天竺国，也用以指称佛教、佛法、佛理。"柱下"一词指代老子及其《道德经》，或者是道教。沈一贯、冯琦等作为修撰会试录的官员，他们从整个社会的层面着眼，对八股文的文风进行总结，指明了佛典道藏融中的义理、词汇融入八股文的情况。

黄汝亨等文人士子在准备举业、写作八股文时，儒家经典是他们知识结构中核心的、根本的构成。但是，儒家思想具有较高的宽容度，允许佛教经义在平行的轨道上与之共生、并存。黄汝亨等人在与寺庙、僧众、佛法接触的过程中，宗教成为一个关键的要素，被纳入到他们的社会公共关系网络，佛教的教义也渐渐地融会在这些士子的知识结构之中。黄汝亨等人在特定的生活状态下，完成了宗教经验与知识结构的对接。对黄汝亨等万历年间的士子来说，佛教的义理成为有效的认知框架，与儒家思想的意义系统整合于一体。这些宗教经验、观念作为鲜活的要素，帮助他们突破官方划定的基本界限，从内容、文风等各个层面上完成了对八股文的改造。

----

① 黄汝亨：《法通序》，《寓林集》卷二，第501页。
② 黄汝亨：《法通序》，《寓林集》卷二，第501页。
③ 黄汝亨：《罗玄父稿选序》，《寓林集》卷七，第68页。
④ 沈一贯：《会试录序》，见沈一贯：《喙鸣文集》卷四，《续修四库全书》本，第122页。
⑤ 冯琦：《会试录序》，《宗伯集》卷一四，第338页。

三

来自日常生活的宗教体验对士子的知识结构产生了影响，推动了万历年间八股文文风的调整，这是毋庸置疑的事实。但是，日常的生活经验对知识结构的改造，并不是无限度的、非理性的。士子在写作过程中，并非完全遵从宗教的或者日常生活的逻辑。事实上，他们更多地遵循着知识要素自身的逻辑展开写作。官方的规范、个人稳定的价值体系、个体的文章观念，促使参与举业的士子在越界之后，自觉、主动地回归到既定的界域。

自嘉靖、隆庆年间始，士子写作八股文越出经部，参会史部、子部、集部的各类要素，并将佛典道藏融入其中。这种做法与官方的规范形成了断裂。针对士子写作八股文由经部入史部，再入子部的风气，官方提出了"正文体"的要求。隆庆元年（1567），直隶提学御史耿定向提出"正文体"的主张。隆庆二年（1568），官方明确了八股文的基本风格应该是"其词博雅中伦，其旨廓阔深远"①。到了万历年间，官方也屡颁法令，以引导士子的写作风气。万历十五年（1587），礼部尚书兼翰林院学士沈鲤提出了"正文体"的主张。万历十六年（1588），"礼部疏正文体，颁行程墨为式"②；万历十七年（1589）会试，考官见"取首者内有梵语"，"毅然黜之"③。黄汝亨在写作时文时，依老庄，据佛典。他在科举考试中屡试屡败，这与他的文风不合官方的规范不无关联。黄汝亨 16 岁时获得参加乡试的资格，直到 29 岁时，他"四试于乡，并摈去"④。经过屡次落第之后，黄汝亨逐渐认识到，八股文首先是官方的考试文体，这种文体自形成之时起，它的品格、立意、主旨就已经基本定型。因此，他在写作八股文时，由追新求异渐渐转而"禀先民之程"⑤，不再"毁绳削墨"⑥。大约在万历十五年（1587），黄汝亨写信给茅坤，对自己早年"露才吊诡"的习气进行反省⑦。他说：

> 深悔曩者刻意之误，而务思折衷于道。……父兄之所以教子弟者，与先生之所以教门人，当以醇静心体为第一义，即次明白经术，即次博秦汉间之粹而近道者，与夫苏之流畅、程朱之真实而就其才之所近，以自求其至。⑧

---

① 吴国伦：《会试录后序　隆庆戊辰科》，见吴国伦：《甔甄洞稿》卷三八，《续修四库全书》本，第 388 页。

② 方弘静：《客谈》，见方弘静：《千一录》卷一三，《续修四库全书》本，第 196 页。

③ 方弘静：《客谈》，见方弘静：《千一录》卷一三，《续修四库全书》本，第 196 页。

④ 茅坤：《王孺人墓表》，《茅鹿门先生文集》卷二五，第 61 页。

⑤ 黄汝亨：《庚戌十门人稿选序》，《寓林集》卷七，第 43 页。

⑥ 黄汝亨：《白社草序》，《寓林集》卷七，第 41 页。

⑦ 黄汝亨：《答鹿门先生》，《寓林集》卷二三，第 376 页。

⑧ 黄汝亨：《答鹿门先生》，《寓林集》卷二三，第 376 页。

万历十八年(1590)，黄汝亨刊刻了自己的八股文集，并题名为《寓庸集》，目的是激励自己将"摹画庄周"以及语录体的习气"刊落殆尽矣。故自题之曰《寓庸》。庸，常也；寓者，客游之而非我有也"①。也许不是巧合，经过这次调整，黄汝亨于万历十九年(1591)中举。万历年间，士子在写作八股文时，像黄汝亨这样，由有意识地越界，到回归官方的规范，是一种普遍现象。丘兆麟是黄汝亨的好友，丘氏的八股文"如古之舞剑弄丸者流，搏象而擘远空，斯亦妙文章之用而致其动者已"②。丘氏在参加乡试时，"览者阅初场，几以纵横太甚落之"③。汤显祖写信给丘兆麟，提醒他"正文体自是正论"④，在八股文写作中应有所收敛。后，丘兆麟于万历三十八年(1610)中进士。

黄汝亨等人在写作八股文时，由越界转而回归到规范之内，这并非完全是官方强制作用的结果；同时，也是他们主动的选择，这种选择与个体的价值观念具有内在的关联。对黄汝亨等万历年间的士子来说，自小受到儒家思想的训练并不会阻绝他们对宗教的热情，同样的，对宗教的尊崇也不会削弱儒家思想在他们心中的权威性。黄汝亨年轻时虽然生活在寺庙中，但是，他"于史二十一家靡所不读"⑤，黄汝亨掌握的儒家典籍、史部书籍要远远多于子部的佛典道藏，他的终极理想也是完成"素王"之业。他不仅将自己编订的八股文选本题名为"素业"，而且在诗中写道，"宴坐时看高士传，清言还拟素王风"⑥、"少年矜说剑，中岁好论文。素业看玄鬓，黄山卧白云"⑦。所谓素王、素业，据王充《论衡》，"孔子不王，素王之业在《春秋》"。在黄汝亨看来，文人士子应该像孔子那样，没有"王"的名分，却能成就"王"的功业。从儒家"素业"、"素王"的理想出发，黄汝亨在写作实践中，不否认八股文文风的调整和变化。但是，他同时也坚持文风与世道人心具有对应关系：

> 欲制科得士，莫如正心术。士正心术，则自少年之习为文字始。……成、弘间作者，非但文章典刑，而治世之气象亦隐隐隆隆可想见也。⑧

黄汝亨认为，文体的界限、法度同时意味着世道人心的底线。八股文的写作可以适当地越界，但是，这种超越一旦过度，就可能引发世道人心的变动。一些士子将佛典道藏的

① 茅坤：《黄贞父近刻寓庸集题辞》，《茅鹿门先生文集》卷三一，第125页。

② 黄汝亨：《丘毛伯制义小序》，《寓林集》卷七，第38页。

③ 黄汝亨：《丘毛伯制义小序》，《寓林集》卷七，第38页。

④ 汤显祖：《与丘毛伯》，见汤显祖著，徐朔方校注：《汤显祖全集》卷四，北京古籍出版社1999年版，第1254页。以下引文出自《汤显祖全集》者，均同此版本。

⑤ 吴之鲸：《古奏议序》，见黄汝亨：《古奏议》卷首，万历二十九年(1601)吴德聚刻本。

⑥ 黄汝亨：《百谷先生见访有赠走笔次答》，见王稚登：《王百谷集十九种·越吟》卷上，《四库禁毁书丛刊》本，第398页。

⑦ 黄汝亨：《寿休宁汪先生九十，先生之子为秀州博士》，《寓林集》卷三，第519页。

⑧ 黄汝亨：《正始编序》，《寓林集》卷七，第55页。

内容融入八股文之中，他们的目的不是为了完成对八股文的改造和创新，而只是妄图以奇诡博人眼目，在科举考试中取得一第。这样的文风"多文少质，奇诡横厉，常变庞杂"①，反映出士子的浮躁心态。黄汝亨还看到，许多士子对于"史学如《资治通鉴纲目》……之类，以为浩瀚不切，而廿一史、八大家、《文章正宗》等集，束之高阁。高才生舍本逐末，厌常攻异。或于释部道流、玄玄空空之书，深窃其旨，浅咀其英。崇尚虚无，持斋佞佛，转相则效。以此为学，则为邪渺；幸而遭时，必多怪僻"②。舍弃儒学、崇佞佛理，这与黄汝亨儒、释会通的观念是背道而驰的，这也是士风、世风日下的表现。黄汝亨谈到，这样的文风日生弊陋，以致"厌生玩，玩生逸，逸生淫。于是浮华相标，虚气相夸，渝忠信，裂绳墨，生心害政，流于无穷"③。他编订选本的目的，不仅仅是帮助士子在科举考试中夺得一第，同时，也要校正部分士子以佛道法理为"第一义"的不良风习。

黄汝亨文风的转变，也基于他对于八股文、对于辞章的本质，以及对于"师心"这一命题的认识的深化。万历时期，"有勇气越轨是胆力不凡的证明，摆脱谨慎和约束是创造新奇的有效方式"④。文人"独抒性灵，不拘格套"的创造力不仅表现在诗、古文、词的领域，同时，也呈现在八股文写作领域。黄汝亨年轻时，"气高故睥睨流辈，而厌法度之说"⑤，在参与举业时，他有意突破官方的规范，追求"师心自僻"⑥。这与时代风会具有内在的一致性。随着写作经验的不断累积，黄汝亨对于法度、对于"师心"有了全新的认知，他在八股文写作中也由越界自觉地转向回归。

黄汝亨谈到，任何一种文体，包括八股文，都自有特定的体式、规范。士子应该对既有的定式、体例给予基本的尊重。他说：

> 文者，心之精微也。人心之灵，千百亿变，出奇无穷，而古今取材者，一禀于法。夫法非由天降地出也，标旨于古初，证智于神明，犹匠氏之有规矩准绳，而声律家之有钟吕，要归于不可易。士得之，赴于主司者之仪的，命之曰中式；主司者拔士之隽者以为式，以贡于天子，命之曰程。式之与程，皆法也。是制义之三尺，聪明奇诡者不得逞。⑦

官方制定的关于八股文的法度并不是要限制、束缚士子，而是划定边界，给士子的写作

---

① 黄汝亨：《王逸季墨卷选序》，《寓林集》卷七，第 58 页。
② 黄汝亨：《学政申言》，《寓林集》卷三一，第 545 页。
③ 黄汝亨：《王逸季墨卷选序》，《寓林集》卷七，第 58 页。
④ 陈文新：《挑战禁忌思潮中的诗学变异——李贽与公安派关系新论》，《上海师范大学学报》2013 年第 1 期。
⑤ 黄汝亨：《答曹周翰》，《寓林集》卷二四，第 381 页。
⑥ 黄汝亨：《启鹿门先生》，《寓林集》卷二三，第 364 页。
⑦ 黄汝亨：《范光父程文选序》，《寓林集》卷七，第 61 页。

提供一个特定的空间。

　　士子在写作八股文时，首先要注意的是，不能将文章的法式、法度与格套混为一谈。法式是某种文体成为它自身的本质规定性，而格套则指的是固定不变的模式、套路。士子在写作中要破除的是格套，而不是从根本上否定这种文体的本质：

　　　　文之难言久矣，法度之论非所以绳末世。至法亡而趋利捷，效颦学步以套为法令，览者欲呕。①

"以套为法"的表现是多样的。士子亦步亦趋地谨守着官方的规定，这是一种格套。如果不加鉴别地在八股文中融入佛典道藏，这同样也是一种格套。基于对法度与格套的辨析，黄汝亨提出，要尊重八股文作为官方考试文体自身应有的规范和品格。

　　士子写作时文，其次要注意的是，"师心"与"师法"并不对立。黄汝亨说：

　　　　夫文之有准，犹弈之有谱，匠之有绳，而射之有鹄也。不按则不名为工，不游则不名为化。夫有神化而废准者矣，未有废准而神化者也。②

八股文写作一定要遵循基本的法度和规范，"废准"只是达到"神化"的表征之一，而不是实现"神化"的必经途径。"师心"是建立在"师法"的基础之上，而不是以"破法"为目的。黄汝亨指出，优秀的八股文"缘题起意，驾乎题之上而不为题缚；缘意命格，超乎格之表而不为格囿。翔寥廓而标英灵，岂绳趋尺步之流所能望涯而至哉"③。为此，他力图恢复八股文与儒家经典之间的对应关系，重塑官方规范的合理性，促使士子写作回归到既定的法度之内。

　　从写作实践来看，宗教经验影响了黄汝亨对八股文的认知，他并不拒绝对八股文进行调整与改造，不反对将诸子百家、佛典道藏等内容融入八股文之中。但是，个人的考试经验、价值观念等对黄汝亨的八股文写作产生了更大的影响：从文体观念来看，黄汝亨认同、支持官方制定的关于八股文的基本规范。在教育门生时，他甚至试图根据官方的要求，力图推动八股文写作回归到官方既定的规范、界域之内。总体来看，在科举制度的框架下，面对佛典道藏融入八股文这种现象，黄汝亨的态度是复杂的、多元化的。黄汝亨观念的复杂性并不说明他的思想是矛盾的、杂乱的。这只是表明，对儒家价值体系的坚守与对宗教的崇奉、突破文体界限与尊重文体规范等并非对立的两极，而是同步的，是共生、并存的关系。

---

　　① 黄汝亨：《素业五编序》，《寓林集》卷七，第47页．
　　② 黄汝亨：《易准序》，《寓林集》卷七，第46页。
　　③ 黄汝亨：《白社草序》，《寓林集》卷七，第41页。

第三节　经师黄汝亨及其时文编选活动

　　万历年间，社会上涌现出大量的经师①。经师的身份与府、州、县学的教授、训导有着根本的差异：经师尚未进入官方的权力构架之内，他们凭着个人的才学、素养以及声名，吸引了大批年轻士子前来问学；经师与门生一起研读四书五经，以"明一经，取上第"②。

　　为了研习举业、指导门生，这些经师刊刻了大量八股文选本。在编订选本的过程中，经师与科举制度、与官方形成了多层次、多形态的关联。经师对科举制度保持着较高的认同度，他们力图通过时文选本将科举考试的要求和规范等传递给士子，这些编选活动与官方的科举制度形成了同构关系。经师与科举制度的主要执行群体——学官及考试官也形成了制衡关系。万历年间的经师控制了"选权"，并在一定程度上影响了科举考试的评定权。经师在编订选本的过程中，还对作为科举制度载体的八股文的意义进行了重构。这些选本将八股文置于知识的场域之中，强化了八股文的审美性，削弱了八股

---

　　①　明代中期以后，教育行业呈现出分工细致化、专业化、职业化的趋势，"私塾的层次高低，大致可以分为'经馆'和'蒙馆'两种类型"（刘晓东：《明代塾师"生计"刍议——以江南地区为中心》，《中国社会经济史研究》2008年第2期）。

　　弘治、正德年间，何景明也曾对"师"进行分类。他说，"道德师为上，次有经师，次有诗文师，次有举业师"（何景明：《师问》，见何景明：《大复集》卷三三）。清初的张履祥在《处馆说》中谈到，处馆的人"约有二种：一曰经学，则治科举之业者也；一曰训蒙，则教蒙童记诵者也。不知始自何代"（张履祥：《处馆说》，见张履祥著，陈祖武点校：《杨园先生全集》卷一八，中华书局2003年版，第1116页）。

　　蒙师与经师各有明确的分工，在万历年间，人们谈到塾师、经师，一般都会做出明确的区分。如，冯从吾说，"萧先生，余启蒙师；沈先生，余受经师也"（冯从吾：《萧沈二先生传》，见冯从吾：《少墟集》卷一七，《景印文渊阁四库全书》本，第157页）。在经馆中执教者称为经师。经师教授的学生大多在14岁以上。在蒙馆执教者称为塾师或蒙师。蒙师"教童蒙记诵"（张履祥：《处馆说》，见张履祥《杨园先生全集》卷一八，中华书局2003年版，第1116页），主要负责儿童的启蒙教育。塾师一般教授10岁以内的幼童。如，雷士祯"五岁通数学，六岁入塾，塾师莫能难也，能难塾师"（吕坤：《雷侍御慕庵墓志铭》，见吕坤：《去伪斋文集》卷十，《四库全书存目丛书》本，第50页）。刘敬夫"生而颖敏。七岁，塾师授之书"（王锡爵：《刘敬夫传》，见王锡爵：《王文肃公文集》卷四，《四库全书存目丛书》本，第231页）；罗洪先"九岁始就塾师"（胡直：《念庵先生行状》，见胡直：《衡庐精舍藏稿》卷二三，《景印文渊阁四库全书》本，第301页）；亓三顾"年七岁，口授小学诸书，奉塾师，必腆必虔"（孔贞时：《明赠征仕郎礼科给事中隐山亓公暨赠程孺人合葬墓志铭 代》，见孔贞时：《在鲁斋文集》卷四，《四库禁毁书丛刊》本，第67页）；白储玿"延塾师教族之童稚"（刘荣嗣：《明赐进士太常寺乡华池白公墓志铭》，见刘荣嗣：《简斋先生集·文集》卷四，《四库禁毁书丛刊》本，第211页）。

　　在明代万历年间，担任蒙师、经师成为士子重要的谋生手段。许国（1527—1596）谈到顾态说，"先生时逾弱冠，士大夫高其行，竞征为塾师。补邑庠弟子，每试在高等，文行日有名，又竞征为经师。当是时，弟子辐凑，每岁贽金至百余金"（许国：《孝廉顾先生传 代作》，见许国：《许文穆公集》卷五，《四库禁毁书丛刊》本，第98页）。

　　②　王世懋：《两溪高公传》，《王奉常集》卷一四，第276页。

文所具有的官方色彩。经师及其门生编订的八股文选本生成了连续的、稳定的话语场。在这个话语场中，八股文不再仅仅是官方的考试工具，同时也作为一种特定的文体，在知识的场域中重新发现、估定了自身的价值。

一

在万历年间的经师中，黄汝亨是典型的代表。万历十七年（1589），黄汝亨 32 岁，他"读书灵鹫山"①，本意是独自研习举业，准备科举考试。但是，"方内挟策之士闻其风而谬尊之"②，士子纷纷前来求教。自万历十七年（1589）至万历二十六年（1598），黄汝亨"偕二三子幽栖西山"③，"为坛灵鹫山"④，一边授徒课业，一边研习八股文。黄汝亨研习举业，授徒选文，在地方上产生了很大的影响，年轻的士子纷纷前来灵鹫山向黄氏求教。黄汝亨谈到自己教授门生的情况说，"为坛灵鹫山……二三子过而听余，追嗜逐好，不相舍去者有年，四方之隽逾河蹈江、跋涉山海而至者叠叠不已"⑤。万历十七年（1589），沈裥"棹小艇率其仲子受书"⑥；万历二十年（1592），郁绳祖（1573—1594）"荐弟子籍"⑦；茅坤的少子茅维也师从黄汝亨研习举业。黄汝亨还谈到，万历二十一年（1593），"语溪倪生师皋以癸巳从予灵鹫山受《易》"⑧；"门人舒生慎从不佞灵鹫山有年"⑨。万历二十一年（1593）左右，黄汝亨的门生有 25 人。他说，"不佞今年为坛灵鹫山……负笈之士可二十有五，符于天数"⑩。在教授生徒研习举业的过程中，他将门生的日常课业编订成《灵鹫山素业》《素业二编》等选本。万历年间，像黄汝亨这样的经师数量众多。方应祥是黄汝亨的好友。方氏曾"偕张懋良、徐孺子课业鹫峰"⑪，并编订了《小筑近社》《倚云社业》等八股文选本。

黄汝亨年轻时，在写作八股文、编订选本的过程中，有意突破官方的规范，追新求异。随着年龄的增长，以及身份的转换，作为经师，在教授门生、编订八选本时，他开始有意识地尊重、认可官方关于科举制度的基本设计理念。黄汝亨谈到，自己编订选本的原则是，"原本经术，参伍于宋儒精微之论，得之心而书之纸，要于传圣贤之旨"⑫。

① 黄汝亨：《观世音菩萨普门品经备解序》，《寓林集》卷二，第 636 页。
② 黄汝亨：《灵鹫山素业序》，《寓林集》卷七，第 45 页。
③ 黄汝亨：《沈观颐先生六十寿序》，《寓林集》卷五，第 19 页。
④ 黄汝亨：《素业二编序》，《寓林集》卷七，第 46 页。
⑤ 黄汝亨：《素业二编序》，《寓林集》卷七，第 46 页。
⑥ 黄汝亨：《沈观颐先生六十寿序》，《寓林集》卷五，第 19 页。
⑦ 黄汝亨：《郁生君武墓志铭》，《寓林集》卷一四，第 198 页。
⑧ 黄汝亨：《处士凤池倪公暨配吴孺人合葬墓志铭》，《寓林集》卷一四，第 201 页。
⑨ 黄汝亨：《医隐庐峰舒先生墓志铭》，《寓林集》卷一四，第 206 页。
⑩ 黄汝亨：《答周茂实》，《寓林集》卷二四，第 380 页。
⑪ 方应祥：《叙徐孺子四书艺》，见方应祥：《青来阁初集》卷二，《四库禁毁书丛刊》本，第 560 页。以下引文出自《青来阁初集》者，均同此版本。
⑫ 黄汝亨：《与陈孟常》，《寓林集》卷二四，第 385 页。

这正与有明一代科举制度的设计理念具有高度的一致性。洪武三年（1370），明王朝开始设科取士。官方开设科举的根本目的是遴选经明行修之士，成就君子之学、圣贤之学。官方的制度设计只是抽象的规定，只是愿望和设想。这些规定必须具备现实的有效性、可行性，这种设想必须落实到行为层面，才能真正对社会产生影响。万历年间，黄汝亨等经师编订时文选本、指导门生写作八股文，就是在行动上、实践中落实官方的制度。黄汝亨谈到，经师的职责是，"课文艺，为朝廷育才储用，不可谓不重也"①。他的《灵鹫山素业》等选本，就是要把官方关于科举考试的基本理念传递给士子。黄汝亨谈到自己将这些选本命名为"素业"的原因，他说：

> 业，言习也。素者，质也，以言其本始也。大辂肇于椎轮，醴酒造于玄水，黼黻备于纯白。去俗远，去道近，讪文伸志，受成者不移。吾与二三子之所守也。②

"业"，是士子研习的课业，包括八股文的写作；"素"的意思是质朴的、不加修饰的。黄汝亨在编订选本时，拎出"素"这个概念，意在强调，四书五经以及程朱的传注是八股文的"本始"，八股文与这些典籍的关系就像"大辂肇于椎轮，醴酒造于玄水，黼黻备于纯白"。他和门生作为"受成者"，必须尊重、坚守八股文阐经依注等既定的、基本的规范。

黄汝亨等经师对官方在特定情势下作出的具体规定也表示认同。八股文作为一种考试文体，它既归属于国家制度的领域，同时，又归属于士子的写作实践。黄汝亨在指导门生写作、编订选本之时，力图与官方的规定保持同步。到了万历年间，科举制度在明代已经运行了200余年。一些士子在日常写作中，有意识地越出官方的规范，追求奇僻诡怪的风格。针对士子"尚词华而略理致"的状况③，官方提出了"正文体"的要求。黄汝亨在任经师期间，编订时文选本时，开始依循官方的规范，他批评那些将释典道藏融入八股文的情况说，"庸之误二三子而杀人之为祸烈也"④。他也谈到，自己编订时文选本的目的就是，"哀次其文，嗣刻之，以证于有道"⑤。八股文作为官方的考试文体，应该依经尊注、醇雅质实，这是时人较为普遍的认知和态度。黄汝亨曾师从茅坤学习八股文的写作。茅坤谈到，士子写作时文要追求"由濂洛关闽以溯六籍，而务得乎圣贤之精"的境界⑥。时文选家也大多认同官方就科举考试制定的基本规范。王士骐等人与黄汝亨往来密切，王也以教授门生为业，并编订有多部时文选本，他本着"典明旨合，盖

---

① 黄汝亨：《江右乡贡齿录序》，《寓林集》卷一，第624页。
② 黄汝亨：《灵鹫山素业序》，《寓林集》卷七，第45页。
③ 林希元：《重刊蔡虚斋先生批点四书程文序》，《林次崖文集》卷七。
④ 黄汝亨：《素业二编序》，《寓林集》卷七，第46页。
⑤ 黄汝亨：《素业二编序》，《寓林集》卷七，第46页。
⑥ 茅坤：《复王进士书》，《茅鹿门先生文集》卷六，第549页。

其上者本之六经，传之传注，质而不披其华，文而不摈其似"的原则①，为门生编订选本，力图强化八股文作为官方考试文体的严肃性、规范性。

官方提出"正文体"的要求之后，如何"正"，怎样才算是做到了"正"，是经师与士子在日常写作中不断探索的过程。黄汝亨在指导门生写作时，深入地剖析了时下八股文存在的具体问题。他说：

> 近世高才生往往弃玄而啜醨，以为吾古则为秦、为汉，玄则为老庄、为列，微妙则为楞严、为圆觉，而宋人所著理学诸书，一切麾置之。②
>
> 近来举子业，卑者亡论，好奇之士往往作晋人清谈及吴儿骄弄语以入经义。恐有道眼目之为佻，不可不醒也。③

官方要求，八股文应以经部的知识为依归，但是，一些士子在写作中却偏离了经部，骛怪追异。黄汝亨谈到，这些人或流于子部，将步趋秦汉视为古雅，将仿效老庄视为澹荡，还有些人援引佛典道藏的内容；或流于集部，甚至将魏晋清谈之风、街巷俗语引入八股文。黄汝亨等经师编订八股文选本的活动，与官方"正文体"的要求相互呼应，他们的最终目的就是将佛典道藏、日常俗语驱逐出八股文，革除时下八股文写作"研之极而或僻于理，化之极而或伤于格，远之极而或荡于意，奇之极而或谬于辞"④的流弊，重新恢复八股文依经守注的品格。

为了落实官方"正文体"的要求，黄汝亨等人还将成化、弘治年间的八股文树立为典范。成化、弘治年间的程文大多依经守注，"文气类皆深厚雄浑，如太羹玄酒之为味，黄钟大吕之为音"⑤。黄汝亨认为，后学在写作八股文时应该将这些文章作为范本。他说：

> 余少年酷嗜成、弘间作者之文，即才华学术不同，各根本所学而致其才，俱以理为宗，格为律，气为御，词为经纬，精如丝发之不相乱而天然自在，如眉目顶踵之不易位。⑥

成化、弘治年间，士子的八股文"有高奇，有夷畅，有短而隽，有长而博"⑦，但大多以醇雅、质实为归，达到了浑厚、质朴的境界。黄汝亨、王士骐等经师在编订八股文选

---

① 王士骐：《戊戌十八房选稿上集序》，《中弇山人稿》卷四，第595页。
② 黄汝亨：《与陈孟常》，《寓林集》卷二三，第375页。
③ 黄汝亨：《与陈仲来》，《寓林集》卷二三，第371页。
④ 王士骐：《戊戌十八房选稿上集序》，《中弇山人稿》卷四，第595页。
⑤ 林希元：《批点四书程文序》，《林次崖文集》卷七。
⑥ 黄汝亨：《正始编序》，《寓林集》卷七，第55页。
⑦ 黄汝亨：《沈无回十八房文定序》，《寓林集》卷七，第56页。

本时，力求"追弘正之音，味平实之旨，格不尚诡，语不抉玄"①；在指导门生写作时，要求他们"披质缀文，谐声合采，各成其至。毋乱于得失，毋弛于中道"②。万历三十四年(1606)，黄汝亨的同年、姻家姚文蔚"揽成、弘以来业举作者，汇一编，授帷中生"③，题名曰《正始编》。所谓"正始"，意指成化、弘治年间的时文是文体之"正"的发端。后，姚文蔚"复取隆、万以来业举文，搜猎之，拔其旨不背作者而格不谬成、弘者，合焉命之曰《昭代文通》"④。黄汝亨为《正始编》《昭代文通》写序说，"成、弘间作者，非但文章典刑，而治世之气象亦隐隐隆隆可想见也"⑤。姚文蔚的《正始编》、黄汝亨的《灵鹫山素业》等选本对年轻的士子产生了很大的影响。卓发之是黄汝亨的门生，卓氏曾说，"制举一体，震泽、毗陵而后，所云风雅法脉，无非学一先生之言"⑥。卓发之在老师的教导下，也开始认识到，写作八股文，应该从成化年间的王鏊(震泽)、嘉靖年间的唐顺之(毗陵)入手，才能归于"风雅法脉"，达到"正文体"的目的。

八股文作为一种考试文体，它首先隶属于国家的制度范畴，黄汝亨等经师无法直接介入科举考试的评定过程。但是，八股文同时又是普通士子日常写作实践的重要组成部分，经师通过授徒、课业、选文，对士子的时文写作产生了潜移默化的影响，深度地参与了明王朝科举制度的实施与执行过程。万历年间，官方就科举制度制定的政策、规范，在很大程度上，是通过黄汝亨这些经师，最终得以在现实层面落实的。

二

万历年间，经师与朝廷的官员共同置身于科举制度的构架之中，面对科举考试的基本理念，他们的态度是一致的。但是，在具体实践过程中，经师与官员在观察视角、利益诉求等层面上却存在着巨大的差异。

涉及八股文具体的写作方法、写作理路等，经师与官方各有其特定的思维及行为逻辑。

官方推行八股文，是因为这种文体有助于"将考试标准化、规范化、简约化"⑦，他们往往要求士子"师法"，即严格地遵循官方制定的规范。经师在指导门生时，则从文章写作的立场出发，重视风格的个性化、多元化。黄汝亨编订时文选本、指导门生写作八股文，往往坚持"师心"的原则。黄汝亨谈到《灵鹫山素业》说：

① 王士骕：《题初录宋义序》，《中弇山人稿》卷四，第622页。
② 黄汝亨：《灵鹫山素业序》，《寓林集》卷七，第45页。
③ 黄汝亨：《昭代文通序》，《寓林集》卷七，第49页。
④ 黄汝亨：《昭代文通序》，《寓林集》卷七，第49页。
⑤ 黄汝亨：《正始编序》，《寓林集》卷七，第55页。
⑥ 卓发之：《锄斋诗义序》，见卓发之：《漉篱集》卷十，崇祯年间传经堂刻本。以下引文出自《漉篱集》者，均同此版本。
⑦ 王炜、雍青：《论八股文的程式化》，《南昌航空大学学报》2008年第9期。

偶以师心之技，栖息灵鹫山，二三子有谬而问字者，与之互证，于是有《灵山素业》之编。①

黄汝亨认为，八股文的写作是一种"师心之技"，如果过度追求规范化、标准化，文章就会流于千篇一律。因此，士子要"就其才之所近，以自求其至，得其时"②，在时文中展现出个体的精神气度、心性气质。黄汝亨坚持"师心"，这与科举制度的执行主体——府、州、县学的官员产生了矛盾。官学中的教授、训导从"吾有司"的立场出发，对经师及士子"师心"的做法相当不满。如，福建南安县学博曾抱怨，时下的士子"不师古而师心"，他认为，此"非建学之意也"③。万历二十八年（1600），鲍应鳌任山东乡试考官，他谈到，自己不会录取那些"师心自用……逸于矩矱之外"④的士子。茅坤也从切身经验出发，向黄汝亨谈到自己早年由"师心"到"师人"再到"裁于法"的转变。黄汝亨在《茅鹿门先生传》中记道：

辛卯，试罢归。南溪公（注：茅坤的父亲）怒不怿。先生（注：茅坤）惶恐伏谢曰："儿师心，未师人。误也。"乃去苕霅，负笈涉钱塘，师来公汝贤，憬然寤曰："是矣，文务检押其气而裁于法。"⑤

但是，黄汝亨却坚守"师心"之见。他在灵鹫山授徒课业时，与茅坤多有书信往来。在信中，他屡屡谈道，"不肖块处西湖南山间，师心日僻"⑥；"不肖时有师心之僻"，"不敢匿其炯炯一念"⑦。

"师心"，还是"师古"、"师法"，本是经师与学官在写作理念层面上存在的差异。在日常生活实践中，这种差异和矛盾逐渐演变为对八股文的选权乃至评定权的争夺。

黄汝亨等经师在编订选本的过程中，开始对"有司"评定举业程文的正确性乃至合理性提出质疑。黄汝亨对官方将科举程文标准化、统一化的做法表示深深的忧虑。他说，"顾独忧衡文者，往岁见厄，而所较各郡县如吾徒者大略相似。然亦斯文一劫"⑧。这实际上是在审视官方对科举考试的控制权。黄汝亨还直接批评"有司"说：

---

① 黄汝亨：《坛石山素业序》，《寓林集》卷七，第50页。
② 黄汝亨：《答鹿门先生》，《寓林集》卷二三，第376页。
③ 傅夏器：《南安县重修儒学记》，见傅夏器：《锦泉先生文集》卷四，《四库未收书辑刊》本，第112页。
④ 鲍应鳌：《山东乡试录序》，见鲍应鳌：《瑞芝山记集》卷一，《四库禁毁书丛刊》本，第18页。
⑤ 黄汝亨：《茅鹿门先生传》，《寓林集》卷一一，第154页。
⑥ 黄汝亨：《启鹿门先生》，《寓林集》卷二三，第364页。
⑦ 黄汝亨：《答鹿门先生》，《寓林集》卷二三，第376页。
⑧ 黄汝亨：《与茅荐卿》，《寓林集》卷二三，第362页。

以俗吏之目绳天下，恢弘倜傥非常之士不俯首下即奔焉自放。①

驾不得其时，则蓬蒿而行。故子弟门人有邹鲁之行，而卒未尝不收风云之略，其罪在有司而不在学士。……乌能迁心易虑以揣摩不可知之有司。②

黄汝亨认为，士子不能在科举考试中夺得一第，并非因为他们本人不够优秀，而是"有司"的评判标准不够完善。士子在八股文写作中，不能一味揣度"有司"的需要，而是要坚守个人的本心。万历年间，就时文的写作、品评标准的问题，经师、士子与官方产生了明显的裂痕。与黄汝亨熟识的王世懋曾写诗给徐姓士子说，"君今年少复高第，人道君传枕中秘。那知一点在君心，君但师心岂师吏"③。在黄汝亨等人看来，写作八股文不应该"师法"，更不应该"师吏"，而是应该"师心"。这样，经师有意识地将自己置于"有司"——官方、官员的对立面。

明代前期及中期，八股文的评定权、编选权均控制在官方手中。官方在乡试、会试之后，往往颁行乡会试录，收入中式士子的程文。即令是私刻的程文选本也大多由官员选定，如徐一夔于洪武五年（1372）刊刻的《乡试程文》，黎淳于成化末年刊刻的《皇明历科会试录》等。到了万历年间，经师、年轻的士子以及书商形成的力量，推动着八股文的编选权由官方移交到文人手中。黄汝亨、赵南星、祝以豳、虞淳熙、姚文蔚、沈守正、陈继儒、方应祥等"读书而贫"，"为人教子弟"的经师编订了大量的八股文选本，并公开地对乡会试的中式程文进行批评。黄汝亨、王士骐等经师编订的选本削弱了官方的评选权，面对这种潜在的威胁，官方屡颁诏令，要求士子写作以官方评定的程文为标准，禁止坊刻时文的印行。黄居中曾任教谕、国子监监丞，他说，"欲明经术在屏异说，欲屏异说在禁坊刻时文，而一以程墨为鹄"④。面对官方的禁令，黄汝亨在品评科举中式程文时，曾引起不小的波澜，友人劝他停止编选工作。他说，"友生辈爱我者……戒我于已第之文勿作品题，以招人嗔怪"⑤。但是，他仍坚持自己的做法。他认为，"劝予勿看时文，如劝刘伶断酒；戒我勿品题已第之文，如潘安仁驱车洛阳，戒人勿着眼，皆非人情也"⑥。黄汝亨谈到，编订、品评时文，是出于个人的兴趣，也是出于自己的职业担当。

经师与学官在观念上的矛盾、对立，在一定程度上增强了经师在地方上的影响力。经师成为一个稳定的阶层，他们在科举制度的框架内教育门生、编订选本时，渐渐地开始与"有司"形成相持之势。黄汝亨秉持着"师心"之说，编选、评定八股文，这种观念

① 黄汝亨：《坛石山素业序》，《寓林集》卷七，第50页。
② 黄汝亨：《答鹿门先生》，《寓林集》卷二三，第376页。
③ 王世懋：《仁宇歌为吴江徐明府作》，见王世懋：《王奉常集》卷四，第98页。
④ 黄居中：《刻礼记明文正鹄》，见黄居中：《千顷斋初集》卷一四，《续修四库全书》本，第178页。
⑤ 黄汝亨：《题癸丑墨选》，《寓林集》卷三〇，第515页。
⑥ 黄汝亨：《题癸丑墨选》，《寓林集》卷三〇，第515页。

和做法得到了众多士子的认同。在黄汝亨批评"有司"的基础上，他的门生卓发之对官方在科举考试中"以定法绳人"的做法明确地表示了不满。卓氏说，"文章之妙，实无定法，总各畅其性情所至。……当今元墨类古应制体，大约欲以定法绳人，故于性情较远"①。某些人即令触犯了官方的政治、法律制度，仍然能够获得担任经师、编订选本的机会。王士骕是王世贞的次子，早年曾与黄汝亨共同结文社、选八股文。万历三十一年（1603），王士骕"以不慎交游，几构大祸"②。但是，这并没有对他作为经师、作为八股文选家的形象造成负面影响。乡间的士子仍然追慕王士骕的声名，纷纷前来求教。书贾也看到王士骕在士子中的巨大影响，大多趋之若鹜，争相攀附，希望能刊刻王士骕编订的时文选本或个人时文集。王士骕编订了《行素编》、《四子行素编》、《戊戌十八房稿》（上下集）、《庚辛程墨选》、《辛丑十八房选》、《阅艺随录》、《阅艺随录二集》、《中弇会艺稿》等。到了明末清初，《阅艺随录》、《戊戌十八房稿》（上下集）等被视为明代八股文选本定型的重要标志。

万历年间，经师成为科举制度的执行群体之一。经师对科举制度给予了认同与尊重，同时，他们也根据个人的偏好、群体的利益诉求，对官方掌控科举评定权、八股文编选权的合理性提出质疑。经师及其门生形成的制衡力量，使官方在科举领域的权威性受到了日趋严峻的挑战。

三

经师与朝廷官员不仅在八股文写作理路的问题上存在分歧，对于八股文的归类，他们之间也有着不同的认识。朝廷把举业程文视为选拔人才的工具；对于黄汝亨等经师来说，他们不否认八股文作为官方考试文体的政治功能、工具性作用，同时也将八股文视为知识领域内的要素。黄汝亨在指导门生研习举业、编订选本时，从职业化、专业化的视角出发，一方面，根据官方的要求，把考试的基本规范和技法传授给门生；另一方面，他还将八股文从官方的科举制度中提取出来，置于学术史、辞章史的场域之中，在知识的架构中对八股文的价值、意义给予重新估定。

黄汝亨跳出明代科举考试的框架，将八股文视为独立的知识要素，从时间的维度梳理这一类知识在形态上的源流变迁。黄汝亨曾谈到明代的八股文在中国知识史、学术史、教育史中的位置。他说：

> 宣尼设教，标目四科。汉重师承，而季长经术有道。人伦相递，而变训诂之传，流为应制，而士之灵心颖质受化于时，在璞后雕。③

---

① 卓发之：《批点会元墨卷序》，《漉篱集》卷十。
② 纪昀等：《四库全书总目提要·〈远壬文〉提要》，第3295页。
③ 黄汝亨：《坛石山素业序》，《寓林集》卷七，第50页。

黄汝亨认为，因为时运不同，各代学者的治学路径、方法、范式也各有不同。孔子设学，开德行、言语、政事、文学四科，他还修《诗》《书》《礼》《乐》，序《周易》，编撰《春秋》，这构建了中国知识体系的最初的范式；之后，孔子的门生子夏"发明章句，开汉代经学之祖"①。汉代，马融"经术有道"，他为前代经典《诗》《周易》《三礼》《论语》等作注，开注疏之体；马融的学生郑玄则遍注群经，"汉学至郑君而集大成"②。训诂学自郑玄发凡起例后，在魏晋南北朝至唐蔚为大观。到了宋代，训诂之体一变而为经义之术。至明代，科举考试中的八股文对经典的义理进行阐发，这正是明人对宋人经义之体的进一步完善与发展。黄汝亨指出，从孔子整理典籍，到汉唐时的注疏、训诂，再到宋元明三朝的经义，这是一脉相承的，都是士子"灵心颖质"的表现。这样，在黄汝亨等经师编订的选本中，八股文就不再仅仅是官方的考试文体，而是文人参与学术活动，建构中国知识统序的重要方式之一。

黄汝亨在论及八股文时，还将其作为一种特定的文体，置于辞章史的架构之内，梳理明代八股文的发展演变。他说：

> 本朝之变，成、弘之间三王也。隆万以来，厉气而取精先秦也。至于今，横意之所出，自二氏、百家以及稗官里谚之眇论皆可肆而猎之，以希遇合，而先民之三尺若弁髦，倘亦有战国末季之忧乎?③

黄汝亨指出，八股文文风的变化与前代的文人写作形成了内在的呼应关系。在辞章史上，八股文既是明人对前代的承续，也是明人在自己时代完成的创新。在成化、弘治年间，科举考试第一场经义经由王鏊而体制愈加严密，经由王守仁而析理更为透彻，八股文这一文体正式定型。到了隆庆、万历之际，士子写作八股文追求宏肆浩博的气势，他们纷纷仿效先秦散文的风格。时风再转，到了万历中期，八股文的文风错综变化，杂然纷呈，又极类战国末季的情势。黄汝亨在为《皇明会元全集》这部选本所作的序中，还立足于"当下"，梳理了嘉靖、隆庆、万历年间名列鼎甲者的文章风格。他说：

> 本朝……唐以理严，瞿以辞温，田以神恬，邓以气厚，孙以质朴，冯以骨秀，李以体约，陶以格练，吴以力刚。群公分道而帜，鼓吹当代，青黄玄醴，递穷递变。④

---

① 钱基博：《中国文学史》，华中师范大学出版社 2011 年版，第 25 页。
② 皮锡瑞：《经学历史·经学积衰时代》，光绪年间思贤书局刻本。
③ 黄汝亨：《范光父程文选序》，《寓林集》卷七，第 61 页。
④ 黄汝亨：《皇明会元全集序》，《寓林集》卷七，第 65 页。

黄汝亨谈到,从嘉靖八年(1529)的唐顺之、嘉靖二十三年(1544)的瞿景淳,隆庆二年(1568)的田一俊、隆庆五年(1571)的邓以赞,一直到万历二年(1574)的孙继皋、万历五年(1577)的冯梦祯、万历十一年(1583)的李廷机、万历十七年(1589)的陶望龄、万历二十年(1592)的吴默,在这不到百年的时间里,各家的八股文极尽其变。这样,八股文摆脱了单纯的官方考试文体的定位,在具有工具性功能的同时,也生成了审美性功能。

当八股文从政治领域转移到知识的构架中之后,它所处的位置、形态,甚至是性质就发生了改变。有明一代,官方将八股文视为纯粹的工具,官修的乡会试录在收录士子的程文时,保持着完全相同的形态。明代历科乡会试录在体例、功能上都是完全相同的,即记录、留存某一科或者某一地士子的程文创作。从知识呈现、知识体系建构的角度来看,历科乡会试录之间是平行或并列的关系。但是,黄汝亨等经师及其门生私刻的时文选本则不同,这些选本经历了编选范式的转型,形成了内在的生命力——从前一代的选本到下一代的选本,甚至从某位选家的前一部选本到后一部选本,都处于动态中,形成了延伸、生长的态势。

黄汝亨在教育门生时,有意识地从时间维度出发,梳理八股文作为文学文体、作为知识要素的特质,这一观察视角对他的门生产生了极大的影响。黄汝亨的门生唐时、卓发之辑录了明初到万历时期的八股文,成《钟山集》。在这部选本中,他们将八股文视为独立于科举考试之外的知识要素,对八股文的历史进行总结和清理。黄汝亨为《钟山集》作序说:

> 门人唐宜之、卓左车所汇《钟山》一编,上下二百余年,原本千余首,而得之为六百,分之为五集。……抑何其巨丽而特奇也。①

围绕着八股文,唐时、卓发之有着相当强烈的关注"当下"的意识,同时,也建构了清晰的"史"的框架。方应祥评价《钟山集》说:

> 制举之业,其在于今,国家三百年精神之所总萃,宪章祖述,必有其人,笔而载之,千古寸心;哀而传之,寸心千古。……吾兄……反覆《钟山集》《仞集》者,所以持此道与持世之苦心。②

唐时、卓发之等力图通过《钟山集》构建系统、完整的明代八股文发展史的体系,对八股文写作的是非得失作出价值评判。在此基础上,他们力图将前代的八股文写作"当代"化,将"当下"纳入传统,为"当下"八股文的存在、发展寻找最恰当的逻辑理路和文

---

① 黄汝亨:《钟山集序》,《寓林集》卷七,第70页。
② 方应祥:《与唐宜之》,《青来阁初集》卷三,第590页。

化支撑，以促进"当下"时文写作的发展、进步与繁荣。当唐时、卓发之追溯八股文发展的源流脉络之时，他们的关注点已不再仅仅是举业，而是将八股文视为一套独立的知识统系。卓发之的选本以及黄汝亨对选本的评价等，形成了合力，发现并梳理、建构了八股文自身的发展历史，在知识演变的流程中，重构了八股文的价值、功能与意义。《钟山集》等在明代后期产生了较大的影响。如，泰昌元年（1620），李世熊"读唐宜之选《钟山集》及先辈归、胡、方孟旋、徐子卿、陈大士、艾千子诸公制义，于是，始变为沉深峭刻之文"①。

科举考试第一场经义最初是朝廷取士、选官的方式，在政治架构中有其特定的位置。八股文作为一种文体，它不能与科举制度割离开来，不能脱离官方考试活动的轨道。但是，随着这种文体的发展和演变，在士子的写作以及选家的选文过程中，它渐渐演化成为知识体系中一个重要的，也是独立的要素。经师及其门生编订的八股文选本构成了连续的话语场，在这一话语场中，八股文在政治场域之外的知识场域中重构了自身的形态以及特定的意义与价值。八股文在这一话语场中，作为文学文体、作为独立的知识要素，确认了自身独特的文体特质，梳理了自身的统系来源及历史变迁，衍生出新的功能、意义与价值。这样，在经师的选文活动中，八股文具备了与科举制度保持疏离的力量。

第四节　学政选文与坊间选文

万历二十六年（1598），黄汝亨中进士，时年41岁。后，黄汝亨历任江西进贤县县令、礼部郎官、江西提学佥事、江西布政使司参议。在任官期间，他编订了《坛石山素业》《西戌墨卷》《丙辰房稿选》等近20部八股文选本。

在考察黄汝亨任官期间编订选本的情况时，我们要明确的是，科举考试的基本规范是由官方制定的。士子如果能在考试中获得一第，成功地进入官方的权力体制，之后，对他本人而言，科举制度的有效性就宣告终止了。也就是说，这种制度就对他没有了约束力，与他个人不再存在直接的关联。但是，当他成为学政，或者他本人出于对举业、对后学的关注，他可能会经由这些门生后学、经由参与考试的士子，与科举制度建立起关联。很显然，这时，他对科举制度的参与已经不再是直接的，而是间接的。从这个角度来看，黄汝亨无论是作为名士、经师，还是身为官员时，都编订了时文选本。在编订活动中，他所面对的科举考试制度也是稳定的，甚至是静态的。但是，基于同一个体的不同身份，科举制度的作用、意义存在着重大的差异，这些选本的价值、功能等也有着不容忽视的差别。

---

① 李权：《李寒支先生岁纪》，见李世熊：《寒支集·寒支二集》，清初檀河精舍刻本。

万历二十七年(1599),黄汝亨任江西省进贤县县令①。他承续在灵鹫山的习惯,继续授徒课业。黄汝亨重新整修了坐落于栖贤山的书院,"复竹林旧址,寻戴叔伦栖隐处,筑栖贤院,为坛,自署坛石山长"②。黄汝亨谈到自己在钟陵任上鼓励后学的情况说,"钟陵故有书院集士,余不敢废,时期而簪聚于斯,间亦自忘其吾之非。故辄以习心应之,相与短长"③。在黄汝亨看来,他虽然身为县令,但是,"诸生之谬而习余于坛石山,与习余于灵鹫山无异也"④。政事之暇,他"与诸生论文,坐语移日"⑤。万历二十八年(1600)庚子江西乡试,黄汝亨在坛石山教授的士子中有9人中举。黄汝亨选取他们的时文,成《坛石山素业》。黄汝亨说:

> 有庚子役,俾瞽者与玄黄之观,得士九人,合之得文百余篇。所许可不足为士准,而士或以此相索,笔墨不胜应。于是乎灾木而雕之,亦题之曰《素业》。⑥

这次乡试之后,黄汝亨在地方上的声望大增,前来问学的士子也越来越多。如傅子京,黄汝亨"选钟陵里中士而识之"⑦。张尔葆是张汝霖的儿子,"才通俊而气静学"⑧,问学于黄汝亨。黄汝亨还谈到,张汝霖的儿子"尔韬、葆生、尔含、尔袭皆余门人"⑨。熊人霖"十五赴童子试,为学政黄汝亨所首拔,自是,试辄冠军。崇正丁丑成进士"⑩。

---

① 万历二十六年(1598),黄汝亨在《与张林宗》中说,"计来年四月可折腰作一令"(黄汝亨:《与张林宗》,《寓林集》卷二五,第417页)。万历二十七年(1599),黄汝亨有诗《五月授进贤令出都,辞诸游好作》,朱长春也有《送黄贞父进贤明府之官书》。黄汝亨在《与冯开之》中也说,"作令之短短长长苦乐俱自知……钟陵小就绪,而令愈难为,尚思无咎无誉者,广文之途,失此一着。先生何以点明耶"(黄汝亨:《与冯开之》,《寓林集》卷二五,第416页)。
② 齐耀珊修,吴庆坻等纂:《(民国)杭州府志》卷一四四,民国十一年(1922)铅印本。
③ 黄汝亨:《坛石山素业序》,《寓林集》卷七,第50页。
④ 黄汝亨:《坛石山素业三编序》,《寓林集》卷七,第54页。
⑤ 齐耀珊修,吴庆坻等纂:《(民国)杭州府志》卷一四四,民国十一年(1922)铅印本。
当然,黄汝亨在县令任上,还有其他工作。据《(民国)杭州府志》,黄汝亨"授进贤知县,邑多浮赋,汝亨上书台司,力争之,宽其征催。又为建仓水次,民不病输挽"。
⑥ 黄汝亨:《坛石山素业序》,《寓林集》卷七,第63页。
⑦ 黄汝亨:《傅子京制义小序》,《寓林集》卷七,第59页。
⑧ 黄汝亨:《张尔葆东归赠言》,《寓林集》卷三一,第543页。
据《(乾隆)绍兴府志》,张汝霖,"字肃之,元忭之子,至学嗜古。初乡荐为李廷机所得士,大著时名。万历乙未,成进士。任广昌令,升兵部郎,副考山东,以违误,去","张尔葆,字葆生,仕为扬州郡司马。……甫弱冠,即有名画苑,少年以写生入能品。后喜松江一派,遂与李长蘅、董思白齐名。婿陈洪绶自幼及门,颇得其画法"(李亨特等:《(乾隆)绍兴府志》卷七〇,乾隆五十七年(1792)刊本)。黄汝亨与张汝霖一直过从甚密。
⑨ 黄汝亨:《游云门纪》,《寓林集》卷一〇,第114页。
⑩ 江璧等:《(同治)进贤县志》卷一八,同治十年(1871)刻本。

之后，黄汝亨将这些门生日课月会的时文编订成选本。他说，"坛石之山，月有会，向从余游者有累年不相通，四方之人或各以其山笈所便而至……余亦得纵观之而录其佳者若干篇，题曰《坛石素业三编》"①。

万历三十三年(1605)，黄汝亨在北京礼部任部曹②。在这几年中，黄汝亨没有编订时文选本，但是，他依然对举业给予了持续的关注。一方面，他继续与江西的门生保持密切的联系，如张尔葆就是其中的一个。万历三十四年(1606)，张尔葆乡试落第，黄汝亨谈到张尔葆举业不利的情况说，"丙午之役，葆生出七义示人，人都脍炙之，以为醇而隽，可以擅当世，骏而空北群，予亦私喜不寐。以首作命意与主司凿枘，遂下第，而诸售者作亦雅俗杂出。然则予与葆生虽称文字知，不验也，而葆生之嗜予也弥笃"③。他还写信鼓励张尔葆说，"愿尔葆勿以揣摩时好而失本来，只令映彻四座如琉璃光可耳"④。另一方面，黄汝亨也非常关注其他选家的选本。如，他为姚文蔚选订的《正始编》作序。《正始编》选成化、弘治年间的八股文，黄汝亨认为这部选本中的文章体现了"治世之气象"⑤。考虑到黄汝亨与姚文蔚"生同里，弱冠并游于庠。及壮，并举于乡。已而深道义之契，托婚姻之好"⑥，《正始编》在一定程度上也能够反映出黄汝亨的时文观念。

万历三十六年(1608)，黄汝亨被降一级外调⑦。他赋闲在家，士子纷纷前来请业。次年，他编订门生的时文，成《素业三编》。他说，"惟是抱文相过问者，稍稍理初语，应之，旧在研席者十七，新共麈尾者十三，诸君若各有会，而予则漠如也。掌记懒慢，

① 黄汝亨：《坛石山素业三编序》，《寓林集》卷七，第54页。

据《(同治)进贤县志》载，黄汝亨"表章书院，广励学宫，邑士子咸彬彬向风焉。……在任六年，使车络绎，簿书旁午，而问字常满户外，雍容酬答，略无腹委。时时行县劝课，啸咏林间，不啻子瞻之在杭也"(江璧等：《(同治)进贤县志》卷一六，同治十年(1871)刻本)。

② 万历三十四年(1606)，汤显祖在《东馆别黄贞父 有序》中说，"乙巳夏小暑，贞父赴征仪曹，过建武，辞谒。予送之郡东南馆。……追忆十年前，别贞父湖上，正雪，台殿竹树萧然"(汤显祖：《东馆别黄贞父 有序》，《汤显祖全集》卷五，第313页)。朱长春也写有《送仪部黄贞父自进贤令征入朝 时遇皇孙大赦》《赠仪部黄贞父赴官北上书》。

③ 黄汝亨：《张尔葆东归赠言》，《寓林集》卷三一，第543页。

④ 黄汝亨：《复张尔葆》，《寓林集》卷二七，第450页。

⑤ 黄汝亨：《正始编序》，《寓林集》卷七，第55页。

⑥ 黄汝亨：《祭姚元素文》，《寓林集》卷二〇，第328页。

⑦ 据许重熙《皇明五朝纪要》，"八月，有旨谕，考选久滞，非困吝诸臣，恶生疑讦辨奏扰耳。汪若霖调外，吴正志、汪元功、黄汝亨、黄一腾降一级调外"(许重熙：《皇明五朝纪要》卷一〇，崇祯年间刻本)。据陈鹤等撰《明纪》，"考选科道，吏部拟上七十八人，知县新建汪元功、进贤黄汝亨、南昌黄一腾与焉。汪若霖以元功、汝亨为给事中陈治则所推毂，上疏劾二人嚣竞，吏部因改拟部曹。治则怒劾一腾。交构。帝以言官纷争，留部，疏逾年不下。朱赓及廷臣屡疏趣之，命乃下。而责若霖首倡烦言，并元功、汝亨、一腾各贬一级出之"(陈鹤等：《明纪》卷四六，江苏书局刊本)。另，黄汝亨降级调外一事，史学迁《言官论事有因一概处分失平疏》一文可作参考，见吴亮辑：《万历疏钞》卷一〇，万历三十七年(1609)刻本。

佳者逸去过半，未逸者暇日为辑之，得若干首，仍题之曰《素业》，付西爽氏"①。万历三十八年（1610）庚戌科，黄汝亨的门生中有10人进士及第。他编选这10位门生的时文，成《庚戌十门人稿选》。他说：

> 余不佞道术浮浅，非有洙泗典刑、河汾风范，而谬以文章之僻所至得士。庚戌榜，所尝从问字者凡十人。其人两吴、荆楚、西江、东鲁不同域也。其文远者十余年，近者数月。②

门生在科举考试中屡屡得中，这对黄汝亨来说是一种欣慰，同时也大大提高了他的名望。万历三十九年（1611），黄汝亨又编选了《素业四编》。他说，"山居无事，自品置泉石、酬应朋从而外，惟是潄艺论文为带来宿疾。二三子亦谬而尊予，予亦不自避匿。谓文章之权，冷毡所私，世人之所不争。凡三年集四方之士，计得文如千首，仍名曰《素业》，而次之为四编，以授梓人"③。

万历四十年（1612），黄汝亨55岁，他来到杭州，在西湖边授徒课业。黄汝亨说，"余不佞两年湖滨，四方之士亦有抱文过质者，余酬答亦未有倦。然以烟霞闲身饶为之"④。不久，他又得以在南京礼部任职。基于授徒课业的声名以及他身在礼部的优势，黄汝亨身边聚拢了更多的门生。江浙一带的士子纷纷前来求学。他的门生有王志庆，王氏"应童子试，不利，以例入太学。为祭酒顾起元、礼部黄汝亨所赏识，天启丁卯举于乡⑤；许邦靖"敦品力学，酷嗜《左》《国》，不喜读汉魏以下书，作文独辟境界。……为诸生，试辄冠军。然屡试不第，游学南雍，受知大司成黄汝亨"⑥。黄汝亨与这些门生的家庭也建立了良好的关系。黄汝亨说，"予始来白门，鲍生良思以弟子见，甚得也。久之，生言父松亭翁虽起家服贾，好与贤长者游，愿望见先生"⑦。黄汝亨授徒、选文，逐渐树立了全国性的声望。万历四十三年（1615），黄汝亨谈到自己授徒的情况说，"余寄官白门，三年内，四方从游之人以文质"⑧。如，刘格是河南商丘人，"万历丁酉举人，以古学自力……格丑中原文运之陋，欲力砥之。惧弗任也，乃走金陵，谒黄

---

① 黄汝亨：《题素业三编》，《寓林集》卷七，第51页。
② 黄汝亨：《庚戌十门人稿选序》，《寓林集》卷七，第43页。
③ 黄汝亨：《素业四编序》，《寓林集》卷七，第54页。
④ 黄汝亨：《西湖课艺序》，《寓林集》卷七，第56页。
⑤ 张鸿等：《（道光）昆新两县志》卷二六，道光六年（1826）刊本。
⑥ 杨受廷等：《（嘉庆）如皋县志》卷一七，嘉庆十三年（1808）刊本。
⑦ 黄汝亨：《寿鲍翁八十序》，《寓林集》卷二〇，第321页。
黄汝亨还谈到其门人方美征说，万历四十一年（1613），"黄汝亨率四方同学之士胡如川、余士忠、唐时等廿有余人……吾去年教授西湖，汝始来学，已，吾糊口南曹，汝又来从吾游。今年春，汝朋益集，始议为坛，以课所业，汝闻言欣欣凡三赴"（黄汝亨：《祭门人方美征文》，《寓林集》卷二〇，第327页。）
⑧ 黄汝亨：《素业六编序》，《寓林集》卷七，第56页。

仪部汝亨。日与其门人马元调辈讲明先正之学，共推临川陈大士、东乡艾千子，以上达于王唐，为文章正宗。久之，学成而归，终无知之者。遂绝意仕进，延浙江宋羽皇于家塾，以教伯愚与其甥吴伯裔、伯胤，务以黜浮靡、敦古道为归"①。在南京时期，黄汝亨编订的时文选本有《壬子墨选》《癸丑墨选》《丙辰房稿选》，这是选举人、进士中式之作而成的选本；他还有《癸丑门人稿选》《素业五编》《素业六编》，这是他选门生的时文而成的选本。

万历四十五年（1617），黄汝亨调到江西任提学佥事，后升任布政使司参议②。据《（光绪）江西通志》，黄汝亨"出督江西学，屏绝请托，衡文一以先民为法。临川陈际泰、东乡艾南英皆其首录士也"③。在此期间，他编选有《吉州校士录》《江州校士录》《江西校士录》《西江巨观录》等。

二

黄汝亨在中进士之后，选录门生之作，编成了大量时文选本（见表3-1）。他于万历四十五年（1617）年提调江西学政之后，编订了《吉州校士录》《江州校士录》以及《西江校士录》等，我们将这些选本归为校士录或者观风录一类。要考察校士录、风士录等在科举制度中的作用，我们可以从选本与官方权力关联的紧密程度着手，将选本分为三个层级：乡会试录、校士录以及坊间刻本。

校士录是府州的学政校试生员后，根据考试情况，编订与试士子的时文而成的选本。以乡会试录为参照，考察校士录的性质，我们可以看到，校士录是官方乡会试录的变体。较早的具有校士录性质的选本是正德年间周用编订的《南雍文会》，嘉靖年间张时徹编订的《品士录》，嘉靖十九年（1540）杨宜编订的《崇雅录》，嘉靖三十五年（1556）瞿景淳等编订的《春秋汇稿》，骆问礼编订的《私试程文》等。到了万历年间，校士录、下车录的编订形成了热潮。黄汝亨的前辈王世贞、茅坤等人都为这类选本写过序。王世贞为李姓官员编选的《风士录》作序说：

---

① 田兰芳：《刘文学传》，见田兰芳：《逸德轩文集》下卷，康熙二十六年（1687）刘榛等刻本。

② 黄汝亨在《白门草自序》中说，自己"官白门五年"（黄汝亨：《白门草自序》，《寓林集》卷三，第653页）。另据蒲秉权《三不死记》载，万历四十五年"丁巳夏令海昏时，学使者黄贞父先生行部江州"（蒲秉权：《三不死记》，见蒲秉权：《硕薖园集》卷四，光绪元年（1875）蒲荫枚手拙斋刻本）。

③ 刘坤一等：《（光绪）江西通志》卷一二七，光绪七年（1901）刻本。

黄汝亨收有众多门生，其中江西省的士子有涂伯昌、杨兆隆等人。据《（同治）建昌府志》，"涂伯昌，字子期，新城人。尝负笈西湖，从黄汝亨学，才识为一时冠。督学蔡懋德一见叹异，拔第一。已而，汝亨司江西学政，邀伯昌见，谢不往。或曰：向者求师千里，何恝然也。答曰：向者千里往见余师，岂见督学哉"（邵子彝修，鲁琪光纂：《（同治）建昌府志》卷八，同治十一年（1872）刻本）。据《（道光）瑞金县志》，"杨兆隆……年二十，为学使黄汝亨所首拔。……崇祯丁卯，省试归，舟过临江横梁，夜半遇盗，同二谢俱赴水死。维节私谥之曰刚慧。陈际泰为作传，张溥作志铭，艾南英表其墓，并选其制艺入《明文定》《明文待》中"（蒋方增：《（道光）瑞金县志》卷八，道光二年（1822）刻本）。

表 3-1 　　　　　　　　　黄汝亨中进士后编订时文选本的情况

时间	一代之选	门生之作	文献依据
万历二十八年（1600）		《坛石山素业》	《坛石山素业序》
未详		《坛石山素业三编》	《坛石山素业三编序》《题素业三编》
未详		《素业三编》	《题素业三编》
万历三十八年（1610）	《西戌墨卷》		据《题壬癸墨选》，"西戌时，予曾有墨卷选"； 据《素业四编序》，"先是，西戌诸卷之刻，嗜文者或奉之为祭酒"
		《素业四编》	《素业四编序》
		《庚戌十门人稿选》	《庚戌十门人稿选序》
万历四十年（1612）	《壬子墨选》		据《题癸丑墨选》，"予已有《壬子墨选》"
万历四十一年（1613）	《癸丑墨选》		《题癸丑墨选》
	《壬癸墨选》		《题壬癸墨选》
		《癸丑门人稿选》	《癸丑门人稿选序》
万历四十二年（1614）		《素业五编》	《素业五编序》
万历四十四年（1616）		《素业六编》	《素业六编序》
	《丙辰房稿选》		《丙辰房稿选序》
万历四十五年（1617）		《吉州校士录》	据《启王抚台太蒙》，"某自受官钟陵，至今凡十八年……《吉州校士录》昨已呈览"
万历四十六年（1618）		《江州校士录》	据《复胡侍御》，"江州事竣，无可报琼，即以所刻校士诸录请政"
		《西江校士录》	《西江校士长序》
万历四十八年（1620）		《重刻西江校士录》	《重刻西江校士录序》
		《西江巨观录》	《西江巨观录序 代》
未详	《三先生墨选》		据《墨卷选序》，"太史汤嘉宾、张世调两先生登坛自命，为世导师……乃汇两太史所评，合以予评，而概题之曰《三先生墨选》"

　　侍御李公按吾吴四郡，辒轩所经，以公车之业试士，而录其尤以风者也。称风者何？缘诗起也，若列国之有风云。吾吴风之在诗者，故轻靡以华胜，今而华实衷矣。在公车业者，故纯雅有方。①

---

① 王世贞：《风士录序》，《弇州山人续稿》卷五五，第 724 页。

学政或者相关的官员在视察学校事务时，编订相关的选本，这成为万历年间的一种风潮。在黄汝亨的系列校士录之外，还有万历元年（1573）查志隆编订的《云间校士录》，王世懋在万历七年（1579）编订的《江西观士录》、万历十二年（1584）编订的《入闽式士录》，另外还有赵用贤在万历十六年（1588）编订的《讲院会录》。此外，还有《下车录》《萃英录》《课士录》《南雍衡雅录》《南雍录雅》《宣城课士录》《丁戊浙英录》《两浙观风校士录》《轮山课士录》《观风录》《南雍誉髦录》《校士录》《三辅校士录》《征行录》《二十三士春秋制义》《观艺录》《风士录》等。

　　黄汝亨等人在编订校士录时，职责和身份都非常明确：他们是官员，职责是负责学校及科举考试的事务，或者其他相关的政治事务。但是，校士录等并没有被纳入严格的官方考试制度的范围。这些选本具有明显的非官方的性质。与乡会试录相比，这些选本在性质、功能等各方面都发生了变异。首先，官方编订的乡试录、会试录在时间的维度上具有连续性和延续性，黄汝亨等编订的校士录具有非常大的自主性、随意性。学政可以根据个人的意愿，决定是否编纂校士录。他们可以自由地编纂这类选本，也可以不事编纂。如，黄汝亨"提衡江以西十三郡之士"①，成《西江校士录》。在黄汝亨之前及之后，校试江西的官员一般只参与官方乡试录的编纂工作，而很少编订校士录。其次，从收录时文的规模和数量上看，与乡会试录相比，校士录、观风录等在编纂上也有着较高的自由度。乡会试录在体例上具有规范化、程式化的特点。乡会试录一般选士子程文20篇，其中，经义13篇，论1篇，表1篇，策5道②，在内容上要三场并重。学政在编选校士录时，则可以根据个人对考试情况的判断，自由地取舍。如，赵用贤于万历十六年（1588）编订的《讲院会录》就具有校士录的性质，赵用贤"取丁亥秋迄于戊子五月所试讲院士，得数十余人，拔其文之不甚诡于禁令者，得百二十首，命工锓梓，广示学官弟子"③。再次，校士录的刊刻主体也具有灵活性，可以是地方政府刊刻，也可以是私人校刻。如，黄汝亨编订的《西江校士录》在万历四十六年（1618）经江西地方政府刊刻后，万历四十八年（1620），黄汝亨的"门人钟瑞先再为校刻而流通之"④。另外，对普

---

　　① 黄汝亨：《西江校士长序》，《寓林集》卷一，第 621 页。

　　② 参见屈万里主编：《明代登科录汇编》。另，弘治十七年（1504），罗玘在《拟河南乡试录序》说，"文取可试者二十篇"（罗玘：《拟河南乡试录序》，见罗玘：《圭峰集》卷一〇，《景印文渊阁四库全书》本，第 210 页）。嘉靖十九年（1540），杨慎在《贵州乡试录序》中说，"梓其善文二十篇为录以献"（杨慎：《贵州乡试录序》，见杨慎：《升庵集》卷三，《景印文渊阁四库全书》本，第 56 页）。万历七年（1579），汪道昆在《山西乡试录序》中说，"文二十首，将籍以献"（汪道昆：《山西乡试录序》，见汪道昆：《太函集》卷二三，《续修四库全书》本，第 345 页）。万历十六年（1588），杨起元在《福建乡试录序》中说，"录其文之合式者二十篇以献"（杨起元：《福建乡试录序》，见杨起元：《杨复所先生家藏文集》卷三，《四库禁毁书丛刊》本，第 87 页）。天启七年（1627），倪元璐在《江西乡试录序》中说，"镂文二十篇以献"（倪元璐：《江西乡试录序》，见倪元璐：《倪文贞集》卷六，《景印文渊阁四库全书》本，第 176 页）。

　　③ 赵用贤：《讲院会录小叙》，见赵用贤：《松石斋集》卷八，《四库禁毁书丛刊》本，第 265 页。

　　④ 黄汝亨：《西江校士长序》，《寓林集》卷一，第 621 页。

通的乡间士子来说，校士录不具有"献上"的功能，这保证了它的真实性，它能够如实地反映士子的写作水平和思想观念。乡会试录的程文有严格的规范，又经过主司的重新修整，在真实性、可读性上远远不如士子自己所作的程文。对于那些没有取中的士子来说，校士录具有更为重要的参考价值①。

校士录与乡会试录的根本不同还在于，从形式上看，校士录、观风录是对乡会试录的摹仿，但是，这类选本在功能上却发生了根本性的变异。乡会试录的基本功能是献上，是呈给皇帝的上行性文件；而万历年间的校士录、下车录等则主要起到了行卷的功能，编纂者的目的主要是推扬后学的声名。

行卷，是万历年间的校士录以及坊间刻本衍生出的全新的功能。自正德年间起，选家就开始将自己编订的选本赠送友朋。蔡清多次寄送自己编订的《精选程文》。蔡清在寄送时文选本时，大约是出于推扬个人时文观念或者是出于交游的需要，而不是从门生的立场出发。《精选程文》选入的是中式士子的程文，也不可能生发出行卷的功能。嘉靖年间，归有光等人编订的选本以及个人八股文集选入未中式士子的时文，这些选本开始发挥行卷的功能。到了万历年间，随着整个社会参与科举的程度越来越高，八股文选本、八股文集越来越多地涌现出来，这些选本的行卷功能由隐性的转变成为显性的。

黄汝亨在任学政时，往往将选本寄送给那些身处官方体系之内，可以影响、制造社会舆论的官员，甚至寄给直接主持乡会试的官员。万历四十五年（1617），黄汝亨编选有《吉州校士录》。这部选本是他督学江西各地时，在吉州考察士子时编订的选本。黄汝亨将《吉州校士录》寄呈给王佐说，"《吉州校士录》昨已呈览，伏惟俯赐指摘"②。据《鄞志稿》，"王佐，字翼卿，号太蒙。万历十一年进士，授工部营缮主事。……迁江西南昌府。……历升本省提学副使，按察使、右布政使，皆在江西。……召入工部尚书。……卒年七十三，加太保，谥庄简"③。黄汝亨还向王佐着力推荐了吉州的几位士子：

> 如康元穗之博雅、江中龙之高迈、严尧日之静渊，才学并诣，世所共珍，某尤爱重之。……陈维智，某素知其名行，见重乡评，外朴内理，宜展其用。某临行，刘石间公祖数以为言，命转台台，渠亦非私情也。吴世卿端方博练，在某门墙，久亦稔知之。④

---

① 对于乡间士子来说，中举、中进士给个人、家族带来的荣耀，是他们参与科举考试的重要动力。但是，隆庆以后，中举、中进士的概率越来越小，在这种情况下，中举、中进士渐渐变得可望而不可及。那种荣耀感在大多数时候也只停留在想象之中，或者对考中者的艳羡之中。在日常生活中，这些选本对他们的肯定和褒奖对这些士子具有更直接的，也更为重要的意义与价值。

② 黄汝亨：《启王抚台太蒙》，《寓林集》卷二八，第451页。

③ 蒋学镛：《鄞志稿》卷九，《四明丛书》本。

④ 黄汝亨：《启王抚台太蒙》，《寓林集》卷二八，第451页。

黄汝亨还把《吉州校士录》《西江校士录》等寄呈给他的座师吴默。他说：

> 外刻《校士录》呈览正，不肖亦既竭心血于此官，惟恐负师鞭策盛心。①
> 《吉州校士录》刻成，谨呈览二册，望赐批削。②

据《（同治）苏州府志》，"吴默，字因之。……万历二十年会试第一，授兵部主事，历礼部郎中，迁尚宝司丞，进少卿。……改通政司参议，历左通政，擢太仆寺卿，以病免。崇祯中卒。年八十七。初吴江知县……晚，徙家吴门，是时缙绅文震孟、姚希孟，举人朱陛宣、张世伟、杨廷枢辈并以文章气节重乡里，默恒为之首"③。黄汝亨还曾把《西江校士录》寄给丘兆麟。他说，"校阅既竣，应有解卷呈部，以待衮鉞，以所刻副本，将上道眼，以毛伯臭味之同，能惜齿牙而令吾道坐困耶"④。丘兆麟（1572—1629），字毛伯，万历三十八年（1610）进士，历任云南道御史、河南巡抚、通议大夫、兵部左侍郎等职。黄汝亨还将他编订的系列校士录寄给其他熟识的人。这些人包括朱之蕃、陈于廷、祁承㸁、邓渼、方应祥等。黄汝亨说道：

> 顷过宜阳，方能遣一介之使，其《申言》与《校士录》，则职司所报亡状也。伏惟鉴观得失而赐之指南焉。⑤
> 南赣、袁州三府《校士录》刻成，上呈法眼。⑥
> 《校士录》刻完帙，解部以一册呈法眼览政。……兄裁定一言，指我南车。望望。⑦

---

① 黄汝亨：《启吴安节先生》，《寓林集》卷二八，第474页。
② 黄汝亨：《启吴安节荐师》，《寓林集》卷二八，第469页。
③ 李铭皖修，冯桂芬纂：《（同治）苏州府志》卷一〇五，光绪九年（1883）刊本。
④ 黄汝亨：《与丘毛伯》，《寓林集》卷二八，第471页。
⑤ 黄汝亨：《启朱兰嵎少宗伯》，《寓林集》卷二八，第475页。
朱之蕃（1548—1624），字符介、元介，号兰嵎、定觉主人。万历二十三年（1595）殿试第一。授翰林院修撰，历官谕德、庶子、少詹事，进为礼部侍郎，改吏部。万历三十三年（1605）奉命出使朝鲜。天启四年（1624）卒，赠礼部尚书。
⑥ 黄汝亨：《启按台陈中湛》，《寓林集》卷二八，第481页。
陈于廷（1566—1635），字孟谔，号中湛，又号湛如，又号定轩，宜兴人。万历二十三年（1595）进士。历知光山、唐山、秀水三县，征授御史。据《明史》，"父丧归。服除，起按江西。时税务已属有司，而中官潘相欲亲督湖口税，于廷劾其背旨虐民。淮府庶子常洪作奸，论置之法。改按山东"（张廷玉等：《明史》卷二五四，第6561页）。
⑦ 黄汝亨：《与祁夷度》，《寓林集》卷二八，第472页。
祁承㸁（1563—1628），字尔光，初号越凡，更号夷度，自名旷翁、密园老人。万历二十八年（1600）举人，万历三十二年（1604）进士。万历四十三年（1615），任江西吉安知府。后，任山东沂州同知，转河南按察金事。崇祯元年（1628）升江西右参政，未及赴任即病逝。著有《澹生堂集》。

172

《吉校士录》先刻成，奉览正，还赐一言定之。①

江州事竣，无可报琼，即以所刻校士诸录请政。②

校士全录奉览，有典有则，未之能合，或能不浮沉俗流耳。③

《校士录》刻有全帖，解之礼部，专上法眼，以为指南。惟赐一言定之。④

校录以刻全帙，载呈法眼。⑤

黄汝亨之所以将他编订的校士录广为呈寄，原因当然是复杂的。但是，其中一个最重要的原因就是，这些选本实际上起到了行卷的作用。

黄汝亨将这些时文选本作为门生的行卷，这并不是偶然的，而是万历年间的一种常态。万历年间，许多人都谈到坊间选本也具有行卷功能。他们往往把这些八股文选本或八股文集称为"行卷"。如：

制义行卷，悬咸阳，走鸡林，莫不诧为神奇。⑥

自吾为诸生时，多于行卷中见马先生制业，而知其为名流。⑦

余自结夏以来，悠悠玩废，客有以行卷投者，多庋之高阁。⑧

邑之后出者曰梅子、程子、张子，甚才而锐于里社之外，自为一曹。一日，以其行卷来质。⑨

敝帚之业，半在行卷中，然久而厌苦之，亦不复多应矣。余今日订是编也，乃重有感焉。⑩

吾党蒋士衡氏独提衡此道，口说手批，几夺毗陵海虞之席，且含其实而摽其

① 黄汝亨：《与邓远游同年》，《寓林集》卷二八，第481页。
邓渼(1569—1628)，字远游，号壶邱，自号箫曲山人。万历二十六年(1598)进士。历任内黄知县，擢河南道御史。累升云南巡抚。
② 黄汝亨：《复胡侍御》，《寓林集》卷二八，第484页。
③ 黄汝亨：《与周子旦》，《寓林集》卷二八，第475页。
④ 黄汝亨：《与方孟旋》，《寓林集》卷二八，第475页。
⑤ 黄汝亨：《与李还素方伯》，《寓林集》卷二八，第479页。
据《(道光)贵阳府志》，"李还素，字养田……中万历四十六年乡试，授龙阳教谕，以卓异擢云南府同知。……晋浙江盐运副使加参政。……又二年，升广东布政使，奉檄巡海。巡毕，卒于官"(周作楫：《(道光)贵阳府志》卷七四，咸丰年间刻本)。
⑥ 胡维霖：《明赠光禄卿四川按察司副使台晋骆公神道碑》，见胡维霖：《胡维霖集·长啸山房稿》，崇祯年间刻本。
⑦ 徐允禄：《太仓马司训去思碑记 代》，《思勉斋集·文集》卷九，第278页。
⑧ 姚希孟：《癸丑十八房选序》，《响玉集》卷九。
⑨ 缪昌期：《问世编序》，见缪昌期：《从野堂存稿》，崇祯十年(1637)缪虚白刻本。
⑩ 姚希孟：《行卷自序》，《响玉集》卷十。

华，举数年来春秋两闱之行卷，缙绅学士之家藏，无不萃而选之。①

还有些人将自己的八股文集或者编订的选本直接命名为"行卷"。如，姚希孟写有《行卷自序》，方应祥写有《镌管元会行卷引》，缪昌期写有《李仲开行卷序》，卓发之写有《张来初行卷序》及《张午卿行卷序》等②。当然，也有人对这些具有行卷性质的八股文选本提出质疑。如，骆日升说，"比来行卷充栋汗牛，无问智愚，奉为信贷，转相持扯，第以诵记为捷径"③。从这里，我们可以看到，万历年间，无论人们对这些选本持肯定还是否定的态度，他们都一致认为，这些选本起到了行卷的作用。

行卷，必须要起到推荐的作用，而这种作用、功能是在日常的交往中得以实现的。在坊间选本和学政选本的相互参照下，我们可以看到，坊间的八股文选本虽然具有行卷的目的和动机，但是，在现实生活中，未必能直接起到行卷的效用。真正能起到行卷作用的，当属学政刻的这些下车录、校士录等。万历年间，坊间刊刻的选本数量猛增，但是，选权不在普通的选家手中，而是在学政手中。

三

黄汝亨等人进入官方权力体系之后，就会从朝廷的立场出发，确认八股文作为官方考试文体的合理性、合法性。万历年间，这些校士录与官方规范化的乡会试录，以及坊间刻本一道，确证了八股文作为科举考试文体的合理性与合法性，并试图重新恢复八股文应有的品格，重新提高整个社会对科举制度的认同度。

自嘉靖年间，社会上就出现了对科举制度的负面批评。到了万历年间，这种质疑的声音越来越强烈。但是，这些质疑者往往持理性的态度，他们是抱着接纳、改革这种制度的态度，而不是摧毁这种制度的态度展开批评的。如，黄汝亨的好友袁宏道在《用人》一文中谈到，作为一种官员选拔制度，科举考试确实存在种种缺陷。但是，他认为，弊端是不可避免的，这些弊端甚至自有其存在的合理性：

> 古今之法无全利、无全害者。夫大利大害之法，久之不见其利而见其害，率不数传而止。惟有一种常例之法，无论巧拙，皆能用之持之也。……世之取人用人亦若是而已矣。盖古用人、取人之法有乡举、有辟署等法，而今皆不能行，所存者止

---

① 张世伟：《蒋士衡诗经兰藻序》，见张世伟：《自广斋集》卷五，崇祯十一年（1638）刻本。以下引文出自《自广斋集》者，均同此版本。

② 行卷有可能是考中进士的士子的时文，他们在考中后，通过刊刻自己时文的方式，进一步提高自己的声名。如，万历四十一年（1613），经张凤翼作序的《拟同门稿》就是这样的行卷。张凤翼，字伯起，号灵虚，别署灵墟先生、冷然居士。张凤翼说，万历四十一年（1613），会试发榜后，士子"复各执行卷若干首，求寿，且乞不佞片言为玄晏"（张凤翼：《拟同门稿引》，见张凤翼：《句注山房集》卷一四，《四库禁毁书丛刊》本，第276页）。

③ 钱士升：《同门稿序》，见钱士升：《赐余堂集》卷三，《四库全书存目丛书》本，第67页。

科目耳。①

　　袁宏道说，在任何一个社会中，没有哪种制度是"全利"或"全害"的，科举制度也是如此。科举制度存在很多弊端与缺陷，但从整体上看，这一制度本身是良性的。自古以来，选拔人才有乡举、辟署等方法，但早已废弃不用，只有科举制度保留下来。这正说明，科举制度作为一种"常例之法"，其弊端和优越性同在。利弊同生、共存，这保证了科举制度被长久地"持之用之"。

　　在整个社会对科举制度进行反思、对八股文的认同度逐渐下降之时，黄汝亨也敏锐地看到八股文写作中的弊端。他说，"其文之至者，固亦可以通道。而浮者特为比偶色泽之工，以媚有司。……上所观，下所习，渐靡使然也"②。黄汝亨力图通过编订选本的方式，确认八股文作为科举考试文体的合理性及合法性，同时也改变时文写作中的不良习气。

　　黄汝亨认识到，整个社会重第一场的风气已无可改变。明代前中期，科举考试三场并重。自成化、弘治年间开始，第一场渐重，这是官方和士子在科举制度作用下无意识的也是共同的选择。到了万历年间，在科举制度下，八股文作为核心的考试文体，它的地位得到进一步的巩固。黄汝亨对选家只重第一场，"制策而递变为经义之选"③的风气表示认同。他编订的大量八股文选本就是直接的明证。黄汝亨编订的科举读物有近40部，其中与科举考试中的论、策相关的选本只有一部——《古奏议》。《古奏议》选秦汉至唐宋时期的论、策、疏、奏等。黄汝亨重经义，忽视论、策的态度，并不是孤立的。与黄汝亨同时，也有人从更长的时段着眼，谈到科举考试内容的转变。他们立足于国家考试的立场，阐明以经义取士的合理性、合逻辑性：

　　　　自宋罢词赋用经义，而国家因其法，得士为盛。说者谓经义诠理译圣，可以束人流遁之志，而降其债骄。故法为蓁善。词赋一道，足穷寒肤啸腹者，然取境宽而用物广，不若经义有常仪的，不失秋毫也。故其道为蓁微。二百年来，鸿生巨儒率由斯轨。④

钱士升还谈到第一场经义渐生弊端的必然性，他说，"乃至今日而浸靡浸薄，不无风流波荡之感，岂法久而敝耶"⑤。这实质上是在承认科举制度的弊端的基础上，有意识地为经义的合法性进行辩护。经过这样的逻辑论证过程，我们可以看到，明代万历年间，

　　① 袁中道：《用人》，见袁中道著，钱伯城点校：《珂雪斋集·珂雪叁前集》卷一九，上海古籍出版社1989年版，第580页。
　　② 黄汝亨：《两浙观风录 代》，《寓林集》卷七，第62页。
　　③ 黄汝亨：《两浙观风录 代》，《寓林集》卷七，第62页。
　　④ 钱士升：《同门稿序》，见钱士升：《赐余堂集》卷三，《四库全书存目丛书》本，第67页。
　　⑤ 钱士升：《同门稿序》，见钱士升：《赐余堂集》卷三，《四库全书存目丛书》本，第67页。

当八股文作为官方的考试文体成熟、定型时，时人对这种文体有过认真的反思，他们也清楚地看到，以八股文取士肯定存在弊端，但是，他们更坚定地认为，在科举考试中，以第一场经义为重，是最为优化的选择。

作为官员，黄汝亨也清楚地意识到，时文写作中存在着种种弊端。他试图在坚持经义取士的前提下，扭转经义写作中的不良风气。黄汝亨认为，只要能真正做到"正文体"，就能充分地发挥八股文在科举考试制度中的作用。黄汝亨认为，天地的灵秀生机皆见之于文章。他说，"人者，天地之心也，万物之灵也。而士称人中之秀，苟孕灵心，从事乎问学，身在奥漠，无可以自见，则见之乎文章"①；"文者，言语之华而政事之先，故其人之贞邪，学之醇疵，关乎天下之理乱盛衰者"②。只要八股文的文风、文气得以纠正，就能起到正士习的作用。黄汝亨校试士子、编订校士录的目的之一就是要"正文体"。他说，"幸竣七郡试事，劳心磨眼，不知于文体士风有裨益否"③。黄汝亨在给友人的信中，也反复地表达了自己对"正文体"的看法：

> 弟以拙性老眼，持迂阔绳墨之论，自附有道，不欲失硁硁之本色耳。奉余教，强支吾十二郡，将竣事，不至有大过。所录文不能如将坛所指挥，亦不令琐尾放浪之子以似才市柜见欺。……风便还答一言，以安拙愚、救后误，则为德大矣。④

> 诸生文近多不能守其师说，而漓其质干以附于文采，弟俱不许。其至者自是针芥之投也。……续刻《校士录》奉览，而抚建南昌者多奇，未竣刻。⑤

> 《校士录》刻有全帙呈览，小序似迂狂。究之气运驱使，士亦不知。惟有道先生坐照其故，还裁定一言，以为赤符。⑥

> 《校士录》刻有全帙。……所取文正而不板，法眼以为如何？⑦

黄汝亨在编订时文选本时，屡屡强调"正文体"，强调自己"所取文正而不板"，自有其合理性。当我们以唐代的科举考试为参照，就可以更明了明人"正文体"这一诉求所包含的内在的合逻辑性。在唐代科举考试制度下，进士一科试诗赋，明经科试经大义。诗赋作为特定的文体，它的核心要素是情感、意绪。诗赋的作者关注的是表达情感的"度"，也就是传统诗论强调的"好色而不淫"、"怨悱而不乱"。隋唐时期，经大义仍是口试的形式，还远未形成文体的形态，自然也就不存在"体"或者"格"的要求。到了明代，科举考试第一场经义以四书五经为本，经义在万历年间定型、定体之后，由唐代科

---

① 黄汝亨：《西江校士长序》，《寓林集》卷一，第 621 页。
② 黄汝亨：《西江校士长序》，《寓林集》卷一，第 621 页。
③ 黄汝亨：《与玄津法师》，《寓林集》卷二八，第 486 页。
④ 黄汝亨：《与葛屺瞻》，《寓林集》卷二九，第 508 页。
⑤ 黄汝亨：《与温员峤同年》，《寓林集》卷二九，第 510 页。
⑥ 黄汝亨：《与邹南皋先生》，《寓林集》卷二九，第 503 页。
⑦ 黄汝亨：《与吴伯霖》，《寓林集》卷二八，第 481 页。

举考试下的诗赋重个人情感、情绪的表达，以及经大义重士子记忆能力的考察，转而将士子的关注点引向思想、观念的阐发与表达。莫如忠谈到这个问题说，"国家以时义程士，非务记诵占毕、以文辞竞丽为也，将使订传离经，推明作者之志，以观理义之养其心者何如而举错之，悬衡于是乎寄焉云尔"①。在任何特定的时代，一个人的思想观念、价值判断有着正误之分。从这个角度看，黄汝亨等万历年间的选家无论是作为非官方化的经师，还是作为具有官方色彩的学政，他们在编订选本时，屡屡强调"正文体"，这与八股文这种考试文体的特性有关。

明代万历年间出现的校士录与乡会试录一道，确证了科举考试以第一场经义为重，以及官方"正文体"的合理性与合法性。

第五节　万历年间的其他选家

要了解万历年间八股文编选的情况，我们既要从黄汝亨这位具有代表性的选家入手，同时，也要较为全面地梳理这一时期出现的其他选家。万历年间，涌现出了无以数计的八股文选家。有些人来自同一家族，有些人是师生的关系，有些则来自同一交游圈。他们编订的时文选本甚至具有了与科举考试对等的力量。如，王世贞谈到，《风土录》这部选本"仅百余篇，云世之小公车业者"②。

一

王世贞整个家族在时文选本的编订方面都投入了相当多的精力。

王世贞（1526-1590），字元美，号凤洲，又号弇州山人，太仓（今江苏太仓）人。嘉靖二十六年（1547）进士，授刑部主事，屡迁员外郎、郎中，又为青州兵备副使。后，迁浙江右参政、山西按察使，历广西右布政使，入为太仆寺卿。历任南京刑部右侍郎、南京兵部右侍郎，擢南京刑部尚书。著有《嘉靖以来首辅传》《觚不觚录》《弇州山人四部稿》等。王世贞另有《科试考》，搜集、整理了明初至万历年间科举考试的基本情况。

王世贞于隆庆四年（1570）任山西乡试考官，于万历四年（1576）任湖广乡试考官。他参与编订了《山西乡试录》《湖广乡试录》，并写有序。王世贞编订的时文选本有《四书文选》。这部选本是王世贞在指导门生研习举业的过程中编订的。王世贞谈道，"吾故择其精者以梓而示诸书生。夫非欲诸书生剽其语也，将欲因法而悟其指之所在也"③。我们可以看到，明代中后期，时文选本成为考生的"记诵套子"④，王世贞也清醒地注意到士子写作中的这种倾向。但是，在这股编订热潮中，他必须顺应这种编选方式，

---

① 莫如忠：《下车录序》，见莫如忠：《崇兰馆集》卷一〇，《四库全书存目丛书》本，第 267 页。
② 王世贞：《风土录序》，《弇州山人续稿》卷五五，第 724 页。
③ 王世贞：《四书文选序》，《弇州山人续稿》卷七〇，第 45 页。
④ 归有光：《山舍示学者》，《震川先生集》卷七，第 151 页。

"择其精"以昭示法度。王世贞还试图对社会上只重第一场的现象给予合理的解释。他说，科举考试三场的义、论、表、策各有其特定的作用，但是，第一场经义在科举考试中起到了越来越重要的作用：

> 明兴而始三试士，各以其日，为经书义以观理，为论以观识，为表以观词，为策以观蓄。然其大要重于初日以观理者，政本也。①

他还谈到，自己的《四书文选》专选四书义，而不选五经义，原因在于，"时义之为经五，而为书四。五经人各治其一，而四书则共治之"②。在科举考试中，四书是士子共同阅读的必考书目，而五经义则人人各治一经。王世贞一方面认同科举考试三场发展的不均衡，另一方面，他也试图纠正这种偏颇。在举业与辞章的关系问题上，他的态度也是如此。王世贞谈到词赋与经义无法兼容。他说，"今诸书生习经术者，不复问词赋以为何物，而稍名能词赋者，一切弁髦时义而麾弃之，以为无当也，是皆不然。自隋试进士以明经与词赋并，至宋熙宁世，始绌词赋不用，而所谓明经者，第若射覆取答而已，其不能彬彬兼质文，固也"③。另一方面，他又将时文与古文纳入共同的系统。他说，"唐以诗试士而诗工，则省试诗自钱起、李肱而外，胡其拙也。谓明以时义试士，而不能古，则济之、应德，其于古文无几微间也"④。

王世懋是王世贞的弟弟。王世懋（1536—1588），字敬美，别号麟州，时称少美。嘉靖三十八年（1559）进士。历官太常少卿、尚宝县丞、江西参议、陕西学政、福建提学，官至南京太常寺少卿。万历元年（1573），王世懋任江西参议。他谈到，自己"承乏江右"，"每所至郡，循故事，命有司简士而试其文，辄录其尤者，合而梓之，得若干篇"⑤，选有《江西观士录》。万历十二年（1584），王世懋任福建提学。这一年，"八闽之督学使者归诏，即世懋起家，代之任。于时迫冬，驰入闽部，驱指试八郡士，半载间，大比期及矣"⑥。万历十三年（1585），王世懋在福建各处视学，编有《八闽式士录》。王世懋说，"始自二月，迄七月终，竟八郡一州，凡取士三千余人，而择其文之善者，与司理刘君商而刷之，得若干篇，命之曰《八闽式士录》"⑦。

王世贞的次子王士骐、季子王士骏也致力于八股文选本的编订。

王士骐（1566—1601），字房仲，世贞次子，"工制义及古文词，世贞特奇爱之"⑧，

---

① 王世贞：《四书文选序》，《弇州山人续稿》卷七〇，第 45 页。
② 王世贞：《四书文选序》，《弇州山人续稿》卷七〇，第 45 页。
③ 王世贞：《四书文选序》，《弇州山人续稿》卷七〇，第 45 页。
④ 王世贞：《四书文选序》，《弇州山人续稿》卷七〇，第 45 页。
⑤ 王世懋：《江西观士录序》，《王奉常集》卷九，第 214 页。
⑥ 王世懋：《八闽式士录序》，《王奉常集》卷九，第 208 页。
⑦ 王世懋：《八闽式士录序》，《王奉常集》卷九，第 214 页。
⑧ 王昶：《（嘉庆）直隶太仓州志》卷二六，嘉庆七年（1802）刻本。

"以父元美先生尚书荫为官生"①。王士骕年轻时，就与黄汝亨结社，并与黄汝亨以及弟弟王士骏共同选有《行素编》《广行素编》等。《广行素编》选王士骕、王士骏兄弟以及地方名士的时文。方应选在《广行素编序》中说，"宇泰赤帜于兰陵，孟常清标于就李，辰玉踵龙门而首跃，志行伏骥足而高骧，孟健排雁行而横绝，延之指鸥溆而冲举，元玉搜骊珠而朗照。其它英雄辈出，各匠其意，靡不谐声"②。

万历二十二年（1594），王士骕居于家乡，因事入狱③。后，"免于赤诛"④，很快被放归。之后，约有 5 年的时间，王士骕不问世事，也不参与选文的活动。他说，"余自遭世难后，辍笔五载，名姓不入铅椠之业久矣"⑤。大约在万历二十六年（1598）、万历二十七年（1599），乡间后学纷纷跟随王士骕研习举业。王士骕谈道，"戊巳之岁，复有问艺于余者"⑥。他开始编订时文选本。继早年编选的《行素编》《广行素编》之后，王士骕又编选了《续行素编》《四子行素编》。他谈到《续行素编》说：

> 余至以蜚祸，不入士籍。然臭味是同，结习未尽，于此道不无自喜。……间从问艺者谭当日盛事，齿津津焉。辄用前例，选《续行素编》，其人皆吾邑人也。⑦

他还强调这部选本的地方性特征说，"世之谭文者，知有吾吴也，谭吴文者知有吾党也。吾党之文，实无以喻他邑"⑧。在《续行素编》的基础上，他还挑选出自己和王士骏、王梦周、王衡四人的八股文，成《四子行素编》⑨。他说，"其地相若，学相似，交相终始者惟伯栩梦周、辰玉衡、家闲仲士骏耳"，"于是乎出其所辑，授之剞劂，以见

① 徐允禄：《亡友论赞·王房仲》，《思勉斋集·文集》卷九，第 275 页。

② 方应选：《广行素编》，见方应选：《方众甫集》卷五，《四库全书存目丛书》本，第 237 页。

③ 据许重熙《宪章外史续编》，"四月朔。……江南巡抚朱鸿谟奏擒聚谋不轨，监生丹徒丁邦相、金坛赵州平、无锡秦登、太仓王士骕、上海乔一琦、常熟谭应明等，付所司即讯。邦相等皆豪富子，放诞无忌者"（许重熙：《宪章外史续编》卷九，《续修四库全书》本，第 178 页）。据王昶《（嘉庆）直隶太仓州志》，当时的具体情况是，"传有海警，士骕以兵曹在假，鸠众习射，捍卫乡井。士骕更招聚村勇角艺于家，或以招纳亡命潜之。当路下檄捕治"（王昶：《（嘉庆）直隶太仓州志》卷二六，嘉庆七年（1802）刻本）。

④ 孔贞运：《明资政大夫正治上卿兵部尚书节寰袁公墓志铭》，见孔贞运：《鲁斋集》卷六，《景印文渊阁四库全书》本，第 309 页。

据《明资政大夫正治上卿兵部尚书节寰袁公墓志铭》，"王士骕、乔一琦等，吴中狂生也。会闻海上倭警，因招集乡勇，挟弓矢以自卫。修郄者以谋逆中之，抚按为之色变。公廉其无他，百口保焉。后会鞫，果不得实。而书生之得免于赤诛者，皆公再造也"（孔贞运：《明资政大夫正治上卿兵部尚书节寰袁公墓志铭》，见孔贞运：《鲁斋集》卷六，《景印文渊阁四库全书》本，第 309 页）。

⑤ 王士骕：《题自选戊巳稿》，《中弈山人稿》卷四，第 622 页。

⑥ 王士骕：《题自选戊巳稿》，《中弈山人稿》卷四，第 622 页。

⑦ 王士骕：《四子行素编序》，《中弈山人稿》卷四，第 600 页。

⑧ 王士骕：《续行素编稿序》，《中弈山人稿》卷四，第 627 页。

⑨ 王士骏，字闲仲，王世懋次子，万历二十二年（1594）举人。有文才，著有《摄月楼诗稿》。

吾邑之盛，而检吾四人之作，别为一编，以见当日相与之私"①。此后，王士骕又编订了多部八股文选本。

在王士骕的诸多选本中，影响较大的是《戊戌十八房稿》。这部选本分为上、下两集，编录了万历二十六年(1598)戊戌科进士的五经文。万历二十九年(1601)辛丑科试后，王士骕又选有《辛丑十八房选》。王士骕的十八房稿一出，立即形成了特定的编选模式。此后，历科十八房稿"骎而十许家矣，骎而数十家矣"②。房稿，就是进士的日常课业。万历初年，就有人在进士的会试程文之外，甄录进士的日常课业编订成选本。所谓"十八房"，是指会试中总裁、考试官、同考试官共18人，分阅五经。据顾炎武《日知录》，"今制，会试用考试官二员，总裁、同考试官十八员，分阅五经，谓之十八房"③。嘉靖三十五年(1556)，瞿景淳等人编订的《春秋汇稿》就是后来房稿的雏形。到了万历初年，社会上涌现了大量的房稿。但是，前代的这些房稿尚未形成特定的编撰体例。选家大多根据自己的审美趣味、思想观念，任意挑选某些中式士子的日常课业。到了万历二十六年(1598)，王士骕在编订《戊戌十八房稿》时，有意识地选取十八房中各房进士的文稿。沈德符谈到王士骕的《戊戌十八房稿》说，"至戊戌则十八房俱全"④。方应祥也认为，"十八房稿"最初始于万历二十六年(1598)戊戌。他说，"夫房稿之盛行，自戊戌始也。当时选者二三家耳"⑤。之后，"十八房"、"十八房稿"成为万历时期一直到清代人们常常用到的一个概念，"十八房选"、"十八房稿"也成为非常重要的选

---

① 王士骕：《四子行素编序》，《中弇山人稿》卷四，第600页。

② 方应祥：《与子将论文》，《青来阁初集》卷九，第685页。

③ 顾炎武著，黄汝成集释：《日知录集释》卷一六，第208页。

④ 沈德符：《万历野获编》卷一六，中华书局1989年版，第318页。
明清易代之际，黄宗羲谈到王士骕的《戊戌十八房选稿》也说，"至戊戌而十八房始备。娄江王房仲《阅艺随录》，此选家之始也"（黄宗羲：《冯留仙先生诗经时艺序》，见黄宗羲著，陈乃乾编：《黄梨洲文集·南雷文案外卷》，中华书局1959年版，第265页）。顾炎武在《日知录》中也谈到王士骕的选本说，"杨子常彝曰：十八房之刻，自万历壬辰《钩玄录》始。旁加批点，自王房仲士骕选程墨始"（顾炎武著，黄汝成集释：《日知录集释》卷一六，第208页）。钱谦益谈到明代的房稿，以及王士骕的《戊戌十八房选稿》在这类选本中的地位也说，"嘉靖以前，士习淳厚，房稿坊刻，绝无仅有。评选程墨行于世者，敖清江、项瓯东也。嘉靖末年，毗陵吴昆麓、吴江沈虹逯游于荆川之门，学有原委，始有《正脉》《玄览》之刻。学者皆宗之。厥后则有刘景龙之《原始》，范光父之《文记》，皆以轨范先民，本原正始，而时贤之窗稿，青衿之试牍，皆不得阑入焉。万历之中，娄江王逸季始大操月旦之评，然用以别流品、峻门户而已，未及乎植交。万历之末，武林闻子将始建立坛坫之帜，然用以招朋徒、广声气而已，未及乎牟利。启、祯之间，风气益变，盟坛社坛，奔走号跳，苞苴竿牍，与行卷交驰，除目邸报，与文评杂出，妖言横议，遂与国运相终始。以选文一事征之，亦当代得失之林也"（钱谦益：《家塾论举业杂说》，见钱谦益：《牧斋有学集》（下集）卷四五，上海古籍出版社1996年版，第1509~1510页）。

⑤ 方应祥：《与子将论文》，《青来阁初集》卷九，第685页。

文类型①。除王士骐选编了十八房稿外，另有方应祥等选家编订的《十八房文定》《癸丑十八房选》等②。十八房稿这种类型的选本在万历末年影响极于一时。如，方应祥屡次谈道：

> 十八房选目附去……徐次孺子强选十八房稿。③
> 十八房师选稿且骎骎出矣，即兄所选名稿已刻未刻，并十八房底稿，又已有市而布之江以南者矣。④

孙矿在指导外甥写作时，也屡次谈到，在研习举业时，应该参以房稿。他说，"近来时艺说理甚精，适看十八房魁卷，才思滚滚不竭，发挥题意透彻，人各擅一长，真俱是射雕手"⑤。他在指导后辈研习举业时，还说，"一以经义为主，而以古籍浇灌之，夫孰有不善？大抵今古二路已相通为一，其根本还在古籍，若再以十八房稿相证，则其机自有触动处"⑥。祝世禄在给朋友的信中也谈道，"十八房砠卷一未览观，不能置对"⑦。

王士骐除编有《戊戌十八房稿》《辛丑十八房选》，还选有《庚辛程墨选》，这部选本收录了万历二十八年(1600)庚子乡试、万历二十九年(1601)辛丑会试进士的时文。此外，王士骐还选有《阅艺随录》《阅艺随录二集》。这两部选本选入了王士骐及其同调以及当时坊间刻本中的八股文。王士骐在《阅艺随录二集序》中说：

> 王子录其文以为二三子则也，又录同调者以为王子翼也。亦既行之矣，而客之意未已也，私请于二三子，俟王子闲，辄以坊刻进，得而甲乙之；不足，则出所藏稿以进，得而甲乙之。其与录者为人若干，文若干，集成而后请诸王子。⑧

王士骐还将门生的课业编成《中弈会艺稿》，"此二三子初聚弈中所课艺也"⑨。此外，王士骐选有《宋义》。他说，"予录《宋义》时，意人置一通坐侧"⑩。王士骐的这些选本，在当时产生了很大的影响。如，王同轨谈到《宋义》说，"偶从金陵肆搜得王房仲士骐所

---

① 在房稿的编选热潮下，明末，人们就开始有意识地对选本时行分类。如，张溥谈道，"凡选乡会中式文曰'程墨'。选进士文曰'房书'，选举人文曰'行卷'"（张溥：《具陈复社本末疏》，见张溥：《七录斋诗文合集》卷二，《续修四库全书》本，第287页）。
② 参见黄汝亨《沈无回十八房文定序》、姚希孟《癸丑十八房选序》等。
③ 方应祥：《与徐元晦》，《青来阁初集》卷四，第605页。
④ 方应祥：《与张宾王》，《青来阁初集》卷六，第642页。
⑤ 孙矿：《与吕甥孙天成书牍》，见孙矿：《居业次编》卷三，万历四十年(1612)吕胤筠刻本。
⑥ 孙矿：《与吕甥孙天成书牍》，见孙矿：《居业次编》卷三，万历四十年(1612)吕胤筠刻本。
⑦ 祝世禄：《复汪广文》，见祝世禄：《环碧斋尺牍》卷五，《四库全书存目丛书》本，第221页。
⑧ 王士骐：《阅艺随录二集序》，《中弈山人稿》卷四，第604页。
⑨ 王士骐：《中弈会艺稿》，《中弈山人稿》卷四，第607页。
⑩ 王士骐：《中弈会艺稿》，《中弈山人稿》卷四，第607页。

梓《宋义》一书，乃宋制义也。房仲谓家藏千首，刻仅什一。今观其文，皆简净透彻，不尚繁芜"①。

王士骐曾经历过牢狱之祸，因为这种特殊的身份，他谈到自己在编订选本时的心态是，"余最不详，何敢复以文字役受诛雌黄口，且□予故阨二三子，亡已"②。王士骐不可能有机会进入官方权力架构之内，对他来说，编订选本、指导后学，帮助他们在科举考试中夺得一第，是他生活的寄托与依凭。他说，"余非敢以为世坊也，而余且以为余志也。志误也，虽然读是选者知余之有所责矣"③。在编选时文的过程中，他会有意识地凸显自己这种非官方的身份。他在科举制度的架构下，将直接参与科举活动的人分为三种类型：持衡者、受衡者、持论者。他说：

> 衡士者权足以趋士而不足以得士，受衡者遇足以合持衡者而不足以夺持论者。④

持衡者是科举考试制度下官方统系中的考官，受衡者是那些参与科举考试的士子，持论者则是选家。王士骐有意识地标明自己作为选家、作为"持论者"与"持衡者"的不同立场。王士骐标明自己的非官方身份，这并不意味着他一定是反官方的。事实上，王士骐编订十八房稿以及其他的时文选本，目的正是要矫正士子在写作中出现的追新求奇的倾向。他力图在士子写作的自由化、官方制度的规范化之间找到平衡点。在选文的过程中，他有意识地顺应官方"正文体"的要求。他谈到《戊戌十八房选稿（上集）》的编选原则，即"典明旨合。……择其篇章之富、辞理之纯者"⑤。方应祥也谈到，在编订房稿等选本时，自己对官方的规范由质疑、反对到认同的过程，"都士而议上之所建立，吾初亦怪其不经，今乃知其功之灼然而不可废"⑥。方应祥更清楚地认识到，在"持衡者"编订乡会试录的同时，"持论者"编订的房稿，即中式士子日常课业的意义。他说：

> 夫房稿者，非如往昔窗课，人自为主而不关于上也。彼得隽于一日，而又裒昔日之所得禀裁于司衡者而布之，乘高而播声，固已日月腾而功令悬矣。且士之稿非比其场中之文也。主者鉴士之房稿又非比场中之鉴也。命以其得失之机而制士，则心不必尽抒于腕；凭士得失之命以衡士之文，则目不必尽用其明。房稿之裒集而是非之真露，是是非非之真明出矣。故程义者，以一人之式令天下；房稿之刻，合天

① 王同轨：《耳谭类增》卷三三，万历三十一年（1603）唐晟、唐昶刻本。
② 王士骐：《中弇会艺稿》，《中弇山人稿》卷四，第607页。
③ 王士骐：《庚辛程墨选引》，《中弇山人稿》卷四，第610页。
④ 王士骐：《戊戌十八房选稿上集序》，《中弇山人稿》卷四，第595页。
⑤ 王士骐：《戊戌十八房选稿上集序》，《中弇山人稿》卷四，第595页。
⑥ 方应祥：《与子将论文》，《青来阁初集》卷九，第685页。

下之是以持天下也。戊戌以还，习日渐而彬彬矣。孰为之，吾以知房稿之有功于文运也，吾又以知选房稿之有功于房稿也。①

房稿虽然是坊间选家编订的，但是，这种类型的选本甄录的是在科举考试中中式士子的日常课业。这些房稿实际上是作为"持衡者"的考官和作为"持论者"的选家达成的某种动态的平衡，反映出坊间的选家对官方科举制度以及科举考试的结果的认同与肯定，同时，也表达了"持论者"与官方的不同看法。从这个角度，我们可以看到，万历年间，这些坊间选家并不是一概对官方持否定、质疑的态度，而是试图在把握选权的基础上，与官方达到一种相互制衡的状态。

王士骏(1569—1597)，字逸季，世贞季子。诸生，有才名。王士骏年少时，就在父亲和仲兄的引领下，与地方名士结社。王士骏选有《行素编》《广行素编》《墨卷选》《王逸季门人稿》《易经遥会》等。

王士骏十余岁，同兄长王士骕共同研习八股文，参与了《行素编》等选本的编订工作。张世伟谈到王士骏编订选本的情况说，"方十五六时，刻《行素续编》行世"②，"十五六年，作时艺主盟。其操撰选刻诸集"③。王士骏与他的兄长王士骕，以及地方名士黄汝亨等同刻有《行素编》《行素续编》等。这些选本收录了王士骕、王士骏以及地方其他士子日常研习举业时的课业，有效地推扬了这些年轻士子的声名。张世伟谈到王士骏兄弟的《行素编》系列选本说：

> 始，子执鬼中，而以书之行素号于四方，四方谁不雀然应者。④

约在万历十五年(1587)丁亥、万历十六年(1588)戊子，王士骏进一步扩大了自己的交际圈。陈懿典说，"当丁戊之交，娄东王逸季筑坫坛，走邮筒，遍召江以南诸君子盟而树赤帜。比于往代，即邹枚纵横于梁苑，应刘唱和于邺中"⑤。方应选也谈到，王士骏积极地在士子中间展开活动，组织文社。他说，"自琅琊主盟，诸郎君鹊起，至逸季最少，顾翩翩颉颃伯仲间，与海内贤豪争雄长"⑥。万历二十一年(1593)左右，王士骏选有《庆历小题》等选本。据姚希孟《赵侪鹤先生稿序》：

> 当壬辰、癸巳间，余不肖年方舞勺，有传示赵先生文者……琅琊王逸季氏知余

---

① 方应祥：《与子将论文》，《青来阁初集》卷九，第685页。
② 张世伟：《王文学》，《自广斋集》卷一五。
③ 张世伟：《王文学》，《自广斋集》卷一五。
④ 张世伟：《易经遥会引》，《自广斋集》卷一〇。
⑤ 陈懿典：《题张成叔试草》，《陈学士先生初集》卷二九，第542页。
⑥ 方应选：《广行素编》，见方应选：《方众甫集》卷五，《四库全书存目丛书》本，第237页。

得秘稿，亟从枕中搜去，刻入小题、宦稿诸集中。①

此后，王士骏一边精心地准备科举考试，一边编订时文选本。张世伟谈到王士骏刻苦攻读的情况说，万历二十一年（1593）"癸巳之岁，余读书澹园，去逸季书斋不百武而近，亲见其立志之苦而用力之勤也"②。万历二十二年（1594），王士骏院试第二。之后，王士骏招收了诸多门生，"出登讲坛，大课诸彦，衰卷如牛腰，就甲乙"③。如，"姚居易，字身鹄，余杭人，年十二，就太仓王士骐受《春秋》，阅月，尽通大义"④。万历二十三年（1595）乙未，他还邀张世伟一同读书，并刊刻了《凉风堂社稿》。张世伟说：

> 乙未，琅琊季子邀余读书弇园，彦集甚盛，即世所推。逸季王先生刻凉风堂社时也。⑤

姚希孟谈到王士骏编订的《庆历小题》《凉风堂社稿》等选本也说，"琅琊王逸季主盟，一时尤不胜奇赏。得余文，辄以灾木，如《庆历小题》《凉风堂》等篇"⑥。此外，王士骏还与黄汝亨一同编订了《易经遥会》。据张世伟《易经遥会引》，王士骐看到"经学之几于绝"，他"谋诸黄贞甫氏，削牍以订同志"⑦，成《易经遥会》。王士骏还编选自己门生的八股文，成《王逸季门人稿》。据黄汝亨《王逸季门人稿序》：

> 读吾友逸季之文，横行妙合，取精集美，举天下之文士若无能操胜算而出其上，未尝不为之低首折心也。逸季名满东南，东南之士隽者多登其门。……逸季访余灵鹫山，余因得窥其武库。……是时，余有《素业二编》之刻，而逸季亦刻其门人稿行世。⑧

王士骏还编选有《墨卷选》，冯梦祯、黄汝亨、张世伟为之作序。姚希孟谈到王士骏的选本说，"自有程墨来，选者亡虑数百家。独娄东王逸季之墨选最为精整，足备一代鸿裁"⑨。

万历二十五年（1597），王士骏未及参加乡试即卒。张世伟说，"会陈宗师考卷出，

① 姚希孟：《赵侪鹤先生稿序》，《响玉集》卷十。
② 张世伟：《王逸季墨卷选序》，《自广斋集》卷五。
③ 张世伟：《祭藩伯黄经甫同年文》，《自广斋集》卷六。
④ 齐耀珊修，吴庆坻等纂：《（民国）杭州府志》卷一四四，民国十一年（1922）铅印本。
⑤ 张世伟：《祭藩伯黄经甫同年文》，《自广斋集》卷六。
⑥ 姚希孟：《行卷自序》，《响玉集》卷十。
⑦ 张世伟：《易经遥会引》，《自广斋集》卷一〇。
⑧ 黄汝亨：《王逸季门人稿序》，《寓林集》卷七，第61页。
⑨ 姚希孟：《己酉程墨序》，《响玉集》卷十。

曰吾知所好尚矣。极力拟之，决第一。果然。丁内艰，未入试"①，王士骏因病，"抵冬遂死"②，卒年仅29岁。

王士骏的时文以及时文选本得到了同道的褒扬。王士骏去世后，黄汝亨、张世伟刊刻王士骏的遗稿。黄汝亨在给张世伟的信中说，"逸季之才，疏活可以千秋，而用其全心于举业一技。倘此技如汉策唐诗，逸季即未起霄汉，不失登坛之名。闻兄已拾其遗稿刻之。又闻坊肆有全稿之刻③。张世伟谈到王士骏编订选本说，"性警敏，于时艺一目十行。至坊间童子抱持文牍几与身等，到舟次，手触叶霍霍声，已能择取数章，余悉委弃。覆问不爽矣"④。张世伟还谈到，王士骏的选本选文精详，"逸季间刻小题两集矣。弘正以来，靡不搜剔"⑤。这些选本的影响极于一时，张世伟说，"自墨卷小题两刻出，纸直涌而目界宽，天下遵之"⑥。张世伟还谈道，"文之盛于今也，虽癸未诸公唱之于上，亦繇逸季导之于下"⑦，"就后学门生鼓吹天下，流风迄今五六十年不衰"⑧。

二

万历年间，时文选家还有冯梦祯、方应祥、祝以豳、汤宾尹等人。

冯梦祯（1548—1605），字开之，号具区，又号真实居士，浙江秀水人。万历五年（1577）进士，与沈懋学、屠隆以气节相尚。因事谪广德州判，复累迁南京国子监祭酒。后，被劾罢官，遂不复出。冯梦祯是黄汝亨的座师，与黄汝亨往来密切。

冯梦祯编订的选本有《艺海元珠》《书一房得士录》《代雉编》。万历五年（1577）丁丑科，冯梦祯中进士后，他选《尚书》一科中式士子的经义，成《艺海元珠》。沈德符认为，《艺海元珠》是明代最早的房稿⑨。沈德符说：

> 南宫放榜后，从无所谓房稿。丁丑冯祭酒为榜首，与先人俱《尚书》首卷，且同邑同社。两人为政，集籍中名士文，汇刻二百许篇，名《艺海元珠》。一时谓盛事，亦创事。⑩

万历十一年（1583）癸未，冯梦祯又刻《书一房得士录》。沈德符说，"癸未，冯为房考，

① 张世伟：《王文学》，《自广斋集》卷一五。
② 张世伟：《王文学》，《自广斋集》卷一五。
③ 黄汝亨：《与张异度》，《寓林集》卷二五，第408页。
④ 张世伟：《王文学》，《自广斋集》卷一五。
⑤ 张世伟：《皇明宦稿序》，《自广斋集》卷五。
⑥ 张世伟：《王逸季遗稿序》，《自广斋集》卷五。
⑦ 张世伟：《王逸季遗稿序》，《自广斋集》卷五。
⑧ 张世伟：《王文学》，《自广斋集》卷一五。
⑨ 事实上，最早的房稿应是嘉靖三十五年（1556）瞿景淳等人编订的《春秋汇稿》。
⑩ 沈德符：《万历野获编》卷一六，中华书局1989年版，第318页。

始刻《书一房得士录》。于是，房有专刻，嗣是渐盛"①。沈守正也谈道，"房稿之刻自癸未始"②。万历中后期，王士骕编订"十八房稿"，就是接续了冯梦祯的选编方式。另外，冯梦祯还选编诸生的文稿，成《代雏编》。梅鼎祚说，"尝记冯开之司成为诸生日课，曰《代雏编》"③。万历年间，冯梦祯、黄懋中等人还引领着浙江一地八股文的文风。陈懿典谈道，"吾郡黄懋中宫詹、冯开之祭酒专精刻画"④，"黄宫詹刻意匠心，冯祭酒潇洒自得。一洗卑局之风，而巨丽之观乃出。嗣后人人树帜，乡会必为压卷，往往踵接肩比，海内益推逊"⑤。郑鄤的《明文稿汇选》甄录明代八股文作者 42 家，其中，收有冯梦祯的时文。郑鄤评冯梦祯的八股文"得荆川正派，为文七纵八横，似尽变古法，乃其领意之妙，如灯取火，直凑单微。凡稍涉第二义者，皆龟毛兔角，无所用之。夫物非至真者不能变，非至神者不能化。不得其真且神者，而骇其变化。此具区之文所以为广陵散也"⑥。冯梦祯的时文在万历以后，影响极于一时。袁中道曾以冯梦祯等为典范，劝慰自己的门生说，"愿王子且将诗赋及持诵等事少停三年，打并精神……为瞿唐、为王薛，为今之冯具区、吴无障诸公，何不可哉"⑦。

黄汝亨的好友方应祥、祝以豳、陈懿典等也都编订有时文选本。

方应祥（1560—1628），字孟旋，号青峒。明万历四十四年（1616）进士。任南京兵部职方司主事，转祠部清吏司郎中，继任山东布政使司参政兼按察司佥事，提督学政。与徐日新、叶秉敬等于大考山青峒书院创倚云社，于烂柯山举办青霞社，编有《青霞社草》和《青霞诗文集》，著有《四书讲义》《青来阁文集》等。

方应祥编订有《倚云社业》《小筑近社》《元魁鼎脔》等多部时文选本。万历二十六年（1598）戊戌，方应祥与同道结倚云社，并选有社稿。方应祥说：

> 戊戌之岁，余及徐子卿结夏其间，余《倚云草》所自著也。山故有小庵，隘甚。余稍为拓之，庋楼五楹，为讲业之室，此倚云社所自始也。⑧

在结社的过程中，他们编订了《倚云社业》。万历三十二年（1604），方应祥与吴伯霖等编订了时文选本，题名为《小筑近社》。据方应祥《小筑近社序》，"伯霖至自燕，余与孟阳、无救自留都合延祖、瑞卿、印持、子将、忍公之业，共梓之，仍系以小筑者，爰所

① 沈德符：《万历野获编》卷一六，中华书局 1989 年版，第 318 页。
② 沈守正：《癸丑诗经房稿合选序》，见沈守正：《雪堂集》卷五，崇祯年间沈尤含等刻本。以下引文出自《雪堂集》者，均同此版本。
③ 梅鼎祚：《挚言初业序》，《鹿裘石室集》卷四，第 235 页。
④ 陈懿典：《选刻壬子程墨序》，《陈学士先生初集》卷三，第 673 页。
⑤ 陈懿典：《四生尚书义序》，《陈学士先生初集》卷三，第 679 页。
⑥ 郑鄤：《明文稿汇选序》，见郑鄤：《峚阳草堂文集》卷七，1932 年活字本。
⑦ 袁中道：《送石洋王子下第归省序》，见袁中道著，钱伯城点校：《珂雪斋集》卷九，上海古籍出版社 1989 年版，第 569 页。
⑧ 方应祥：《倚云社业序》，《青来阁初集》卷二，第 562 页。

缘起也"①。万历四十一年(1613)，方应祥在京城应举时，编订了《元魁鼎脔》。方应祥说：

> 生平故好，顾念马笠之谊，时以过余。出其先资之言，或同人所作，共相扬搉。寸心得失之深，笔花开放之妙，当夫针芥倐投，机锋迅发，余不禁墨之淋，作者亦不觉颐之解也。得二十八人，计文百十篇。吴伯霖、闻子将谓，中所丹铅，颇足发明文章之旨，宜与吾辈共之。②

万历四十七年(1619)，方应祥在外出途中，"舟行少事，课儿子为文章，时取二十房稿质余，亦时为论次示之"③。之后，"谢君实、申维烈品鉴而梓行之，得文五百纸而奇"④，成《己未房稿拔》。此外，方应祥还有《七子燕中草》。方应祥说，"客都门，就沈孟坚、季彪结夏之约……时勉应之，文四十首，存予笥中。予客兹久，生平所狎，臭味之士，同客于兹，得相过从。茗碗佐谭，本业与焉，刘特情、黄上珍、何宗元、毛修之也。文存笥中，亦三十首而奇"⑤。方应祥还甄录门生的八股文，成《枫林选义》。他说：

> 正月廿四日赴诸生枫林之期……受事者共余二十人，得文六百首而奇。……余及二三子先后百日卧起其间，疑义相析，奇文共赏。……遂为检三之一授梓。⑥

在选文的过程中，他的态度与黄汝亨一样，力图恪守官方的规则。他谈道，"国家取士之文，禀圣贤之神情像貌为功令。圣贤之神情像貌，夫人之神情像貌也。操笔而为制义，殚吾巧心以极所欲，致生平之面目晶晶跃露于尺幅之间，圣贤之面目具是矣。天下读吾文者，人人之面目并具是矣"⑦。据《(康熙)衢州府志》，方应祥为文"自辟阡陌，非六经语不道"⑧。

黄汝亨的好友汤宾尹也编有多部选本。汤宾尹(1567—1628)，字嘉宾，号睡庵，别号霍林，安徽宣州人。万历二十三年(1595)榜眼及第，授翰林院编修。汤宾尹选有《易一房经稿》。后，他重刻《易一房经稿》。汤宾尹谈道，"予归，而士之颛《易》者犹

① 方应祥：《小筑近社序》，《青来阁初集》卷一，第556页。
② 方应祥：《镌元魁鼎脔序》，《青来阁初集》卷一，第558页。
在《元魁鼎脔》之前，方应祥还编订了其他的选本。方应祥说，"李散尹、孔中甫、李尊尼，余已合评，其稿单行之，视兹编不无异同"(方应祥：《镌元魁鼎脔序》，《青来阁初集》卷一，第558页)。
③ 方应祥：《己未房稿拔序》，《青来阁初集》卷一，第551页。
④ 方应祥：《己未房稿拔序》，《青来阁初集》卷一，第551页。
⑤ 方应祥：《七子燕中草序》，《青来阁初集》卷一，第559页。
⑥ 方应祥：《枫林选义序》，《青来阁初集》卷二，第568页。
⑦ 方应祥：《己未房稿拔序》，《青来阁初集》卷一，第551页。
⑧ 杨廷望等：《(康熙)衢州府志》卷三二，康熙五十年(1711)修、光绪八年(1882)重刊本。

向索一房经稿，散去之余，无从复迹，取其偶存者行之"①。万时华谈到汤宾尹的选本说，"余少初学为举子业，是时宣城汤睡庵先生之文盛为海内所推。人各有一宣城在其口中、意中。曰：此元脉也。后十余年，海内之文一归典古奇奥，而宣城之学渐废。诋之者曰淡弱，曰拘谨，曰是徒袭圣贤之貌而束才士之心者"②。汤宾尹还有《睡庵大题选》《历科乡会程墨》《澹斋新艺》《选历科程墨》《删选房稿》《丁未同门稿》《易四房同门稿》《馆课》等选本。另外，汤宾尹还为多部八股文选本作序。如，汤显祖的门生朱玺刻《四奇稿》，黄汝亨的门生韩求仲刻《四书文在选》，陈姓士子结海门社，有《海门社草》，汤宾尹都曾为他们作序。黄汝亨谈到汤宾尹说，"太史汤嘉宾、张世调两先生登坛自命，为世导师，其于历科诸墨择其佳者，篇为之评，句为之摘，如堪舆家之指山川起伏回合，了然在目"③。

沈守正(1572—1623)，字无回，钱塘人。沈守正与黄汝亨交好。沈守正于万历三十七年(1609)中举，后，"四上公车，点额者三，误中副车者一"④。因未取中进士，沈守正一生以授徒、选文为业。在教授门生研习举业的过程中，沈守正编订了多部选本。万历四十一年(1613)，沈守正有《选癸丑极玄》《选癸丑广玄》《癸丑诗经房稿合选》。这三部书选入的都是房稿。其中，《癸丑诗经房稿合选》专选诗经义。沈守正还谈到明代诗经义的盛衰流变，"余惟诗义之盛莫如成弘，靡于嘉靖，振于隆万之初，而大衰于癸未以后"⑤。万历四十七年(1619)，沈守正居于灵鹫峰，他又编订个人的八股文，成《四书获薪草》《诗经获薪草》⑥。此外，沈守正还编有个人的八股文集《北归廿义》《桃花坞草》《传笑草》《灵鹫山余草》《自选九刻》《自选诗艺》等⑦。另外，沈守正还为同道的《松溪隐大题文选》《存玄四选八体》《广骚》等选本写序⑧。沈守正在编订选本、为他人的选本写序的过程中，还有意识地对这些选本进行了分类。他说，"今之选刻略有数端"⑨。他将这些选本分为五类，即社选、征选、房选、小选、合选。社选就是普

---

① 汤宾尹：《易一房经稿引》，《睡庵稿》卷六，第 101 页。
② 万时华：《黄鸣仙稿序》，《溉园二集》卷二，第 364 页。
③ 黄汝亨：《墨卷选序》，《寓林集》卷七，第 68 页。
④ 沈守正：《四书获薪草序》，《雪堂集》卷五。
⑤ 沈守正：《癸丑诗经房稿合选序》，《雪堂集》卷五。
⑥ 《诗经获薪草》是万历四十六年(1618)秋编撰的。沈守正教其子课诗，"辄为证之，往往义手而就，略不加点，不尽一月，得四十余首"(沈守正：《诗经获薪草序》，《雪堂集》卷五)。
⑦ 沈守正在《传笑草自叙》中说，万历三十七年(1609)"己酉冬，余与休复在舟中相约摩厉以须文不百毋相见也。入长安，休复日拈一义，余非病非痴，手一题，竟十余日不得一语"(沈守正：《传笑草自叙》，《雪堂集》卷五)。《自选九刻》《自选诗艺》均刻于万历四十七年(1619)。
⑧ 沈守正曾剖析《广骚》这部八股文选本的命名情况。他说，"三百篇广而骚，骚广而赋，体变气未变也。降至举子业，不啻远矣。乃有一人如巨先者，于数千年之下，号于人曰：举子业与骚一道也，吾之举子业以广骚也"(沈守正：《广骚序》，《雪堂集》卷五)。从这里，我们可以看到，到了万历年间，人们已经完全将八股文纳入集部序列。沈守正认为，中国文体发展的脉络是：三百篇——骚——赋——八股文。
⑨ 沈守正：《松溪隐大题文选序》，《雪堂集》卷五。

通士子在结社时编订的选本，也称社稿。征选，是某个较有名望或者有一定影响力的人，征集各地士子的时文。如，沈守正作序的《存玄四选八体》就是征选，"征文万余，入彀者不及千首"①。房选，就是考中进士的士子的日常课业。小选，就是选前代大家的时文，"如震泽、毗陵当年撰结宁止千百年之传，传而久者"②。合选，就是前四种类型的混合体，"殆将集四种之长而砭其短"③。如，沈守正作序的《松溪隐大题文选》就是合选，"约文二千余首，上自隆庆迄乎今，兹都为二集"④。

汤显祖也与黄汝亨往来密切。汤显祖（1550—1616），字义仍，号海若、若士、清远道人，江西临川人。万历十一年（1583）进士。有《玉茗堂全集》4卷、《红泉逸草》1卷、《问棘邮草》2卷。汤显祖谈到，他在年轻时，无心于举业。自隆庆四年（1570）庚午至万历十年（1582）壬午间，他很少作时义。他说，"庚壬二午间，制义不能盈十比"⑤。后，"杭守贰监利姜公奇方迫予明圣湖头，令作艺。已近腊，而逾春卒成一第"⑥。汤显祖谈到，及待儿子读书之时，他希望儿子能在科举中博得一第，为指导儿子研习举业，他编订了《汤许二会元制义点阅》。他说，"予力与机可为王钱而远之者，亦非命也。生长子蘧年孟舒早慧，因以所常悔者望之，取国朝省会诸元作定"⑦。此外，汤显祖还为江西地方士子的《揽秀楼文选》作序说，"嗣是南州数君子，相与讲习。……会揽秀楼中甚盛，积文字三百首。登览余闲，时为裁定点正"⑧。

陈懿典（生卒年不详），字孟常，秀水人。万历二十年（1592）进士。陈懿典与黄汝亨、范应宾系至交。万历二十六年（1598），陈懿典任会试考官，主考《易》义，取士子18人。他选取这18个人的时文，成《易二房程士录》。陈懿典说，"戊戌南宫之役，余滥等分校，得士十八人，既撤棘，各以平时所著就余问业焉。因循故事，择如千首梓之"⑨。后，陈懿典居于家乡时，选门生的时义，成《曹陈两生制义》。陈懿典还甄选自己旧日时义，以及家中子侄及门生的课业，成《吏隐斋选义》。他说，"曹甥乃出近著数首，并余旧作弁简端，而以伯履弟，同情侄、赵生羲文义附焉"⑩。

此外，万历年间的时文选家还有陆可教、赵南星等人。

陆可教（1547—1598），字敬承；号葵日，兰溪人。万历五年（1577）登进士。万历十六年（1588），擢江西正主考。万历十七年（1589）己丑，陆可教编有《刻书一房制义》。陆可教谈到，"岁己丑，予用《尚书》，分校礼闱，所得士自云间董生以下十八人。已，

① 沈守正：《存玄四选八体序》，《雪堂集》卷五。
② 沈守正：《松溪隐大题文选序》，《雪堂集》卷五。
③ 沈守正：《松溪隐大题文选序》，《雪堂集》卷五。
④ 沈守正：《松溪隐大题文选序》，《雪堂集》卷五。
⑤ 汤显祖：《汤许二会元制义点阅题词》，《汤显祖全集》卷六，第367页。
⑥ 汤显祖：《汤许二会元制义点阅题词》，《汤显祖全集》卷六，第367页。
⑦ 汤显祖：《汤许二会元制义点阅题词》，《汤显祖全集》卷六，第367页。
⑧ 汤显祖：《揽秀楼文选序》，《汤显祖全集》卷六，第368页。
⑨ 陈懿典：《易二房程士录序》，《陈学士先生初集》卷一，第637页。
⑩ 沈守正：《吏隐斋选义序》，《雪堂集》卷五。

各出其所业制义若干首，裒集成刻"①。万历二十三年（1593）春，陆可教擢南京国子监祭酒，他"以身率士，士风一振"②。他还编有选本《南雍录雅》。在《南雍录雅序》中，陆可教谈到，他与冯梦祯的时文观念略有差异。他说，"予友冯开之为平澹神奇之论……鄙人目中无平淡，亦无神奇，惟有一真耳"③。

赵南星（1550—1627），字梦白，号侪鹤，别号清都散客。万历二年（1574）进士，任汝宁推官，历户部主事、吏部考功郎中、吏部文选员外郎，官至吏部尚书，是东林党的首领之一。赵南星选有一系列时文选本，包括《开心集》《时尚集》《正心会选文》《正心会示门人稿》《正心会房稿选》《丙辰房稿》。《正心会房稿选》选万历三十八年（1610）、万历四十一年（1613）"庚戌、癸丑房稿不过四百余首"④。《丙辰房稿》选万历四十四年（1616）的房稿。这些选本都是赵南星在授徒课业时编订的，"以示门人及儿子辈"⑤。后，赵南星还有《正心会全稿》。叶向高为《正心会全稿》作序说，"御史大夫侪鹤赵先生以伉直不容于时，里居三十年，澹然无所嗜好，独好为时义。余顷索而读之，是非赵先生言两圣贤之言也，是圣贤之一言不为少，而赵先生之百千言不为多也"⑥，"先生所著论文诸款尤为洞切，柱史马君奉命督畿学，欲梓以式士，余甚喜之"⑦。赵南星把自己编订的时文寄给邹元标。邹元标在《答赵侪鹤铨部》中说，"得手教及佳稿，弟喜不置"。

祝以豳（1551—1632），字耳刘，号惺存，又号灵苑山人。万历十四年（1586）进士，知随州，内调为兵部郎中。日本入侵朝鲜，大司马石星主张招抚，他坚决反对。后，出任广东佥事。天启七年（1627），升应天府尹。著有《诒美堂集》等。祝以豳编选隆庆、万历年间的八股文，成《国朝制义极则》。他说，"公暇，士之以文来者不胜应，发笥中所携名公制义若济之、应德而下，复采隆万以来及近科二三誉髦之作，合得如千首，刻之学宫"⑧。他还谈道，"国朝制义，始不过一博士之疏义，至济之、应德诸公而风骨始高，而刻刻性灵，淪抉神髓，至欲规西京而镕大历，则自隆万以至今日而极矣。于是题曰《制义极则》"⑨。他还编选有明一代的"诗古文词……与制义合得若干卷，列为内外

———————————

① 陆可教：《刻书一房制义序》，见陆可教：《陆学士遗稿》卷一〇，《四库禁毁书丛刊》本，第254页。

② 王国安等：《（康熙）浙江通志》卷三三，康熙二十三年（1684）刻本。

③ 陆可教：《南雍录雅序》，见陆可教：《陆学士遗稿》卷一〇，《四库禁毁书丛刊》本，第249页。

④ 赵南星：《正心会房稿选序》，见赵南星：《赵忠毅公诗文集》卷七，崇祯十一年（1638）澄景文等刻本。

⑤ 赵南星：《正心会房稿选序》，见赵南星：《赵忠毅公诗文集》卷七，崇祯十一年（1638）澄景文等刻本。

⑥ 叶向高：《正心会全稿序》，见叶向高：《苍霞余草》卷六，《四库禁毁书丛刊》本，第161页。

⑦ 叶向高：《正心会全稿序》，见叶向高：《苍霞余草》卷六，《四库禁毁书丛刊》本，第161页。

⑧ 祝以豳：《国朝制义极则序》，见祝以豳：《诒美堂集》卷一二，第568页。

⑨ 祝以豳：《国朝制义极则序》，见祝以豳：《诒美堂集》卷一二，第568页。

编，总名曰《古今菁华》，藏之家塾，令经生占毕之暇，时一游泳于所谓气脉风神"①。

万历年间的选本数量众多。其中，有官员录国子监监生的日常课业，如，查志隆的《云间校士录》成于万历元年（1573）②；赵用贤的《讲院会录》收入万历十五年（1587）、万历十六年（1588）南京国子监诸生的时文，"取丁亥秋迄于戊子五月所试讲院士，得数十余人，拔其文之不甚诡于禁令者，得百二十首，命工锓梓，广示学官弟子"③。万历二十七年至万历三十年（1599—1602），郑汝璧有《南雍衡雅录》。有中式士子个人刊刻的房稿。如，万历四十一年（1613），张凤翼有《拟同门稿》。同年，黄经会中进士，他选当年进士的房稿，"得文一千四百有奇"④，成《房稿合选》。也有坊间选家刊刻的房稿。如，万历二十年（1592），沈祖钧刊刻《钩玄录》，娄坚写有《吴江沈祖钧选刻钩玄录序》。还有经师在教授后学时，刊刻的门生的时文。如，蔡献臣有《仰紫堂问业》。蔡献臣说，"坊贾欲行诸士之文，余稍为选辑，付梓，而并以中吴所识拔者附焉"⑤。此外，还有普通士子刊刻个人的八股文而成的社稿。如，约在万历二十八年（1600），李澄之有《两李君近试草》，方应祥为之作序说，"此之存者，缙绅先生所识拔，与二三兄弟所鉴裁也。"⑥。这些选本都表明了选家对于士子的肯定和认同。借助这些八股文选本，士子也不再执着地从官方的评价体系中求取认同，而是从刊刻个人的八股文集以及非官方的渠道中获取认同。

———————

① 祝以豳：《古今菁华内外编序》，见祝以豳：《诒美堂集》卷一二，第572页。

② 据莫如忠《云间校士录序》，"万历元年癸酉，当论士于乡，而郡侯海宁绍亭先生查公以家学渊源，举己未进士高等。从守浣城，更符而来，士已喁喁望属公久。及下车，既檄通郡五学诸生徒凡千二百有奇，及若民间之秀子弟又三千二百有奇，期日而试之。及竣事……公汇其文，择尤雅者若干篇，檄华邑侯朗山张君授梓以传，而如忠得卒业焉"（莫如忠：《云间校士录序》，见莫如忠：《崇兰馆集》卷一三，《四库全书存目丛书》本，第294页）。

③ 赵用贤：《讲院会录小叙》，见赵用贤：《松石斋集》卷八，《四库禁毁书丛刊》本，第355页。

④ 张大复：《房稿合选序》，见张大复：《梅花草堂集》卷一，《续修四库全书》本，第280页。

⑤ 蔡献臣：《仰紫堂问业序》，《清白堂稿》卷五，《四库未收书辑刊》本，第112页。

⑥ 方应祥：《两李君近试草序》，《青来阁初集》卷一，第553页。

第四章 天启、崇祯年间(1621—1644)：
选家与官方的抗衡

到了天启、崇祯年间，八股文选家的数量有增无减。其中，比较重要的有张溥、艾南英以及马世奇等人。张溥、艾南英、马世奇等崇祯年间的选家在选文时，面对的现实境况是，科举制度已经发展成熟，八股文作为一种文体已形成了完善的体制。这时，科举考试制度不仅是官方的选官制度，从民众的现实生活来看，这种制度也承载了普通民众的希冀与梦想；同时，这种希冀和梦想在与现实对接之时，也经历了被满足或者被粉碎等种种不同的境况。

在这种情况下，张溥、艾南英、马世奇以及黄汝亨的门生卓发之等人分别从不同的向度推进八股文选本的编订。其中，马世奇、卓发之承续了前辈黄汝亨等人的思路，他们从辞章的技巧、风格等层面着眼，编订八股文选本，以帮助士子应对举业。与马世奇、卓发之不同，张溥、艾南英等人在编订八股文选本时，他们在其中融入了极其强烈的终极追求，艾、张二人试图通过八股文弘扬"道"统。在弘道的过程中，张、艾两人各自采取了不同的路径。张溥借助成化、弘治年间的讲会，隆庆、万历年间的文社的形式，并进而仿效皇朝政府的建设模式，力图将文社规范化、友谊制度化，建成党社。艾南英则更坚持个体的力量，在他看来，"道"是终极的真理，不能也不需要借助任何制度化的形式。张溥、艾南英等还试图将知识有效地转化成行动的能力，或者一种现世的权力。他们试图在掌控选权的同时，分割科举考试的评定权。

第一节 张溥及其同道的选文、结社活动

明代天启、崇祯年间，时文选家众多。这一时期的选家在生存状态、选文目的等层面，与万历年间的选家存在着很大的差异。万历年间，选家多从经师、学政等身份定位出发编订选本，他们编订选本的目的是有资于举业。到了天启、崇祯年间，张溥、张采、周钟等人的选文、结社活动具有了动态性、多样性的特点。张溥、张采等人在编订选本时，既是为了在科举考试中博得一第，又是为了聚拢同道，形成声势，以左右甚至是控制八股文的选权，乃至科举考试的评定权。立足于明代时文编选史的流程之中，我们可以看到，张溥等人编订的系列时文选本、创建的复社具有划时代的意义，也起到了

特定的历史作用①。

一

张溥（1602—1641），初字乾度，后字天如，号西铭，直隶太仓人。崇祯四年（1631）登进士，授庶吉士。与同邑张采齐名，时称"娄东二张"。张溥是复社的领袖，在明末党社活动中发挥了重要的作用。他主张兴复古学，推崇秦汉六朝之文，著有《七录斋集》，编纂有《秦汉文范》《汉魏六朝百三家集》《历代文典》《历代文乘》《崇祯文典》等，著有《历代史论》《宋史纪事本末》《元史纪事本末》等。张溥还编订了《国表》《表经》《易会》等八股文选本。

天启四年（1624），张溥23岁，他与张采、周钟等结成应社②，应社成员有张采、杨廷枢、杨彝、顾梦麟、朱隗、吴昌时等11人。崇祯二年（1629），尹山大会。张溥等合云间几社、浙西闻社、江北南社、江西则社、云簪社、吴门羽朋社、吴门匡社、武林读书社、中州端社、莱阳邑社、浙东超社、浙西庄社、黄州质社与江南应社等十几个社团为复社。

张溥等结应社的初衷，与万历年间黄汝亨等人是一致的。那就是以文会友，参与举业，在科举考试中博得一第。在结社之时，张溥等人也在着手编订时文选本。他们编有《五经征文》。据朱彝尊《静志居诗话》：

> 文社始于天启甲子，合吴郡、金沙、檇李仅十有一人：张溥天如、张采来章、杨廷枢维斗、杨彝子常、顾梦麟麟士、朱隗云子、王启荣惠常、周铨简臣、周钟介生、吴昌时来之、钱旃彦林，分主五经文字之选。③

此外，复社的影响力不仅源于几次声势浩大的集会，也由于复社中人积极编订并广为刊行时文选本，高扬了复社成员的地位及声望。陆世仪谈到复社等结社选文的情况说，"今甲以科目取人，而制艺始重。士既重于其事，咸思厚自濯磨以求副功令，因共尊师

---

① 我们一方面要将张溥及其同道的结社选文活动与明末的科举热潮、市民社会的形成等联系起来，另一方面，我们又不能简单地将张溥等人所结的复社视为一种普遍的范式，从而概括或推导同时代其他党社的性质、特点等。张溥等的选文、结社活动与前代以及同时代的党社相比，既有相似性，也存在特殊性。

关于张溥等人结社的问题，谢国桢的《明清之际党社运动考》一书主要从政治、政局、政权的角度入手，谈到明末党社兴盛的原因。本节则立足于明代万历以来未中式士子的结社活动，思考明末党社兴盛的内在逻辑理路。关于复社的问题，参见丁国祥：《复社研究》，凤凰出版社2011年版。

② 天启、崇祯年间，除了张溥等结成应社以外，"大江以北主应社者，万道吉、刘伯宗、沈眉生。娄东有应社十子，吴郡有应社十三子，又有五经应社"（计东：《上太仓吴祭酒书 一》，见计东：《改亭诗文集·文集》，乾隆十三年（1748）计琰刻本）。张溥等创建的是五经应社。关于应社建立的始末，参见朱倓：《明季南应社考》，《国学季刊》1930年第3期。

③ 朱彝尊：《静志居诗话》卷二一，嘉庆扶荔山房刻本。

取友，互相砥砺，多者数十人，少者数人，谓之文社，即此以文会友，以友辅仁之遗则也"①。吕留良也谈道，"凡社必选刻文字以为囮媒，自周钟、张溥、吴应箕、杨廷枢、钱禧、周立勋、陈子龙、徐孚远之属，皆以选文行天下。选与社例相为表里"②。

张溥、张采等的应社、复社是对万历年间黄汝亨等人结社活动的延续。在结社选文的过程中，天启、崇祯年间的这些文社又形成了自己特定的时代特征。张溥等人编选八股文，表现出了鲜明的分工协作的特点。这意味着选家走向了职业化和专业化。

首先，张溥等人编订八股文选本，注重分工的专业化与编选的精细化。

张溥在展开选文活动时，根据科举考试的相关规定，依据文社中每位成员的兴趣、能力，确定了各司其职、分工负责的原则。明代科举考试第一场经义，"专取四子书及《易》《书》《诗》《春秋》《礼记》五经命题试士"③。四书中的《大学》《中庸》《论语》《孟子》均是必考科目；在考试五经时，并不要求士子每经必通，每经必考，而是从五经中任选一经，作为日常学习及科举中应考的科目。张溥等从五经文着手，开始编选工作。天启六年（1626），张溥、张采"以选政偕子常泊吴门"④。在展开搜集、编订工作之初，他们从官方科举考试"各占一经"的原则入手，确定了分工协作的原则：

> 五经之选，义各有托。子常、麟士主《诗》，维斗、来之、彦林主《书》，简臣、介生主《春秋》，受先、惠常主《礼》，溥与云子则主《易》，振振然白其意于天下。⑤

张溥等人着手编订《五经征文》，他们各有分工：杨彝、顾梦麟专门搜集与整理《诗经》经义，杨廷枢、吴昌时、钱旃搜集与整理《尚书》经义，周铨、周钟兄弟二人负责《春秋》经义，张采、王启荣负责《礼记》经义，张溥与朱隗负责《易经》经义。这样，在选文的过程中，应社中的士子明确地划定了各自编选的范围。

张溥等人在分工协作的基础上，还注重推动选文的精深化。张溥专习《易经》一科，他在参与编订《五经征文》时，专门负责搜集、删订《易》一科的经义文。他着手编订《五经征文》中《易经》的经义之时，还从征文中挑选出一部分，编订成独立的选本。天启六年（1626），张溥在致力于编订《五经征文》之时，也在为编订《易会》做准备。他说，

①　陆世仪：《复社纪略》，见中国历史研究社编：《东林始末》，上海书店1982年版，第171页。以下引文出自《复社纪略》者，均同此版本。

②　关于复社成员，记载的资料较多，有陆世仪的《复社纪略》、吴应箕的《复社姓氏》、吴山嘉的《复社姓氏传略》，但各书所录名单却不一致。《复社姓氏》列复社成员2400人，《复社姓氏传略》列2240人，不仅数量有出入，人员的出入也达600多人。

③　张廷玉等：《明史》卷七〇，第1693页。

④　张采：《杨子常四书稿序》，见张采：《知畏堂诗文存》卷二，《四库禁毁书丛刊》本，第540页。以下引文出自《知畏堂诗文存》者，均同此版本。

⑤　张溥：《五经征文序》，见张溥：《七录斋诗文合集》卷三，《续修四库全书》本，第325页。以下引文出自《七录斋诗文合集》者，均同此版本。

"《易会》之选，始于丙寅之秋"①。在编选过程中，张溥随手搜集、随手编选、随手删订，他根据当时士子的创作情况，不断地调整编选的内容。张溥谈到《易会》的编选说：

> 选文之说，其初之欲予从事于此者，将合乎乙丑之文。今之又舍所谓乙丑者而从事乎戊辰之文。三年之内，所谓废兴者屡矣，一书之成，而多其新故之感。②

最初，张溥打算甄选天启五年（1625）乙丑科中式士子的八股文。在编选的过程中，随着时间的推移，张溥发现，士子所作的《易》一科的经义，在内容、风格等各个层面都发生着变化。他从编选的专业化、精深化的角度着手，力图反映出士子写作八股文的转变。到崇祯元年（1628）《易会》编成时，这部选本中选入最多的是崇祯元年（1628）戊辰科的八股文。从这里可以看到，张溥等编选八股文选本在注重分工的基础上，进一步推进了选文的专业化和精深化。

其次，张溥等在编订选本时，还注重地域上的分工与相互间的协作。

张溥、张采等结文社的目的，与万历年间黄汝亨等是一致的，都是为了研习八股文，以备应举之用。但是，张溥等选文的方式与黄汝亨不同。黄汝亨与茅国缙、王士骅等编选的是文社内各个士子的八股文，张溥等人则扩大了选文的范围。应社建立后，张溥、张采、杨廷枢等"尽一社而请之"③，借助社中士子的人际关系，向各地文人广为征集时文。张溥在《五经征文序》中说：

> 度道理，勤介绍，明其所望之有加，而示以竞业之不远。……四海之内，凡为文字之国者，斯人之迹皆可得而至焉。④

在《五经征文》编订完工之际，张溥等进而开始了《国表》的编选工作。为了更加有序地推进选文活动，他们总结了编选过程中的经验，在"各占一经"的基础上，又从地域上对各个士子的工作进行了划分：

> 予与介生约四方之文。各本其师，因其处。于是介生、维斗、子常、麟士、勒卤主吴，彦林、来之主越，眉生、昆铜、伯宗、次尾、道吉主江以上，大士、文止、士业、大力主豫章，曦侯主楚，昌基、道掌、仲谋主闽，澄岚主齐鲁之间。⑤

《国表》收全国各地的八股文作者 700 余人，搜集八股文 2500 余篇。张溥等根据地域、

---

① 张溥：《易会序》，《七录斋诗文合集》卷四，第 353 页。
② 张溥：《易会序》，《七录斋诗文合集》卷四，第 353 页。
③ 张溥：《五经征文序》，《七录斋诗文合集》卷三，第 325 页。
④ 张溥：《五经征文序》，《七录斋诗文合集》卷三，第 325 页。
⑤ 张溥：《国表四选序》，《七录斋诗文合集》卷四，第 355 页。

写作内容等对搜集到的八股文进行分类，"观地之远近别其文流"，"集中详列姓氏，以示门墙之峻；分注郡邑，以见声气之广"①。崇祯二年（1629），尹山大会，张溥等合应社、匡社、几社、端社等为复社，并推出八股文选本《国表》。《国表》成为复社的社集，张溥和复社因《国表》的刊刻和流布影响一时。

张溥等在选文时注意专业分工、地域分工，如张溥负责编选《易经》的经义，张采主要负责《礼记》的经义。同时，也注重相互间的协作。崇祯元年（1628），张采到江西临川任县令，在任上，他结识了临川的陈际泰。陈际泰专攻《易经》，张采向张溥推荐了陈际泰的八股文。张溥说：

> 予初选《易会》时，大士文尚未出。迟之三年，受先宰临，始捆以归，仅得千义，其半入选中。②

这种在专业上、地域上既分工又协作的编选模式扩大了社事的规模，也使张溥等在选文过程中，不断提高专业化的程度。

再次，张溥等在编选八股文时，还注重流程上的分工与内在的统一性。

应社、复社的士子在参与编选活动的过程中，都各有分工。在编订《易会》时，张溥主持编选工作，负责选本的审订，他的同道、门生等负责搜集、整理。张溥说：

> 受先之临汝，大士、文止尽其存者以相与，不逾月，而道吉、眉生、伯宗、俶子各以其方之文至，予乃同云子、石香讫其事而断然行之。③

沈寿民、刘城等负责征集各地的八股文，张溥则带领朱隗、吕云孚完成了后期的选订工作。《易会》初集成书后，复社士子又迅速推出《易会》二集。张溥主持《易会》二集的编选工作，孙淳、吕云孚等人也承担了非常重要的编订任务。张溥说：

> 二集之选，半出于孟朴、藏麓、石香，处卿偕余弟无近佐成其政。④

《易会》初集、二集刊行后，产生了广泛的影响，到崇祯二年（1629）冬，"《易会》二选已斑斑四方"⑤。到了崇祯三年（1630），张溥中举之后，他将编选权移交给了孙淳、吕云孚、王家颖，孙淳等人主持编订了《易会》三集。《易会》三集编订权的移交，展现出张溥等在编订时文选本时在流程上的明确分工。

---

① 陆世仪：《复社纪略》，第 171 页。
② 张溥：《陈大士易经会稿序》，《七录斋诗文合集》卷六，第 402 页。
③ 张溥：《易会序》，《七录斋诗文合集》卷四，第 353 页。
④ 张溥：《易会三编序》，《七录斋诗文合集》卷六，第 396 页。
⑤ 张溥：《易会三编序》，《七录斋诗文合集》卷六，第 396 页。

为了保证《国表》的质量，以及选本的非官方的特质，复社的社集《国表》也经历了几次编选权的移交。《国表》最初由张溥统一筹划，孙淳、吴翻、沈应瑞等负责联络各地文士、搜集时文，张溥和周钟、杨廷枢、夏允彝、吴昌时等负责编选、点评。《国表》刊行后，影响极于一时。到了崇祯四年(1631)，张溥中进士，"授馆职，以选政悉委之金沙"①，他将《国表》的工作移交给周钟。崇祯五年(1632)，复社在虎邱大会上推出了《国表》二集。《国表》二集实际上是以周钟的名义推出的。之后，复社还编有《国表》三集、四集、五集。张溥一直保持着对《国表》的关注，他曾为《国表四选》作序；此外，《国表》也一直大体承续张溥确立的宗旨、风格、征文方式等，"《国表》之文，凡更四选，其名不易。虽从天下之观，亦以志旧日，示不忘也"②。但是，张溥并未再直接参与《国表》的编选事务。崇祯十二年(1639)，周钟进士及第，《国表》的编选权再次移交。张溥"虑阉公先生家食坐困，议以选政归阉公"③。于是，徐孚远接替周钟，主持复社选文之事。徐孚远执复社选政后，"《秉文》一选，为天下第一部书。吴下选手亦虚无人，惟艾千子有艾选，溧阳陈百史先生名夏有五十大家之刻，它房行社稿试牍统于《秉文》，莫敢与之争衡者"④。徐孚远声名大扬。复社选政几次移交，一方面提升了后继者的身份和地位，另一方面，也充分展现出复社在选文过程中，坚持专业化、精深化的态度。这也表明，复社中人有意识地保持选本的非官方的特质。

此外，张溥、张采等还注重选文的开放性、规模化。他们积极带领、鼓励社中士子编选各种类型、不同风格的八股文选本。

在张溥等人选文之前，大多数坊间的时文选本较为笼统地选入第一场四书五经的全部内容。在编订时文选本时，有个别的选家专选四书文，或者从五经中选出一经，编订相关的时文选本。如，徐世望的《春秋文会录》是徐氏"率其友笪廷和辈十余人，为春秋之会，得义若干篇"⑤；另如，瞿景淳等的《春秋汇稿》、陆可教的《书一房制义》、张大复的《易经十六科房选》等。徐世望、陆可教等的选本或着眼于《春秋》义，或只选《书》义。张溥、张采等人在编订时文选本时，在专业化、专门化的基础上，又进一步将选文推向系统化。张溥、张采等在选时，既重分工，又重合作，他们根据党社中各人研习的重点和特长，各自负责一经，这样，《五经征文》《国表》等时文选本既体现出选文的专业化，也体现出编订的系统化等特点。

张溥本人在编选《五经征文》《国表》《易会》时，还编选有《表经》《国表小品》等。《国表》《易会》是征集各地未中举的士子的八股文，编选、删订而成。《表经》则是崇祯元年(1628)的房书，选的是崇祯元年(1628)科举考试中得隽的士子的八股文。在编选

① 杜登春：《社事始末》，《丛书集成初编》本。以下引文出自《社事始末》者，均同此版本。
② 张溥：《国表四选序》，《七录斋诗文合集》卷四，第355页。
③ 杜登春：《社事始末》。
④ 杜登春：《社事始末》。
⑤ 林希元：《春秋文会录序》，《林次崖文集》卷七。

《国表》《表经》时，张溥看到，"孟朴与扶九、圣符经营社事……诸篇归其家者，岁可十万"①；朋旧同好"以文之往来，日益浩大，取之不胜其取也，概而存之，奢而不可为，或简择其所守，则散求而不副"②。张溥进行总体规划，指导王启荣、吕云孚编选了《国表小品》。他说，"文之往来，日益浩大，取之不胜其取也。……故《二集》踵起，而《小品》先之。虽称继事，亦有开疆启宇之道焉。……庆吾社之有主而后进之无穷"③。复社中其他成员也谈到删选时文的情况说，"浮桥铁缆，累卵盈筐，几不辨字，选中非隋珠卞璞，不敢滥及"④。

复社中的其他成员也各自编订了大量不同类型的八股文选本。如，崇祯六年（1633），吴应箕有《崇祯癸酉科牍》，杨彝、顾梦麟、周钟、周立勋有《癸酉行卷定本》。崇祯七年（1634），吴应箕有《崇祯甲戌房牍》《历朝科牍》，查继佐有《墨戒》，张自烈有《甲戌文辩》。崇祯九年（1636），张自烈有《诗经程墨文辩》。崇祯十年（1637），吴应箕有《崇祯丁丑房牍》，这部选本从上万篇时文中选文800篇。崇祯十一年（1638），顾杲有《道南集》。崇祯十二年（1639），张自烈有《己卯墨戒》，陈名夏《吴文咸集》，选吴地时文作者50家。崇祯十三年（1640），吴应箕选有《庚辰房牍》。从选本的类型上看，复社中人编订的时文选本有房稿类，张溥谈到复社中人编选房稿的情况说，"房书之选，莫甚今日，以予所闻，吾党诸子选本殆有十余，卧子、受先、子常、麟士、吉士本最先行，伯宗、次尾继之，介生、维斗、石香所选乃晚出"⑤。这些房稿有张采的《房书艺志》，刘城的《房稿论文》，周立勋的《房稿遵业》，吕云浮的《房稿王风》，钱旃的《天下善》初集、二集，陈子龙的《十八房稿》等。行书类的选本有吕赓虞、浦君屏合选的《行卷香玉》。另，复社中人还根据考试内容及规程编订选本，除上文提及的张溥的《易会》外，还有张采的《礼质》，吴应箕的《四书小题文选》，朱隗的《五科易经程墨指略》，吕赓虞《易文观通》，冯邺仙的《二三场合钞》，张采的《试牍正风》，刘城的《癸酉程墨》，等等。

二

明代崇祯年间，张溥等结成的党社，是承续万历年间的文社而来的。从万历三年（1575），黄汝亨与茅国缙等人在浙江苕溪结秋水社，到天启四年（1624），张溥、张采等在江苏苏州结应社，虽然仅仅过去了50年，但是，在时间推移的过程中，结社的性质、选文的方式等都发生了根本性的变化。应社以及复社在建构方式、选文机制等各个层面完成了对万历年间的秋水社等的突破。

---

① 张溥：《国表四选序》，《七录斋诗文合集》卷四，第355页。
② 张溥：《国表小品序》，《七录斋诗文合集》卷五，第376页。
③ 张溥：《国表小品序》，《七录斋诗文合集》卷五，第376页。
④ 罗明祖：《复社国表选例》，见罗明祖：《罗纹山先生全集》卷四，《四库禁毁书丛刊》本，第231页。
⑤ 张溥：《刘伯宗房稿论文序》，《七录斋诗文合集》卷一，第18页。

从党社建构模式上看，张溥等在结社时，更重视社中士子之间平等的地位、对等的关系，而不再注重与官绅子弟的组合。

张溥与张采等结社、选文，是同辈士子在完全平等、自由的状态下自愿地交往。张溥、张采二人均是地方上的普通士子。张溥的父亲"少苦羸疾……则弃经生业"①，没有任何科名。张溥说自己的父亲"少历忧患，老而弥酷"②。张溥本人在家中的位置也非常尴尬，"溥以婢出，不为宗党上下所重，辅之家人遇之尤无礼"③。张采谈到自己年轻时的境况也说，"困踬一室，百步之内，里儿所诮，不敢结远交"④。天启三年（1623）癸亥，张溥23岁时，与张采交好。据张采《祭张天如文》，"岁既癸亥，延我七录斋。逮丁卯，凡五年中，兄每辰出，夜分或过子刻入，两人形影相依，声息相接，乐善规过，互推畏友"⑤。张溥、张采二人结识后，他们与常熟的杨彝、金坛的周钟等往来密切。天启四年（1624），张溥、张采、杨彝等人在结社之风的影响下，相约结应社。据张采《杨子常四书稿序》：

> 癸亥，始通姓氏。甲子冬，始与张子天如同过唐市，问子常庐请见。唐市者，虞山北野镇，去娄可七十里，子常所居地也。子常方与麟士同业，宾主叙述如平生，因遂定应社约。⑥

应社成立后，张溥、张采作为文社的核心成员，他们不断联络同道，扩大社事的规模。天启六年（1626），杨维斗等加入应社。张溥谈到与杨维斗的交往说，"溥自丙寅以迄庚午，出入必与维斗俱"⑦。

天启、崇祯年间的复社与万历年间的秋水社相比，二者的相同之处是，士子之间的友谊是他们展开结社、选文活动的根基。但是，"友谊是一种交换，也就是地位相同的

---

① 张溥：《先考虚宇府君行状》，《七录斋诗文合集》卷六，第391页。
② 张溥：《先考虚宇府君行状》，《七录斋诗文合集》卷六，第391页。
张溥的伯父系张辅之（1547—1629），"万历十四年进士，授行人。十九年，选工科给事中，历礼、兵两科，晋兵科都给事。……历升太仆太常等卿，晋工部右侍郎"（王昶：《直隶太仓州志》）。但是，张溥在结社选文时，显然没有借助他的伯父的力量。张辅之"位虽显，而无裨于弟，且时有凌夺事，后更纵其门客豪奴与虚宇（注：张溥的父亲）讼争，虚宇郁郁而死"（蒋逸雪：《张溥年谱》，齐鲁书社1982年版，第5页）。
张溥少时，家中虽然较为富裕，但是，他的生活条件并不是非常优越。据张采《庶常天如张公行状》，张溥年少时，"欲通古今文，苦不得买书钱，盖虚宇公虽素封，子多弗及周。则金孺人缏麻绩絍，佐公日夜取成书，断章手录。……十五岁，丧父，同金母出居西郭，颜一陋室，曰七录斋"（张采：《庶常天如张公行状》，《知畏堂诗文存》卷八，第643页）。
③ 陆世仪：《复社纪略》，第171页。
④ 张采：《杨子常四书稿序》，《知畏堂诗文存》卷二，第555页。
⑤ 张采：《祭张天如文》，《知畏堂诗文存》卷九，第661页。
⑥ 张采：《杨子常四书稿序》，《知畏堂诗文存》卷二，第555页。
⑦ 张溥：《杨年伯母侯太孺人六十序》，《七录斋诗文合集》卷一，第280页。

人的对等交换，地位不同的人按照比例交换"①。在崇祯年间，张溥、张采等人在结社时，更重视"对等交换"。相比之下，万历年间的黄汝亨等结成的秋水社、虎丘社等，是官绅子弟与"名士"之间建立起的关系网络。他们之间更重视的是"按照比例交换"。

官绅与"名士"之间，或者经师与生徒之间建立起提携、推奖的关系，这种关系是单向的。如，在黄汝亨与王世贞的交往过程中，王世贞可以推奖黄汝亨，但是，黄汝亨则不具备推奖王世贞的能力。其次，在"名士"与官绅建立起了密切的交往之后，"名士"与官绅子弟之间相互扶助。在这种扶助的过程中，官绅子弟则更多地借助于那些"名士"，以撇清自己官员子弟的身份以及显贵的家世，凸显个人的能力、才华等。

在应社、复社中，士子之间则形成了对等的关系。这表现在，即令有官绅子弟加入党社，参与选文，官绅子弟也不再是一个具有标志性的身份，官绅本人也不直接或者间接参与党社的任何活动。在应社的成员中，陈子龙可以归入官绅子弟之列。陈子龙的父亲陈所闻是万历四十七年（1619）进士，历任刑部主事、工部主事。崇祯年间，当陈子龙加入应社时，他的父亲陈所闻的态度，与万历年间的官绅对子侄的态度相比，存在重要的区别。秋水社、虎丘社中的年轻士子在结社之初，作为家长的官绅，如张居正、王世贞、茅坤等起到了重要的引导作用，他们往往督促子侄与名士交往，并积极为这些年轻士子的时文选本写序。明代万历年间，也有一些文社中只有"名士"，而没有官绅子弟。但是，这些由"名士"结成的文社在万历年间并没有产生影响力。到了天启、崇祯年间，陈所闻自始至终都没有参与应社以及后来复社的任何活动。更重要的是，在应社中，陈子龙显然不是组织者，他只是一个参与者。陈子龙于天启七年（1627）加入应社②。虽然日后陈子龙在社会上的影响很大，但是，当他加入应社之时，年仅20岁，比张溥年少6岁，比张采年少12岁。他不是应社的发起人，在年龄、阅历上也不具备优势，因此，他的影响力十分有限。另外，他加入时应社已成立3年之久，并且已经在社会上树立了声名。

从编选意识上看，张溥等在编选八股文之时，始终着意强调他们是一个完整的、自足的群体。我们将张溥等崇祯年间选家与黄汝亨等万历年间选家所作的序进行对比，可以清楚地看到张溥等有意强化他们身处某一个阶层的群体认同感。

首先，在张溥为同道的时文选本所作的序中，选家往往是以群体，而不是个体的姿态出现的。如，张溥在《癸酉行卷定本序》中提到了"子常、麟士、介生、勒卣"③，《房书艺志序》提到了"受先、九一"、《江北应社序》提到了"伦子百式、周子粲甫"。这些八股文选本在社会中流通、传播的时候，编选者是作为一个群体出现的。这样，八股文选本就制造出了群体的力量。相比之下，在黄汝亨等人为选本写的序中，选家的形象是

①　亚里士多德：《伦理学》，见亚里士多德著，苗力田主编：《亚里士多德全集》第八卷，中国人民大学出版社1997年版，第234页。
②　据陈子龙《自撰年谱》，"天启七年，丁卯……始交娄江张受先、张天如"（见陈子龙著，施蛰存、马祖熙标校：《陈子龙诗集》下册，上海古籍出版社1983年版，第542页）。
③　张溥：《癸酉行卷定本序》，《七录斋诗文合集》卷二，第285页。

截然不同的。万历年间，黄汝亨虽然不乏同道，但是，在展开编订活动之时，他是作为个体出现的，他的编选是纯粹的个人行为。在黄汝亨所作的序中，选家的形象都是以"吾"、"余"、"某"这样的个体呈现的。

其次，张溥在为《国表》系列选本以及其他人的选本写序时，他强调人与人之间平等的状态。在他写的序中，选家之间不仅是互相参照的，而且是互相支持的系统。选家与读者、经师与门生之间不是言说者和听讲者的关系，而是共同言说，共同发出声音。如他谈到自己对八股文的见解时说，"予尝持斯说以自律，四方多有然之者。征之云间，若勒卣、殿虎、宗远、彝仲、人中诸子，固所谓性命之合也"[①]。黄汝亨在为八股文选本写序时，往往强调自己作为经师或者学政的权威性。在黄汝亨为八股文选本写的序中，我们可以看到，黄汝亨以及万历年间其他选家使用了一个指称群体的概念——"二三子"。这里的"二三子"是未中式的士子，这些士子作为群体与作为经师或学政的个体形成了鲜明的参照。"吾"、"余"与"二三子"是指引与被指引、训诫与被训诫的关系。

表 4-1　　　　　　　　　　　张溥的八股文选本序中出现的选家形象

选本序	相 关 内 容
《国表序》	于是孟朴、扶九、圣符因以广寄乐善，聚四方之业，捆而归于先生，取予之间断断如也。而予与介生、勒卣、彦林、云子、维斗、彝仲、来之亦于诸子左右其政。
《国表四选序》	予与介生约四方之文，各本其师，因其处。于是，介生、维斗、子常、麟士、勒卣主吴，彦林、来之主越，眉生、昆铜、伯宗、次尾、道吉主江以上，大士、文止、士业、大力主豫章，曦侯主楚，昌基、道掌、仲谋主闽，澄岚主齐鲁之间。
《皇明诗经文征序》	子常、麟士为予言治诗之难。
《房书志艺序》	受先、九一一日持友人书示余。
《癸酉行卷定本序》	今者京国之试，四方献疑者咸以子常、麟士、介生、勒卣不遇为言。
《刘伯宗房稿论文序》	吾党诸子选本殆有十余。卧子、受先、子常、麟士、吉士本最先行，伯宗、次尾继之。介生、维斗、石香所选乃晚出，指论各殊，宗尚一致。
《房稿王风序》	予闻之介生、君常、维斗、雍瞻皆然。
《江北应社序》	予与杨子伯祥在京师，时从游者数十辈，皆北方豪杰之士。……念壬申之春，伦子百式、周子藜甫以故城一邑之文属予论次。
《同言序》	同言者，吴无念、沈因生所刻。……二子能同子常，复推其同以及人。……二子以子常、麟士为君子，余将书同人之初交归之矣。

---

① 张溥：《房稿遵业序》，《七录斋诗文合集》卷三，第 332 页。

选本序	相 关 内 容
《确园社稿序》	予往在都下，征中州名士于昌阳二宋，二宋首疏刘千之。……五君者，千之、二吴与季植、侗城也。
《震社序》	云间十七子从勒卣、卧子、彝仲游。
《陶公济海虞社选序》	顾鸣六、许子兼、陈金如三子，虞士之绝伦者也。
《易会三编序》	二集之选，半出于孟朴、藏簏、石香，处卿偕余弟无近佐成其政。今之执选者，人犹是也。
《应社十三子序》	予读郡城十三子之文，而有感于应社之道不可以忽也。志成于昔年，而事大于今日。维斗始之，而十二人广之。
《天下善二集序》	予往者与彦林、介生诸子有同人之选。
《房稿遵业序》	予尝持斯说以自律，四方多有然之者，征之云间，若勒卣、殿虎、宗远、彝仲、人中诸子，固所谓性命之合也。

表 4-2　　　　　　　黄汝亨的八股选本序中出现的选家形象

选本序	相 关 内 容
《灵鹫山素业序》	某家贫嗜僻，闻见寡眇，暗于道术，卑行无度。……某于是忘其固陋，从吾所好，与二三子约三章之法。
《素业二编序》	昔在癸巳为坛灵鹫山，与二三子约三章之法。……某于是据席而呼曰：二三子来！二三子来！
《坛石山素业序》	余生不闻道，又赋材拙，未读天下之书。往者偶以师心之技，栖息于灵鹫山。二三子有谬而问字者，与之互证。
《坛石山素业三编序》	自与诸生铅椠山中，若而年……宜乎诸生之谬而习余于坛石山，与习余于灵鹫山无异也。坛石之山，月有会，向从余游者有累年不相通，四方之人或各以其山笈所便而至，习心相习，余亦得纵观之。
《题素业三编》	予自去钟陵，还里门而入长安，凡一历寒暑。
《题癸丑墨选》	友生辈爱我者，劝我于时文中勿作痼疾。
《题壬癸墨选》	西戌时，予曾有墨卷选，今殊不暇为此，而门人辈时见迫。
《重刻江西校士录引》	予之校士江以西也，不以臆决也。
《素业四编序》	二三子亦谬而尊予，予亦不自避匿。
《素业五编序》	余自壬子秋来白门，至今几六百日，除效官下之日，非眺览山水，则四方人士执经问字之日居多。
《素业六编序》	余寄官白门三年内，四方从游之人以文质者也，升沉不同途，先后不同辈。

又次，在八股文选本的序跋中，张溥等选家还着意强调群体分工协作所产生的力量。张溥在谈到《易会》系列选本时，有意识地将这三部选本的情况进行对比。他说，《易会》初集是他独自一人耗费3年的时间完成的：

> 往余选《易会》，间三年告成，其时，易学莠坠，微言不明，一人叫呼，应者不力。①

继而，《易会》二集、三集成：

> 《易会》二选已斑斑四方，逾年，三选继出。何前者见功之难，今者成事之易。又未尝不太息斯文，感慨以时也。二集之选，半出于孟朴、藏簏、石香，处卿偕余弟无近佐成其政。今之执选者，人犹是也。②

谈到《国表四选》时，张溥也说，孙淳"又不好独任，公之二三兄弟以左右其成"③。"不好独任"的这种合作精神，成为崇祯年间士子选文的重要特征。相比之下，万历年间，时人在编订八股文选本时，也有多人合编的情况。如卓发之与唐宜合选的《钟山集》，黄汝亨与汤宾尹、张世调合选的《三先生墨选》。但是，在编订这些选本时，他们重视的并不是群体所制造的力量。在序中，他们甚至有意强调不同个体之间的区别。如，黄汝亨在《墨卷选序》中谈到他与汤宾尹、张世调在选文、评文上的差异说，"二公有奇赏，而予稍严于格，又如老吏覆案，不害其为大同也。吴生采于读书湖上，研心此道，乃汇两太史所评，合以予评，而概题之曰《三先生墨选》。参而伍之，心理相准，于时征变，于文征巧，其亦可以无遁情矣"④。在谈到三位选家之间的相似之处时，黄汝亨使用的是"大同"一词，这意味着黄汝亨更重视的是他们之间的区别。另外，吴生从总体上将选本称为《三先生墨选》，吴生没有对三位选家具体的观念进行区分，因此，"概题之曰《三先生墨选》"。这里，黄汝亨使用"概"字正表明他力图将自己与汤宾尹、张世调二位选家区分开来。到了崇祯年间，当张溥等人在编订选本时，他们会有意识地邀集同道，并着意凸显群体的力量。这与万历年间黄汝亨有意识地在《墨卷选序》中将自己与汤宾尹、张世调区分开来的态度形成鲜明的对照。

三

复社成员的群体意识不仅体现在选文的领域，还进一步延伸到日常生活的领域，渗

---

① 张溥：《易会三编序》，《七录斋诗文合集》卷六，第396页。
② 张溥：《易会三编序》，《七录斋诗文合集》卷六，第396页。
③ 张溥：《国表四选序》，《七录斋诗文合集》卷四，第355页。
④ 黄汝亨：《墨卷选序》，《寓林集》卷七，第68页。

透到这些士子的交往模式之中。

万历初年，当年轻士子的八股文被汇聚于一体，编订成书时，作序者关注的是时文的技巧、风格，他们力图通过这些时文，帮助士子在科举考试中博得一第。但是，到了天启年间，当未中进士或者刚中进士的士子的八股文被汇聚成册时，他们一方面着意于选文中"文"的要素，另一方面，他们也非常关注其中包含的"人"的要素，即通过选文建立起来的人与人之间的关系。张溥、张采等在结社、选文的过程中，有意识地凸显人与人之间的对等关系、强调他们之间形成的群体性力量。在结社、选文时，张溥等人对士子之间相互的情谊有了全新的认识。他们非常重视"同人"之谊。"同人"一词在张溥的《七录斋诗文合集》中至少出现过 15 次，在张采的《知畏堂诗文存》中至少出现过 19次，在陈际泰的《己吾集》中至少出现过 18 次，在刘城的《峄桐诗集》和《峄桐文集》中至少出现过 11 次①。

"同人"是《易经》六十四卦中的第十三卦。复社中的陈际泰曾谈到"同人"的问题说，"同人之名，自《大易》昉也，与人同者。不同者忌焉，而君子和之以无心。故曰出门同人"②。在张溥、陈际泰等明末复社成员使用这个词语之前，文人也多次用到"同人"一词。他们或者用"同人"指称朋友之间惺惺相惜的情感。如，唐人陈子昂说，"逢太平之化，寄当年之欢。同人在焉，而我何叹"③。元人陈高说，"孤舟无同人，相依唯仆夫"④。也有人将"同人"理解为"大同"、"至公"。如，宋人程颐谈道，"夫同人者，以天下大同之道，则圣贤大公之心也。常人之同者以其私意所合，乃昵比之情耳，故必于野。谓不以昵近情之所私，而于郊野旷远之地，既不系所私，乃至公大同之道，无远不同也。其亨可知。能与天下大同，是天下皆同之也"⑤。明代初年，徐一夔也谈到"同人"的问题。他说：

> 《易·同人》之初九曰：同人于门，无咎。当筮仕之初，乃出门同人之象。出门同人不于异而于同，同则天下之公生焉，公则焉往而不利，是道也。⑥

到了明末，张溥、张采、陈际泰等人在用到"同人"一词时，则将"天下之公生"、"圣贤大公之心"中"天下"的"大公"，转换成了未中式士子的"公"。人与人之间的公共交往

① 相比之下，"同人"一词在徐一夔的文集中出现 4 次，且都在《送孙生性初上兴化县主簿序》一文中，在黎淳的《黎文僖公集》中出现 0 次，在蔡清的《虚斋集》中出现 0 次，在林希元的《林次崖文集》中出现 1 次，在归有光的《震川先生集》中出现 0 次，在黄汝亨的《寓林集》中出现 1 次。

② 陈际泰：《同人年谱社序》，见陈际泰：《己吾集》卷二，顺治年间李来泰刻本。

③ 陈子昂：《偶遇巴西姜主簿序》，见陈子昂：《陈拾遗集》卷七，上海古籍出版社 1982 年版，第 287 页。

④ 陈高：《岁首自广陵入高邮舟中作》，见陈高：《不系舟渔集》卷三，《景印文渊阁四库全书》本，第 121 页。

⑤ 程颐：《周易程氏传》卷二，中华书局 2011 年版，第 82 页。

⑥ 徐一夔：《送孙生性初上兴化县主簿序》，《始丰稿》卷一二，第 348 页。

是在任何时代都存在的社会现象。张溥等人在使用"同人"这个词的时候，他们强调的不再仅仅是朋友之间的情谊，也不再是抽象的公共利益。他们重视的是未中式士子通过结社、选文形成的共同体，关注的是这个共同体相同的价值准则、相似的行为方式，以及共有的利益诉求。

张溥等人所说的"同人"包含着多重的层次。"同人"是在万历年间士子形成的"同文"、"同授"、"同赏"的意识上，进一步确立的"同业"、"同心"的关系。

在科举制度下，士子在参与举业的过程中，渐渐形成了他们共有的生活方式以及价值观念，用明人的表述就是"同"。这种"同"在弘治年间就已经萌生。如，李东阳在《寿兵部尚书刘公七十诗序》一文中，回顾他和刘大夏等6个人之间的友情，并回忆他和刘大夏等人同一年中进士的情况说，"予六人者，与公同举，而予又与同业"①。所谓同举，就是同一年中进士；所谓同业，就是他和刘大夏同出于黎淳的门下。当科举制度稳定后，人们在这一制度下，逐渐建构了新型的人际关系网络，"同年"成为一种非常重要的交往方式。"同年"是中式士子之间的关系建构方式。到了万历年间，经由结社、选文，未中式士子形成了"同文"、"同赏"、"同心"的关系。到了崇祯年间，"同业"这个概念的内涵已经演化成为未中式士子之间共同参加科举考试，共同写作八股文时建立的情谊。薛冈曾说：

> 一家一君以经术制义网罗豪俊，夫固同伦同文之世也，世而同文则士之业同。②

这些士子之间还形成了共同的情感体验和现实追求。如，张溥谈到落第之后的"同人之悲"。张溥说，"辛酉之役，主文者读锡之之文而悦之，欲冠一经而卒有所阻。同人之悲，其伤已甚"③。在"同业"以及相似的生活经历的基础上，士子之间结成了情感的共同体。他们也是某种行为活动的共同体，以及阅读的共同体，也就是张溥所说的"同人之选"。张溥说，"予往者与彦林、介生诸子有同人之选"④。

在结社、选文的过程中，士子之间基于个人创作倾向、思想观念、审美偏好编订选本。张溥、张采结社、选文，形成"同人"之谊。八股文选本也体现出这些士子"同世"、"同业"、"同赏"、"同心"的关系。张溥谈到《五经征文》的编选说：

> 天下亦已知之矣。虽然有其相求之辞，而无一介之出，载其说以行，则江永汉广之悲人，仅结意独处，而不能以告，或者怀文欲达，而隔其往来之礼。迟之岁

---

① 李东阳：《寿兵部尚书刘公七十诗序》，《刘忠宣公遗集·附录·文》卷一。
② 薛冈：《海内名公广社序》，《天爵堂文集》卷二，第472页。
③ 张溥：《王母俞太君八十序》，《七录斋诗文合集》卷一，第283页。
④ 张溥：《天下善二集序》，《七录斋诗文合集》卷三，第329页。

月，以冀其至，而终难于一日之觏，则彼此相待而事无所为。①

张溥等编订选本的目的是为那些"怀文欲达"的年轻文人创造言说的机会和空间，张溥刊刻八股文选本，并将之推向社会，这些选本推促士子形成"同赏"、"同心"、"同人"的关系，他们进而借助于这种"同人"之谊，引领时代风会。选本从编到阅读都被公共化了。士子在阅读选本的过程中，建立起精神上的联系，这种联系基于个体天生的秉性、趣味或喜好。崇祯年间未中式士子的"同业"与此前的"同年"不同。在"同年"的交往方式下，士子之间往往会有直接的接触和交往，或者是基于某个固定的连接点，在这个特定的个体确认的连接点上，士子建立起关联，并因此在思想、观念上形成一致性。崇祯年间，未中式士子在研习举业，结社选文时，并没有固定的、以人为核心的连接点。或者说，这种连接点由人转为了书籍。士子在编选、传阅八股文选本时，编选、阅读活动成为一种有效的中介，成为重要的社会交往方式。经由选本的编订、阅读，社会上形成了具有虚拟性质的公共交往网络。有士子将自己的八股文集命名为《同言集》：

> 同言者，吴无念、沈因生所刻。……二子能同子常，复推其同以及人。②

在编选八股文的过程中，他们强化了彼此之间共同的思想观念。如，卓发之给友人写信说，"翁自当建大法幢，接引后学，共标同人之帜"③。方应祥也谈道，"敝友闻子将寻文告之役，纪纲之，使四出而罗宇内名文，江右誉髦……近构同人之作邮筒可纠者"④。复社的《国表》系列选本也是如此。随着《国表》系列选本的刊刻、发行、阅读，这种带有虚拟性质的交际网络被迅速扩大。崇祯年间，张溥建立的复社与其说是一种新型的组织形式，不如说，是因为编选、刊刻、传阅八股文选本，旧有的文社被赋予了不同于前代的全新的功能。张溥等在结社时进一步强化了万历年间结社时形成的文人共同体。

明代后期，张溥等士子形成"同人"之谊，他们不仅挣脱了结社的束缚，而且突破了地缘的限制。张溥等人在编订选本的过程中，形成了明确的群体意识。这种群体意识在万历年间的文社、选文中就已经出现。但是，万历年间，人们更强调基于"同邑"，即共同的地缘基础上形成的群体意识。黄汝亨、王士骐等人结社的特点是，"以文会友得称社，故社必于井邑"⑤。他们在结党社时非常重视地缘的影响。如，王士骐在编订八股文选本时，他反复地强调，自己编选时文，是出于"吾党"的需求，目的是推扬"吾

---

① 张溥：《五经征文序》，《七录斋诗文合集》卷三，第 325 页。
② 张溥：《同言序》，《七录斋诗文合集》卷三，第 332 页。
③ 卓发之：《答友人》，《漉篱集》卷一。
④ 方应祥：《柬尹长思》，《青来阁初集》卷八，第 667 页。
⑤ 薛冈：《海内名公广社序》，《天爵堂文集》卷二，第 472 页。

党"，即吴地文人的八股文写作：

> 谭吴文者知有吾党也。吾党之文，实无以逾他邑。①

> 尝试与二三子暗他邑之文而志之，此若邑文也，此若邑文也，则什得九也，而吾党不尔也。又尝试与二三子暗吾党之文而志之，此若文也，此若文也，则什得九也，而他邑不尽尔也。②

> 诸君子之文具在也。吾衰而行之，宫商歧奏，浓淡分妆，能暗识而指为吾党之文乎哉？其不相师而为文也，所以为吾党之文也。名曰《行素编》，则仍吾党之素也。③

"党"，即在共同的地域上建构起来的人际关系。据《周礼》，"五家为比，五比为闾，四闾为族，五族为党"④。王士骐在选文中多次强调"吾党"，就是基于人与人在空间上的相邻性，把地缘、情缘作为文社建构的根基。王士骐等结社选文时关注"吾党"，关注地缘要素，这强化的是士子的活动在空间范围内的界域，强调的是空间上的有限性。

到了明末，当张溥等人结社时，他们在思考"同邑"、"吾党"的问题时，则有意识地突破这种地缘的限制。张溥认为，"同人之道，大在四海"。张溥在《同言序》中说：

> 同人之道，大在四海。……四海之大，无不届也，又何言五百里之内乎？夫言同者，从其同，又从其重。大易之言同者，同人也；言重者，君子也。二子以子常、麟士为君子，余将书同人之初爻归之矣。⑤

谈到八股文的编选问题，他还说：

> 所谓应制之途，同人之义出其中矣。于是，孟朴、扶九、圣符因以广寄乐善，聚四方之业。⑥

> 孟朴与扶九、圣符经营社事，积久不衰。同人诸篇归其家者岁可十万。⑦

---

① 王士骐：《续行素编稿序》，《中弈山人稿》卷四，第627页。
② 王士骐：《续行素编稿序》，《中弈山人稿》卷四，第627页。
③ 王士骐：《续行素编稿序》，《中弈山人稿》卷四，第627页。
④ 《周礼·地官·大司徒》，《十三经注疏》本，中华书局1980年版，第670页。
⑤ 张溥：《同言序》，《七录斋诗文合集》卷三，第319页。
⑥ 张溥：《国表序》，《七录斋诗文合集》卷一，第290页。
⑦ 张溥：《国表四选序》，《七录斋诗文合集》卷四，第355页。

张溥、周钟、刘城等在编订八股文选本时，他们的地缘就不再是划定界域，而是拓展界域，扩大自身的影响力。从空间上看，张溥等要"聚四方之业"；从规模和数量上看，他们搜集的时文"岁可十万"。这样，张溥与王士骕一样，也常常使用"吾党"这个概念。但是，在用到这个词语时，张溥不再仅仅强调来自地缘的影响，同时，更强调超越了地缘要素的"同心"、"同人"的情谊。在张溥的《七录斋诗文合集》中，他用到"吾党"这个概念共17次。如：

> 又幸其出于吾党，可以自勖也。①
> 在许氏为家乘，在吾党为口碑。②
> 至宗远则抵燕都而匡国学之失，几被置网，亦足以明吾党之无负于朝廷矣。③
> 尝悲忠清之母负其隆行，不能即闻于朝廷，而吾党以匹夫之力，无所及此。④
> 若泾阳诸先生……吾党欲推而远之，又可得乎？⑤

由同邑中的社集，到"四海"中的"同业"。这个"业"不再仅仅是写作，同时也包含着突破了地缘限制的编选活动。张溥、张采等并不否认他们结社、选文建立在地缘的基础之上，同时，他们也以地缘为基础，进一步扩大了党社的规模，并强化了选文的系统性。如，吴应箕谈道，"自崇祯庚午秋，吾党士始合十百人为雅集"⑥。在结社、选文的活动中，复社结社的规模和范围得以无限地扩张。

明末除复社之外，还有大量的社团。张采谈到明末的广社说：

> 因艺得人，复因人定艺，月累日积，藏逾千万，遂选刻行世，题曰广社。广者，众大之辞。……社者，言乎其成群。自大夫以下，民族之秀者，咸造以当古贤能、当古孝弟力田，抑无负率子弟收人才之制矣。⑦

邵氏兄弟结同人年谱社。同人年谱社的基本情况是，"邵曾撰兄弟才识独绝，皆有意乎天下之事，而志于同人。将纠学业风趣相类者结为文社，以代面谋，则其意所同异必可知也"⑧。广社、随社等与复社一样，他们的结社、选文活动已不限于一地，而是以科举考试为目标，广泛搜集、编选各地士子的八股文。士子基于八股文选本，形成了阅读

---

① 张溥：《三蔡稿题辞》，《七录斋诗文合集》卷三，第322页。
② 张溥：《许年伯母太孺人寿序》，《七录斋诗文合集》卷五，第380页。
③ 张溥：《房稿遵业序》，《七录斋诗文合集》卷三，第332页。
④ 张溥：《房稿和吉言序》，《七录斋诗文合集》卷三，第338页。
⑤ 张溥：《房稿是正序》，《七录斋诗文合集》卷三，第342页。
⑥ 吴应箕：《国门广业序》，《楼山堂集》卷一七，第338页。
⑦ 张采：《广社序》，《知畏堂诗文存》卷三，第566页。
⑧ 陈际泰：《同人年谱社序》，见陈际泰：《己吾集》卷二，顺治年间李来泰刻本。

共同体，强化了并超越了"同世"、"同业"、"同赏"的多重联系，达到了"不社而无不社"的境界：

> 士之业同则心同，心同则出处同，出处同则声名之洋溢同。语曰：千里而一，士若比肩而立，今此肩立之人即同业、同心、同出处，而同立于盛名之下之人，不社而无不社。①

当张溥、张采等明末士子在参与科举考试的过程中，形成"同人"之谊时，他们的阅读经验无疑会在很大程度影响他们对世界、对自我、对人际交往的认知。在阅读选本的过程中，在这种具有虚拟性质的交往网络中，士子进而形成了共同的价值观念，建立了共同的利益诉求，达到了他们所说的"不社而无不社"的"同心"、"同人"关系。

张溥等人强调群体的形象，重视"同门之道"所蕴藏的某种巨大的合力。"同人"不是个体的简单的组合、叠加。对明代晚期的士子来说，"同人"意味着共同的价值准则、思想信念。对张溥等人来说，"同人"不仅仅是志同道合的朋友，更意味着某个小群体的"公"，意味着他们代表着某个特定群体的公共利益，掌握着某个群体共有的、普遍承认的准则。复社中人借助这种"同人"之谊，提高了在社会上的影响力。他们甚至发展成为影响科举考试，乃至介入皇朝政治事件的重要力量。崇祯二年（1629），复社成立。崇祯三年（1630）"庚午乡试，诸宾兴者咸集，天如又为金陵大会"②。这一年，发榜后，复社中有多人中举。《复社纪略》谈道，"解元为杨廷枢，而张溥、吴伟业皆魁选，陈子龙、吴昌时俱入彀。……其他同盟列荐者数十余人"③。崇祯四年（1631），复社中的"伟业中会元，溥与夏曰瑚又联第，江西杨以任，武进马世奇、盛德，长洲管正传，闽中周之夔，粤东刘士斗并中式"④。之后，张溥借助自己的声名，有效地掌握了选权。据《复社纪略》：

> 故事，新进士刻稿，皆房师作序。……是时，天如名噪甚，会元稿竟以"天如先生鉴定"出名。⑤

---

① 薛冈：《海内名公广社序》，《天爵堂文集》卷二，第472页。
② 陆世仪：《复社纪略》，第180页。
③ 陆世仪：《复社纪略》，第180页。
④ 陆世仪：《复社纪略》，第180页。
⑤ 陆世仪：《复社纪略》，第181页。
中式士子刊刻个人的时文，这种风气自明代万历年间开始，一直持续到清代科举制度终结。潘光旦、费孝通考察科举社会中士子的流动情况，依据的就是清代中式士子的墨卷。据《科举与社会流动》，"我们进行此项研究所根据的材料是我们所收得的九百十五本从清康熙至宣统一段时期中的硃墨卷。依当时的习惯，凡是优贡，拔贡，乡式及会试及格中榜的贡生，举人，进士，都要把中榜的卷子木刻印刷分送亲友"（潘光旦著，潘乃穆、潘乃和编：《潘光旦文集》第十卷，第114页）。

崇祯四年(1631)，陈子龙考中进士时，他的座师是李明睿。按照当时的惯例，陈子龙的八股文集要请座师李明睿题序。但是，陈子龙在八股文集刊刻时却有意识地略去李明睿，凸显张溥的地位。这样，张溥以及复社的声名进一步高扬，"远近谓士子出天如门者必速售，大江南北群相争传，以为然"①。各地士子纷纷参加复社，入张溥之门。张溥及复社的影响极于一时。有人谈道：

> 所以为弟子者争欲入社，为父兄者亦莫不乐其子弟入社。迨至附丽者久，应求者广，才隽有文、倜傥非常之士虽入网罗，而嗜名躁进、逐臭慕膻之徒亦多窜于其中矣。②

在诸多士子的支持下，张溥中进士之后，虽然未居要职，但是，他不仅控制了选权，而且大有把持科场选录权的态势。有人谈道，"孰元孰魁，孰先孰后，庶常(按：张溥)已编定无遗人矣"③。吴应箕谈到他们结社、选文的影响也说，"其集也，自其素所期向者遴之，称名考实，相聚以类，亦自然之理也。计其时，为聚者三主之者，刘伯宗、许德先、沈昆铜也。癸酉，则杨龙友、方密之再一举行而莫盛于姚北，若丙子之役。夫吾党自庚午后，汇聚之士半为升用。其本末固已见于天下矣"④。

　　崇祯年间的张溥以及万历年间的黄汝亨在年轻时都通过写作八股文、编订八股文选本与同道展开交往。但是，不同的时代，公共交往自有其特定的模式。在黄汝亨参与编订八股文选本时，他的行为和目的是一致的：他要借助八股文选本，推扬自我，展现自己在八股文写作方面的才华。张溥、张采等人在编订选本的过程中，他们行为的内容与行动的目的则呈现出多重性、多向性的特点。与黄汝亨时代的结社相比，张溥等人结定的文社是持续终生的。张溥等人也不再单纯地推出个人的八股文，而是力图通过推扬其他士子的八股文，制造"群体"的力量；再进一步借助"群体"的力量，凸显自己的作用和影响，在科举制度的构架下获取现实的利益。从这个角度看，崇祯年间，张溥、张采的公共交往意识发生了重要的改变。张溥等创建复社、编订时文选本，虽然尚未开拓全新的公共交往的时代，但是，却促使整个社会形成了全新的公共交往的结构。

第二节　选家艾南英与张溥的论争

　　明末，以张溥为首的复社与艾南英之间的矛盾，是当时社会上一个非常重要的文化事件。张溥、周钟、陈子龙等复社中人与艾南英之间的矛盾，既与选权的争夺有关，也

① 陆世仪：《复社纪略》，第182页。
② 陆世仪：《复社纪略》，第182页。
③ 陆世仪：《复社纪略》，第183页。
④ 吴应箕：《国门广业序》，《楼山堂集》卷一七，第338页。

源于双方在时文编选观念以及学术立场上的差异。

一

艾南英(1583—1646),字千子,别号天佣子,江西临川东乡人。艾南英"七岁作《竹林七贤论》。长为诸生,好学,无所不窥"①。艾南英与同邑的章世纯、罗万藻、陈际泰并称"江右四家"。据《明史》,"万历末,场屋文腐烂,南英深疾之,与同郡章世纯、罗万藻、陈际泰以兴起斯文为任,乃刻四人所作行之世。世人翕然归之,称为章、罗、陈、艾"②。

艾南英比张溥长20岁,比张采长14岁。艾南英最早因时文写作,而不是时文编选确立了自己的声名。万历二十八年(1600),艾南英为诸生。艾南英受教于汤显祖,颇受汤氏器重。后,黄汝亨于万历四十五年(1617)年提调江西学政,艾南英又得黄汝亨的赏识。艾南英的八股文"取秦汉、唐宋诸大家,讲开阖变化、首尾埋伏之法,卓绝一世……善于训诂、切于脉理。选义出,举世群然师之。吴越、浙南以外,俱奉为准的"③。他曾联络陈宏绪、万时华、杨以任等人,结成豫章社,直接推动了江西文风的发展。一时,"天下皆推豫章"④。

自天启七年(1627)起,艾南英在屡试不第的情况下,将更多的精力放在八股文选本的编订上⑤。天启七年(1627),河南乡试结束后,艾南英从乡试的考卷中择取程文,编订了《艾千子评定中州考卷》。崇祯元年(1628)会试结束后,艾南英又有《戊辰房书删定》《戊辰房选千剑集》。崇祯三年(1630),他选有《庚午墨选》,又有《四家合作摘谬》⑥。崇祯四年(1631),艾南英有《辛未房稿选》。崇祯六年(1633),艾南英有《今文定》《今文待》⑦。崇祯七年(1634)会试后,他有《甲戌房选》。约在崇祯十四年(1641)辛巳,艾南英增补了《今文定》《今文待》。据冒襄《与曾庭闻书》:

辛巳,省觐,道经贵里,同士业过牛峰,访姜先生巨源,入西山访李先生,风阻章江,与士业、巨源、左之、鲁直、小星称诗论文于滕王阁上。千子为先君重订

---

① 张廷玉等:《明史》卷二八八,第7402页。
② 张廷玉等:《明史》卷二八八,第7402页。
③ 陆世仪:《复社纪略》,第172页。
④ 陆世仪:《复社纪略》,第172页。
⑤ 万历年间,艾南英也曾编订个人的时文集。艾南英的时文得到汤显祖、黄汝亨的褒奖,也得到时人的认同,但是,他在科举考试中却屡试不第。万历四十七年(1619),艾南英仍未能中举。他将自己七试乡闱的经义编订成《前历试卷》。他说,"先后应试之文,积若干卷……乃取而寿之梓"(艾南英:《前历试卷自序》,《天佣子集》卷二)。
⑥ 据范方《天佣子集跋》,"己巳春,《摘谬》之发端,成于庚午夏"(范方:《天佣子集跋》,见范方:《默镜居文集》卷三,乾隆年间刻本)。据此可知,《四家合作摘谬》成于崇祯三年(1630)庚午。
⑦ 据范方《天佣子集跋》,"《定》《待》之刊行于癸酉秋"(范方:《天佣子集跋》,见范方:《默镜居文集》卷三,乾隆年间刻本)。

全稿并选荒文于《文待》，正此时耳。①

崇祯十六年（1643），艾南英还帮助吴麟征选文。据吴麟征《示儿辈》，"制义一节，逞浮藻而背理害道者比比，大抵皆是少年场中，颇深抑之。所取皆历练艰苦之士。京中百物涌贵，借贷无所，一切缛节陋套，俱痛捐之。故房稿不能即成，且碌碌未暇评选。艾千子来，为了一半②。艾南英另有《八科房选》《十科房选》《历科四书程墨选》，他还选评了《归震川稿》，另有《文剿》《文妖》《文腐》《文戏》《文冤》等。此外，艾南英还编选了诗文选本《皇明古文定》《历代诗文选》等。

天启、崇祯年间，在张采、张溥、周钟等结社之初，他们与艾南英有着密切的交往。艾南英曾回顾他与周钟交往说，天启四年（1624）"甲子春冬，弟两度寄兄书"③。周钟一度也很是推尊艾南英，周钟编订八股文选本"推豫章甚，至其推千子尤为过情"④。张溥、张采等人也曾非常尊重艾南英这位年纪较长的时文家。张溥说，豫章与吴中有"兄弟之称，一家之谊"⑤。崇祯元年（1628）春，张溥、张采等人在京城参加会试，组织了"燕台十子社"。艾南英参加了这次结社。他给张采写信时，还说，"曩时辱收不肖于声气之末"⑥。

但是，在选文的过程中，艾南英与张溥、张采等复社成员渐生嫌隙。复社与艾南英的论争，最早起于艾南英与周钟之间。艾南英与周钟的选文观念相左。艾南英在选文时，立足于国家考试的立场。他认为，无论是写作时文，还是编订时文选本，都应该依经循注，信守程朱。周钟在选文时，则求新求变，他追随时风，"倡为古学，因尚子书《繁露》《法言》"⑦。周钟编订的八股文选本《房选华锋》不重经传，有意识地倡扬子部的知识要素，甚至借"古学"之名，有意识地偏离程朱的传注。这种追新骛奇的风格，得到不少士子的追捧，"《房选华锋》出，好尚一新，天下竞称之"⑧。周钟的选本，也引起了艾南英的注意。天启六年（1626）夏、秋、冬三季，艾南英写了《与周介生论文书》《再与周介生论文书》《三与周介生论文书》，就时文编选原则等问题与周钟进行商讨。艾南英的本意是，与周钟进行平和、严肃的交流。他说：

---

① 冒襄：《与曾庭闻书》，见冒襄：《巢民诗文集》卷三，康熙年间刻本。

② 吴麟征：《示儿辈》，见吴麟征：《吴忠节公遗集》卷三，《四库禁毁书丛刊》本，第231页。

③ 艾南英：《与周介生论文》，《天傭子集》卷一。

④ 吴应箕：《〈三与周介生论文书〉评语》，《楼山堂集》卷一五，第298页。

⑤ 张溥：《诗经应社序》，《七录斋诗文合集》卷五，第378页。

⑥ 艾南英：《初答临川张侯书》，《天傭子集》卷一。

⑦ 黄宗羲：《马虞卿制义序》，见黄宗羲著，陈乃乾编：《黄梨洲文集·南雷文定·三集》卷一，中华书局1959年版，第476页。以下引文出自《黄梨洲文集》者，均同此版本。

⑧ 陆世仪：《复社纪略》，第173页。

今日制艺一道赖兄主持，真如日月之中天，万物皆睹。但文之通经学古者，必以秦汉之气行六经、《语》《孟》之理，即降而出入于欧、苏、韩、曾，非出入数子也。曰是数子者，固秦汉之的脉也。今也不然，为词章者不知古人为何物。①

周钟收到艾南英的信件，采纳了艾南英的部分意见。周钟表示，涉及成化、弘治年间的时文，他愿意与艾南英展开进一步的商讨，为此，他"以成、弘诸选封缄相质"②。但是，涉及隆庆、万历以后的时文问题，周钟"仍任己意，间涉时趋"③。周钟坚持自己的编选观念，在一定程度上迎合了"时下"士子写作中的不良风气，这让艾南英非常不满，"千子大不悦，复书致介生，力为责难争论，谓其过于夸汰"④。此后，周钟与艾南英在选时文的观念上渐行渐远，"江左声气稍与江右别。而介生所谓随声附和，而亦不复与千子参订"⑤。

到了崇祯元年（1628），艾南英与张溥等人也渐生嫌隙。崇祯元年（1628）戊辰科会试结束后，张溥回到家乡。他们编订、刊行了《国表》。《国表》不关注四书五经的文本，过于强调程朱之前的古注疏。艾南英对这种编选理念极其不满，他编选了《戊辰房书删定》，并在《戊辰房书删定序》中对张溥等人进行批评。这时，艾南英与张溥等人只是在选本编订理念上存在着差异。艾南英与张采、张溥、夏允彝等人仍然有书信往来，他们也在认真地讨论八股文的编选问题。艾南英写有《初答临川张侯书》《答夏彝仲论文书》《答陈人仲论文书》等。在讨论八股文编选的问题时，张采、张溥等人也试图缓和与艾南英之间的关系。他们写信给艾南英说：

江左、江右并为人文渊薮，在豫章向操海内衡文之柄。近日介生、天如先后执牛耳。然皆声气相倚，未有不奉豫章者也。宜共遵尊经笃古之约，力争大雅，以挽颓靡。⑥

艾南英也保持着理性、平和的态度。崇祯元年（1628）秋，艾南英来到太仓与张溥会面。这次会面，艾、张二人的本意应该是讨论时文编选，以及共结文社等相关事宜。但是，在会面中，因艾南英与复社中人的观点不合，发生了陈子龙"以手批千子颊"的事件。据杜登春《社事始末》：

① 艾南英：《与周介生论文书》，《天傭子集》卷五。
② 陆世仪：《复社纪略》，第176页。
③ 陆世仪：《复社纪略》，第176页。
④ 陆世仪：《复社纪略》，第176页。
⑤ 陆世仪：《复社纪略》，第176页。
⑥ 陆世仪：《复社纪略》，第183页。

其来娄东之七录斋也，名流无不在坐。千子与西铭论朱陆异同，不合。时陈卧子才气锋锐，猝以手批千子颊。①

陆世仪的《复社纪略》也记道，"某月日，侦千子来吴，谬约之面相参证，会于娄之弇山园。语不合，陈卧子及周介生之幼弟我客共挟之，千子即夜去"②。艾南英比陈子龙年长 25 岁。艾南英本人对这件事没有过多的记述，陈子龙则有详细的记载。他说：

秋，豫章孝廉艾千子有时名，甚矜诞，挟谩诈以恫喝时流，人多畏之。与予晤于娄江之弇园，妄谓秦、汉文不足学，而曹、刘、李、杜之诗皆无可取。其訾北地、济南诸公尤甚，众皆唯唯。予年少在末坐，摄衣与争，颇折其角。彝仲辈稍稍助之，艾子诎矣。③

这次直接的冲突只是发生在陈子龙与艾南英之间，尚未造成艾南英与整个复社的矛盾。艾南英作为长者，仍然孜孜致力于扭转时风，就八股文编选、学术风向等问题，他仍与复社中其他的人"作书往返，辩难不休"④。

崇祯三年(1630)，艾南英编选了《四家合作摘谬》。在时文编选的问题上，对各种现象提出尖锐的批评，这是艾南英一贯的风格。在《四家合作摘谬序》中，艾南英批评了张溥，同时，也对自己的好友陈际泰提出了严厉的批评，"千子《四家摘谬》于大力尤无恕词"⑤。但是，艾南英对张溥的批评引发了复社成员对艾南英的不满，"三吴社长传单各邑，共绝之。……由是社集取其名，金沙、娄东合词布告于同志"⑥。崇祯四年(1631)，"受先、东乡相为水火矣"⑦。

后，复社中的张自烈又与艾南英在时文编选问题上产生了矛盾。张自烈(1597—1673)，字尔公，号芑山。崇祯六年(1633)，"与方以智结识于南京，为复社成员"⑧。

---

① 杜登春：《社事始末》。
② 陆世仪：《复社纪略》，第 176 页。
③ 陈子龙：《自撰年谱》，《陈子龙诗集》下册，上海古籍出版社 1983 年版，第 542 页。
④ 陈子龙：《自撰年谱》，《陈子龙诗集》下册，上海古籍出版社 1983 年版，第 542 页。
⑤ 王步青：《题章大力先生文钞》，见王步青：《己山先生别集》卷一，乾隆年间敦复堂刻本。
另据黎文润等《(同治)南丰县志》，"明季时文以豫章五家为冠，五家中又以陈大士为冠。杨维节辟处赣郡，其四皆抚州人也。自刻行其得意之作，曰《四家合作》。而南丰有曾生者，乃痛摘其纰缪，诋讦不遗余力，大士见而大怒，诉于提学陈怡云先生。先生为出示慰大士，而严饬曾生。艾千子闻之，又上书先生谓，曾生所批驳多当，方且宜奖激之，而以大士为褊隘。书见《天傭子集》中。曾生者，不知何名，南丰旧志人物传中，明季姓曾者数人，俱未言此事。惟《流寓传》谓陈大士与曾升刻烛校文，得非即此人欤？盖不可考矣"(黎文润等：《(同治)南丰县志》卷五三，同治十年(1871)刊本)。
⑥ 陆世仪：《复社纪略》，第 180 页。
⑦ 范方：《天傭子集跋》，见范方：《默镜居文集》卷三，乾隆年间刻本。
⑧ 柯愈春：《清人诗文集总目提要》，北京古籍出版社 2002 年版，第 402 页。

张自烈编订有八股文选本《甲戌文辩》《丁丑文辩》《四书程墨文辩》。张自烈与艾南英交恶，也是源于八股文选本的编订问题。崇祯六年（1633），艾南英《今文定》《今文待》刊印。张自烈对艾南英在这些选本中表达的观点多有不满。崇祯七年（1634）甲戌会试后，张自烈编选订了《甲戌文辩》，意在批驳艾南英。艾南英又有《甲戌房选》，"列尔公三罪"①。他在《甲戌房选》的序中胪列张自烈《甲戌文辩》的种种不合理之处。这种做法激起了张自烈的不满。崇祯八年（1635），张自烈又有《辩艾略》。这时，复社中有人极力劝说张自烈，停止与艾南英的争论。如，刘城就曾写信给张自烈，谈到自崇祯元年（1628）戊辰以后，艾南英与复社之间的矛盾、隔阂。刘城说：

> 自戊辰，艾选论说出而天下之哄千子者十四五；自《四家摘谬》出，而天下之戟手千子十八九矣。②

刘城谈到，艾南英对复社中诸多士子提出了过于苛刻的批评。但是非自有公论，艾南英的口碑每况愈下。刘城还赞扬张自烈的《甲戌文辩》说：

> 弟巡览仁兄《文辩》，发明经传，崇尚理体，功在后学多矣。即《甲戌文辩》中指驳弟与次尾，一字必严，尤服古处。或一二稍涉苛细，非乖大义也。③

刘城还对张自烈动之以情，晓之以理。他说：

> 若使颟以《辩艾》行之，恐两家凭气波及作者，深文刻论，株连无已，仁兄其何用此耶？……尔公、千子有功有过，有得有失，以至功过之大小，得失之厚薄，丝发秒忽，都有定之者。单辞盛气，繁言纸费，皆无益事理，又奚庸焉？……弟愿两家斩然遂止。然请从尔公始。④

后经刘城、吴应箕等人调停，艾南英与张自烈之间未再起事端。

艾南英与复社之间的矛盾，是选权下移后，士子之间形成的诸多冲突之一。明代末期，在八股文的编订权，甚至在八股文的评定权上，官方已经失去了控制的能力。普通士子在结社选文的过程中，形成了非常重要的舆论力量。在这种情况下，各家都希望握

---

① 范方：《天傭子集跋》，见范方：《默镜居文集》卷三，乾隆年间刻本。

据范方《天傭子集跋》，"《定》《待》之刊行于癸酉秋，一时固多谤者、疑者。先生曰：谁人能阨而止之？则尔公《文辩》当继出于甲戌间矣。因而《甲戌房选》列尔公三罪。则尔公《辩艾略》当继出于乙亥间矣"（范方：《天傭子集跋》，见范方：《默镜居文集》卷三，乾隆年间刻本）。

② 刘城：《答张尔公书》，见刘城：《峄桐文集》卷六。

③ 刘城：《答张尔公书》，见刘城：《峄桐文集》卷六。

④ 刘城：《答张尔公书》，见刘城：《峄桐文集》卷六。

有选权，以号召天下。明末，艾南英的选文已经具备了这样的能力。如，耿应斗就是借助艾南英的选文而影响一时。据刘青霞《青田令耿公传》：

> 公姓耿氏，讳应斗……崇祯间，公方应童子试，而东乡艾千子南英司选衡，负盛名。于文少所称许，见公文，深为叹赏，刻入《定》《待》选中，以此名震一时。①

复社的选本也具有这样的影响力。对于复社中的人来说，选本既是他们作为一个群体的重要标志物，同时也有效地帮助他们掌控了选权。经由复社的社集《国表》，张溥的影响极于一时，他"一言以为月旦"②。《明史》谈到张溥也说，"四方啖名者争走其门，尽名为复社。溥亦倾身结纳，交游日广，声气通朝右，所品题甲乙，颇能为荣辱"③。因为选权的问题，复社不仅与艾南英之间渐生嫌隙，他们也一度与几社之间产生了矛盾。据杜登春《社事始末》，崇祯二年（1629），复社与几社"两社对峙"④。原因是，"《国表》初刻已尽合海内名流，其书盛行，戊辰之房稿莫之与媲。几社《会义》止于六子，尘封坊间，未能大显"⑤。

经由结社选文，艾南英等人掌控了社会舆论，成为与官方的评价体系相抗衡的力量。如，万时华、艾南英等人结成的豫章社在明末影响一时，"豫章社不越数十人，售殆尽，为明神熹时盛事，奇文雅不阂科举若此"⑥。豫章社中的成员全未中举。但是，时人都纷纷称赏他们的时文。这清楚地表明了官方的评定标准与士子的辞章观念之间产生了巨大的断裂。

天启、崇祯年间，选家、未中举的士子已经形成了巨大的社会力量，与官方形成了对话的关系，甚至对抗、消解了官方的权力。在这样的背景下，我们也就容易理解，当复社试图控制整个社会的选权时，他们的确无法平心静气地接纳艾南英的批评。

二

艾南英与复社之间的矛盾，既是源于对选权的争夺，同时，也源于他们在学术路径、文章取向上存在的差异。这种矛盾反映了中国知识阶层内部多形态、多层次复杂的思想观念的共生情况。

---

① 刘青霞：《青田令耿公传》，见沈粹芬：《国朝文汇》卷五八，宣统元年（1909）上海国学扶轮社石印本。
② 朱彝尊：《静志居诗话》，人民文学出版社 1990 年版，第 574 页。
③ 张廷玉等：《明史》卷二八八，第 7404 页。
崇祯三年（1630），"盖尔时南国既首维斗，而天如、骏公、卧子、燕又、孟宏、源常辈数十人举同党之士登贤书。得人之盛，前此未有也"（刘城：《癸酉程墨选序》，《峄桐文集》卷三）。
④ 杜登春：《社事始末》。
⑤ 杜登春：《社事始末》。
⑥ 储大文：《孟春复集时习堂序》，见储大文：《存砚楼二集》卷五，清刻本。

首先，从八股文写作的取法路径上看，艾南英与张溥等人存在着根本的不同。

《明史》谈到明末八股文风的基本情况说，"钱谦益、艾南英准北宋之矩矱，张溥、陈子龙撷东汉之芳华"①。纪昀谈到艾南英与复社文风的区别，立足于知识结构的框架之内，梳理了他们各自的逻辑理路。纪昀说：

> 归有光古文宗韩欧，王世贞古文宗秦汉，交相讥也。有光经义竟学韩欧，世贞经义则不敢学秦汉。其时老师宿儒，典型犹在故也。后，艾南英宗有光之说，陈子龙接世贞之脉，乃均以其文体入经义，而豫章、云间两派遂互相胜负于文坛。②

八股文作为一种特定的文体，在不同的作家那里，它有着不同的品格风范。在八股文写作中，艾南英由归有光接续韩欧，张溥、陈子龙则由王世贞而上继秦汉。

艾南英、张溥等人的不同写作理路，各有其合历史的、合逻辑的发展。成化年间，第一场经义由考试工具转化成特定的文体后，士子在写作中，由依据经部到兼重史部，并进而借鉴集部的辞章的写作技法。到了明代末年，艾南英、张溥等人立足于特定的历史语境编订选本时，他们的编选理路在万历年间文风的基础上，呈现出了巨大的差异。

艾南英对八股文的认知，经历了转变的过程。他由年轻时跟随八股文的"反正"的趋势，转而试图恢复八股文作为国家考试文体应有的品格。

艾南英在编订时文选本时，谈到自己的应试经历说，"予七试七挫，改弦易辙，智尽能索。始则为秦汉子史之文"③。他曾遍阅经史子集四部书籍以及诸家的八股文。在写作中，艾南英也曾追摹秦汉诸子散文之风，流于子部。他评价自己说，"积学二十余年，制艺自鹤滩、守溪，下至弘正嘉隆大家，无所不究；书自六籍子史濂洛关闽、百家众说，阴阳、兵、律、山经、地志、浮屠、老子之文章，无所不习"④。随着时间的推移，艾南英在写作时文、编订选本的过程中，逐渐调整了自己对于八股文的认知。艾南英看到，士子在写作八股文时，将之作为纯粹的文学文体，求新求变。士子的动机无可厚非，但是，现实的结果却不尽如人意。艾南英看到的情况是：

> 才俊之士，志存古博而不得其说，则纂组以应之，而题情之失者半；空疏不学之人，从纂组而剽窃之者又半；纂组之所不备，而益之以谚以俚者又半。于是作者与衡文者囿于闻见，莫不以纂组为古，以俚谚为丰华，而不知其为臭腐。⑤

---

① 张廷玉等：《明史》卷二八五，第 7308 页。

② 纪昀：《嘉庆丙辰会试策问五道》，见纪昀：《纪文达公遗集》卷一二，嘉庆十七年（1812）纪树馥精刻本。

③ 艾南英：《序王巩观生草》，《天俑子集》卷三。

④ 艾南英：《前历试卷自序》，《天俑子集》卷二。

⑤ 艾南英：《庚午墨恕序》，《天俑子集》卷二。

时人在前后七子"文必秦汉"的鼓荡下，纷纷趋骛先秦两汉的古奥之风。后学末流并不能领会秦汉文的气韵，他们没有学得秦汉的浑雅高朴，只是从字句着手仿拟秦汉之文，最终流于抄袭。另外，在阳明心学的影响下，时文的风格发生了很大转变，"自阳明先生作，而承学之士始知反求诸心，要于自得。其见于文往往如圆珠出水，秋月泻空，舜居深山，子在川上，庶几遇之"①。士子写八股文，注重的不再是内容，而是文采，讲求的不再是典重，而是灵动。藻丽、灵动虽然是一种新变，但却正与八股文作为官方考试文体的基本审美要求背道而驰。更为严重的是，时人对藻丽的追求竟然演变为"以俚谚为丰华"的习气，时文创作陷于俚俗之境。这种"以纂组为古，以俚谚为丰华"的创作方向偏离了八股文作为国家考试文体所应葆有的基本品格。为了扭转这种局面，艾南英确定了"以古文为时文"的创作路向②，将古文的创作技巧、审美规范等引入时文，以达到双向的超越：一是高扬唐宋大家的文章展现出的气局、法度，以超越七子，特别是后七子王世贞的影响，改变八股文写作以纂组为工，流于摹拟的风气；一是推扬唐宋大家醇厚、纡徐的文风以扭转王学左派的影响，改变以"俚俗"为美的风气。艾南英的最终目的是，确立八股文作为国家考试文体稳实周密、醇正典雅的审美风貌。因此，《明史》谈到艾南英的八股文时，说他"准北宋之矩矱"③。基于对八股文的写作理路的调整，在编订选本时，艾南英的态度是，应该选录那些严正舒徐、古朴浑雅、质朴醇深的八股文。士子在写作八股文时，应该重回集部，甚至应该重新回归到经部。明末，也有其他的选家对八股文掺入子部的要素极其不满。如，天启四年（1624），罗明祖说，时下的八股文"甲于子，非子也，伪子也。逃之经，非经也，伪经也。诸君子起而忧之"。在这种情况下，艾南英提出，士子应该"从震泽、毗陵成弘先正之体"④。

张溥、陈子龙等人的八股文观念与编选观念与艾南英不同。张溥等人将八股文视为文学体裁，他们沿嘉靖以来八股文新变之风，以秦汉诸子散文为法，进而将魏晋之时的俊丽之风引入八股文，"文多务怪奇，矜藻思"⑤。从这个角度上看，艾南英与周钟、张溥等就八股文问题展开论争，大约是他自认为在参破迷津后，对朋友的指导和规劝。艾南英在给周钟的信中谈到，八股文中不可融入先秦诸子散文中的词汇、语汇。他的理由之一是：

> 名物方言，不甚近人，必尽肖之，则势必至节去语助，不可句以为奥，疏枝大叶，离合隐见。寓法于无法之中，必尽肖之，则必决裂体局，破坏绳墨。⑥

---

① 彭绍升：《论文五则》，见彭绍升：《二林居集》卷三，嘉庆四年（1799）昧初堂刻本。

② 艾氏指出，八股文创作之所以出现这些弊病，是"制举业之道与古文常相表里。故学者之患，患不能以古文为时文"（艾南英：《刻周伯誉遗稿序》，《天傭子集》卷三）。

③ 张廷玉等：《明史》卷二八五，第7308页。

④ 艾南英：《前历试卷自叙》，《天傭子集》卷二。

⑤ 方苞：《钦定四书文》，《景印文渊阁四库全书》本，第422页。

⑥ 艾南英：《四与周介生论文书》，《天傭子集》卷一。

在八股文写作中，艾南英主张"以朴为高，以澹为老"①。艾南英还以古澹为标准，批评那些模仿魏晋之风的文章说，"古者，高也、朴也、疏也、拙也、典也、重也；文之卑而为六朝者，轻也、渺也、诡也、俊也、巧也、排也"②。天启、崇祯年间，艾南英在编订选本时，始终立足于国家考试的角度处理相关问题。在他看来，八股文应该"本于古文人之法，必有深厚壮伟之势，以苞孕百家"③。

从时文写作所遵循的基本路径上看，艾南英和张溥也存在着很大的差异。艾南英坚定地主张以程朱的传注为据，而张溥等则从汉唐的注疏入手。黄宗羲曾谈到张溥、张采与艾南英在文章、学术上的不同路向。他说，"海内有文名之士，皆思立功于时艺。张天如以注疏，杨维斗以王唐，艾千子以欧曾"④。

明代，科举考试作为一项制度，它本身是稳定的。但是，在这一制度运行的过程中，它的内在构架却时时处于变动之中。围绕着第一场五经义的写作，就形成了古注疏、程朱传注两套不同的体系。永乐以后，程朱传注成为官方指定的阐释框架。嘉靖以后，当士子在八股文写作中求新求变时，他们由经史入集部，继而入子部，进而掺入子部的老庄。有人甚至依据老庄、佛理对程朱之学提出质疑，如何良俊就直接批评程朱之说入八股文的情况。他说：

> 自程朱之说出，将圣人之言死死说定。学者但据此略加敷衍，凑成八股，便取科第，而不知孔孟之书为何物矣！以此取士，而欲得天下真才，岂可得乎！⑤

何良俊等人反对八股文写作以程朱传注为尊，以挑战性的姿态颠覆官方制定的写作规范，其目的是要给八股文注入更多的生机与活力，而不是否定或厌弃八股文，更不是要颠覆官方的制度。但是，八股文与其他文学体裁有根本上的不同。成化年间，八股文定型成为特定的文体，它具备双重的属性，它首先是国家的考试文体，其次才是与古文、诗、赋平行的文学文体。士子在写作过程中，对程朱的质疑，严重地影响了八股文的严肃性、规范性。

面对这种情况，艾南英认为，时下八股文写作中的根本问题是，"所奉甚尊，所据甚远"⑥。艾南英认为，国家针对科举考试、针对八股文制定的具体规则和规范是合理的、应当的，也是必须的，士子一定要遵循这些基本的规范。他谈到，自己致力于编订选本，正是力图恢复八股文作为国家考试文体规范性的"救急之法"。艾南英在《戊辰房

---

① 艾南英：《金正希稿序》，《天傭子集》卷三。
② 艾南英：《与周介生论文书》，《天傭子集》卷一。
③ 艾南英：《子魏近艺序》，《天傭子集》卷三。
④ 黄宗羲：《顾麟士先生墓志铭》，《黄梨洲文集·南雷文定·后集》卷二，第524页。
⑤ 何良俊：《四友斋丛说》，中华书局1959年版，第133页。
⑥ 艾南英：《戊辰房书删定序》，《天傭子集》卷三。

书删定序》中说，"制举之业至今日败坏极矣。……救斯病也，莫若以今日之文救今日之为文者，此吾所以不得已而再有房选之役也"①。艾南英意识到，与其愤激地对八股文集风行、士子只知记诵帖括的习气表示不满，不如借助于这股风气的力量，从内部去影响时下的八股文创作。艾南英确定了"以今日之文救今日之文"的路向，对时下各种八股文文集进行清理、筛选、淘汰。

在编订选本时，艾南英坚持八股文作为国家考试文体的基本品格和风范。他编选时文选本的目的是，引导时人在创作中坚持以程朱传注为据，并对诋訾先正的风气驳难排击，极力摧陷廓清而后已。他说：

> 嘉、隆以前，姚江之书虽盛行于世，而士子举业尚谨守程朱，无敢以禅窜圣者，故于理多合。……自兴化、华亭两执政尊王氏学，于是隆庆戊辰《论语》程义首开宗门义端，兆于此矣。此后浸淫无所底止。科试文字大半剽窃王氏门人之言，阴诋程朱，近复佐以诸子百家、管商杂霸之说，故去理愈远。②
>
> 谈经义辄厌薄程朱，为时文辄诋訾先正，而百家杂说，六朝偶语，与夫郭象、王弼《繁露》《阴符》之俊句，奉为至宝。③
>
> 其最陋者，厌薄成祖文皇帝所表章钦定之《大全》，而骄语汉疏以为古，遂欲驾马、郑、王、杜于程朱之上。不知汉儒于道十未窥其一二也，宋大儒之所不屑，而今且尊奉其弃余，其好名而无实亦可见矣。④

艾南英在选八股文时，立足于国家考试文体的立场，对士子将子部知识要素入八股文的风气非常不满。他力图借助于选本的编订，使八股文恢复自身作为国家考试文体应有的风范与品格。

相比之下，张溥等人的态度则是，尊崇古注疏，而不是程朱的传注。从学术的角度来看，古注疏与程朱的传注并不相悖。但是，在官方科举制度的实施过程中，学术路向的选择意味着士风、学风的趋向。特别是在明末特定的局势下，艾南英主张遵从程朱，他的目的是通过恢复八股文应有的品格来收束人心。而张溥等人则主张士子自由地阅读、自如地写作。张溥并不反对尊奉四书五经。他说，"文皇帝放黜百家，独明圣学，尊经则有四书五经、《性理大全》"⑤。但是，他认为，尊奉圣贤之精义与八股文写作是两个不同的层面。张溥提出，"代言之体，从今则陋，从古则文"⑥。他认为，在写作八股文时，可以追仿秦汉以及魏晋之风。

---

① 艾南英：《戊辰房书删定序》，《天佣子集》卷三。
② 艾南英：《历科四书程墨选序》，《天佣子集》卷三。
③ 艾南英：《增补〈今文定〉、〈今文待〉续》，《天佣子集》卷三。
④ 艾南英：《今文待序·篇中》，《天佣子集》卷三。
⑤ 张溥：《历代名臣奏议序》，《七录斋诗文合集》卷一，第287页。
⑥ 张溥：《皇明诗经文征序》，《七录斋诗文合集》卷三，第325页。

八股文是在明代科举制度的构架下生成的全新的文体。它是，而且首先是科举制度下的国家考试文体。艾南英在认识并阐释官方规则的基础上，将"历史"的传统与"当下"的情势、"官方"的规则与"文人"对规则的挑战等多元、复杂，甚至是矛盾的因素整合为一体，致力于从价值取向、审美风貌、文体规范等方面重塑八股文的尊严。艾南英对八股文的选择和批评，所体现的乃是建设性的品格。他是站在国家考试的立场来讨论八股文的。艾南英强调八股文作为国家考试文体的基本特质，重规范、尊程朱，这并非对官方的简单顺从。八股文是官方考试文体，国家制定的规则作为规范性力量制约着文人的创作。从国家制定规则到士人自觉地接受规范既是一个复杂的过程，又是必然的结果。在八股文发展历程中，既有许多文人，像张溥、陈子龙那样不断地挑战规则以寻求新变，也有一部分文人，像艾南英这样在努力寻找八股文写作与国家规则的同一性。从某种意义上说，艾南英的编选活动正标志着，文人的态度与官方的规则在相互对抗、冲撞之中，相互融会，最终达到和谐、一致的状态。

艾南英从八股文应有的品格和风范入手，试图扭转这一文体在审美风貌等层面上不加节制的变化。他的这种辞章观念与张溥等人产生了矛盾，但同时，也得到了一部分人的理性的支持。复社成员吴应箕评价艾南英说，"千子戊己以来之选，尊注明理，从先圣后学起见，功何可没"[1]。到了清代，当整个社会普遍趋向于理性时，艾南英对于八股文的编订，以及他的观念、认知得到了更多的认同。如，朱彝尊等人说：

> 千子当禅宗日盛之际，大呼救溺，尊六经、崇传注，海内回心向道。[2]

> 文章衰弊之日，天下之号为古文辞者，不归王则归李；天下之业制科者，心憕然不知程朱。先生感慨愤发，谓杞人之忧将在今日间。于书序等作，言之痛，词之切，声禁厉诛，如刿斯人之肺肝而持以示人。世无善人，尽言必不能受，一时门户党同，波扬而澜助之，遂并起而犄角先生矣。而先生持议牢不可破。则愤忿不忍者，至欲操戈按剑杀先生而后快。然先生气不少挫。盖先生之为忧也深，而虑患也远，不以为文章之得失，而以为生人之治乱系焉。[3]

> 昔有明之季，时文、古文俱日趋于散。艾千子先生起而维且挽之。其所选评《今文定》《待》二集，以遵传注、返醇朴为主。一时学者翕然从之，而文体为之一变。虽同时亦有起而与之角者，然先生之说终不可易。今其书布满天下，经生家咸禀之以为矩矱。[4]

范方谈到艾南英等人力图扭转风会的努力，他说，"余弱冠从游于舅氏罗师之门，课为

---

① 吴应箕：《〈戊辰房书删定序〉评语》，《楼山堂集》卷一五，第 299 页。
② 朱彝声：《天傭子集序》，见艾南英：《天傭子集》卷首。
③ 杨以俨：《天傭子集序》，见艾南英：《天傭子集》卷首。
④ 高晙：《天傭子集序》，见艾南英：《天傭子集》卷首。

制举义。时当明末，风会日下，坊间所刊布房书、行卷诸种，悉夸多斗靡，且窜入子家、禅家等语，几不识题理所在。至于四子书白文而外，一字涉注，教者、学者世皆目为迂儒。虽海内巨公如陈章罗艾、张吴杨顾诸君子力挽颓波，仅仅有志数辈，起而向风，究之显背隐违者，比比而是也"①。一直到清代后期，艾南英依然有着重要的影响。黎元宽说，"世祖皇帝……尝御制如举子业出示词臣，皆谢不及。然于先朝作者独取东乡艾南英，但八股擅长，其所丹铅至上尘乙览。岂不以南英为能尊经体传，言圣贤之言而勿畔之者乎"②。也有人认为，艾南英"取国朝文字，自洪武至崇祯存删之为《今文定》《今文待》，而文体一正"③；"艾千子高踞选席，力挽文运之衰"④。

三

艾南英与张溥等人虽然在时文编选理念上存在着巨大的分歧，但是，从编选活动的终极目的上看，他们之间是一致的。无论艾南英，还是张溥等复社成员，他们在编订选本时，都是以"道"自任。就举业与道统之间的关系来看，明末的选家形成了自身的时代特征。正德、嘉靖年间，蔡清、王阳明、林希元等将举业视为一种工具，致力于教育门生，编订选本。他们的目的是推扬自己的思想学说。到了万历年间，黄汝亨、汤显祖、王士骕等人则将科举考试视为纯粹的官员选拔方式，他们编订选本的根本目的是帮助士子在考试中夺得一第。到了明代天启、崇祯年间，艾南英、张溥则将八股文纳入"道"的范畴，开始追问八股文作为一种特定的文体，其存在的终极意义。

在中国文化传统中，"文人"的一个重要特征就是对"道统"的担当。在具体的历史语境和个体价值观念中，"道"并非一个抽象的概念，而是有着十分具体的文化内涵和指向。对艾南英、张溥等明末八股文选家来说，编订时文选本与"道统"并不相悖，他们甚至坚定地认为，关注时文的写作恰恰是担当"道统"的题中之义。

艾南英认为，八股文具有扶助世运、扶翼太平的重要作用，可以从根本上改变一个时代、一个王朝的气局与命运。他说：

> 士生斯世，小之以文章扶世运，大之以功名奖帝室。其大者责不相及，而其小者亦庶几忠孝之思。⑤
>
> 盖下之所习，上所登进，得其人以为扶翼太平之具，而进士举业为尤重。⑥

---

① 范方：《四书题商前序》，见范方：《默镜居文集》，乾隆年间刻本。
"陈章罗艾、张吴杨顾"即陈际泰、章世纯、罗万藻、艾南英、张溥、吴伟业、杨彝、顾梦麟。
② 黎元宽：《送典试陈学山序　代》，见黎元宽：《进贤堂稿》卷八，康熙年间刻本。
③ 李士菜等：《(同治)东乡县志》卷一三，同治八年(1869)刻本。
④ 周钟泰：《东乡县志序》，见李士菜等：《(同治)东乡县志》，同治八年(1869)刻本。
⑤ 艾南英：《庚午墨恕序》，《天傭子集》卷二。
⑥ 艾南英：《辛未房稿选序》，《天傭子集》卷二。

士子在平时学习中，习得的是四书所倡导的价值体系，在八股文日常习作的训练中也要尽力站在圣贤的角度去思考问题。由此，八股文就不再仅仅是一种考试文体，它远远跃出了考试本身，以潜移默化的方式强化官方及主流社会所倡导的价值体系，并影响和指导着士人的日常践履活动。艾南英还说，"试卷虽小技，然于大人性命、皇帝王伯之道备矣"①。在艾南英看来，八股文阐发四书五经的义理时，可以像儒家的原始经典一样，发挥维系世道人心的作用。在日常生活中，艾南英也确实试图担当政治责任、社会责任。天启四年(1624)，艾南英中乡试第四名。他的考卷中有批评、讥讽魏忠贤之语。他"直言不讳，且征引汉钩党、唐白马之祸为戒"②。为此，艾南英遭到处罚，停考三科。据《(同治)东乡县志》，"天启甲子举乡试第四，时逆珰弄权，为毒虐。南英列之坐讪谤。部科交疏申救，以经生不谙事体，得停科"③。崇祯元年(1628)，魏忠贤被诛，艾南英才得以参加会试。崇祯十七年(1644)，艾南英应罗川王之邀，起兵抗击清军，决战于金溪山谷。江西失陷后，他又赴福建见隆武帝朱聿键，呈《十可忧疏》，授兵部主事，寻改御史。

张溥担当"道统"的意识与艾南英相比，有过之而无不及。他创建应社、复社，编订八股文选本，积极地投身于与举业相关的活动中，目的是"尊经复古"。这实质上是学者关怀世事的努力。张溥认为，八股文以及八股文选本在社会政治、文化生活中具有极其重要的作用。他说，"选者至也，夫始观之于达人，而终应之以四国一代之秀伟隽绝者，无不至于其前。而文之可否，鬺其进退，斯不亦豪杰之至荣，赏不德而罚无怨者哉"④。复社的前身是应社，张溥曾谈到应社的成立说：

> 应社之始立也……成于数人之志……此数人者，度德考行，未尝急于求世之知，而世多予之。其所以予之者，何也？则以其诚也。无意于名而有其实，不婴念于富贵贫贱，而当其既至，皆有以不乱。是故先与乎其人，后与乎其文。为人之道，有一不及于正者，则辞之而不敢就。既与其人，而文或有未至者，则必申之以正，因其材之所命而乐其有成，是以邪辟之意无所形之于文。而四方之欲交此数人者，尝观其文而即知其人之无伪，则定社之大指也。⑤

应社成立的根本目的是切磋文章，砥砺人格，最终达到文如其人，以复于古贤者之道。关于复社的成立原因，据《复社纪事》载："先生以贡入京师，纵观郊庙辟雍之盛，喟然太息曰：我国家以经义取天下士垂三百载，学者宜思有以表彰微言，润色鸿业。今公卿不通六艺，后进小生剽耳佣目，幸弋获于有司。无怪乎稊人持柄，而折枝舐痔，半出于

① 艾南英：《后历试卷自序》，《天傭子集》卷二。
② 艾斯璧：《天傭子集序》，《天傭子集》卷首。
③ 李士棻等：《(同治)东乡县志》卷一三，同治八年(1869)刻本。
④ 张溥：《历科文针序》，《七录斋诗文合集》卷三，第334页。
⑤ 张溥：《诗经应社序》，《七录斋诗文合集》卷五，第378页。

诵法孔子之徒。无他，诗书之道亏，而廉耻之途塞也。新天子即位，临雍讲学，丕变斯民，生当其时者，图仰赞万一，庶几尊遗经，砭俗学，俾盛明著作，比隆三代，其在吾党乎？"①的确，张溥创建社团，编订时文选本，并不仅仅着眼于应举，也包含着对"道"的倡扬。张溥的其他著述大多是现实功用性和终极目的性的结合。张溥著述颇丰，九经诸史，咸有论著。据《明史》载，张溥去世后的次年，崇祯帝"征溥遗书"，"有司先后录上三千余卷"②。其中，《诗经注疏大全合纂》《易经注疏大全合纂》《尚书注疏大全合纂》的编纂即是有资于举业。蒋逸雪在《张溥年谱》中说，"三书杂取《注疏》及《大全》合纂而成，所以纠科举之士之株守残匮者，不足尽溥之所学也"③。蒋逸雪对张溥的《诗经注疏大全》等颇有腹诽，但也道出这些书籍应举的性质。张溥正是借助这些书籍介入举业，通过指导士子研习举业，以影响时人基本的价值理念。

张溥认为，优秀的八股文选本，全面反映了一个时代秀伟隽绝者的精神风貌。为此，张溥等人富有策略性地试图提高八股文的地位。吕云浮编选《房稿王风》，张溥作序说，"其曰王风者，所以别于列国也。风雅颂之体殊而义无升降，然贵人三百之言，一时见荣之语，若房书者，则诚古者风之属也"④。张溥等人将时文选本中的房书与《诗经》中的"王风"相提并论，其目的是将八股文与文化传统中的经典相接通，使八股文能跻身于正统或经典的行列。在张溥等人看来，八股文写作虽然是"小技"，但八股文最终却可以成为传达"道"的有效载体。张溥编订八股文选本时，力图弥合官方的导向与民众的行为之间的裂隙。官方希望经由科举考试这一方式，推动士子研读经典，对民众施以教化。但对普通民众来说，科举考试夺得一第与物质利益、家族荣耀等直接相关，而研读经典需要耗费时日，阅读科举读物则是最便捷的方法。张溥等在建立社团、研磨时文写作、编选时文选本时，将官方倡扬的"道"与民众的利益诉求结合起来，左右时政，影响士风。张溥说："慨时文之盛兴，虑圣教之将绝，则各取所习之经，列其大义，聚前者之说，求其是以训乎俗。苟或道里之远，难于质析，则假之制义通其问难"⑤。张溥认为，时文盛极一时，可以通过研习时文，推求经之本义，以广圣教。张溥等人的目的是借助于文社、通过研习八股文，最终通于"道"。

艾南英与张溥、与复社之间的矛盾是多重的。他们之间的差异甚至矛盾，也来自于文人结社和独立知识分子之间的冲突。复社是群体性的，它由云间几社、浙西闻社、江北南社、江西则社、云簪社、吴门羽朋社、吴门匡社、武林读书社、中州端社、莱阳邑社、浙东超社、浙西庄社、黄州质社以及江南应社等十几个社团联合而成。与张溥等不同，艾南英在编订选本时，强调的是自己作为个体的行动和力量。张溥、陈子龙等人代表了一个阶层的利益，与政权进行沟通与对话。在这个过程中，张溥等展现了群体的认

①　陆世仪：《复社纪略》，第 178 页。
②　张廷玉等：《明史》卷二八八，第 1422 页。
③　蒋逸雪：《张溥年谱》，齐鲁书社 1982 年版，第 55 页。
④　张溥：《房稿王风序》，《七录斋诗文合集》卷一，第 270 页。
⑤　张溥：《李元云近义序》，《七录斋诗文合集》卷五，第 422 页。

同与融合，艾南英则扮演了独立知识分子的角色。群体的形成与群体内部独立的声音，是精英阶层形成不可或缺的两个要素。艾南英与张溥的论争，因知识阶层内部群体与个体的学术观念、权力分配而起。明末，艾南英与复社的论争这样一个文化事件可以看做新型的知识阶层完全定型的标志。

万历年间的选家以编选为业，目的是教授门人后学。他们虽然也将时文与气运、风会相关联，但是，这种关联只是抽象的。到了艾南英、张溥，他们的态度是，将这种关联落实到行动的层面。艾南英、张溥力图借助八股文选本之力改变整个社会，改造一个王朝的气运。特别是到了明末，随着整个社会对政治、对政权、对科举制度的不信任感日渐强烈，艾南英、张溥转而从更深的角度探寻科举对人的意义，他们赋予举业以载"道"的意义，当个人参与举业时，个人的行为、行动就具有了超越现实物质世界、功利性追求的终极意义和价值。张溥、艾南英都坚定地认为，可以借助一己之力摇天撼地。艾南英与张溥等人的论争正表现了明末文人以"道"自任的坚定与执着。艾、张二人都力图借科举救世，力图以自我成就或者自我牺牲的方式来救世。他们也坚信，只有自家的学说才能救世。而这种执着于救世的焦虑感，最终引发了两派的激烈论争。

第三节　明代末年的其他选家

明代末年，社会上涌现出了大批时文选家。这些选家的立场、观念，以及生活状态呈现出更为多样性的特点。从选家的立场上看，他们虽然没有直接反对或对抗官方的科举制度，但是，他们开始对官方的制度、规范提出质疑。他们还明确地指出，官方的科举制度的目的与运行结果存在着两歧现象。如，黄淳耀说，"国家之以经义取士也，将以明经乎？抑以晦经乎？其出于明经也必矣。然吾观今之经义，则其弊适足以晦经。夫晦经非设科意也"①。另外，我们还要注意的是，万历年间的选家大多能在科举考试中取得一第。但是，到了崇祯年间，编订选本的士子终身未取得任何科名，成为一种常态。

一

茅元仪（1594—1640），字止生，号石民，又署东海波臣、梦阁主人、半石址山公。茅元仪是茅坤之孙，茅国缙之子。茅元仪的时文曾得黄汝亨指授。茅元仪喜读兵农之书，有用兵方略，为兵部尚书孙承宗重用。崇祯二年（1629），因战功升任副总兵。茅元仪编有时文选本《癸丑征变录》《卯辰程墨干》《己未开先录》《己未二十房木鹤》《尚书文苑》《木鹤居四书草》《木鹤居尚书草》。

茅元仪认为，时文自万历四十一年（1613）为之一变，为此，他选有《癸丑征变录》。

① 黄淳耀：《科举论》，见黄淳耀：《陶庵全集》卷三，《景印文渊阁四库全书》本，第335页。

茅元仪谈道，"说者曰：癸丑之文逊于庚戌也，不啻倍蓰"①。有人认为，万历四十一年（1613）癸丑科的文章与万历三十八年（1610）庚戌科相比，差别很大。茅元仪也承认，"精沉变而为浮扬，庚戌之变而为癸丑也"②。庚戌科的文章"精沉"，相比之下，癸丑科的文章则趋于"浮扬"。茅元仪认为，这种变化自有其合逻辑性。他谈道：

> 其不得不变者也，非癸丑诸君子之罪也。辟文心于寥廓，补注疏之不及，二百年以来，癸丑其最黟者也，癸丑诸君子之功也。我黜其浮扬者，而存其可补注疏者，以为癸丑房稿选。……无庚戌，无癸丑，亦无二百年以来，并无二百年以往者也。③

茅元仪谈到，万历四十一年（1613）癸丑科文章的特点是，"补注疏之不及"。这种文风在明代正起到了承上启下的作用。茅元仪谈到万历后期八股文的变化，万历三十八年（1610）"庚戌，词綦而气严。綦者，芜之渐也；严者，迫之枢也"④。之后，"一变为癸丑，而沉雅鲜矣，以灵空胜。再变为丙辰，而雍穆尽矣，以缥缈胜"⑤。他还谈到这种文风的变化与时运盛衰的关系说，"交于目，则有余；咀于中，则日浅。吾于是而生衰世之感焉"⑥。明代前中期，时文选家往往认为，时文体现出盛世的气运。到了明代后期，这些时文选家也不自觉地将自己的时代定位为末世。在茅元仪看来，文章的盛世"雍穆"之气已尽，只余"灵空"、"缥缈"这种末世之气。

卓发之是黄汝亨的门生，他也编订了大量的八股文选本。卓发之（1587—1638），一名能儒，字左车，号莲旬、无量。工诗文，汤显祖称卓发之、唐宜之、傅远度为"秣陵之三株树"。卓发之著有《漉篱集》，他还有《小题集》《钟山集》《批点会元墨卷》《会元墨卷二集》《会元墨卷三集》《辛卯正业》《河清社征文》等选本。

卓发之对天启朝的时文极其不满。他说，"向来制义以剿贼为陋。天启一朝，独以剿贼为奇，时事可知矣。……乃向来剿袭时文者，多以乡愿假中行。而近时剿袭诸子者，咸以盗贼假狂狷，则今日乱天下者，不在乡愿而在狂狷"⑦。卓发之说，天启之前，时文多剿袭之风，那时，人们大多遵循法度。天启朝之后，士子在写作时文的过程中，有意背离法度，但是，仍没有摆脱剿袭的套路。卓发之还谈到八股文写作中"性情"与法度的问题。他说：

① 茅元仪：《癸丑征变录序》，《石民四十集》卷一八，第238页。
② 茅元仪：《癸丑征变录序》，《石民四十集》卷一八，第238页。
③ 茅元仪：《癸丑征变录序》，《石民四十集》卷一八，第238页。
④ 茅元仪：《己未二十房木鹤序》，《石民四十集》卷一八，第242页。
⑤ 茅元仪：《己未二十房木鹤序》，《石民四十集》卷一八，第242页
⑥ 茅元仪：《己未二十房木鹤序》，《石民四十集》卷一八，第242页
⑦ 卓发之：《张来初行卷序》，《漉篱集》卷一〇。

夫文章之妙，实无定法，总各畅其性情所至。政如眉横鼻竖，山峙水流，何处不佳？则自汉魏晋唐宋元以至今日举子业，但有性情，不见文字。舍是尽成土苴，即字字典谟，言言风雅，有何是处？①

他还谈到，官方不应该以"定法绳人"。卓发之说，"当今元墨类古应制体，大约欲以定法绳人，故于性情较远。然就中肥瘦清浊，雅俗高下，亦自各极其致，则亦实无定法。定法者，其形模耳。今佳恶具列，试得慧业，文人一再讽咏，则性情自现，形模忽开。佳与不佳，都为注脚，定与不定，亦成戏论。若乃肉食者为政，文命不齐，古今同恨，所谓会元衣钵直妄言尔"②。

卓发之将八股文完全纳入辞章的领域。他在品评文章之时，引入了与文、理，或清、雅等不同的批评概念，他以"香"评文。卓发之说：

> 辛卯，文名不胫而走，香誉驰于四方。然余尝评次诸香，以体香为上，茶香次之，花香又次之，果香又次之，树香又次之。若以众香为屑，和合剂量而成，斯为最下，以其渐远自然。今日文字与今日名流，皆东捃西摭而得，亦如众香和合而成。若烟姿雪质、如夷光夜来辈，屏谢兰麝，肌体自然发香。此较海外返魂诸香尤为奇绝，真所云"北方有佳人，绝世而独立"矣。③

卓发之这样的品评方式，在明末并不是偶然的现象。如，李应升在论八股文时，也完全摆脱了经义所要求的"理"的框架。他强调"才情"的表达，关注文的放纵变化。李应升说，"文章心生耳，何平何奇，何新何故。文士纵不能嘘此枯毫，逼传圣谛，要以寸心所际，灵光映发，必有一种好光景。思沉息转，脉动机行，直可嘘气成云，点睛飞去。故思无所不入，则生气流楮墨间，生气动而圣谛不远。坡公所云，得其意思所在而已。若夫才情各出纤华，素质古色幽芳，水到渠成，初无定局。诸士方栖息斯洞，剥落凡趣，扫净尘容。飞观乎鹿眠之亭，放歌于回澜之石，文韵文心，自觉生生不已"④。他还以景论文说，"余四年郡斋，有阁一楹，遥对五老。云霞明灭，雪月吐映。风风雨雨，摇荡晓暮。凭栏飞眺，若拱若揖。挥手招之，翩然来翔。须眉可亲，心肺入鉴。所谓旷与奥者"⑤。

陈仁锡与黄汝亨交好，他在谈到八股文时，也坚持"性情"说。陈仁锡（1581—1636），字明卿，号芝台。天启二年（1622）进士，授翰林编修，因魏忠贤事被罢职。陈

① 卓发之：《批点会元墨卷序》，《漉篱集》卷一○。
② 卓发之：《批点会元墨卷序》，《漉篱集》卷一○。
③ 卓发之：《辛卯正业序》，《漉篱集》卷一一。
④ 李应升：《白鹿校艺序》，见李应升：《落落斋遗集》卷一○，崇祯年间刻本。
⑤ 李应升：《程墨观序》，见李应升：《落落斋遗集》卷一○，崇祯年间刻本。

仁锡谈到，他在杭州西湖时，"晤贞父黄先生于寄园"①。黄汝亨曾与陈仁锡讨论时文。陈仁锡编订的时文选本有《春秋同门稿》《春秋六种书》《玉稠山房大题选》《六十科会试录评选》。陈仁锡还选论、策二场，有《后场精简录》《后场衡总》《论选》《表选》《策选》等。陈仁锡的同道选有《梦鹿堂易义》《易纬》《易经房选》《评选易义》《小题先范》《盐台观风录》《朱子程墨选》《关社》《亳社》等，陈仁锡为这些选本作有序言。

崇祯四年（1631），陈仁锡主会试《春秋》一房的考试。试后，他选有《春秋同门稿》。陈仁锡谈到《春秋同门稿》的编订说，"今岁辛未，承匦麟经，恪禀功令，精气蒸而神鬼语。本房从论表取士十，从策场取士四，录二十三人如例"②。陈仁锡在评文、选文时，有意识地遵循着官方"正文体"的诏令。他说，"先贤以正文体为己任"③。一方面，他重视八股文既定的基本规范，他说，"文章惟法可以御情，惟恕可以行法"④。另一方面，他又认为，时下八股文写作中的弊端并不是士子造成的，而是源自官方。他说，"今日之文，患有情而无式，倡之自上"⑤。为了矫正这种时弊，陈仁锡编订了《六十科会试录评选》。他说，"永洪以来，以朴而笈之，且百闻而一见焉。嘉隆而后，以缛而厌之，如败絮残羹。其实不尽尔，往往苦心至论为骈词所掩，致金匮石室之奇仅供览者之一掷，甚可叹也。予故删其繁芜，直抉天下大计凿凿可垂者，公诸海内"⑥。

陈仁锡在评选八股文时，往往立足于士子的立场，以"性情"，而不是"义理"为重。陈仁锡为《春秋同门稿》作序说，"文以性情贵，得百才士，不如得一性情之士。何以知性情之士，其文不远于性情者？是本朝得性情之正，莫如薛敬轩先生；得性情之达，莫如王阳明先生；得性情之端，莫如陈白沙先生。皆吾师云"⑦。他认为，"性情"与官方"正文体"的目标并不相悖。他说：

> 凡人一生作文有一语与性情相近者，此一语必不朽；一生行事有一事与性情相得者，此一事必不朽。又当锁闱拈题，构思苦索之候，如有一股一句快舞性情，必快主司观览。何也？有性情，斯有奇正、有步骤、有起伏、有位置、有开合、有结构。大都其人面目正，脉理正，文体正，自正矣。⑧

陈仁锡认为，时文写作如果能够出自性情，其人也会"自正矣"。他还在"乡原"与"性

① 陈仁锡：《玉稠山房大题选序》，见陈仁锡：《无梦园初集》卷三，崇祯六年（1633）张一鸣刻本。以下引文出自《无梦园初集》者，均同此版本。
② 陈仁锡：《春秋同门稿序》，《无梦园初集》卷三。
③ 陈仁锡：《社稿序 亳社》，《无梦园初集》卷三。
④ 陈仁锡：《小题先范序》，《无梦园初集》卷三。
⑤ 陈仁锡：《小题先范序》，《无梦园初集》卷三。
⑥ 陈仁锡：《六十科会试录评选序》，《无梦园遗集》卷二，明末刻本。
⑦ 陈仁锡：《春秋同门稿序》，《无梦园初集》卷三。
⑧ 陈仁锡：《春秋同门稿序》，《无梦园初集》卷三。

情"的框架下谈到文章的写作。他说，"今乡原伪种尽浸淫于文章，致麈圣天子独忧而有伪子书，亦有伪经术。以经术反之，莫若先以性情正之"①。

陈仁锡认为，"衡文之途一，操行之途亦一"②，无论是"衡文"，还是"操行"，都应该以"性情"为标准。陈仁锡从士子各尽其性情出发，他还主张时文写作应该极尽其变化之能事。他说，"作圣之道，知化穷神，与天地相似而已；作文之道日新富有，与题目相似而已"③。他谈到《春秋同门稿》的选文情况说：

> 集中如周吴江之博大，左莱阳之粹精，鲍麻城之神奇，王宜兴之古卓，刘仁和之大雅，程孝感之古奥，何昆山之渊博，艾米脂之简劲，史金沙之雄浑，丘宁武之孤峭，吴淳安之深造，刘内江之邃密，赵麻城之爽霁，孙凤翔之苍健，项徽歙之神解，陈大名之芳鲜，于金沙之静彻，卫韩城之奇秀，张汝阳之澹逸，杨江安之神颖，杨诏安之玄微，熊麻城之简寂，李永年之洁隽，岂屑作一犹人语，彼皆有所自得也。④

陈仁锡在评定科举考试时，已经完全把科举考试第一场经义纳入辞章的轨道。陈仁锡在给自己的时文选本作序时，有意识地强调时文写作中的技法问题。他说：

> 文章之道，奇偶而已矣。奇则必偶，偶胜而阳奇无权。夫阳奇，文章之太阿也。前辈有云，一合一辟，此语尚未尽，不如直揭天奇。何也？破承开，三奇象也。……试取东汉六朝、唐宋元文读之，求其一篇用单不可得也。何也？用奇不用偶，古今文一也。予并持此，阅后场，然此法于前场百不失一，而后场遂有遗珠之憾，阅其前场，仍伤于偶也。⑤

将陈仁锡放在明代八股文选家的群体之中，我们可以看到，有明一代时文选家在编选意识上的转变。明代前期，徐一夔等人在讨论科举考试中的义、论、策时，往往将之放在"六艺"的架构之中，将当下的"文"与上古的"文"、"艺"相联系，他们的目的是，在历史的维度中论证科举考试的合理性以及合法性。成化、弘治、正德年间，人们渐渐将科举考试第一场经义纳入辞章的领域，黎淳、蔡清、林希元关注的是文统与治统、文与理等之间的关联。这时，选家仍然大多立足于科举考试"取士"的层面，对经义的功能和价值进行探讨。到了万历年间，黄汝亨、王士骐等人开始转换角度，他们在选文时，试图在国家的功令与士子的需求之间找到一个平衡点。他们既认同国家"取士"的需要，

---

① 陈仁锡：《春秋同门稿序》，《无梦园初集》卷三。
② 陈仁锡：《春秋同门稿序》，《无梦园初集》卷三。
③ 陈仁锡：《春秋同门稿序》，《无梦园初集》卷三。
④ 陈仁锡：《春秋同门稿序》，《无梦园初集》卷三。
⑤ 陈仁锡：《春秋房六种书序》，《无梦园遗集》卷二，明末刻本。

也尊重士子成就个人功业和声名的需要。在编订八股文选本时，他们屡屡强调士子最终要成就的"素业"。所谓"素业"，其实质是对那些孜孜于科举，但未能取中的士子的一种劝慰和勉励。到了崇祯年间，当一部分普通士子控制了选权，进而掌握了部分评定权之后，士子与官方形成了抗衡的力量。一些八股文选家将士子的需要置于第一位。陈仁锡在论文时，张扬"性情"。很显然，"性情"是个体的立场，而不是群体的、官方的立场。陈仁锡等人还认真、细致地讨论八股文的写作技法，这显然也不是官方的初衷，只是参与科举考试的士子的需要。

二

明末，文人结社渐成风潮。重要的党社不仅有张溥、张采等人领导的复社，另外还有万时华、艾南英等结成的豫章社，也有士子结成剑社、亳社等。这些党社都编订有多部社稿，党社成员对官方的制度普遍持质疑的态度，他们试图扭转时下八股文写作中的偏谬之习。

万时华（1590—1639），字茂先，江西南昌人。万时华谈到，明代的科举考试已经远远背离了初衷。他说：

> 国家取士之制，士试经义，犹令各占论表判策以征古学，考时宜，命之曰后场，不独以经术进。高皇帝之为此也，兼体用，该文质，制严且备。自洪武甲子，著为令，今二百五十有三年矣。近名存实亡，主司以为饩羊，诸士以为刍狗，取具而止。①

万时华谈到，在官方那里，科举考试只剩下"取士"的形式，并不能真正发挥"取士"的功能。对于普通士子来说，科举考试就像"刍狗"。刍狗，即古代祭祀时用稻草扎成的狗。在献祭时，人们对刍狗毕恭毕敬，但是，祭祀之后就把刍狗给丢弃了。对于士子来说，科举考试中的义、论、策，特别第一场经义就像刍狗一样，士子只是把经义作为求取功名利禄的工具，得中功名后，就会将参加举业时习得的知识全部丢弃掉。万时华试图扭转这种风习。他认为，这种情况是由重首场而轻二、三场造成的。他说，"士砥厉以应王司者，经义耳。平居有业是者，师友窃笑，父兄交让，曰：是徒废有用攻无益，方视之与博弈等。比试，取故程墨诸牍诵记而剪拾之。……夫高皇帝聪明越千古，岂为是不急之务烦苦天下士，不知积轻之势自何时始"②。为此，他在编订时文选本的同时，还编订了《后场四奥》等科举读物。

复社中的一些成员在参加复社的社集时，也会另行结社。如，他们结成的国门广业社，并刊刻社稿《国门广业》。复社往往在会试期间开展党社的会集活动，国门广业社

---

① 万时华：《后场四奥序》，《溉园二集》卷二，第370页。
② 万时华：《后场四奥序》，《溉园二集》卷二，第370页。

模仿复社的运行机制，他们在乡试之年展开活动。吴应箕谈道，"南京故都会也。每年秋试，则十四郡科举士及诸藩省隶国学者咸在焉"①。崇祯三年（1630），这些在南京应乡试的士子"合十百人为雅集"②。第一次社集"三主之者，刘伯宗、许德先、沈昆铜也"③。第二次社集是在崇祯六年（1633），"杨龙友、方密之再一举行"④。崇祯九年（1636），他们举行了第三次社集。吴应箕参与了国门广业社社稿的刊刻，他还写有序言。此外，吴应箕选有《崇祯甲戌房牍》《崇祯丁丑房牍》《历朝科牍》《四书小题文选》。吴应箕另外还为同道的《吴文咸集》《道南集》等作序。

　　明末，党社面对的情势与万历年间的文社有了很大的差异。万历年间，士子组织文社的目的在于参与举业。文社与政治、政权之间尚未建立直接的关联，朝廷也不大关注这些文社的活动。到了天启、崇祯年间，党社大兴，这些党社的数量、规模、声势已经远远超出了朝廷所能控制的范围。这时，复社、国门广业社以及其他的文社开始面临着来自政治、政权的压力。吴应箕、张溥、张采等人在参与举业、编订选本时，都曾感受到这种压力。吴应箕在为《国门广业》作序时说：

> 　　攻之者且四面至。物盛而忌，夫何怪乎！于是，天下方以社事为讳，而姚子独于忧疑满腹、谗口方张之日大聚吾徒而盟之曰：吾党所先者，道也；所急者，谊也；所讲示者，异日之风烈事功。所借以通气类者，此文艺；而假以宣彼我之怀者，此觞聚也。⑤

这些党社成员认为，他们秉持着道统，他们结社、选文的行为有着毋庸置疑的合理性及合法性。针对有人提出的"庶人不议"的观点，吴应箕在编订选本的过程中，也给予了反驳。吴应箕说：

> 　　或问于吴子曰：仲尼不云乎，天下有道，则庶人不议。即如今之号为房牍者，是南宫既隽之士所自表其素所蓄积也，是当代之名卿巨公以其所得士之行卷刻而布之，以风式天下也。今且取其所已刻者，删之、选之，去留甲乙，与原书合者无几矣。天下购其选与删而读之者，率又从下而不从上，此亦奚啻夫议哉？而子躬蹈之也。⑥

从官方的立场上看，房稿的编选权应该在中式士子，或者是房考手中。但是，坊间的选

---

① 吴应箕：《国门广业序》，《楼山堂集》卷一七，第338页。
② 吴应箕：《国门广业序》，《楼山堂集》卷一七，第338页。
③ 吴应箕：《国门广业序》，《楼山堂集》卷一七，第338页。
④ 吴应箕：《国门广业序》，《楼山堂集》卷一七，第338页。
⑤ 吴应箕：《国门广业序》，《楼山堂集》卷一七，第338页。
⑥ 吴应箕：《崇祯甲戌房牍序》，《楼山堂集》卷一七，第342页。

家根据个人的喜好对那些已经官方化的程文任意进行删选,"与原书合者无几"。一般士子往往"从下而不从上",他们多阅读坊间选家的选文,将官方化的程文弃置一边。针对这种情况,吴应箕谈到,这种局面并不是坊间选家造成的。他说,"国之衰也,然后有监谤之使;其亡也,禁士不得以其学非上之所建立"①。在吴应箕看来,国运衰盛,并不是选家或者士子与官方的对立引起的,而是乱自上作。

吴应箕着手编订八股文选本,这一方面是出于对"道"的担当。崇祯九年(1636),吴应箕为张自烈的《诗经程墨文辩》作序说,"子今所为选者,诗义程墨也。程墨为士人利禄之资,而世于经义,益务苟且。亶足篇数,遂释之矣。以子不回利禄之心,苟文则言之,不几于道,子必弃之矣"②。吴应箕这段话既是表彰张自烈,同时,也是自我心迹的剖白。另一方面,书商的推促,也是他坚持编订房稿等选本的动力。吴应箕谈道,"予之为房牍选也,始于崇祯甲戌,既已见成事于天下,故今复不得辞。金阊书林迎予千里,予于是入天都,下钱塘,溯苕禾,至虎邱而休焉。文自京刻,为各经师所已选者五千余首,合之行藏诸刻,又万余首。予阅不能五旬,毕谬,以意择之,得佳文八百余篇"③。

在明末诸选家对科举制度、对八股文提出种种质疑之时,吴应箕还在论、策的参照下,对第一场经义的特质进行了理性的思考。他说,经义"非若诗赋策论犹可穷极才学。则其尺幅较狭,缘于发明经义,圣贤有一定之论,注疏有不易之说。又非若它文可以私智臆谨,随所移缀,遂以中度也。故其理道为甚深"④。吴应箕谈到,经义的写作受到限制,因此,它可能涵盖的广度有限。但是,经义这种文体围绕着既有的观点、思想,对某些问题进行非常深入地探讨,这又成就了它的深度,促成了这种文体"其理道为甚深"的特点。吴应箕承认八股文衰敝的事实,他同时也提出,八股文日渐衰萎,是天启年间才出现的一种现象。他说,天启五年(1625)、天启六年(1626)"乙丑、丙寅间,诸人殆不忍言。今试取其文覆焉,有一非柔滑者乎,非诡诞者乎,非猖狂纵恣而不轨理道者乎?彼作文之心,以为吾逐利否耳,虑非顾行也,故其徒一得志而几覆人国"⑤。为此,他试图在八股文自身的发展逻辑架构下,重构这种文体的盛世气象。他说:

> 文章之法,肇于洪永,详于成宏之间,莫盛于庆历初年,即莫敝于万历末季。其流也,自场屋之程墨始。故欲科举之文不亡,当先从场屋之程墨论之;欲成宏之文再觐于今,又当先从其源流本末备论之。以明其盛者使可复,而其弊也未尝不可

① 吴应箕:《崇祯甲戌房牍序》,《楼山堂集》卷一七,第 342 页。
② 吴应箕:《诗经程墨文辨序》,《楼山堂集》卷一七,第 346 页。
③ 吴应箕:《崇祯丁丑房牍序》,《楼山堂集》卷一七,第 351 页。
④ 吴应箕:《历朝科牍序》,《楼山堂集》卷一七,第 330 页。
⑤ 吴应箕:《四书小题文选后序》,《楼山堂集》卷一七,第 338 页。

反。此吾所以论次程墨，繇国初而迄今之意也。①

吴应箕力图在科举之文将亡之际，以回归"国初"的方式，力挽文运。

针对天启、崇祯年间具体的政治局面以及写作风会，吴应箕在品评八股文时，以尊"理"重"体"为基础，并进而有意识地拈出"气"这样一个概念范畴。他说：

> 予往者之论文也，以理以体。理者，为圣贤之论所从出，学术之邪正于此分，性道之离合于此辨也；而体者，则谓文有一定之章程，不可变；有自然之节叙，不得乱也。②

"理"是经义作为官方考试方式的内在的核心特质，"体"是经义作为一种特定文体的内在稳定性。在"理"、"体"的基础上，吴应箕又融入了"气"这个概念。他说，"夫昔人之论气也，辨之清浊之间耳，吾谓莫如审之于强弱之际"③。吴应箕认为，八股文的"气"，应该论以强弱，而不是清浊。他说，"刚气之所发，必不剽也，必不袭也，不芜而秽，不矜而肆，不惬而寥落也。必当理，必合体也，推之为忠臣，为介士，为强力有为，为震挠不诎者，必是人，必是言也"④。他说，"予欲天下作文者因吾说以反，而自循其气，繇是以阅吾选也"⑤。他编订一系列八股文选本，正是要推扬这样一种刚正强大之"气"。

复社中的罗明祖也选有《拟程》《拟墨》《程墨旨》《醮社初刻》《征草》《金华大社》《咸社》等。罗明祖（1600—1643），字宣明，号纹山。崇祯四年（1631）进士，出任华亭县知县。罗明祖在选文时，表明了自己的八股文观念。他说，"吾党特立不犹，卓然以救天下之文为己任，宁真毋伪，宁朴毋华，宁端毋荡。其微者诚足以穷幽洞冥，挠排无极，非如世之荒忽淑湫而始谓之微也；其奇者诚足以吞日蒸霞，彪炳四射，非如世之魑魅罔两而始谓之奇也。更有进于此者，而必挽而归之平正雅驯"⑥。

明末，主张裁抑复社者也为数不少，周之夔就是其中的一员。在明末选文风潮中，周之夔也编订有时文选本。周之夔（1586—？），字章甫，崇祯四年（1631）进士。为人负气节，任事敢言，授苏州推官。忤当道，弃官归。周之夔是福建闽县人。他曾经在福建宁德学宫任事，编有《罐山课义》。他说，"今邑弟子员仅百四十人耳，而多负奇力学，山川使然哉！予摄事学宫，月数课之。又给题于家，使间日构一义。其来讲究辩诘，则

---

① 吴应箕：《历朝科牍序》，《楼山堂集》卷一七，第330页。
② 吴应箕：《崇祯丁丑房牍序》，《楼山堂集》卷一七，第351页。
③ 吴应箕：《崇祯丁丑房牍序》，《楼山堂集》卷一七，第351页。
④ 吴应箕：《崇祯丁丑房牍序》，《楼山堂集》卷一七，第351页。
⑤ 吴应箕：《崇祯丁丑房牍序》，《楼山堂集》卷一七，第351页。
⑥ 罗明祖：《金华大社序》，见罗明祖：《罗纹山先生全集》卷二，《四库禁毁书丛刊》本，第187页。

无常期。予二子及他问业者附焉。自季春至初秋，文已盈衍，咸灿然可观"①。针对有人质疑科举考试、质疑"以文取士"的有效性。周之夔的态度是，"以文取士"自有其合理性。他说：

> 或曰：造士舍文无他术欤？予曰：然。国家功令在文，精华萃焉。士殚力于文，必洗濯思虑，质对圣贤，传注、语录之外，忽识取本心，即是真理学；一义未安，寝食俱废，闭户湛精，他缘继绝，不累长上，不闵有司，是即真德行；深观消息，博洽名物，史鉴兴亡，时务得失，透熟胸中，待时而动，是即真事功。②

周之夔虽然对复社颇多不满，但是，他曾较为理性地谈到在明末科举制度的框架下士子与官方之间的抗衡关系。周之夔说，"祖制独不许士子言事，正养其敢言之气于不言中耳。文者，言之成理也。贱颊贵楮，怯舌勇笔，磨炼沉蓄，识英胆雄，是即真气节。故造士一文焉，尽之矣"③。从这个角度上看，周之夔与吴应箕的八股文观念有一致之处，那就是，他们两人都认为，八股文不仅要重理尊体，而且要养"气"。只不过，周之夔认为，八股文是要培养士子沉蓄内敛的刚气；吴应箕的看法是，八股文要激发士子形之于外的强气。

三

明末的选家还有马世奇、郑鄤、魏学洢等人。

马世奇（？—1644），字君常，号素修，江苏无锡人。崇祯四年（1631）进士，官至左庶子。李自成破北京，马世奇自缢死，清廷谥文忠。马世奇有《澹宁居删丙辰窗稿》《澹宁居删丙辰二十房稿》《刻澹宁居问艺录》《大题文韵一集》《大题文韵二集》《大题文韵三集》。马世奇的这些选本影响极于一时。张大复谈到马世奇的选本说，"今文章家所凭为标目之指者，无过澹宁居刻义。每国门书出，日传万纸，都人士日夜诵习之，惟恐其尽。盖澹宁居主人能以其学信于天下，天下用其不龟手之术，往往捷取封拜，而主人不免洴澼洸。然其为心，顾泊然无所起也"④。

万历四十四年（1616），马世奇在家乡坐馆课徒时，选有《澹宁居删丙辰窗稿》《澹宁居删丙辰二十房稿》。姚希孟说，"友人马君常删丙辰窗稿……既又删房稿成"⑤。崇祯年间，他又选《大题文韵》系列选本。他编订这些选本的原因是，矫正时人"攻今人之

---

① 周之夔：《鑪山课义序》，见周之夔：《弃草文集》卷二，崇祯年间木犀馆刻本。以下引文出自《弃草文集》者，均同此版本。
② 周之夔：《鑪山课义序》，《弃草文集》卷二。
③ 周之夔：《鑪山课义序》，《弃草文集》卷二。
④ 张大复：《刻澹宁居问艺录叙》，见张大复：《梅花草堂集》卷一，《续修四库全书》本，第274页。
⑤ 姚希孟：《澹宁居删丙辰二十房稿序》，《响玉集》卷九。

文"的习气。他说，"夫赝子赝经，诚所痛恨。然时艺变而子史，则犹近古之渐也；子史变而经术，则犹近雅之渐也。故今日而必以先辈之文攻今人之文者，笃于时者也"①。马世奇认为，时文由经入史、由史入集、由集入子，这是合逻辑的演变。时下不少士子只倡扬明代前期的经义，猛烈地批判时下的八股文，这过于偏颇。为此，他选明代洪武至崇祯年间的时文，成《大题文韵》。他说：

> 自洪永至嘉隆，浑成澹漠，如元气方含，锋锷□露，则均之乎初也。自万历甲戌至崇祯戊辰，高华精长□，旭日当空，菁英毕耀，则均之乎盛也。其析为二三集者，譬雅之有正变；二集正多而变少，三集正少而变多，然均之乎雅也。②

《大题文韵》分为三集，洪永至嘉靖、隆庆年间为一集。二、三两集选万历二年(1574)甲戌至崇祯元年(1628)戊辰的程文。马世奇还以唐代文章风气的变化为参照，考察明代八股文文风的流变。他说：

> 国朝制举文自成弘以前，近贞观之草创；自成弘以后，近景云之藻棁；嘉靖末年，浩衍已极。隆万初，申就简之条，浮靡尽削，大雅蔚兴。上不至寻先民之红腐，下不至逐时贤之缪悠。声骨风律，几逼开元。而推厥所繇，则庙堂恶华，好朴去伪，从真之力也。③

马世奇还谈到万历十一年(1583)癸未年以后的时文大家说，"吾综三十年风气论之，无如癸未、己丑、壬辰、辛丑四科之盛。而如丁丑杨贞复之析理，乙未汤嘉宾之切脉，又所谓一不为少，百不为多者。丙戌，元神稍薄，然如钱季、梁黄，畸人之标致，亦飘飘羽化而仙矣，取以参《英灵集》中二十四公，虽文体不同，要于有雅体、无杂体一也"④。

郑鄤(1594—1639)，字谦止，号峚阳。少有才名，随父讲学东林。天启二年(1622)中进士。天启六年(1626)，杨涟、左光斗等六君子遭魏忠贤诬陷入狱，郑鄤作《黄芝歌》，遭削职为民。崇祯八年(1635)，复起用。因批评内阁首辅温体仁，被罗织罪名入狱。崇祯十二年(1639)，被凌迟处死。著有《峚阳草堂文集》《峚阳草堂诗集》。另有八股文选本《明文稿汇》《明文选正》《选丁丑房正》《程墨正》《续程墨正》《丁丑墨选》。他另外还"选明文国初至隆庆为一集，万历甲戌至庚戌为一集，癸丑至崇祯丁丑

① 马世奇：《皇明大题文韵题辞》，见马世奇：《澹宁居文集》卷四，乾隆二十一年(1756)刻本。以下引文出自《澹宁居文集》者，均同此版本。
② 马世奇：《皇明大题文韵题辞》，《澹宁居文集》卷四。
③ 马世奇：《大题文韵二集题辞》，《澹宁居文集》卷四。
④ 马世奇：《大题文韵二集题辞》，《澹宁居文集》卷四。

为一集"①。

崇祯三年(1630),郑郧有《明文稿汇》。《明文稿汇》选王鏊、钱福、唐顺之、瞿景淳、薛应旂、诸燮、茅坤、王锡爵、归有光、邓以赞、胡友信、赵南星、冯梦祯、邹德溥、汤显祖、陶望龄、董其昌、吴默、顾天峻、钟惺等42人的八股文。郑郧在明代科举考试的发展流程中对这些八股文大家给予了定位。他说,"举业以文恪为鼻祖"②。他还谈到时文的流变说,"举业祖守溪,唐之于王嫡子也,瞿之于唐嫡弟也。鹤滩旁出而自成一家。后惟诸理斋堪称遥胄。自非绝尘之骨,鲜能望其涯矣"③。之后,郑郧还选有《明文选正》。他谈道,"为诸弟、长儿点课。选《明文稿汇》。意欲成《明文选正》,而以诸稿为之端"④。

郑郧也清楚地看到,在科举制度下,官方的初衷与士子的需求之间形成了巨大的断裂。他说,"经义取士,使聪明才辨之心思驯致于圣贤之理道,而莫敢越幅。自汉以下之文无所可用,实无不可用,惟自得而化者能用之。二百年来,道德、节义、功名之儒胥此乎出。我祖宗养材致用,法意甚盛,而或以为拾青紫之具,则舛矣"⑤。郑郧认为,官方制定的科举制度本身是较为合理的。在200多年的实践中,科举制度已经充分证明了它自身的有效性,"道德、节义、功名之儒胥此乎出"。但是,普通的士子却把科举制度作为求取功名利禄的工具。郑郧还批评了前代选家黄汝亨不能理解程文之中的神理,只把程文作为应举的工具。他说,"黄贞父之客于茅鹿门先生。先生爱贞父,授之选本。贞父掩关读之半年,而以所业进。先生泫然废卷曰:吾虑此后必以读程为戒。前正法脉,遂不可传,自子始也。贞父惊请其故。先生曰:吾向学之,觉寸楮中神理无尽,伸纸常不可竟,人不信吾之读程也。子学而得枯焉、板焉,名理之谈,如食生物而不化,亡者之衣冠一陈而不可更设也。贞父为之茫然者经月。自后,见先生,先生多为他辞,不复论文也。学者知此,可得读程之法矣"⑥。郑郧还认为,科举制度之下产生的这些问题,还需要在这一制度运行的内在构架中解决。他提出,"戢天下之乱,莫若重科举;欲重科举,莫若正经义;欲正经义,莫若举前正以为之鹄"⑦。郑郧谈到,他曾与钟惺讨论选本的问题,"钟伯敬云,诗文不可无选,如近科时义,尤不可无选"⑧。郑郧试图通过编订选本,达到"正文体"的目的。他说,"曾为选《历科程墨正》,只遵功令,正文体之义,今以'正'名选亦犹是也"⑨。

① 郑郧:《题语四则》,见郑郧:《崒阳草堂文集》卷七,民国二十一年(1932)活字本。以下引文出自《崒阳草堂文集》者,均同此版本。
② 郑郧:《明文稿汇选序·王守溪》,《崒阳草堂文集》卷七。
③ 郑郧:《明文稿汇选序·钱鹤滩》,《崒阳草堂文集》卷七。
④ 郑郧:《天山自叙年谱》,《崒阳草堂文集》卷一六。
⑤ 郑郧:《明文选正序》,《崒阳草堂文集》卷七。
⑥ 郑郧:《题语四则》,《崒阳草堂文集》卷七。
⑦ 郑郧:《明文选正序》,《崒阳草堂文集》卷七。
⑧ 郑郧:《续程墨正序》,《崒阳草堂文集》卷七。
⑨ 郑郧:《选丁丑房正序 两则》,《崒阳草堂文集》卷七。

魏学洢(生卒年不详)，字子敬，万历四十年(1612)为诸生。天启二年(1622)，魏学洢有《壬戌廿房选》《五朝文略》等。魏学洢谈到八股文说，"文无论工拙，要期于有光。光既外射，更当决邪正焉。彼耿耿然腾一隙之焰者，小明耳。譬之长夏星流，曾不及陨地成石，恶足比数？若夫诡奇自恣，光焰足以骇一世而弗协于正，此乃所谓槐云如牛，枪云如马者也。直思变乌号落之，肯令张芒角乎？因叹豪杰之有正焰者，千古来不可十百数；文章之有正焰者，千古来亦不可十百数。又何况三年"①。魏学洢这里所说的"光"、"焰"，与吴应箕所说的"气"具有内在的一致性。从这里，我们可以看到，明末选家试图采用不同的概念，从不同的侧面建构、展现他们的八股文观念。

---

① 魏学洢：《壬戌廿房选序》，见魏学洢：《茅檐集》卷五，《景印文渊阁四库全书》本，第321页。

结　语

八股文选家是在明代科举考试制度运行过程中衍生中出的一个全新的群体。有明300年间，八股文选家的编订活动与制度领域、知识领域、社会领域中的特定要素缠绕交错，其中蕴藏着许多值得我们深入思考和探索的重要问题。

《明代八股文选家考论》一书主要考察了明人编选时文的活动与举业、辞章、文社之间共生、并存的关系。举业，或者说科举制度，为八股文选家身份的生成、定型提供了稳定的平台。八股文，更为准确地说是科举考试第一场经义，是建构选家专业化、职业化的核心资源要素；选家的活动又形成了反作用力，推促着八股文这一文体定型的进程，推动了八股文演化成为科举制度的标识物。缔结文社，是八股文选家的自我身份演变，选家向非官方化、反官方化转型的重要的动力机制；八股文选家在结社的过程中，又从根本上改变了文社的性质和功能。在明代，八股文选家不可能参与科举制度的制定，他们对这一制度整体构架的直接影响也极其有限。但是，选家却通过日常的选文活动参与到这套制度的运作过程之中，影响了科举制度根本的构型要素——八股文的生成和定型，这在一定程度上改变了这一制度之下人与人的关系。

一

八股文选家是在明代出现的全新的群体。这个群体自我身份的建构经历了确认、定型的过程。所谓自我身份，就是个体寻找、发现自身与社会之间的关系，在特定的秩序构架中逐步明确自己的角色定位。这里所说的"秩序构架"并不是抽象的，更不是泛化的概念。对于八股文选家这一群体来说，他们确认自我身份时所依赖的特定的社会秩序构架是科举制度。明代八股文选家这一群体及其特定的身份意识，是在科举制度保持持续性、规律性的过程中逐渐生成的。科举制度的延续性提供了一个稳定的、不间断的意义框架，八股文选家正是在这种特定的意义框架中展开编选活动，逐步明确自身在社会中的位置，获得群体的归属感，发现自我存在的意义与价值。

明代初年，科举考试活动甫一展开，选文作为一种活动就已经出现。这时，参与选文的个体有着特定的编订动机、编撰目的和编选观念，但是，他们尚未形成明确的选家意识。洪武五年(1372)，徐一夔编订了《乡试程文》。这时，科举制和荐举制孰优孰劣，时人正在论证之中。徐一夔在《乡试程文序》中谈道，科举考试是"国家之良法美意，而凡为士子者之所当知也"①。徐一夔在编订选本时，他关注的核心问题并不是选"文"，而是论"政"。他的目的是，确证科举制度的有效性，并在士子中宣扬这种制度的合理性。徐一夔说的"为士子者"是一个泛化的概念，指的是所有读书问学的人，与"为士子者"直接对应的概念或群体是"官方"、"官员"。从徐一夔本人对自我身份的定位出发，我们可以看到，他在编选《乡试程文》时，把自己作为一个支持国家考试制度的官员。徐一夔并没有意识到，这种编选活动将成为不可遏止的潮流，他更不可能预见到，自己在日后会被认定为明代最早的程文选家。从这个角度来看，编选活动的展开与选家自我身份的确认并不是完全对等的、重合的，一个人在"当下"对自我身份的定位与他的行为、行动最终的意义指向、历史价值之间可能会是错位的。明代初年，徐一夔等人还没有形成明确的选家的意识，他们的编选活动只是明代八股文选家建构自我身份的起点。

明代科举考试制度的稳定和持续，为选家建构特定的社会关系网络，逐步确认特有的群体身份提供了基本的平台。自洪武二十一年（1388）起，明王朝制定的科举制度进入平稳运行期。明王朝对前代的科举考试规程进行了整合，确定了三年一次，以义、论、策试士的考试方式。与之前的隋唐、宋元相比，乃至与此后的清朝相比，明代科举考试在制度的规划设计、实施运行等层面上展现出的稳定性、持续性是空前绝后的。每年一次的考试活动，每隔三年重复一次的考试类型，这既是一种制度，同时，又构成了某种特定的仪式。对于已经远离科举制度的今人来说，这种稳固的仪式看起来更多的具有形式化的特点，但是，对于生活在其中的明人来说，这种稳定的状态往往催生出特定的现实感。科举制度作为稳定的平台，为八股文选家确认个体的身份，并嵌入特定的社会框架之中，提供了基本的支持。

正统年间，科举制度的稳定性、规律性已渐渐成为人们生活中的常态。这时，科举制度是否有效、合理，已经不再是人们关注的问题。选家在编订选本时，身份意识发生了明显的变化，他们转而关注这一制度框架下个体的需求。正统九年（1444），查济海与周忱编订了《偶中录》。周忱等人明确地为自己的选本设定了阅读群体——"有志于科名者"②。在明代，选本的阅读者由徐一夔所说的"为士子者"到周忱所说的"有志于科名者"，这种转换并不是偶然的、随机的，而是蕴藏着明代八股文选家自我身份逐步确认、定型的内在逻辑以及必然性。自我身份是特定的个体与社会、与其他群体在协商对话中逐渐形成的。任何一个群体在确认自我身份时，必然有其特定的参照系，八股文选家身份的确认也是如此。与八股文选家这一身份形成直接互动关联的群体是选本的阅读者，这些阅读者的身份是"有志于科名"的、未中式的士子。在社会关系网络中，这些"有志于科名者"以选本为联结点，与八股文选家形成了相互对应、相互依存的关系组成了特定的意义结构。周忱等在着手编订选本时，清楚地将"为士子者"中的"有志于科名者"框定出来，这意味着，他们有意模糊自身的官员身份，自觉地在未中式士子这个

① 徐一夔：《乡试程文序》，《始丰稿》卷五，第210页。
② 周忱：《偶中录序》，见周忱：《双崖文集》卷二，光绪四年（1878）山前崇恩堂刻本。

群体的参照下确认编订者的选家身份。

　　成化以后，选家的自我身份意识不断强化，八股文选家的身份最终得以定型。一是，选家与未中式的士子形成了稳定的参照、对应的关系。如，杨守陈等人表明，他们在编订选本时，设定了这些书籍的潜在读者是"儿辈"①、"士子之业是者"②、"门人"③。二是，八股文选家有意识地强调他们编选活动的内容及性质。如，蔡清谈到《精选程文》说，"乃为选取四书程文中之优等者数十篇"④；林希元也说，"四书程文自蔡虚斋批点之后，选者非一家"⑤。梅鼎祚说，"吾友蔡曦伯选小题文四百余首以授梓"⑥；蔡献臣谈到自己编订的选本也说，"坊贾欲行诸士之文。余稍为选辑，付梓"⑦。选家编订选本的直接目的，是帮助士子研习举业，以在考试中夺得一第。三是，选家细致地思考了这些选本的多重价值以及选文活动的多重意义。如，梅鼎祚谈道，选本"于国为遵时，于家为继志，于后学为嘉惠"⑧。"身份既不是某种客观条件的天然限定"⑨，也不是任意构设的，而是在特定的实践活动中逐步生成的。明代的八股文选家在日常的编选实践中，在与未中式士子的互动中，逐步形成了特有的社会关系网络，明确了自身的身份。

　　八股文选家的身份不是在孤立、静止的状态中被设定的，选家自我身份的认同是过程性的。这些选家自我身份的形成，也不是在单一的维度中完成的，而是多重的社会关系网络中逐渐建构的。选家所处的社会关系网络具有多重的维度：未中式的士子与选家构成了直接的呼应、参照关系；在日常生活中，选家的亲缘关系网络也对选家身份的生成、定型起到了非常重要的影响。在科举制度持续推行的过程中，整个社会的态度、观念也会影响选家对自我身份的认同。制度本身并不会对人造成直接的压力，对个体造成压力的是制度之下人们的观念及行为。在八股文选家自我身份认同、定型的过程中，家庭、家族的态度会对他们产生深刻的、难以估量的影响。明代前期，科举考试的稳定性尚未得到强化，整个社会对于举业的热情与投入也相当有限。如，周忱谈道，建文四年（1402），他打算参加乡试，祖父极力劝止。周忱说，"先祖遗安公闻而戒之曰：……今尔学未充而急于求试，虽剽窃师友之绪论，或可以侥幸于场屋中。然少年从仕，无成学定识以致于用。它日之悔，宁有穷已乎？其速辞免，益务于学"⑩。成化年以后，整个社会对科举考试的认知和态度有了明显的转变。蔡清、林希元、归有光，以及万历年间

①　杨守陈：《书旧易义后》，《杨文懿公文集》卷一二，第 493 页。
②　蔡清：《刊精选程文序》，《虚斋集》卷三，第 823 页。
③　林希元：《批点四书程文序》，《林次崖文集》卷七。
④　蔡清：《刊精选程文序》，《虚斋集》卷三，第 823 页。
⑤　林希元：《批点四书程文序》，《林次崖文集》卷七。
⑥　梅鼎祚：《四书小题文选序》，《鹿裘石室集》卷四，第 168 页。
⑦　蔡献臣：《仰紫堂问业序》，见蔡献臣：《清白堂稿》卷五，《四库未收书辑刊》本，第 112 页。
⑧　梅鼎祚：《四书小题文选序》，《鹿裘石室集》卷四，第 168 页。
⑨　钱超英：《身份概念与身份意识》，《深圳大学学报》2000 年第 2 期。
⑩　周忱：《偶中录序》，见周忱：《双崖文集》卷二，光绪四年（1878）山前崇恩堂刻本。

的黄汝亨、袁宗道等人都谈到家庭、家族催促他们参与举业的情况。家庭、家族对科举考试的肯定、对科名的追逐，无疑对这些选家自我身份的认同起到重要的推促作用，加速了选家自我身份定型的进程。

在明代，选家与选家之间，选本与选本之间在时间上是断裂的、错位的，甚至是没有直接关联的。当我们在选家与未中式士子的对应参照中，把这些有序的以及无序的事件罗列出来，就可以看到八股文选家自我身份逐步确认、定型的过程。明末，宋懋澄在为《珠楼近社》这部八股文选本写序时，开篇就说道，"明兴，公车业几三百年"①。有明一代，正是基于科举制度在近300年间一直保持着稳定性、规律性，才会有越来越多的选家投入选本的编订之中。从逻辑关系和事实之间的关联上来看，科举制度在明代的稳定性、持续性、规律性，正构成了八股文选家这个群体出现的前提条件。

二

在科举制度平稳运行的过程中，八股文选家这个群体自我身份的确认、定型，是在选家与其他的人群对应、参照的过程中生成的。同时，选家身份的确认也需要借助于特定的物质要素，借助于人以外的"他物"的力量。对于我们要研究的八股文选家来说，他们确定自我身份，将自己与其他的群体界分开来的"他物"就是知识领域内特定的要素——八股文，即科举考试第一场经义。明代，第一场经义经历的演变，它由纯粹的考试方式转化成为特定的文体，它在知识统系的归类中由隶属于经部转为归属于集部，它与诗赋等构成统一体，它与官方科举制度之间的关联，以及有明一代八股文选家选文的观念意识、价值取向等，这些事实在历史中实际的演化情况远比今人对它们的想象复杂得多。从特定的身份定位出发，明代八股文选家的选文活动、选文观念等推动了经义这种文体的定型过程，影响了这种文体的性质与功能、价值与意义。

在今人看来，"八股文的形式有严格规定，对内容的要求则更加苛刻。作者写作时，不能随意发表自己的见解"②，它的"内容和形式都是僵化的"③。但是，回归到明人日常生活的场景中，我们可以看到，在明代科举制度平稳运行的过程中，第一场经义是在成化年间产生的一种全新的文体。对明代的八股文选家，乃至有明一代的士子来说，与科举考试的第二场论、第三场策相较，经义这种文体是创新和活力的象征。

在明人看来，"制举之艺……妙技也"④。成化年间，经义作为一种特定的文体定型之后，士子在这种文体中不断融入全新的要素，创造新的写作范式。他们在写作八股文时由经部入史部，借鉴《史》《汉》，继而入集部，慕仿欧苏，进而入子部，依傍佛老。成化至天启年间，士子写作八股文不断地越界，在越界过程中，他们也始终面对着官方

---

① 宋懋澄：《珠楼近社序》，见宋懋澄：《九籥续集》卷一，万历年间刻本。
② 王凯符：《八股文概说》，中华书局2002年版，第3页。
③ 王凯符：《八股文概说》，中华书局2002年版，第7页。
④ 刘鸿训：《易二房同门稿序》，见刘鸿训：《四素山房集》卷六，崇祯年间刻本。

的"正文体"规训。在明代八股文求变和返正的对抗中，我们可以看到，明人普遍认同和肯定，八股文作为特定的文体、作为独立的知识要素，它有着自我独特的发展方向和运作逻辑。明代中后期，八股文离经叛道、非毁程朱，以佛典道藏为据；社会上还出现了大量的游戏八股文。这便是八股文具有独立性的明证之一。

在论、策的对照下，我们可以更清楚地看到第一场经义在明代展现出的活力。对于明人来说，经义是一种全新的文体形式。相比之下，论、策的体式、风格及写作范式已经定型，明人不可能颠覆论、策既有的定式进行创新。在这种情况下，成化年间，科举考试开始以第一场经义为依据，而不再重视二、三场的论、策。丘浚多次主持乡会试，他曾为黎淳的《皇明历科会试录》写序。黎淳谈到，与第一场经义相比，考官为第三场策出题时，已经力尽词竭。他说，"提学宪臣之小试，其所至，出题尤为琐碎，用是经书题目烦多，学者资禀有限，工夫不能遍及，此策学所以几废，而科举所得罕博古通今之士也"①。士子写作策的水平也日渐低下。约在嘉靖三十四年(1555)，李开先等人谈到士子写作义、论、策三场的情况说，"今则四书经义固不及往日浑厚雄伟，而透贴精细，亦非往日所能及。可惜二、三场熟烂松懈，直书旧套，不惟不似晚宋，较之弘、正、嘉靖初年，更觉不及"②。到了万历年间，宋懋澄也曾感慨时人不重论、策的情况。他说，"隆万以来，三场可谓有经书、表判而已。论则无异于策，虽程文亦然。夫策以应人问、舒己意也。今也华而不实，所对非所问，自昔叹之矣。程策虽切，然亦轮泞不转，第胜先朝之两扇耳，顾芜蔓极矣"③。在第一场渐重的过程中，一直有人试图提高二、三场论、策的地位。到了明末，陈子龙依然在做这样的努力。但是，他同时也承认，二、三场在科举考试中的重要性江河日下，人们已经无力扭转这种趋势。他在《子丑二三场干禄集序》中说，"今天子制诏，春官以取士，必重实学、征材用，故崇二、三场所试论表策者。虽书经义不佳，论表策佳者，取之。诏书甚著，自宜遵行。然两京十三藩及举于南宫者三百人，有人以论表策得隽者乎？曰：无有也"④。在第一场渐重，二三场渐轻的过程中，经义作为特定类型的知识要素，将八股文选家与其他人群区分开来，选家、评点者在参与科举活动的过程中，也提出了专业术语、概念以及理论框架，参与了八股文的文本形态、文体范式、文章风格以及文化品格的创设。选家的选文活动、选文观念，直接提升了第一场经义在整个社会的影响力。当我们在共时性的框架中考察科举考试第一场经义与论、策之间的关系时，可以看到，八股文这种文体在明代科举考试构架下的重要地位并不是由官方命定的，而是在官方制度的执行、士子的写

① 丘浚：《科举议》，见万表：《皇明经济文录》卷八，嘉靖年间刻本。
② 李开先：《文林郎河南道监察御史北泉蓝公墓志铭》，见李开先：《李开先全集·闲居集》卷七，第365页。
③ 宋懋澄：《小论·四》，见宋懋澄：《九籥续集》卷九，万历年间刻本。
④ 陈子龙：《子丑二三场干禄集序》，见陈子龙：《安雅堂全集》卷七，上海：上海古籍出版社2007年版，第246页。

作、选家的编订过程中，由整个社会共同认定的。

在科举制度终结前后，人们往往把第一场经义视为"祸国殃民"的文体。但是，当我们从历时性的维度着手，在诗赋的参照下，考察明代八股文选家的选文观念时，就可以看到，对这些选家来说，科举考试第一场经义以阐发经部的义理为核心，士子通过阅读选本、写作经义，能够接通"先王之大经大法"①。他们还认为，"文体、士习实相关，厘文与正士故无两术"②。也就是说，在明代的选家看来，八股文这种新生的文体以及相关的选本能够起到延续圣贤的气脉、提振人心的作用。

科举制度促成了知识要素与国运、政统之间的直接互动和对接。文、文字，以及借文字留存的知识是"士"作为一个特定阶层的标志，在科举制度下，这些知识要素更进一步成为"士"与政治、政权直接建立关联的核心的中介物。明代，八股文选家在选文的过程中，曾深入地思考了汉代的察举制与隋唐以后的科举制之间的根本区别。薛应旂说，"古者命乡论秀，取士以行；后世设科较文，取士以言"③。骆问礼也谈道，"夫古之取士以德行道艺，今之取士亦以德行道艺。顾古之征德行道艺者，以乡里之评，而今征以文"④。科举考试"设科取文"，"以文""征德行道艺"。自隋唐以后，特别是自明代科举制度形成持续性、稳定性之后，科举考试构架下的"文"作为特定的中介，成为连接士子与国家权力、与行政运作的最直接、最便捷的通道。正德、嘉靖以后，随着八股文与科举制度的融合关系不断地强化，时人开始思考明代科举考试第一场经义与前代科举试赋之间的区别。如，薛应旂谈道，"隋唐以来，仕进尚文辞而遗经业，其苟趋利禄者固不免逐于浮华。及宋胡安定为教授，欧阳文忠知贡举，士习翕然以变，而制科得人为多。迨至嘉祐以还，明道、横渠、考亭、象山诸大儒率由此出。然犹未免兼用诗赋，君子有遗议焉"⑤。薛应旂谈到"当下"以经义试士的情况说，"我国朝建学设科，罢去诗赋，崇尚经义。一时士人之所从事者，皆圣人之格言至理，先王之大经大法。蕴之则为德行，发之则为文章，行之则为事业。而合轨同趋，不迁异物。故巨儒名卿亦皆由此出，而前辈人才号称独盛"⑥。也有人谈道，"自隋试进士以明经与词赋并，至宋熙宁世，始绌词赋不用，而所谓明经者，第若射覆取答而已。其不能彬彬兼质文，固也。明兴，而始三试士，各以其日，为经书义以观理，为论以观识，为表以观词，为策以观蓄。然其大要重于初日以观理者，政本也"⑦。明代，科举考试第一场经义"大较

① 薛应旂：《豫章文会录序》，《方山先生文录》卷九，第327页。
② 方应选：《闽中校士录序》，见方应选：《方众甫集》卷五，《四库全书存目丛书》本，第237页。
③ 薛应旂：《豫章文会录序》，《方山先生文录》卷九，第327页。
④ 骆问礼：《滇南己卯科硃卷序 代作》，《万一楼集》卷三七，第476页。
⑤ 薛应旂：《豫章文会录序》，《方山先生文录》卷九，第327页。
⑥ 薛应旂：《豫章文会录序》，《方山先生文录》卷九，第327页。
⑦ 王世贞：《四书文选序》，《弇州山人续稿》卷七〇，第45页。

采宋王临川所罢隋唐诗赋之法，而本之经术"①。在明人看来，科举考试使用经义不仅在程序上具有合法性，在知识发展的逻辑上，以及在知识与制度对接的过程中，也自有其合理性及有效性。

八股文与科举考试中使用的其他文体，如诗赋、论、策、诏等不同。诗赋是自身定型、发展成为独立的知识要素之后，被官方的科举考试制度借用的。八股文则是在科举制度的框架下逐渐生长、定型，并最终消亡的。八股文在明代因举业而生，到清末与科举共亡。科举制度终结以后，人们认为，这一制度是僵化的，阻碍了社会的进步；人们还认为，八股文是祸国殃民的文体。当我们把这两个命题并置在一起，并尽可能抛开其中的价值判断，可以进而推衍出一个全新的命题。那就是，八股文是科举制度的象征物，或者说是等价物。深入到明代的科举史、明代八股文选本的编纂史，我们可以看到，八股文这种文体是在官方科举制度的构架下生长出来的，但它并不是官方制度的附属物。有明一代，科举制度与知识要素之间的关系，大体可以化约为科举考试与八股文之间的关系。在八股文选家的推动下，八股文转换成为科举制度的对等物，以至于人们渐渐忽略了科举制度与八股文之间建立关联的发展、转换、生成的逻辑。八股文和科举制度形成了某种意义结构，清代以后，人们不加辨析地、无条件地接纳、认同了科举考试第一场经义与科举制度之间的对应关系。立足于知识体系与国家制度的交汇点上考察明代的八股文以及八股文选家，可以看到，八股文发展成为科举制度的象征物和标识物，这在明代自有其正向的、积极的意义与价值。

三

明代，八股文选家的身份经历了由官方化，向去官方化、非官方化，甚至是反官方化的历史演变，到了明代中后期，编选八股文甚至逐渐发展成为一项专业、一种职业。明代，在八股文选家自我身份认同进行演变的过程中，印刷术的发展、商业活动的兴盛等都是重要的推动力。但是，在这诸多要素中，促使八股文选家自我身份向非官方化、反官方化发展的根本动力机制是未中式士子的结社活动。

结社是历代常见的文人集会的方式，集会的内容、性质各有不同。明代前期，在科举考试的框架下，也有一些中式者常常结社聚会。如，天顺年间，罗璟等召集同年在节会进行唱和。成化、弘治年间，李东阳与同年多次集会。李东阳有《甲申十同年诗序》《两京同年倡和诗序》《翰林同年会赋》等。嘉靖七年（1528），顺天府乡试后，中式士子举行同年会，并编有《同年叙齿录》。自正德、嘉靖年间，未中式的士子在研习举业时，也开始组织文社。此后，这种以研习举业为目的的文社在数量上迅猛增长。社中成员往往共同编订自己的日常课业，成"社稿"。借助于结社活动以及这些社稿，选家逐渐具备了与官方抗衡的能力。

谈到科举制度下文人与官方的关系，谈到知识的权力等问题，目前学界大多关注的

① 茅坤：《张太学刻洪武以来程文编序》，《茅鹿门先生文集》卷一七，第 694 页。

是，知识与权力之间的"共谋"关系，士子如何借助知识弋获政治身份、政治权力。有学者谈到科举制度下知识与权力的关系说，"隋唐科举制确立至清末1300年来逐渐形成的以掌握经典知识（获取功名）作为社会配置政治权力基础的历史时段，我们概括为知识权力化社会"；"所谓知识权力化在此就是指经典知识转换为政治权力的制度安排和过程。作为一种公共危机治理机制，知识权力化是指朝廷赋予知识士人特权和地位"①。也有学者谈道，明清时期，伴随着科举的制度化，确立了以文为重的选举观②。这样，"学问通往权力，否，应该说学问不仅通权，其自身就是权力。有文者，士之也，统治者之谓。无文者，庶之也，统治之对象是也"③。这里，学界所说的"权力"指的是政治、政府、政权所拥有的力量，他们的关注点是，士子以学问为途径，借助知识的力量，进入政治领域，从而在政治上获取权力。事实上，知识自身也具备特有的力量。当我们把观察的视角转到明代八股文选家的结社活动上，就可以看到，在明代中后期，大量的士子没有进入政治领域的机缘，他们在知识领域的内部，依然能够有力地与政治、政权对抗。

明代中后期，士子缔结文社、编订社稿，这些文社、社稿正是未中式士子为获得科举话语权力而作出的努力。

普通士子与科举制度、科举考试本身并不构成直接的关联，他们不可能直接参与制度的制定和修改。科举考试，特别是其中的乡试、会试，对大多数士子来说，只有仰望的意义，并不具有参与的可能。虽然我们无法在数量上进行精确的统计，但可以肯定的是，有明一代，大多数士子没有机会参加乡试，绝大多数士子没有机会参加会试。如果我们将科举制度化约为官方的考试活动，对于明代的士子，与其说科举考试是他们生活的组成部分，不如说，科举考试是他们平淡的日常生活中三年一次的狂欢。而且，在这场狂欢中，只有一部分人是直接的参与者；那些更多的人，他们只是狂欢活动的旁观者。但是，事实上，科举制度影响了有明一代士人的生活方式、心路历程、价值观念。这种影响正是在科举制度的导向下，经由士子本人参与科举相关活动而最终实现。明代中后期，缔结文社、选订时文，就是士子参与科举的活动之一。在未中式士子研习举业的过程中，这些文社、社稿给士子提供指导，并给他们以有效的心灵慰藉。这些选家和选本是科举制度下的衍生物，其他许多士子又成为这种衍生品的直接生产者或者使用者。士子在结社过程中编订的选本，是他们与科举制度产生直接关联的重要中介。这些选本因为收入士子在日常生活中的课业，故而又成为他们与官方相区别的重要标识物。

明代官方也围绕科举考试展开了一系列的运作活动。如，官方各级政府中有学政、训导、教谕等官员；历科考试后，官方编有乡试录、会试录。官员的讲学、官方的选本

① 郭剑鸣：《晚清绅士与公共危机治理——以知识权力化治理机制为路径》，光明日报出版社2008年版，第10页。

② 参见三石善吉著，余项科译：《传统中国的内发性发展》，中央编译出版社1999年版，第13页。

③ 三石善吉著，余项科译：《传统中国的内发性发展》，中央编译出版社1999年版，第13页。

与文社、社稿有着根本的区别。文社的终极指向是帮助士子应对举业，在科举考试中夺得一第。学政、教谕的职责是向政府、向上级机构负责，而不是向士子负责。他们展开教育工作的目的不是为士子应举提供帮助，不是推助士子的成长，或者引导他们理解经典，而是对士子进行筛选，剔除那些不合格的人。另外，乡会试录中罗列了中式士子的姓氏，这种赋予荣耀的方法，无疑增强了科举的感召力。但是，对众多的士子来说，这种荣耀只是一种远景或愿景。相较之下，文社中编订的社稿则给予未中式士子以直接肯定和认同。这样，在官方活动的参照下，我们可以更清楚地看到缔结文社、编订社稿对于未中式士子的价值与意义。通过剖析明代中后期士子结社应举的活动，我们可以看到，科举制度不仅仅是由官方掌控的，也不仅仅是以文字的形态呈现出来的规范，士子也不是纯粹为制度所驱使，而是在参与相关活动的过程中不断融入个体的需求、理解、体验、认知。因为有了未中式士子的各种形式的参与活动，科举制度就不是静态的，而具有了动态的变化；科举考试也不是一项纯粹的官方行政活动，而是蕴含着各种复杂的因素及不同的向度，是各种人群重新组合而形成的话语权力实践。

在明代文社不断发展的过程中，这些选家还试图把自己作为既区别于官方，也区别于未中式士子的独立群体。他们进而把自己定位为未中式士子的代言人，向官方表达未中式士子的诉求。万历年间，王士骐谈道，"衡士者权足以趋士而不足以得士，受衡者遇足以合持衡者而不足以夺持论者"①。王士骐有意识地强调了八股文选家作为"持论者"，区别于"持衡者"和"受衡者"的独立性。到了天启、崇祯年间，张溥、张采等组织应社、复社，编订《国表》等系列选本，他们融入了万历年间王士骐等选家的独立意识，并进而强化社中成员"同文"、"同心"的观念，将文社转变成为与官方对抗的党社。万历年间，当黄汝亨等人结社时，研习时文仍是文社的核心功能。虽然多数文社选有社稿，但选文只是文社在研习举业时的衍生物。到了天启、崇祯年间，对于党社成员来说，结社选文与参与科举考试具有了同等的重要性。士子选文的根本目的也不再仅仅是为了提升自己的写作水平，而是要借助于群体的力量，表达自己作为特定阶层的需求。张溥、周钟等选家以自己特有的活力、风格，通过大规模地编订系列化的时文选本，直接与官方对话，成功地实现了"选权"由官方向专业化选家的移交。

在科举制度的构架下观察明代中后期士子的结社选文活动，我们可以看到，当官方的权力借助于文字、借助某种类型的知识要素展开活动时，知识与权力就构成了并生、共存的关系。权力可能会改变知识要素的形态，知识要素也会促成官方制度的隐性的或者显性的调整，士子中的某个特定阶层也会运用自己对知识的掌控，借用知识的力量挑战官方的权力，对抗政治的权力。明代末年张溥等结成的党社就是借用八股选文的力量，与官方相抗衡，为未中式的士子代言。因此，"知识"并不是静止的文字，也不是纸质的书籍，它可以成为人与人建立沟通、关联的一种重要的媒介。在张溥等人结社、选文的活动中，知识作为一套独立的统系，它拥有自身特定的权力，也帮助选家拥有了

---

① 王士骐：《戊戌十八房选稿上集序》，《中弈山人稿》卷四，第595页。

与政治权力抗衡的能力。身处官方行政体系之外的选家依凭他们掌握的知识以及这些知识附带的力量，对科举制度，乃至对时代的政治进行干预。

明代科举考试的运行是持续的、循环重复的，八股文选家身份的确认也是缓慢的，这些过程看似没有突破、没有断裂。但是，这种重复和迟缓的过程本身就构成了变化的基质和基础。明代八股文选家在科举制度的架构下展开编订选本的活动，逐步对自我身份进行确认，在这个过程中，与科举考试相关的知识建构、文化活动、文人心态等都酝酿、蕴藏着多重的变化和转型。这些变化和转型并不会对明代士子的辞章观念、价值体系做生硬的框定或切割，而是从不同的层级、层面逐渐渗透到人们的日常生活之中。在明代，八股文选家的时文编选活动正从一个侧面展现出科举制度下文人生活的多样性、丰富性和复杂性。

附录：

吕留良编选、弃选八股文考论

吕留良（1629—1683），字庄生，一字用晦，号晚村，浙江崇德县人。吕留良是清代初年重要的八股文选家，他编订了《江西五家稿》《戊戌房书》等多部八股文选本。作为在社会中活动的个体，吕留良的行为取向是多元化、动态化的。他也曾两次中止编选八股文，每次均长达 10 余年。吕氏为什么要中止编订八股文选本？这是否意味着他反科举、反八股文？编选与弃选之间是否矛盾、互不相容？要全面地理解吕留良编选、弃选八股文的问题，我们必须将他置于具体的生活场景以及特定的关系框架中，在明末清初文人结党社、编订时文选本的背景下，考察吕氏作为八股文选家如何在现实实践中不断寻找、调整自我，并最终影响社会的。

一

吕留良参与编订八股文选本，最早始于崇祯十四年（1641）他 13 岁时。崇祯十四年，吕留良与侄子吕宣忠，以及同邑的孙爽、王晫、陆文霦、劳以定、钱行正等人结成征书社。吕留良说，"予时年十三，因与从子约同里孙爽子度、王晫浩如者十余子为征书"[1]。征书社仅有 10 余人，规模较小。与明末其他党社一样，征书社的主要活动是切磋八股文，吕留良与陆文霦以及同社诸子刊刻了征书社的社集：

> 雯若于是与同社有《壬午行书临云》之选。选自此始也。[2]

陆文霦，生卒年不详，字雯若，浙江崇德人。他是征书社中较为活跃的人物。陆文霦、吕留良等编选的《壬午行书临云》，其具体内容已不可考。行书，是选取举人所作的八股文，编订而成的选本。征书社的《壬午行书临云》大约是征书社中诸位士子根据崇祯十四年（1641）的乡试试题写作八股文，然后，将这些文章编订成册。《壬午行书临云》

---

[1] 吕留良：《东皋遗选序》，见吕留良：《吕晚村先生文集》卷五，雍正三年（1725）天盖楼刻本。以下引文出自《吕晚村先生文集》者，均同此版本。

[2] 吕留良：《东皋遗选序》，《吕晚村先生文集》卷五。

是吕留良参与编纂的第一部八股文选本。

明代天启、崇祯年间，"读书讲学和举业选文类的社团在此一时期尤为兴盛"①。黄宗羲、张履祥与吕留良交好。黄、张二人曾论及明末文人结社选文的盛况。张履祥说，"近代盛交游，江南益甚。虽僻邑深乡，千百为群，缔盟立社无虚地"②。黄宗羲谈到八股文选本与党社的关系说，"集士子私试之经文而刻之，名之曰社。……然同社者，从邮筒而致其姓氏行卷，东西南北之人，顾不必相见也。间有举同社之会者，因解试则在省，因岁试则在郡"③。明末，郡邑同道汇聚各自写作的八股文，集合成书，这样的活动称为社。各个党社编订的八股文选本则称为社稿。明末党社往往集合数郡乃至数十郡的士子。在有些党社中，士子聚会以讨论八股文写作是常态化的，还有些党社则仅在乡试、会试时聚集一处。联系社团成员的重要纽带就是社稿。明末江南一带的风气是，乡郡必有党社，党社必探讨八股文写作、刊刻社稿：

> 启、祯之际，社稿盛行，主持文社者，江右则有艾东乡南英、罗文止万藻、金正希声、陈大士际泰；娄东则有张西铭溥、张受先采、吴梅村伟业、黄陶庵淳耀；金沙则有周介生钟、周简臣铨；溧阳则有陈百史名夏；吾松则有陈卧子子龙、夏彝仲允彝、彭燕又宾、徐暗公孚远、周勒卣立勋，皆望隆海内，名冠词坛。④

明末文人通过结党社、选时文的方式联络同道、推扬声气。

身处特定的时代中，吕留良深切地感受到文人结社、选文的风气。他说，"自万历中，卿大夫以门户声气为事，天下化之。士争为社，而以复社为东林之宗子，咸以其社属焉。自江淮迄于浙，一大渊薮也"⑤。他也看到，在明末复社张溥等人结社、选文的影响下，各党社纷纷编订社稿，"选与社例相为表里"的情况：

> 凡社必选刻文字以为囮媒，自周钟、张溥、吴应箕、杨廷枢、钱禧、周立勋、陈子龙、徐孚远之属，皆以选文行天下。选与社例相为表里。⑥

吕留良的亲友也多有主持党社、参与选文者。崇祯十一年（1638），吕留良十岁时，他的兄长吕愿良在地方结澄社。澄社聚拢同道、编刻八股文，影响极于一时。黄宗羲谈到澄社说，"余僻处浙河东，当澄社之会，愆期末赴。振公、子与乃渡江就余，为会于王

① 何宗美：《明末清初文人结社研究》，中华书局 2006 年版，第 22 页。
② 张履祥：《言行见闻录》，见张履祥：《杨园先生全集》，中华书局 2003 年版，第 96 页。
③ 黄宗羲：《钱孝直墓志铭》，《黄梨洲文集》，第 265 页。
④ 叶梦珠：《阅世编·文章》，中华书局 2007 年版，第 120 页。
⑤ 吕留良：《东皋遗选序》，《吕晚村先生文集》卷五。
⑥ 吕留良：《东皋遗选序》，《吕晚村先生文集》卷五。

文成公之第。其刻文也，待余文统出，然后置甲乙焉"①。吕愿良主持的澄社给吕留良留下了非常深刻的印象，吕留良在康熙十四年（1675）还追忆说，"余兄季臣会南浙十余郡为澄社，杂沓千余人"②。在亲朋的引领下，在明末文人结社、选文风气的影响下，吕留良参加了征书社，并参与编订了社集《壬午行书临云》。

吕留良加入征书社后，对党社活动有了深入的认识。他看到党社中存在着种种不良现象：文人结社的最初目的是修名检、研讨时文写作，但结果却演变成夺选席、争名利；同社之中、社与社之间纷争不断，甚至影响了同乡好友的关系。在吕留良看来，朋友的情谊，比名利、比选权更为重要。吕留良与曹序交游甚密，征书社与曹序参加的兰皋社之间产生了摩擦，吕留良的选择是避开社事的纷争：

> 崇祯时，射侯叔则为兰皋社，与余社友不相契。然余兄弟与射侯兄弟独相得于尘埃之外，不以樊篱间也。③

在党社中，吕留良有意识地保持独立的姿态。吕留良看到亲朋好友也多有厌弃党社者。如他谈到四兄吕瞿良说，"崇祯间，社盟声气哄然互竞，吾兄独不屑一顾。然各社名宿及四方乡党无不敬而亲之，若明道之能化物也"④。另如，面对党社，陈乾初"辞不往。有滨社者，每会联舟数百艘，以书招，先生亦谢不赴"⑤；张履祥于崇祯七年（1634）"馆颜士凤家。时东南文社方兴，先生与士凤相约毋滥赴"⑥。面对党社中累积的一些恶习，加之吕瞿良等人的影响，吕留良经过反思，在编订《壬午行书临云》后不久，就不再参与选事。吕留良谈到弃选的原因说：

> 始之社也，以气节、以文字、以门第世讲互为标榜，然犹修名检、畏清议，案验皂白，故社多而不分。及是，则士习益浮薄倾险，一社之中，旋自搏轧，镞头相当，曲直无所坐。于是郡邑必有数社，每社又必有异同，细如丝发之不可理。磨牙吮血，至使兄弟姻戚不复相顾，途遇宴会引避不揖拜者咸起于争牛耳、夺选席。贩夫牧猪皆结伴刊文，清昼争道而不避。社与选至是一变而大乱。予叔侄遂支石蔽叶，一听雯若诸友之所为。⑦

从吕留良的叙述中，我们可以看到，吕留良放弃选事，并非因为厌弃科举制度及八股

---

① 黄宗羲：《钱孝直墓志铭》，《黄梨洲文集》，第 265 页。
② 吕留良：《孙子度墓志铭》，《吕晚村先生文集》卷七。
③ 吕留良：《质亡集·曹序射侯小序》，《吕晚村先生文集·续集》卷三。
④ 吕留良：《质亡集·四兄念恭小序》，《吕晚村先生文集·续集》卷三。
⑤ 吴骞：《陈乾初先生年谱》，民国年间《雪堂丛刻》本。
⑥ 朱翊君：《杨园先生》，见朱翊君：《埋忧集·续集》卷一，同治十三年（1874）刻本。
⑦ 吕留良：《东皋遗选序》，《吕晚村先生文集》卷五。

文，而是出于对党社中诸子"争牛耳、夺选席"的不满。吕留良不与选事，从根本上看，是对时风、世风的反思，也是对自己参与社事、选事等行为的反省。

对年少的吕留良来说，放弃编选八股文并不意味着他就此弃绝世事。吕留良并未退出征书社，而是有选择性地与同社的孙爽密切往来。孙爽（1614—1652），字子度，崇德人，"幼颖悟，甫就塾，辄弄笔作小诗。后从新安程孟阳游，诗文皆得其指授"①。吕留良与孙爽的相识起于结党社、探讨八股文写作：孙爽与吕留良的三兄吕愿良交好，结澄社；后，又与吕留良等结征书社。但是，孙爽的志趣并不在操选权，他善诗歌，爱砚台，长于画。当征书社中其他人切磋八股文时，吕留良、孙爽二人终日论诗谈画。吕留良说：

> 予之交子度也，亦以盟社集崇福禅院。独予两人坐大殿，出所作诗相质。子度携新得澄泥研及程孟阳画册，玩语竟日，社人皆笑。②

孙爽比吕留良年长 15 岁，跟随着孙爽，吕留良沉醉于诗画之中，并在崇祯年间接触了黄宗羲、黄宗望、张履祥以及钱谦益等人。顺治三年（1646），吕留良的侄子吕宣忠在孙爽家中被清兵捕去，后被杀。吕留良更与孙爽成为患难之交。

由吕留良第一次参与编选，继而弃选八股文，我们可以看到：在生活中，个体对某一事件、某一活动所持的态度无论是肯定的，还是否定的，他都有可能不自觉地被裹挟于其中；同时，在参与活动的过程中，个体会不断地进行自我调适。吕留良加入征书社之后，对党社、对选文持有负面看法，但是，他也在结社中积累了积极的、正面的力量。吕留良对结党社、操选政的不满情绪，成为他参与党社，并对之进行调整、改造的重要动力：在同社众多成员操选政、相互争斗之时，吕留良有意识地将自己置于边缘地位，与孙爽谈诗、论画，他试图通过这种姿态扭转社团成员因选文而互相倾轧的风气；吕留良后来致力于评选八股文，也正是因为，他自年少时就深切地体会到"文体之敝也由选手"③，他要起而矫正八股文日渐衰靡的状况。此外，在党社中，吕留良结识了孙爽。孙爽作为程嘉燧的门生，得到钱谦益的称扬，在乡邦郡邑具有一定的影响力。与孙爽的交往为吕留良建构广泛的社会交往圈奠定了坚实的基础。虽然之后有 10 余年，吕留良都未问选政，但年少时期这次短暂的结社、选文活动，对他日后主持编订时文选本产生了积极的、多重的促进作用。

二

顺治九年（1652），孙爽离世；顺治十年（1653），吕留良成诸生。之后，吕留良开

---

① 许瑶光等：《（光绪）嘉兴府志》卷八〇，光绪五年（1879）刊本。
② 吕留良：《友砚堂记》，《吕晚村先生文集》卷六。
③ 吕留良：《程墨观略论文 三则》，《吕晚村先生文集》卷五。

始积极地参与社会活动，并与陆文霦的联系日渐紧密。崇祯年间结社、选文的时代风会对吕留良的正向影响逐渐显露出来，他与陆文霦全身心地投入八股文的编选工作。

顺治十二年（1655），吕留良27岁，他与陆文霦"同事房选"：

> 乙未之冬，燕坐玄览楼，群居块然，无所用其心，因与雯若同事房选。于吴门市傭一室，如农车大，键闭其中，匝月而竣事。盖其为日也暇，而致力也专，虽未必当乎古人，而世亦满志矣。①

房选，也称为房稿，本指士子中进士后，主考官编订新科进士平日所作的八股文而成的选本。明代中期，"进士曲江宴后，得各上其制义于房举，房举精择其佳者，悬之国门，标曰房稿"②，房稿的刊刻者一般是主考官。但是，到了崇祯年间及清代初年，随着文人结社、选文活动日渐繁盛，选权下移，房稿的性质发生了变化，"昔历、祯间，社业与房书并行，而今则房选、行牍，率皆坊人伪为之"③。八股文选本，包括房稿的编刻完全操控在专业的选家手中，这些选家并不具备特定的政治身份。吕留良就是这样的选家。吕留良在书商的邀约下，与陆文霦选取士子乡会试的试卷以及进士、举人平日所作的八股文，编成多部选本。其中，比较重要的是《五科程墨》《戊戌房书》等。《五科程墨》选取、品评顺治三年至十年（1646—1653）共五科士子的中式试卷。另外，吕、陆二人还搜集、选评了顺治三年（1646）以后士子所作的八股文。吕留良谈到他与陆文霦编选八股文的情况说，"《五科程墨》，则予之论居多焉。酉戌以来，类皆分阅而互参"④。顺治十五年（1658），吕留良继续与陆文霦合作，编订《戊戌房书》：

> 有客排户，携新贵人书及诸名家选本若干卷，属与雯若共诠次之。时方闷久，思一畅所蓄，即取笔为涂窜数艺。⑤

吕留良还编选有《选大题》。《选大题》是针对乡会试编订的选本。明清两代，乡会试一般用大题。大题的特点是，"春秋二试主司所命者，冀以尽见士子生平，故题主于理义

---

① 吕留良：《庚子程墨序》，《吕晚村先生文集》卷五。
② 熊文举：《家渔滨进士制策墨卷序》，见熊文举：《侣鸥阁近集》，康熙年间刻本。
③ 毛奇龄：《素园试文序》，见毛奇龄：《西河集》卷五七，《景印文渊阁四库全书》本，第285页。
到了康熙年间，房书虽然仍指进士的时文，但编刻的主体已完全转变为普通选家。如，戴名世在《庚辰小题文选序》中说，"新进士平居之文章，书贾购得之，悉以致于选家为抉择之，而付之雕刻，以行于世。谓之房书"（戴名世：《庚辰小题文选序》，见戴名世：《南山集》卷四，光绪二十六年（1900）刻本）。
④ 吕留良：《庚子程墨序》，《吕晚村先生文集》卷五。
⑤ 吕留良：《选大题序》，《吕晚村先生文集》卷五。

之说为多，而又有触忌犯讳之虑，则非典雅明正者无取焉"①。另外，顺治十七年（1660），吕留良还编订自己的八股文而成《晚村惭书》。《晚村惭书》收录了《子曰回也》《子在川上》《仁也者人》等30篇八股文，黄周星、陆文霦为《晚村惭书》作序。陆文霦称赞吕留良的八股文说，"用晦年十二即操管与同社角，社中耆宿皆谨避其锋，其文之奇无所不尽，忽为《南华》《御寇》，忽为《楞严》《唯识》，忽为《三传》，忽为骚赋，忽为蔚宗、昭明，忽为马班贾董，忽为韩苏，每出必哄然不能测其腾骞所至"②。吕留良编订的这些八股文选本在地方上产生了较大的影响。陈祖法是"顺治八年举人，除石门教谕"③，在任教谕时，结识了吕留良。陈祖法称扬吕氏的八股文选本说，"于选政中见君议论评骘，知非斤斤以文章士自命也"④。

吕留良、陆文霦在选文的同时，还于顺治十三年（1656）、十四年（1657），在地方结党社。据吕公忠《行略》：

> 同里陆雯若先生方修社事，操选政。每过先君，虚左，请其共事。先君一为之提倡，名流辐辏，玳瑁珠履，会者常数千人。女阳百里间，遂为人伦奥区，诗筒文卷，流布宇内。人谓自复社以来，未有其盛。⑤

吕公忠说，吕留良与陆文霦此次结社、选文，影响甚广，其规模、声势堪比崇祯年间张溥、周钟等组织的复社。吕留良在康熙二年（1663）也回忆这次结社活动说，"文字之交，弟于三吴，已无遗憾。……丁酉孟春，曾合南浙敦盘于蓬蔂中"⑥。通过顺治年间的这次结社、选文，吕留良提高了自身的影响力以及在地方上的声名。

顺治十八年（1661），吕留良33岁，他再一次"谢去社集及选事，携子侄门人，读书城西家园之梅花阁中"⑦。吕留良谈到弃选八股文的原因说：

> 家仲兄以予之驰骛，而渐失先人之志也，锢予于梅花阁中，命授二犹子业，戒出入，谢宾客。阁之阳，又为构讲室数椽，予挈二幼子与二三友人之子，哦于其间，口为唱，手为读，心为解，向晨而起，夜分而止。⑧

---

① 吴应箕：《四书小题文选序》，《楼山堂集》卷一七。
② 陆文霦：《晚村惭书序》，见吕留良：《晚村惭书》卷首，顺治十七年（1660）刻本。
③ 邵友濂等：《（光绪）余姚县志》卷二三，光绪二十五年（1899）刊本。
④ 陈祖法：《祭吕晚村先生文》，见陈祖法：《古处斋文集》卷三，康熙年间刻本。
⑤ 吕公忠：《行略》，《吕晚村先生文集·附录》。
⑥ 吕留良：《与高旦中书》，《吕晚村先生文集》卷二。
⑦ 吕公忠：《跋梅花阁斋规》，见《吕晚村手书家训》，转引自卞僧慧：《吕留良年谱长编》，中华书局2003年版，第206页。以下引文出自《吕留良年谱长编》者，均同此版本。
⑧ 吕留良：《庚子程墨序》，《吕晚村先生文集》卷五。

吕留良在兄长的规劝下，不再参与选事，专心在家中教授子侄。是年，有书贾请吕留良评定八股文，他坚辞不就。他说："客又以庚子墨卷至，谢之。"①陆文霦独自完成了《庚子程墨》，吕氏写有《庚子程墨序》，但不再参与社事、选文等活动。

在社会中，个体的行为动因极其复杂隐微。吕留良在顺治十八年（1661）谢绝社事、选事的原因也是多重的。一是出于对文人结社遗风的不满。入清后，文人仍踊跃结成党社，同时，也承继了崇祯年间社团的陋习。吕留良再次目睹党社之中、社团之间的矛盾。顺治十五年（1658）、十六年（1659），陆文霦因结社与诸人交恶。吕留良谈到这件事说：

> 戊戌、己亥间，云李、六象、方虎、雯若与予同游湖上，时雯若有不快于诸子。②

有人"嫉其声之赫也而环攻之，雯若举足左右，咎责随至，刀疮箭瘢，穿穴膺膂，转斗不休"③。党社中人际关系复杂微妙，"新故远近之间终不能遍惬"④，这让吕留良对结社、选文产生了厌倦之感。吕留良弃选八股文的第二个动因是，清廷对文人结社、选文活动的管束渐趋严格。顺治八年（1651），朝廷曾条议学政事宜，规定"生员不许聚众结社，纠党生事，及滥刻选文、窗稿"⑤。但这条禁令显然过于浮泛，对士子未能产生有效的约束力。吕留良等人仍在顺治十三年（1656）结成党社。到了顺治十七年（1660），针对江浙地区的党社活动，"礼科右给事中杨雍建疏言：……今之妄立社名、纠集盟誓者所在多有，而江南之苏松、浙江之杭嘉湖为尤甚。其始由于好名，其后因之植党，相习成风，渐不可长。请敕部严饬学臣实心奉行，约束士子，不得妄立社名，纠众盟会。……得上谕：士习不端，结社订盟，把持衙门，关说公事，相煽成风，深为可恶。着严行禁止"⑥。这条禁令具有明确的针对性，对吕留良等江浙一带的士子产生了较强的震慑力。在官方禁令的直接压力下，特别是在家人的关心和劝阻下，吕留良辞却了社事。除了朝廷的禁令、家人的规劝以外，吕留良不与选事，还有一个契机：吕留良于顺治十七年（1660）开始与黄宗羲、黄宗炎兄弟交好，吕氏由热衷结社选文转为专心谈诗论学。之后，康熙二年（1663），黄宗羲到吕留良家坐馆；康熙八年（1669），张履祥在吕氏家中坐馆。吕留良与黄宗羲、吴之振、高斗魁，继而与张履祥等终日论学、出游，自顺治十八年（1661）到康熙十一年（1672），吕留良一直未参与八股文选本的编订工作。

---

① 吕留良：《庚子程墨序》，《吕晚村先生文集》卷五。
② 吕留良：《质亡集·章金牧云李小序》，《吕晚村先生文集·续集》卷三。
③ 吕留良：《东皋遗选序》，《吕晚村先生文集》卷五。
④ 吕留良：《东皋遗选序》，《吕晚村先生文集》卷五。
⑤ 王炜：《〈清实录〉科举史料汇编》，武汉大学出版社 2009 年版，第 269 页。
⑥ 王炜：《〈清实录〉科举史料汇编》，武汉大学出版社 2009 年版，第 304 页。

三

从康熙十一年（1672）起，吕留良第三次着手编订八股文选本。这一次，他将选时文作为人生的根本依托，并有意识地借助时文选本弘扬宋学，推尊程朱理学。吕留良于康熙年间重新致力于编订时文选本，一方面，不能排除他早年两次选文的经历，另一方面，也与他的政治取向、学术路向有极其密切的关系。明清易代之年，吕留良16岁。吕留良的侄子吕宣忠因从事反清活动，于顺治四年（1647）被杀。最初，吕留良还未及思考易代的动荡、家庭的变故。顺治十年（1653），吕留良25岁，他易名光轮，考取邑庠生。但是，经过多年的读书、历练、思考之后，吕留良开始痛悔"谁教失脚下渔矶，心迹年年处处违"[1]。康熙五年（1666），他辞去诸生。康熙十一年（1672），他拒不参与修纂地方志。康熙十八年（1679），有博学鸿词科，他坚辞不赴。吕留良辞去诸生、拒修方志等行为，意味着他对新朝的排斥。但是，拒斥新朝并不等于切断与社会的一切联系。吕留良虽然在政治层面上弃绝世事，但他并不拒绝介入学术、文化活动。康熙年间，他开始借八股文选本表达自己的学术思想乃至政治理想。他"与桐乡张考夫（注：即张履祥）、盐官何商隐、吴江张佩葱诸先生及同志数人，共力发明洛闽之学，编辑朱子书以嘉惠学者。其议论无所发泄，一寄之于时文评语，大声疾呼"[2]。

吕留良在康熙年间编订的八股文选本有《东皋遗选》《东皋遗选今集》《补癸丑偶评》《大题观略》《质亡集》《江西五家稿》等。

康熙十一年（1672），吕留良因避修方志，居于杭州。在杭州时，吕留良开始编订、刊行八股文选本。康熙十二年（1673），吕留良携带着《东皋遗选》从杭州来到南京。吕留良谈到《东皋遗选》的成书说：

> 吾友陆雯若既没四年，其家于故箧中得其《评选历科程墨》稿一卷授吕子，补缉成集。[3]

陆文霦生前的书房称"东皋草堂"。陆文霦离世后，吕留良补辑了陆氏生前未完成的八股文选本，名为《东皋遗选》。《东皋遗选》在南京一出，影响甚盛。吕留良说，自己"携昔友陆雯若墨选鬻于市，市人谓风气午旋，此书如飙激也"[4]。吕留良继而又在南京编选了《东皋遗选今集》。有人劝吕留良说，"公刻陆君书既续之矣，今增是集，不更使陆选流通乎"[5]。吕留良"感其言，因合诸名本删之，共点次得若干首，以附《今集》

---

① 吕留良：《耦耕诗》，见吕留良：《吕晚村诗·伥伥集》，清御儿吕氏抄本。
② 吕公忠：《行略》，《吕晚村先生文集·附录》。
③ 吕留良：《东皋遗选序》，《吕晚村先生文集》卷五。
④ 吕留良：《吕子评语余编》，见卞僧慧：《吕留良年谱长编》，第213页。
⑤ 吕留良：《东皋遗选·附录》，见卞僧慧：《吕留良年谱长编》，第213页。

后"①，于是，又有《今集附旧》之选。吕氏在南京因选文而声名大振，龚鼎孳邀请他到北京刊定八股文。吕留良在《答柯寓匏、曹彝士书》中说，"前在金陵，有时贵相识者，欲某定其房稿"。他还嘱托两人说，"两兄深知此意。至燕市，绝不齿及。若有问者，第云衰病，事事颓废"②。最终，吴之振为吕留良推却了龚氏的邀请。据吕留良《得孟举书志怀》诗云："自古相知心最难，头皮断送肯重还。故人谁似程文海，便恐催归谢叠山。"诗后吕氏自注说，"燕中友人欲购致予，孟举以书为我却之"③。

康熙十二年(1673)年末，吕留良回到崇德，在家中刊刻包括八股文选本在内的各类书籍。康熙十四年(1675)，吕留良刻成《补癸丑偶评》《大题观略》以及关于八股文小题的选本。吕留良在给周在浚的信中谈到他刊刻的八股文小题选本说，"《小题》刻已久，因无纸刷印，今始成部。一册奉之几上，为粘窗引睡之具"④。所谓小题，与大题相对，一般是学政在郡县督学时所考的题目，"场屋命题之所不及，而郡县有司及督学使者之所以试童子者也。或为单辞只字，逼窄崎岖，法有所难施，虽有能者亦或以隽巧伤其理道，是则小题之道，与法、与辞，较之大题殆又有难焉"⑤。为此，针对童子试，吕留良刊刻了关于小题的选本。

康熙十六年(1677)，吕留良开始刊刻《质亡集》，并刻有《金正希稿》等。《质亡集》是吕留良汇聚亡友之作而成的八股文选本。吕留良编订《质亡集》的直接原因是由于吴尔尧的离世。据吕公忠《行略》：

> 与吴自牧先生，始以艺术文章交，既而进以道义，晚岁甚相依傍。忽暴疾殒，先君哭之恸，曰：吾质已亡矣！吾亡以言之矣！爰是有《质亡集》之刻，并及诸亡友之文章未见于世者，缀拾其遗事以传焉。⑥

吕留良在《质亡集》中收录了已离世的好友吴尔尧、陆之浣、沈受祺等49人的八股文。《质亡集》刷印前，吕留良给徐倬写信说："昔友文字，刻板已竣，专待大序行世。弟友大半皆兄友也，而弟平生于交游间情事及云雨变幻之来，亦惟兄知之最深，幸勿吝一援笔挥洒此意，拜赐多矣！"⑦吕留良还说，"新刻《金正希稿》及先外祖稿各一册，附正"⑧。另外，吕留良还刻有《墨评》一书，大约因为时人对吕留良的选本评说纷纭，吕留良在《墨评》刻成后，并未立即发行出售，他写信给在北京的董杲说："选文行世，非

① 吕留良：《东皋遗选·附录》，见卞僧慧：《吕留良年谱长编》，第213页。
② 吕留良：《答柯寓匏、曹彝士书》，《吕晚村先生文集》卷四。
③ 吕留良：《得孟举书志怀》，《吕晚村诗·零星稿》，清御儿吕氏抄本。
④ 吕留良：《与周雪客书》，《吕晚村先生文集》卷三。
⑤ 戴名世：《己卯行书小题序》，戴名世：《南山集》卷四，光绪二十六年(1900)刻本。
⑥ 吕公忠：《行略》，见《吕晚村先生文集·附录》。
⑦ 吕留良：《与徐方虎书》，《吕晚村先生文集》卷四。
⑧ 吕留良：《与徐方虎书》，《吕晚村先生文集》卷四。

仆本怀。缘年来多费，赖此粗给，遂不能遽已。其中议论去取，未免招人惭忌。目下刻成《墨评》一部，中多直抹批驳。恐外间不无谣诼，或别生是非，故尚游移未出。不知当复如何，幸为我察之！幸为我察之！得早见裁示，恃为行止也。"①

康熙二十一年（1682），吕留良刻《江西五家稿》。《江西五家稿》选了艾南英等人的八股文。吕留良说，"江右艾南英千子出万历之季，与其同乡罗万藻文止、陈际泰大士、章世纯大力者，倡正说于天启之间。论题则复禀传注，体法则准诸先民。而又尽破帖括之习，直取周秦汉唐宋之文以行之"②。《江西五家稿》刻成后，引起时人的关注。万祖绳"从钱忠介学制艺，称为高第弟子"③。黄宗羲称扬万氏说，"场屋习气，不用力古作而更窜易于时文，不订经史本处而求故事于时文。祖绳求理于《大全》，求法于大家，原原本本，当时未之或先也"④。万祖绳致信吕留良索取《江西五家稿》。吕留良回信说：

> 唐荆川、归震川、钱吉士、陈大樽稿各一册附上。《江西五家稿》已尽发金陵，俟今印寄奉也。⑤

吕留良还给万祖绳寄去了他刊刻的唐顺之、归有光等人的八股文，同时，还寄了其他八股文选本。吕氏在信中说，"《程墨偶评》《金黄稿》各一册附正，希视"⑥。

吕留良生前还打算编订明代至清初的八股文为《知言集》。康熙十五年（1676），吕留良展开了《知言集》的搜集工作。吕留良在给儿子的信中说：

> 凡有友，即嘱访宋人文集及《知言集》稿子，不可忘。若见常熟陆湘灵名灿者，索其旧稿。无锡华氏有《虑得集》，则求之。问顾修远家尚有书可访否，有《十二科程墨》硃卷未见者，亦要寻。⑦

吕留良还曾与朋友沈受祺商讨《知言集》的编选事宜。据吕留良《质亡集·沈受祺宪吉小序》：

> 寻《知言集》佚稿于鸳湖。有友言宪吉所藏之富，遂移艇子访之。宪吉一见如素，恨相见之晚，留余榻其斋，尽出残佚，酒阑灯灺，娓娓不倦。……且约余过其

---

① 吕留良：《与董方白书》，《吕晚村先生文集》卷四。
② 吕留良：《刻江西五家稿记言》，《吕晚村先生文集》卷四。
③ 黄宗羲：《万祖绳七十寿序》，《黄梨洲文集·南雷文定后集》卷一，第357页。
④ 黄宗羲：《万祖绳七十寿序》，《黄梨洲文集·南雷文定后集》卷一，第357页。
⑤ 吕留良：《答万祖绳书》，《吕晚村先生文集》卷二。
⑥ 吕留良：《与万祖绳书》，《吕晚村先生文集》卷二。
⑦ 吕留良：《谕大火帖》，《吕晚村先生文集》卷二。

北山消夏，共商《知言集》事。①

康熙十六年（1677），吕留良正式开始编订《知言集》。他在给董杲的信中说，"目下程墨完，即料理《知言集》起矣。凡明文，不论房行社稿，皆为我留神访之"②。信末还附言道："壬辰科张君名永祺者，余极喜其文细实有本领，闻其宦在燕中，幸为我一访之，得其全稿为妙。其墨卷乡会俱不曾见，欲读尤切。"③康熙十九年（1680），吕留良感到年事已衰，他在给外甥的信中，表达了要完成《知言集》的紧迫感，他说，"急欲完《知言集》及一二种要紧文字，而精神已不支，搁笔收拾不上"④。吕留良去世前，还在孜孜编选《知言集》。据吕公忠《行略》：

先君自知不起，尝叹曰：吾今始得尺布裹头归矣，夫复何恨？但夙志欲补辑《朱子近思录》及三百年制义名《知言集》二书，倘不成，则辜负此生耳。于是，手批目览，犹矻矻不休。……易箦前三日，犹凭几改订书义，命不孝执笔，一字未安，辄伫思商酌。⑤

《知言集》尚未完成，吕留良于康熙二十二年（1683）溘然离世。

四

康熙年间，当吕留良等八股文选家孜孜不倦地选文时，整个社会也弥漫着对八股文、对时文选本的质疑和否定情绪。如，吕留良的好友黄周星曾谈到八股文说：

仆性好读书而雅不喜举子业。窃谓文章不朽，必本性情。彼世之习为举子业者，大抵出于无可奈何而性情不与焉。则宋之八股何如唐之八句？故晨夕圭窬，口不绝吟。独帖括一道，自社简、试牍而外，或穷年不挂毫缣。⑥

在日常生活中，吕留良也因为编选八股文而经常遭遇朋友诚恳的劝阻、善意的调侃，乃至暗中的嘲讽和批评。康熙十一年（1672），吕留良刊刻的《东皋遗选》在江浙等地风行一时，但在家乡却遭到了张履祥的调侃：

① 吕留良：《质亡集·沈受祺宪吉小序》，《吕晚村先生文集·续集》卷三。
② 吕留良：《与董方白书》，《吕晚村先生文集》卷四。
③ 吕留良：《与董方白书》，《吕晚村先生文集》卷四。
④ 吕留良：《与朱望子书》，《吕晚村先生文集》卷四。
⑤ 吕公忠：《行略》，《吕晚村先生文集·附录》。
⑥ 黄周星：《逋草自叙》，见黄周星：《九烟先生遗集》卷一，道光二十九年（1849）左仁周诒刻本。

> 姚玫玉瑚偕其弟琏谒先生(注：即张履祥)于张佩葱斋中，适语溪(注：即吕留良)以《东皋遗选》数十册托佩葱发出。舟子负上，连呼重甚。先生戏语曰：此未必重，吾以为轻如鸿毛耳。①

张履祥此语并非随意而发，而是另有其衷心底蕴。张履祥与吕留良相交甚深，张履祥自康熙八年(1669)在吕家坐馆，教授后辈，并与吕留良论学问道。当吕留良游历于杭州、南京等地，热衷于编订八股文选本时，张履祥居于语溪，照应吕留良家中的诸项事务。张履祥看到，吕留良游于通都大会，沉湎于编选时文，影响了治学。他心中十分痛切，写信给吕氏说，"案头忽见天盖楼观略之颜，深疚修己不力，无一可为相观之益。……往时尝止兄之学医，实惧以医妨费学问之力。……何况制举文字，益下数等，兄岂未之审思耶"②。张履祥谆谆劝告吕留良，催他早日回到家乡，共商学问之事："游通都之会，已阅三朔……愿兄早归，诗书师友，日相敦勉，以期有成"③。另外，黄宗羲对时人编订八股文选本也颇有非议，黄宗羲作《脚气诗十首》，其十云：

> 儒家有堂奥，牛毛不足譬。冥契苟未深，出语即乖戾。凡子张空虚，良楛乱市肆。土砾点四书，朱陆急同异。近来学人少，谁何识真伪。遂以科举学，劫人之视听。帖括上下文，原无真实义。推之入理窟，涂车可略地。有明三百年，人物多憔悴。何怪时厌薄，艰难得委质。此曹愈纷纭，弃妇等标致。④

黄宗羲虽未标明此诗是针对吕留良所作，但"遂以科举学，劫人之视听"至少是嘲讽了编选八股文以推扬学术观念的做法。事实上，康熙年间，厌弃八股文的不仅仅是张履祥、黄宗羲等学者，整个社会反对八股文的情绪都非常强烈而且广泛，以至于官方不得不做出应对。清廷在康熙二年(1663)甚至下令，"乡会考试停止八股文，改用策、论、表、判。乡、会两试头场，策五篇；二场，用四书本经题作论各一篇、表一篇、判五道。以甲辰科为始"⑤。

时人厌弃八股文、官方一度停考八股文，给吕留良造成了多重的压力。他在编订八股文选本时，也曾经有过犹豫和彷徨。据陈鏦《大题观略序》，吕留良曾就八股文编选的问题对门生陈鏦循循善诱：

> 补《癸丑偶评》成，先生(注：即吕留良)见之曰：是何偶之多也。既偶矣，奚补为？曰：亦偶补之耳。先生曰：是言也，近于佞，且而不闻考夫张先生(注：即

---

① 朱翊君：《杨园先生》，见朱翊君：《埋忧集·续集》卷一，同治十三年(1874)刻本。
② 张履祥：《与吕□□ 壬子四月》，见张履祥：《杨园先生全集》卷七，第434页。
③ 张履祥：《与吕□□ 癸丑》，见张履祥：《杨园先生全集》卷七，第436页。
④ 转引自卞僧慧：《吕留良年谱长编》，第285页。
⑤ 王炜：《〈清实录〉科举史料汇编》，武汉大学出版社2009年版，第411页。

张履祥)之规我乎？……非吾友，谁与语此？小子识子，张先生之言是也，吾未之能改也。存此以志吾过，吾偶止此矣。①

可见，张履祥的规劝对吕留良并非没有影响。大约由于吕、张二人对举业的看法不一致，吕留良出于对张履祥的尊重，《质亡集》未选入张履祥的八股文，时人谈到这一问题说，"《质亡集》载佩葱而不及杨园，盖不敢以八股玷先生也"②。但是，从康熙十一年（1672）直到康熙二十二年（1683）离世，在长达10余年的时间里，吕留良再也没有放弃编订时文选本。

吕留良在康熙年间坚定不移地编订时文选本，原因也是多重的。首先，吕留良一直对八股文保持着高度的认可。吕留良早年虽然曾两次弃选八股文，但是，放弃编订时文选本并不意味着怀疑或否定八股文在"当下"的作用和意义。吕留良认为，科举制度的弊病不在于八股文取士这种方式本身，而只是因为八股文的文风日渐靡弱，不能起到正人心、扶世道的作用。他说：

> 以为科目之弊专由八股，则又不然。……夫取士之以八股，数百年于兹矣。理学硕士出其中，将相名臣出其中，而尽归科目之弊于八股，可乎？夫科目之弊由其安于庸腐，而侥幸苟且之心生，文气日漓，人才日替，陈陈相因，无所救止。③

在早年两次放弃编订时文选本后，吕留良意识到，弃选无补于世事，更无法革除八股文写作中出现的弊端。因此，到了康熙年间，他力图通过编选、品评八股文，改造文风，矫正文体，使"浮者变而为清，谲者变而为正，荒怪者变而为醇雅"④。他的终极目的是使八股文真正起到正人心、扶世道的作用。

其次，在吕留良看来，研习八股文与"明道"这一终极目的并不相悖，参与举业、编订八股文选本正是日常践履的重要方式，也是"道"在现实生活中具体的、直接的体现。张履祥的门生姚瑚曾记下吕、张之间的一段对话：

> 晚村云：非时文不足以明道。先师戏曰：我若为相，当废八股，复乡举里选之法。晚村云：先生虽废，我当叩阍复之。⑤

在张履祥看来，科举与学问、与道无法相容。在士子纷纷应举以求取科名之时，张氏自

---

①　陈鏦：《大题观略序》，见卞僧慧：《吕留良年谱长编》，第236页。
②　陈梓：《杨园先生时艺跋》，见陈梓：《删后文集》卷一二，嘉庆二十年（1815）胡氏敬义堂刻本。
③　吕留良：《戊戌房书序》，《吕晚村先生文集》卷五。
④　吕留良：《五科程墨序》，《吕晚村先生文集》卷五。
⑤　陈梓：《诸先生遗言》，见陈梓：《删后文集》卷一八，嘉庆二十年（1815）胡氏敬义堂刻本。

修其身，有意识地将自我边缘化，以展现自身思想、德行的纯粹。姚瑚曾问张履祥："学问之于举业，固可并行无妨耶？抑必屏去而后可从事耶？"张履祥"正色曰：《诗》之有荼蓼朽止，黍稷茂止。盖其持己之严如此"①。因此，张履祥"往往以举业为戒。或有延课子弟者，相率辞不赴，以其为功利起见也"②。吕留良则认为，举业与学问并不相悖，而是相辅相成的，不能武断地在举业与功利之间画等号。吕公忠《行略》谈到吕留良说：

> 晚年点勘八股文字，精详反覆，穷极根柢，每发前人之所未及，乐不为疲也。有疑时文恐不足以讲学者，先君曰：事理无大小，文义无精粗，莫不有圣人之道焉。但能笃信深思，不失圣人本领。③

吕留良在康熙年间编订八股文选本的目的，是借助科举的力量，利用八股文选本这种社会文化资源，推扬学术观念，影响民众的思想，在现实生活中切实地践履他所笃信的理学。吕留良第一次参与编订时文选本是不自觉地被裹挟于其中；第二次参与编选，是书商在其中起到了较大的推促作用，而吕留良本人"时又无事事，乐为其所驱"④；第三次开始时文编选活动时，吕留良经过了两次编选、弃选，通过多年来与黄宗羲、张履祥切磋学问、谈论诗歌，他确定了自己的人生路向，即编订时文选本，并将之作为践履学问、实现人生终极追求的重要途径。因此，面对张履祥等的规劝，吕留良虽然有压力，也对自己的行为有所反思，但他仍坚持不懈地编选八股文选本。他在《与董载臣书》中说，"都会杂沓，诚然无人，诚足坏人。张先生所虑，同流合污，身名俱辱，其言固自不刊。但学者自问何如，正要此间试验得过"⑤。在吕留良看来，读书问学的目的是要应对世间事务。只有在现实的杂沓纷繁之中，才验得出学问的真伪。编订八股文选本，正是检验学问淳深与否的重要方式之一。

再次，编订八股文选本是吕留良与社会建立联系的最重要的渠道，也成为他在日常生活中的慰藉和依托。康熙十二年（1673），吕留良在给张芳的信中，论及自己问学、选文说，"某喜论四书章句，因从时文中辨其是非离合，友人辄怂恿批点"⑥。吕留良身处科举时代，研习四书、讨论时文写作，是士子日常生活的重要内容。对吕留良来说，人与人之间的联系、朋友之间的情谊是在研讨八股文时逐渐建立起来的。与同道一起，围绕编订时文选本而展开探讨，乃至论争，是吕留良基本的生活内容。因此，即令他对社会上庸俗的时文极其反感，也并不影响他借由时文选本表达对朋友的情谊。吕留

---

① 朱翊君：《杨园先生》，见朱翊君：《埋忧集·续集》卷一，同治十三年（1874）刻本。
② 朱翊君：《杨园先生》，见朱翊君：《埋忧集·续集》卷一，同治十三年（1874）刻本。
③ 吕公忠：《行略》，《吕晚村先生文集·附录》。
④ 吕留良：《庚子程墨序》，《吕晚村先生文集》卷五。
⑤ 吕留良：《与董载臣书》，《吕晚村先生文集》卷二。
⑥ 吕留良：《答张菊人书》，《吕晚村先生文集》卷二。

良在《答韩希一书》中说：

> 试牍文字，弟素性所不喜。盖时论以至庸至俗之文，则名之曰墨卷体，而以无理无法者，则名之曰考卷体。世间惟此二种恶业流传耳。弟之恶考卷体也又甚于墨卷，以其尤远于理法也。交游间有投赠者，即以糊壁覆瓿，未尝有所留贮，故无以应命。惟《质亡集》有故人试牍附览，弟处自开刻局。①

吕留良"自开刻局"，选刊了吴尔尧等人的八股文为《质亡集》。吕留良自顺治年间结识吴孟举、吴尔尧叔侄；康熙初年，他们一同谈诗论学，编刻《宋诗钞》；康熙十一年（1672），吕留良第三次开始编订时文选本时，是与吴尔尧合作，吕留良负责编选，吴尔尧负责刊行。从《质亡集》的刊刻以及吕氏对这部选本的重视，可以看到他对吴尔尧等友人深深的缅怀和追念。在给韩献的信中，他同时拒绝了韩氏邀他选八股文的请求，坦率而直白地表示自己不随便为人编选时文，因此对韩氏"无以应命"②，此中更见吕留良把编订时文选本作为一项挚爱而严肃的事业。

吕留良将八股文选本作为安身立命的依托，作为日常践履的重要方式。他的选本在社会上产生了广泛的影响，士子纷纷与他结交。但是，吕留良始终保持着独立姿态。许承宣，"字力臣，江都人，康熙丙辰进士"③。许承宣曾写信给吕留良说：

> 余兄弟知足下自天盖楼选始。而天盖楼选中，弟辈未得厕名其间。则弟辈虽知足下，而足下未必知弟辈，欲如百千里之不相识而相问者，盖有间矣。……天下读天盖楼选，未尝不仰为景星庆云之见于世。④

许承宣还寄送了自己的八股文请吕留良评正。但是，吕留良表示，他不评定康熙十二年（1673）之后的时文。他说："某僻劣无似，于选家二字，素所愧耻。偶因补茸亡友《遗选》，并刻及塾课本子。行迹乖误，刺违本怀。故于癸丑后，立意不复评点。虽倾倒如尊文，未效表章之力，亦以例割爱也。……专稿之刻，在内则主考房师，在外则平生笔研师友为宜，若选家评选，即属诡婀之事。"⑤吕留良坚持独立选文，一意推扬朱子之学，这使他在康熙年间声名大振。吴肃公是明末诸生，入清后不仕，在遗民中颇有声望。康熙十三年（1674），吴肃公主动写信给吕留良说：

> 肃公岩壑鄙人也，往有友人过谓曰：子知天下称□□先生者乎？吾旨其言甚似

---

① 吕留良：《答韩希一书》，《吕晚村先生文集》卷二。
② 吕留良：《答韩希一书》，《吕晚村先生文集》卷二。
③ 尹会一修，程梦星等纂：《(雍正)扬州府志》卷二九，雍正十一年(1672)刊本。
④ 许承宣：《与吕晚村书》，见许承宣：《金台集》卷七，《四库未收书辑刊》本，第322页。
⑤ 吕留良：《答许力臣书》，《吕晚村先生文集》卷二。

吾子。肃公曰：予守环堵三十年，天下名公奇士，予何自知之？子以其说似我，何也？友人出一编指示，则制举艺所传□□者也。肃公咤曰：予自目眇，谢生徒，弗睹制艺且十年，斯又何足以知之？退而展视所评骘及例论，不禁击节解颐。①

吕、吴二人多有书信往来，讨论八股文、程朱理学等问题。另外，顾炎武也曾请王锡阐推介，以结识吕留良。康熙十七年（1678），王锡阐在《答顾亭林书》中谈到吕留良说，"至若□□兄，文章行谊，万绝等夷，当今人杰也。……昨已寓书语水，致先生愿交之意。俟相见时，再当委悉道达耳"②。后，顾炎武又写信给吕留良，吕留良没有回复。据康熙十九年（1680）王锡阐《与顾亭林书（上章涒滩）》，"去冬晤□□，言已接尊翰，嫌近声气标榜之习，未敢报书。大约此兄向颇广交，翻云覆雨，尝之熟矣。非识面知心，不轻结纳"③。吕留良《复王山史书》说："某荒村腐子也，平生无所师承。……故其所见皆迂拘而不可通于世。……而质性又僻戾不可近，亦不乐与人游，故友朋绝少。如宁人兄，南中之士，其志节、学问、文章，驰誉远近，心甚企羡，而从未得见。其他可知已。"④顾炎武是明末清初重要的思想家，又长吕留良16岁，从顾炎武主动结交吕留良可以看出，吕留良这位八股文选家在清代康熙年间产生的影响力。

吕留良在编订时文选本时，面对着官方以及日常生活各个层面的压力，当他看到八股文文风日渐靡弱，不能起到正人心、扶世道的作用时，他把日常生活中累积的负面情绪转换为积极的、正向的力量。在编选过程中，他还根据时风、士风、世风，不断地调整、改变自己的编选模式、编选目的。最终，吕留良成为影响一时的八股文选家。

---

① 吴肃公：《与□□□书》，见吴肃公：《街南文集》卷六，康熙二十八年（1689）吴承励刻本。
② 王锡阐：《答顾亭林书》，见王锡阐：《晓庵先生文集》，道光元年（1821）刻本。
③ 王锡阐：《与顾亭林书（上章涒滩）》，见王锡阐：《晓庵先生文集》，道光元年（1821）刻本。
④ 吕留良：《复王山史书》，《吕晚村先生文集》卷二。

主要参考书目

阿兰·德波顿著，陈广兴、南治国译：《身份的焦虑》，上海译文出版社 2009 年版

艾尔曼著，复旦大学文史研究院译：《经学·科举·文化史》，中华书局 2009 年版

艾南英：《艾千子先生全稿》，台湾伟文图书出版社有限公司 1977 年版

艾南英：《天傭子集》，道光十六年（1836）刊本

鲍应鳌：《瑞芝山记集》，《四库禁毁书丛刊》本，集部第 141 册

蔡清：《蔡文庄公集》，乾隆七年（1742）逊敏斋刻本

蔡清：《虚斋集》，《景印文渊阁四库全书》本，第 1257 册

蔡献臣：《清白堂稿》，《四库未收书辑刊》本，第 6 辑第 22 册

查继佐：《罪惟录》，北京图书馆出版社 2006 年版

常德增、刘雪君：《科举与书院》，山东教育出版社 2009 年版

陈东原：《中国科举时代之教育》，商务印书馆 1934 年版

陈际泰：《己吾集》，顺治年间李来泰刻本

陈来：《宋明理学》，华东师范大学出版社 2004 年版

陈仁锡：《无梦园初集》，崇祯六年（1633）张一鸣刻本

陈仁锡：《无梦园遗集》，明末刻本

陈文和主编：《嘉定钱大昕全集》，江苏古籍出版社 1997 年版

陈文新、何坤翁、赵伯陶：《明代科举与文学编年》，武汉大学出版社 2009 年版

陈文新：《明代八股文编年史》，台湾花木兰出版社 2012 年版

陈文新：《明代诗学》，湖南人民出版社 2000 年版

陈文新、余来明：《明代文学与科举文化》，中国社会科学出版社 2011 年版

陈懿典：《陈学士先生初集》，《四库禁毁书丛刊》本，集部第 78 册

陈垣：《明季滇黔佛教考》，河北教育出版社 2000 年版

陈子龙：《安雅堂全集》，上海古籍出版社 2007 年版

储大文：《存砚楼二集》，清刻本

崔瑞德、牟复礼著，张书生等译：《剑桥中国明代史》，中国社会科学出版社 1992 年版

崔铣：《洹词》，《景印文渊阁四库全书》本，第 1267 册

戴名世：《南山集》，光绪二十六年（1900）刻本

邓嗣禹：《中国考试制度史》，上海书店 1936 年版

丁丙：《善本书室藏书志》，光绪二十七年（1901）钱塘丁氏刻本

丁国祥：《复社研究》，凤凰出版社 2011 年版

董其昌：《容台集》，《四库全书存目丛书》本，集部第 171 册

方苞：《钦定四书文》，《景印文渊阁四库全书》本，第 1451 册

方弘静：《千一录》，《续修四库全书》本，第 1126 册

方孝孺：《逊志斋集》，《景印文渊阁四库全书》本，第 1235 册

方应祥：《青来阁初集》，《四库禁毁书丛刊》本，集部第 40 册

方应选：《方众甫集》，《四库全书存目丛书》本，集部第 170 册

冯从吾：《少墟集》，《景印文渊阁四库全书》本，第 1293 册

冯琦：《宗伯集》，《四库禁毁书丛刊》本，集部第 15 册

傅夏器：《锦泉先生文集》，《四库未收书辑刊》本，第 6 辑第 25 册

高拱：《高文襄公集》卷二七，《四库全书存目丛书》本，集部第 108 册

高明扬：《文体学视野下的科举八股文研究》，云南人民出版社 2012 年版

龚笃清：《明代八股文史探》，湖南人民出版社 2005 年版

顾炎武著，黄汝成集释：《日知录集释》，上海古籍出版社 1985 年版

归有光著，周本淳校点：《震川先生集》，上海古籍出版社 1981 年版

郭皓政、甘宏伟：《明代状元史料汇编》，武汉大学出版社 2009 年版

郭培贵：《明代科举史事编年考证》，科学出版社 2008 年版

韩邦奇：《苑洛集》，《景印文渊阁四库全书》本，第 1269 册

韩佩金：《重修奉贤县志》，光绪四年（1878）刻本

何炳棣：《中国社会史论》，上海书店出版社 2010 年版

何怀宏：《科举社会及其终结》，三联书店 1998 年版

何良俊：《四友斋丛说》，中华书局 1959 年版

何乔新：《椒邱文集》，《景印文渊阁四库全书》本，第 1249 册

何宗美：《明末清初文人结社研究》，南开大学出版社 2003 年版

何宗美：《明末清初文人结社研究续编》，中华书局 2006 年版

何宗美：《文人结社与明代文学的演进》，人民出版社 2011 年版

贺复征：《文章辨体汇选》，《景印文渊阁四库全书》本，第 1402—1410 册

侯外庐：《宋明理学史》，人民文学出版社 1997 年版

胡鸣玉：《订伪杂录》，上海古籍出版社 1992 年版

黄居中：《千顷斋初集》，《续修四库全书》本，第 1364 册

黄汝亨：《寓林集》，《续修四库全书》本，第 1368—1369 册

黄虞稷：《千顷堂书目》，上海古籍出版社 2001 年版

黄宗羲著，沈芝盈点校：《明儒学案》，中华书局 1985 年版

黄佐：《翰林记》，《景印文渊阁四库全书》本，第 596 册

纪昀等：《四库全书总目提要》，河北人民出版社 2000 年版

纪昀：《纪文达公遗集》，嘉庆十七年（1812）纪树馥精刻本

姜埰：《敬亭集》，华东师范大学出版社 2011 年版

孔庆茂：《八股文史》，凤凰出版社 2008 年版

孔贞时：《在鲁斋文集》，《四库禁毁书丛刊》本，集部第 16 册

郎瑛：《七修类稿》，上海书店出版社 2009 年版

雷鈜：《经笥堂文钞》，同治十二年（1873）刻本

黎淳：《黎文僖公集》，《续修四库全书》本，第 1330 册

李兵：《书院与科举关系研究》，华中师范大学出版社 2005 年版

李纯蛟：《科举时代的应试教育》，巴蜀书社 2004 年版

李东阳：《怀麓堂集》，《景印文渊阁四库全书》本，第 1250 册

李桂芝：《辽金科举研究》，中央民族大学出版社 2012 年版

李濂：《嵩渚文集》，《四库全书存目丛书》本，集部第 70—71 册

李梦阳：《空同集》，《景印文渊阁四库全书》本，第 1262 册

李世熊：《寒支集》，清初檀河精舍刻本

李舜臣：《愚谷集》，《景印文渊阁四库全书》本，第 1273 册

李玉栓：《明代文人结社考》，中华书局 2013 年版

李贽：《焚书》，中华书局 2011 年版

李子广：《科举文学论》，中国社会科学出版社 2012 年版

利玛窦、金尼阁著，何高济、王遵仲译：《利玛窦中国札记》，广西师范大学出版
社 2001 年版

梁章钜：《制艺丛话》，上海书店出版社 2001 年版

廖道南：《殿阁词林记》，光绪二十五年（1899）刻《春在堂全书》本

林希元：《林次崖文集》，乾隆十八年（1753）陈胪声诒燕堂刻本

林岩：《北宋科举考试与文学》，上海古籍出版社 2006 年版

凌云翰：《柘轩集》，《景印文渊阁四库全书》本，第 1227 册

刘大夏：《刘忠宣公遗集》，光绪元年（1875）刘乙燃刻本

刘海峰、李兵：《中国科举史》，东方出版中心 2004 年版

刘海峰、张亚群：《科举制的终结与科举学的兴起》，华中师范大学出版社 2006
年版

刘海峰：《科举学导论》，华中师范大学出版社 2005 年版

刘海峰：《二十世纪科举研究论文选编》，武汉大学出版社 2009 年版

刘基：《诚意伯文集》，《景印文渊阁四库全书》本，第 1225 册

刘荣嗣：《简斋先生集》，《四库禁毁书丛刊》本，集部第 46 册

刘勰著，詹锳义证：《文心雕龙义证》，中华书局 1989 年版

刘永济：《十四朝文学要略》，中华书局 2007 年版

娄坚：《学古绪言》，上海古籍出版社 1993 年版

卢前：《八股文小史》，东方出版社 1996 年版

陆简：《龙皋文稿》，《四库全书存目丛书》本，集部第 39 册

陆容：《菽园杂记》，中华书局 1997 年版

陆深：《俨山集》，《景印文渊阁四库全书》本，第 1268 册

罗伦：《一峰集》，《景印文渊阁四库全书》本，第 1251 册

罗明祖：《罗纹山先生全集》，《四库禁毁书丛刊》本，集部第 84 册

罗宗强：《明代后期士人心态研究》，南开大学出版社 2006 年版

罗宗强：《玄学与魏晋士人心态》，浙江人民出版社 1991 年版

骆问礼：《万一楼集》，《四库禁毁书丛刊》本，集部第 174 册

吕坤：《去伪斋文集》，《四库全书存目丛书》本，集部第 161 册

吕留良：《吕晚村先生文集》，雍正三年（1725）天盖楼刻本

吕留良：《晚村惭书》，顺治十七年（1660）刻本

吕思勉：《史学四种·历史研究法》，上海人民出版社 1981 年版

马世奇：《澹宁居文集》，乾隆二十一年（1756）刻本

毛奇龄：《西河集》，《景印文渊阁四库全书》本，第 1320 册

茅坤：《茅鹿门先生文集》，《续修四库全书》本，第 1345 册

茅元仪：《石民四十集》，《续修四库全书》本，第 1387 册

梅鼎祚：《鹿裘石室集》，《续修四库全书》本，第 1380 册

蒙培元：《理学的演变：从朱熹到王夫之戴震》，方志出版社 2007 年版

莫如忠：《崇兰馆集》，《四库全书存目丛书》本，集部第 104 册

倪元璐：《倪文贞集》，《景印文渊阁四库全书》本，第 1297 册

倪岳：《青溪漫稿》，《景印文渊阁四库全书》本，第 1251 册

彭绍升：《二林居集》，嘉庆四年（1799）味初堂刻本

皮锡瑞：《经学历史》，光绪年间思贤书局刻本

钱基博：《中国文学史》，华中师范大学出版社 2011 年版

钱茂伟：《国家、科举与社会——以明代为中心的考察》，北京图书馆出版社 2004 年版

钱茂伟：《明代的科举家庭：以宁波杨氏为中心的考察》，中华书局 2014 年版

钱穆：《中国历史研究法》，三联书店 2001 年版

钱士升：《赐余堂集》，《四库全书存目丛书》本，集部第 156 册

丘浚：《重编琼台稿》，《景印文渊阁四库全书》本，第 1248 册

屈万里：《明代登科录汇编》，台湾学生书局 1969 年版

瞿景淳：《瞿文懿公集》，《四库全书存目丛书》本，集部第 109 册

阮元：《研经室集》，上海涵芬楼藏原刊本

申时行：《赐闲堂集》，《四库全书存目丛书》本，集部第 134 册

沈德符：《万历野获编》，中华书局 1989 年版

沈俊平：《举业津梁：明中叶以后坊刻制举用书的生产与流通》，台湾学生书局 2009 年版

沈鲤：《亦玉堂稿》，《景印文渊阁四库全书》本，第 1289 册

沈守正：《雪堂集》，崇祯年间沈尤含等刻本

沈一贯：《喙鸣文集》，《续修四库全书》本，第 1358 册

释德清：《憨山老人梦游集》，顺治十七年（1660）毛襃等刻本

宋濂等：《元史》，中华书局 1976 年版

宋濂著，罗月霞主编：《宋濂全集》，浙江古籍出版社 1999 年版

素尔讷纂修，霍有明、郭海文校注：《钦定学政全书》，武汉大学出版社 2009 年版

孙岱：《归震川先生年谱》，光绪六年（1880）嘉兴金吴澜《归顾朱三先生年谱》合刻本

孙矿：《居业次编》，万历四十年（1612）吕胤筼刻本

孙宗彝：《爱日堂诗文集》，乾隆三十五年（1770）孙同邵刻本

台湾"中央研究院"历史语言研究所：《明实录》，台湾"中央研究院"历史语言研究所 1963 年版

汤宾尹：《睡庵稿》，《四库禁毁书丛刊》本，集部第 63 册

汤显祖著，徐朔方校注：《汤显祖全集》，北京古籍出版社 1999 年版

唐锦：《龙江集》，《续修四库全书》本，第 1334 册

唐时升：《三易集》，《四库禁毁书丛刊》本，集部第 178 册

唐肃：《丹崖集》，明末祁氏澹生堂抄本

田兰芳：《逸德轩文集》，康熙二十六年（1687）刘榛等刻本

脱脱等：《宋史》，中华书局 1977 年版

万时华：《溉园初集 二集》，《四库禁毁书丛刊》本，集部第 144 册

汪道昆：《太函集》，《续修四库全书》本，第 1348 册

汪师韩：《上湖诗文编》，光绪十二年（1886）刻本

汪小洋、孔庆茂：《科举文体研究》，天津古籍出版社 2005 年版

王鏊：《震泽集》，《景印文渊阁四库全书》本，第 1256 册

王步青：《己山先生别集》，乾隆年间年敦复堂刻本

王昶：《(嘉庆)直隶太仓州志》，嘉庆七年（1802）刻本

王夫之：《姜斋先生诗文集》，《四部丛刊》本

王九思：《渼陂集 续集》，《四库全书存目丛书》本，集部第 48 册

王凯旋：《明代科举制度考论》，沈阳出版社 2005 年版

王凯旋：《中国科举制度史》，万卷出版公司 2012 年版

王圻：《王侍御类稿》，《四库全书存目丛书》本，集部第 140 册

王圻:《续文献通考》,《续修四库全书》本,第 767 册

王日根:《中国科举考试与社会影响》,岳麓书社 2007 年版

王慎中:《遵岩集》,上海古籍出版社 1993 年版

王士骐:《中弇山人稿》,《四库禁毁书丛刊》本,集部第 32 册

王世懋:《王奉常集》,《四库全书存目丛书》本,集部第 133 册

王世贞:《弇州四部稿 续稿》,《景印文渊阁四库全书》本,第 1279—1284 册

王守仁著,吴光等编:《王阳明全集》,上海古籍出版社 2011 年版

王同轨:《耳谭类增》,万历三十一年(1603)唐晟、唐昶刻本

王祎:《王忠文公集》,《景印文渊阁四库全书》本,第 1226 册

王在晋:《越镌》,《四库禁毁书丛刊》本,集部第 104 册

王稚登:《王百谷集十九种》,《四库禁毁书丛刊》本,集部第 175 册

文徵明:《文徵明集》,上海古籍出版社 1987 年版

吴伯宗:《荣进集》,《景印文渊阁四库全书》本,第 1233 册

吴宽:《家藏集》,《景印文渊阁四库全书》本,第 1255 册

吴讷、徐师曾:《文章辨体序说 文体明辨序说》,人民文学出版社 1962 年版

吴伟凡:《明清制艺今说:"八股文"的现代阐释》,学苑出版社 2009 年版

吴应箕:《楼山堂集》,《续修四库全书》本,第 1389 册

吴铮强:《科举理学化》,上海辞书出版社 2008 年版

谢国桢:《明清之际党社运动考》,上海书店出版社 2004 年版

徐阶:《世经堂集》,《四库全书存目丛书》本,集部第 79—80 册

徐溥:《谦斋文录》,《景印文渊阁四库全书》本,第 1248 册

徐一夔:《始丰稿》,《景印文渊阁四库全书》本,第 1229 册

徐允禄:《思勉斋集》,《四库禁毁书丛刊》本,集部第 163 册

许国:《许文穆公集》,《四库禁毁书丛刊》本,集部第 40 册

许树安:《古代选举及科举制度概述》,天津人民出版社 1985 年版

薛冈:《天爵堂文集》,《四库未收书辑刊》本,第 6 辑第 25 册

薛瑄:《敬轩文集》,《景印文渊阁四库全书》本,第 1243 册

薛应旂:《方山先生文录》,《四库全书存目丛书》本,集部第 102 册

杨溥:《杨文定公诗集》,《续修四库全书》本,第 1326 册

杨起元:《杨复所先生家藏文集》,《四库禁毁书丛刊》本,集部第 63 册

杨士奇:《东里文集》,《景印文渊阁四库全书》本,第 1238 册

杨守陈:《杨文懿公文集》,《四库未收书辑刊》本,第 5 辑第 17 册

杨一清:《石淙诗稿》,《四库全书存目丛书》本,集部第 40 册

杨遇青:《明嘉靖时期诗文思想研究》,三秦出版社 2011 年版

姚希孟:《响玉集》,崇祯年间刻本

伊格尔顿著,文宝译:《马克思主义与文学批评》,人民文学出版社 1980 年版

佚名：《皇明诏令》，嘉靖十八年（1539）刻、嘉靖二十七年（1548）浙江布政使司增修本

俞大纲：《俞大纲全集》，台湾幼狮文化事业有限公司1987年版

俞樾：《茶香室续钞》，光绪二十五年（1899）刻《春在堂全书》本

俞正燮：《癸巳存稿》，道光二十八年（1848）灵石杨氏刻《连筠簃丛书》本

袁宏道著，钱伯城笺校：《袁宏道集笺校》，上海古籍出版社1989年版

袁黄撰，黄强、徐姗姗校订：《〈游艺塾文规〉正续编》，武汉大学出版社2009年版

袁中道著，钱伯城点校：《珂雪斋集》，上海古籍出版社1989年版

张邦奇：《张文定公纡玉楼集》，《续修四库全书》本，第1337册

张采：《知畏堂文存 诗存》，《四库禁毁书丛刊》本，集部第81册

张朝瑞：《皇明贡举考》，《续修四库全书》本，第828册

张大复：《梅花草堂集》，《续修四库全书》本，第1381册

张凤翼：《句注山房集》，《四库禁毁书丛刊》本，集部第70册

张孚敬：《太师张文忠公文稿》，《四库全书存目丛书》本，集部第77册

张瀚：《皇明疏议辑略》，《续修四库全书》本，第463册

张弘道、张凝道辑：《皇明三元考》，《北京图书馆古籍景印丛刊》本

张金吾：《爱日精庐藏书志》，道光七年（1827）刻本

张履祥著，陈祖武点校：《杨园先生全集》，中华书局2003年版

张溥：《七录斋诗文合集》，《续修四库全书》本，第1387册

张世伟：《自广斋集》，崇祯十一年（1638）刻本

张廷玉等：《明史》，中华书局1975年版

张秀民：《中国印刷史》，浙江古籍出版社2006年版

张元忭：《馆阁漫录》，《四库全书存目丛书》本，史部第258、259册

张岳：《小山类稿》，《景印文渊阁四库全书》本，第1272册

章建文：《吴应箕研究》，安徽大学出版社2009年版

赵南星：《赵忠毅公诗文集》，崇祯十一年（1638）澄景文等刻本

赵用贤：《松石斋集》，《四库禁毁书丛刊》本，集部第41册

赵子富：《明代学校与科举制度研究》，燕山出版社2008年版

褚人获：《坚瓠集》，浙江人民出版社1986年版

郑本忠：《安分先生集》，民国年间钞本

郑郧：《峚阳草堂文集》，民国二十一年（1932）活字本

郑沄修，邵晋涵等纂：《（乾隆）杭州府志》，乾隆四十九年（1784）刻本

钟惺：《隐秀轩集》，上海古籍出版社1992年版

周忱：《双崖文集》，光绪四年（1878）山前崇恩堂刻本

周之夔：《弃草文集》，崇祯年间木犀馆刻本

朱伯昆：《易学哲学史》，昆仑出版社2009年版

朱奎章修，胡芳杏纂：《（同治）乐安县志》，同治十年（1871）刻本

朱翊君：《埋忧集》，同治十三年（1874）刻本

祝尚书：《宋代科举与文学》，中华书局 2008 年版

祝尚书：《宋代科举与文学考论》，大象出版社 2006 年版

祝以豳：《诒美堂集》，《四库禁毁书丛刊》本，集部第 101 册

赵世安：《（康熙）仁和县志》，康熙二十六年（1687）刻本

卓发之：《漉篱集》，崇祯年间传经堂刻本

左东岭：《李贽与晚明文学思想》，天津人民出版社 1997 年版

左东岭：《王学与中晚明士人心态》，人民文学出版社 2000 年版

后 记

《明清八股文选家考论》这本书，也是我的博士后工作报告。2013 年 8 月，我来到首都师范大学文学院，师从左东岭教授从事博士后研究工作。在确定工作报告的选题时，左老师认为，明代八股文选家这个群体值得进行专门的研究。他同时也提点我说，在从事博士后研究期间，要尽可能地完成学术观念、学术方法的提升和转型。左老师引领我从文学思想史的核心理念以及基本的理论框架入手，以举业与辞章的关系为切入点，从文人、文体、文学、文化等多重层面上，立体地考察八股文选家活动的复杂性。左老师还说，在研究中，要做到接近历史"真实"、阐明文人心态，坚守文学本位、尊重古今差异。

两年多来，为了完成《明代八股文选家考论》一书，我在北京、武汉之间往返，在日常生活、古典文献之间切换，充分地体会到在空间以及时间中行走的自由和快乐。在写作这本书的过程中，我搜集到了 483 篇明代八股文选本序跋，并进行了编年。沿着这些文本一步步地漫然行来，我发现，八股文选家虽然在后世遭到很多诽笑和排抵，但是，至少在明代，徐一夔、黎淳、蔡清、归有光、黄汝亨、艾南英、张溥等选家始终秉持着对学统、道统的担当。当我们尊重这些八股文选家的编选活动，理性、冷静地观察并接纳"真实"的历史，就可以清楚地看到，在时间的流转中，科举考试第一场经义如何逐步演化为官方考试制度的标识物，选家对于科举制度、对于八股文的认知，以及对自我身份的建构又是如何一步步变得更加复杂，甚至是矛盾。在写作过程中，我也试着去体味、把握明代文人的心态。在阅读这些序跋时，我往往被有些选家"上昭国家兴文之盛，而下以励来者"（徐一夔《乡试程文序》）的责任感所打动，也常常会心于另外一些选家"抵掌商略千载，几欲掀翻棋局，撞倒须弥"（卓发之《批点会元墨卷序》）的狂放，甚至是狂妄。明代，科举制度全方位地渗透到文人生活的各个层面，举业不仅仅与辞章、与文学相关，事实上，一个学者，如果能潜心沉入到史料之中，无论是从历史学，还是社会学，乃至天文史、水利史等角度入手，都会有巨大的收获。在阅读明代的时文选本序跋及义、论、策的过程中，遇到与其他学科、其他领域相关的问题时，我不免驰心旁骛。左老师时时提醒我要以文学为本位，以文学思想为本位。我完成这本书的过程，不仅仅在是进行学术研究，同时也是"求其放心"的过程。接近"真实"、触摸心灵、坚守本位、尊重差异，对于我，既是非常重要的治学之道，更是安顿自我的有效途径。

左老师谈罗宗强先生的治学境界说，罗先生将"史实描述和价值阐释区分得很清楚"。在写作《明代八股文选家考论》一书时，我梳理了与明代八股文选家相关的种种事实，并试图围绕这些事实展开价值阐释。我也力图摆脱单向的时间维度，按照左老师所说的文人、文体、文学、文化这种学理维度、知识自身发展的维度入手，构建全书框架。但是，因为才力、学识都极其有限，最终，只能按朝代顺序描述事实，然后将些许价值阐释穿插于事实之中。将"史实描述和价值阐释区分得很清楚"这样的治学境界，对于我来说，是"虽不能至，心向往之"。我会一直努力。

博士后研究工作马上就要结束了。我 1990 年读本科，1999 年读研究生，2003 年读博士，2013 年进入博士后流动站，中间兜兜转转，求学之路一直延展着，非常漫长。非常感谢我的老师左东岭教授、陈文新教授、谭邦和教授、戴建业教授，以及以及师母杨晓景老师、曾德安老师、肖锐敏老师、何小平老师。四位恩师对我关心、提携有加。他们在具体学术问题上时时点拨我、启发我，在科研方法上对我进行系统的训练，并拓展我的学术视野。四位师母对我如同家人一般，时时关心我的工作和生活。老师和师母对我的关心、爱护，我会一直铭记在心。这些年里，我也得以结识诸位同门。感谢洪军师兄，在写作中，他给了我很多鼓励，更提出了许多建议，让我对这本书的整体构架有了清晰的认识，最终得以顺利地完成博士后研究工作。感谢尊举、梁娟、冬梅、振峰，感谢珞珈山的吴光正、何坤翁、余来明、鲁小俊、江俊伟，感谢邹福清、陈立强、周艳、戴峰，以及其他多位同门给我的关心和帮助。

在工作报告开题和评议的过程中，得傅道彬教授、詹福瑞教授、张国星教授、傅刚教授、党圣元教授、钱志熙教授、赵敏俐教授、马自力教授的指教。评议会结束后，左老师结合诸位先生的意见，指导我修正书中的内容。我对绪论和正文中的某些表述进行了删减、修改，重写了结语，努力做到结语部分能够有效地、慎重地回应绪论及正文论述到的相关问题。非常感谢诸位先生，他们给予的建议让我获益良多，他们的肯定对我来说是莫大的鼓励，推促我更努力地读书治学。

2006 年，我博士毕业，回到华师文学院工作，转眼已经过去了十年的时间。在这十年里，王齐洲教授、汤江浩教授，还有韩维志、林岩、安敏、余祖坤等文学院的前辈、同仁给了我很多很多关心和帮助，心中甚是感念。

感谢我的家人，父母和女儿比我更尊重我所从事的学术研究工作。感谢戚学英、李群瑶，她们是我的好友，也如同我的至亲。家人和朋友的关心、陪伴，让我在困厄之时，沉静下来，一心向学。我能为他们做的，就是安静地读书，安心地过好自己现有的生活。

王 炜

2015 年 12 月 21 日于武昌桂子山

《中国科举文化通志》书目